中国书籍学术之光文库

清代朝贡制度研究

何新华 | 著

中国书籍出版社
China Book Press

图书在版编目（CIP）数据

清代朝贡制度研究/何新华著.—北京：中国书籍出版社，2020.2
ISBN 978-7-5068-7809-8

Ⅰ.①清… Ⅱ.①何… Ⅲ.①朝贡贸易—研究—中国—清代 Ⅳ.①F752.949

中国版本图书馆 CIP 数据核字（2020）第 027163 号

清代朝贡制度研究

何新华　著

责任编辑	袁家乐　李田燕
责任印制	孙马飞　马　芝
封面设计	中联华文
出版发行	中国书籍出版社
地　　址	北京市丰台区三路居路 97 号（邮编：100073）
电　　话	（010）52257143（总编室）　（010）52257140（发行部）
电子邮箱	eo@chinabp.com.cn
经　　销	全国新华书店
印　　刷	三河市华东印刷有限公司
开　　本	710 毫米×1000 毫米　1/16
字　　数	458 千字
印　　张	25.5
版　　次	2020 年 2 月第 1 版　2020 年 2 月第 1 次印刷
书　　号	ISBN 978-7-5068-7809-8
定　　价	99.00 元

版权所有　翻印必究

目 录
CONTENTS

导言 ·· 1

第一章　清代朝贡制度的思想基础 ·· 7

　第一节　中国传统儒家外交思想 ·· 7

　第二节　清代华夷观 ·· 18

第二章　清代朝贡管理机构 ·· 27

　第一节　礼部及其相关的管理朝贡事务机构 ································· 27

　第二节　理藩院及其相关的管理朝贡事务机构 ······························ 35

　第三节　清代前期管理朝贡事务机构的特点 ································· 44

第三章　清代朝贡制度的一般性规定 ··· 48

　第一节　贡期制度 ··· 48

　第二节　贡道制度 ··· 53

　第三节　贡物制度 ··· 71

　第四节　其他一般性规定 ·· 84

第四章　清代属国来华朝贡礼仪 ··· 90

　第一节　贡使出入中国边境的程序和礼仪 ···································· 90

　第二节　贡使在京朝贡的程序与礼仪 ·· 101

　第三节　贡使来华的其他礼仪 ··· 131

第五章　清代中国对属国的册封礼仪 ······································ 136

　第一节　贡使领封的程序与礼仪 ·· 136

第二节　遣使敕封的程序与礼仪 …………………………………… 137
　　第三节　遣使敕封举例 ……………………………………………… 141
　　第四节　清廷与安南的册封礼仪冲突 ……………………………… 165
第六章　清代朝贡文书制度 …………………………………………… 173
　　第一节　朝贡下行文书 ……………………………………………… 173
　　第二节　朝贡上行文书 ……………………………………………… 181
　　第三节　朝贡平行文书 ……………………………………………… 198
第七章　清代朝贡伴送制度 …………………………………………… 206
　　第一节　清代朝贡伴送人员选派制度的演变 ……………………… 206
　　第二节　沿途接待贡使制度 ………………………………………… 221
　　第三节　东、西方使节在华旅途的不同观感 ……………………… 241
第八章　清代贡使馆舍制度 …………………………………………… 249
　　第一节　贡使馆舍设置演变 ………………………………………… 249
　　第二节　馆舍管理制度 ……………………………………………… 258
　　第三节　馆舍供应制度 ……………………………………………… 260
第九章　清代属国王印制度 …………………………………………… 268
　　第一节　清代官印制度 ……………………………………………… 268
　　第二节　清代属国王印规格 ………………………………………… 273
　　第三节　清代颁赐属国王印制度 …………………………………… 279
　　第四节　颁受属国王印的意义 ……………………………………… 290
第十章　清代属国御匾制度 …………………………………………… 295
　　第一节　中国传统匾额文化 ………………………………………… 295
　　第二节　清代御匾制度 ……………………………………………… 296
　　第三节　属国御书匾额制度 ………………………………………… 302
第十一章　清代宫廷属国乐舞制度 …………………………………… 315
　　第一节　清代宫廷音乐体系 ………………………………………… 315
　　第二节　清代宫廷宴乐中的属国乐舞 ……………………………… 316
　　第三节　清代属国乐舞的乐器配置及人员编制 …………………… 317

| 第四节 | 清代属国乐舞的意义 | 327 |

第十二章 广州体制——清代对西洋国家的朝贡通商体制 329

第一节	广州体制的兴衰	329
第二节	广州体制的构成	344
第三节	律劳卑事件——英国对广州体制的挑战	347
第四节	广州体制的性质与意义	353

第十三章 恰克图体制——清代对俄罗斯的朝贡通商体制 365

第一节	恰克图体制的兴衰	365
第二节	恰克图体制的构成	375
第三节	嘉庆十年俄船航行广州事件——俄国对恰克图体制的挑战	379
第四节	恰克图体制的性质与意义	386

参考书目 391

再版后记 400

导　言

清代朝贡制度是中国传统外交制度的最后阶段，清朝可称得上是"最后的天朝"。作为我国传统外交的重要遗产和研究标本，探索清代朝贡制度的具体内容和兴衰过程，是学术界的重要任务。

一、清代朝贡制度研究现状

关于清代朝贡制度，国内外学术界有着广泛的研究，其中国外学术界的成果尤为突出。对清代朝贡制度最具开创性研究的是费正清等美国学者。早在1941年，费正清、邓嗣禹合写的《论清代的朝贡制度》（On the Ch'ing Tributary System）发表在《哈佛亚洲学报》（Harvard Journal of Asiatic Studies）第二期，全文共八个部分，计112页，是费正清对清代朝贡制度研究的奠基作品，也是西方学者首次系统运用中国史料对中国朝贡制度进行的开拓性研究。费正清后来将此文观点整理成《朝贡贸易与中西关系》（Tributary Trade and China's relations with the West）发表在1942年《远东季刊》（The Far Eastern Quarterly）第一卷第二期。1963年和1965年在费城和洛杉矶分别举办了"东亚的传统国际秩序"和"中国的世界秩序"两场国际学术研讨会，1965年费正清还邀请世界各地的有关学者在麻省理工学院进行了一周的讨论。1968年哈佛大学把上述研讨会发表的成果结集，以《中国的世界秩序：传统中国的对外关系》①为名出版。全书收集了13篇论文，其中涉及清代朝贡体制的有：马克·曼考尔的《清代朝贡制度新解》、全海宗的《清代中朝朝贡关系考》、罗伯特·K.酒井的《作为萨摩藩属地的琉球群岛》、陈大端的《清代琉球王的册封》、张宝林的《中越关系中的干涉与朝贡，1788—1790》、铃木中正的《中国与内亚的关系：匈奴与西藏》、约瑟夫·F.弗莱彻的《1368—1884年间的中国与中亚》、卫思韩的《清朝与荷兰的关系，1662—1690》、费正清的《中国世界秩序中的早期条约体系》。

---

① ［美］费正清著，杜继东译：《中国的世界秩序》，中国社会科学出版社，2010年。

这些论文从清代朝贡制度整体和个案两个方面进行了探讨。

费正清等学者在对中国古代世界秩序进行开创性研究的过程中，将中国古代外交制度以"朝贡制度"这一名称加以概括。"朝贡"一词意指属国派遣使节向中国天子朝觐和进献贡物。与其他概括我国古代外交制度的词汇诸如册封体制、纳贡体制、封贡体制、华夷秩序、宗藩体制和天朝礼制体制等词汇相比，由于费正清研究我国古代外交制度的成果在国际学术界的巨大影响力，"朝贡制度"这一命名得到广泛承认和应用。使用我国古代外交制度中最具特色的"朝贡"一词来概括包括朝贡、册封等一系列内容的古代外交制度形态，符合定名的基本方法。

在日本学术界，对中国朝贡制度进行的研究也颇有特色。在日本历史学者信夫清三郎主编的《日本外交史》①中，把中国传统的世界秩序称作"华夷体制"，在《序言：开国前夕的国际关系》一章中，把中国的世界秩序与欧洲国际体系和日本的大君外交体系并举，并对清代华夷秩序作了大略分析，认为清代是华夷秩序的大扩展时期，其中乾隆时期达到顶峰，18世纪末华夷秩序开始衰落，19世纪末期完全崩溃。日本另外一位历史学者滨下武志在其著作《近代中国的国际契机》②中，运用国际经济圈理论对朝贡制度与朝贡贸易体系进行了独特研究，认为中国的朝贡关系是一种以多重性质为特征的体系。日本学术界对清代朝贡制度的其他研究，日本学者川岛真在其著作《中国近代外交的形成》的绪论中有较为详尽的述评③，在此不再赘述。

我国学术界对清代朝贡制度的研究，如与国外学术界相比反而沉寂了许多。除了翻译美、日等国外的学术成果外，较少有专著问世。20世纪50年代末期曾有钱实甫的《清代的外交机关》④一书，对清代的朝贡机构进行了较为全面的研究。近年李云泉的《朝贡制度史论》⑤，对中国朝贡制度的理论和历史进行了研究，其中专辟第三章《清代前期的朝贡制度》，对涉及清代朝贡制度的一些内容作了有益探索。除了对清代朝贡制度的整体研究外，一些研究清代中国与周边国家关系的著作涉及清代的朝贡制度。此外，我国国际关系学界也有论文对

---

① [日]信夫清三郎主编，天津社会科学院日本问题研究所译：《日本外交史》，商务印书馆，1980年。
② [日]滨下武志著，朱荫贵等译：《近代中国的国际契机：朝贡贸易体系与近代亚洲经济圈》，中国社会科学出版社，1999年。
③ [日]川岛真著，田建国译：《中国近代外交的形成》，北京大学出版社，2012年，第20-42页。
④ 钱实甫：《清代的外交机关》，生活·读书·新知三联书店，1959年。
⑤ 李云泉：《朝贡制度史论：中国古代对外关系体制研究》，新华出版社，2004年。

朝贡制度进行研究。

以上成果大体上勾勒出中国清代朝贡制度研究的现状。这些成果从理论和框架上，为清代朝贡制度的研究奠定了基础，但由于资料和方法论的限制，也有诸多不足。国外成果中以费正清的研究为例，其研究方法虽然重视宏观模式，还有对具体个案的研究，但从整体而言，忽略了对清朝内部具体制度的全面探讨，以致无法形成以清廷内部为观察视角的系统研究。国内的相关成果，从研究对象而言，大多数局限于清代中国与朝鲜、越南、琉球等个别国家的关系，缺乏对清代朝贡制度最为基础的通盘和整体研究，这不仅使人们难识朝贡制度全貌和本质，也制约了对中国与这些国家关系的深入探讨；从方法论而言，国内成果过于重视外交事件史的研究，忽视了制度层面的观照。另外，国内某些成果在没有进入丰富、复杂的历史资料的前提下，套用简单的概念和理论进行各种各样的宏观分析，以致形成没有史料和事实佐证的空论甚至谬误。

二、本书研究方法

针对目前清代朝贡制度研究的现状，本书采取内外结合、整体研究、注重动态的方法对清代朝贡制度尽可能进行全方位的研究。

对清代朝贡制度进行与内政相结合的研究。中国传统政治中，内政、外交浑然一体。清代政治制度也同样具有此种特征，内政决定着外交的方向，外交仅是内政的延伸而已。由于清代的内政与外交关系几乎密不可分，在学术研究中割裂二者会导致对朝贡制度的把握出现偏颇。清代朝贡制度虽然本身具有独立性，但在传统中国政治制度的框架下，朝贡制度只是内政的延续，外交职能并没有从国内政治中分化出来：朝贡事务的机构礼部和理藩院，就其管理职能而言，内外兼而有之；属国王印制度是中国官印制度的对外延伸，贡使伴送制度是中国驿递制度的一部分，属国朝贡文书是中国国内文书制度的体现，属国贡物制度是中国国内贡物制度的发展，属国御匾制度是中国国内匾额制度的延伸。因此，不研究中国的内部制度，便无从厘清清代朝贡制度的实质。

对清代朝贡制度进行整体研究。清代朝贡制度是建构清廷整个对外关系的基础。不论对中国的传统朝贡国，还是欧洲国家，清廷的外交政策都是在朝贡制度范围内进行的。清代朝贡制度虽然在不同国家和地区，其适用性和效用性不同，但绝非特定时期针对特定国家的特定政策。因此，对清代朝贡制度需要从整个朝贡体系进行通盘研究，而不仅仅局限于一国、一地、一时。这种整体研究的方法，可为清代中外关系研究提供一个视野、一种框架，并为具体研究中国与某个国家的双边关系提供理论指导。

对清代朝贡制度进行动态研究。清代朝贡制度本身绝非呈静态局面，而是从形成、发展、转变直至衰亡，呈现一种动态过程。如果从某个年份来看，朝贡制度中的各项内容大体上呈静态局面，但如果从较长时段来看，从贡期、贡道和贡物这些朝贡基本规定，到伴送贡使制度、朝贡属国王印制度、属国贡使馆舍制度，再到广州体制、恰克图体制等内容，则可以观察到清代朝贡制度始终处于一种不断演化的状态中。因此，研究清代朝贡制度，需要以时间为经，以变化为纬，呈现出清代朝贡制度的动态发展过程。

三、本书研究内容

清代朝贡制度在入关前就形成一定规模，清廷与蒙古诸部、朝鲜的交往惯例与制度成为清代朝贡制度的雏形。清廷入关后，在原有的外交制度基础之上又全盘继承了明朝的整个外交遗产，最终形成了有清一代颇具特色的朝贡制度。

清代朝贡制度是由多个具体领域的制度构成的，本书对牵涉清代朝贡制度的各个方面都作了分门别类的研究。根据清代朝贡制度的具体实际，清代朝贡制度包括以下内容。

清代朝贡制度的思想源头。清代朝贡制度建立在中国儒家外交思想和清代特有的华夷观念二者结合的基础之上，这使得清代朝贡制度比前代在一个更大的空间范围内运行，也比前代更具有灵活性。

清代的朝贡管理机构。这些机构由礼部与理藩院两个系统所属的相关机构组成，因此具有二元外交的特征。清代二元外交机构在一定程度上突破了僵硬的、一元化的古代传统朝贡管理机制，在当时容纳了中亚、俄罗斯等国与中国的交往，在一定程度上缓和了16世纪以来世界大变局对中国的冲击，也为近代中国外交制度转型积累了一定经验。

贡期、贡道和贡物的一般性规定。贡期、贡道和贡物制度分别从时间、空间和物质三方面对朝贡国进行了限制，它们共同构成了朝贡制度的基础。

属国使者来华礼仪。属国来华须遵循一系列礼仪规则。这些礼仪规则属于中国历代王朝款待"四夷之君长与使者"的宾礼范畴，内容包括了贡使在地方和京城实施的各种礼仪。

清廷对外册封礼仪。在传统朝贡体制下，中国对属国有册封义务。清廷册封属国国王有两种方式：遣使敕封和来使领封两种。前者由中国派出使节前往该国册封，后者由来华请封的使者把册封诏敕带回本国。

中外朝贡文书制度。朝贡文书是清代朝贡过程中中外官方交往的文体和信息交往媒介，分为中国皇帝颁给属国的下行文书、属国上达朝廷的上行文书以及双方之间的平行文书三大类。

伴送贡使制度。清代属国贡使从中国边境前往北京进贡与朝贡事毕后从北京返回边境，往返路途既需要朝廷官方派员护送，也需要沿途地方政府提供给养。伴送贡使制度既体现了古代中国怀柔远人的精神，也有监控外国人在华行程之意。

贡使馆舍制度。清代贡使停留京城期间居住在清廷设置的特别馆舍之中，在京生活受到严格管理。这一制度包括馆舍的设置历史、管理和供应三部分。

属国王印制度。清代的属国王印的制作规格、颁发、收缴，都遵循特定的制度与惯例。属国王印既是属国归属天朝的象征，也是天朝抚有万邦的标志。

属国御匾制度。清朝皇帝长期以来有向属国国王颁赐御笔匾额的惯例，颁发、制作、运送各个环节都形成了相应的制度。这是清代中国将诸多传统文化扩展到与属国交往过程的体现。

属国乐舞制度。在清代宫廷音乐体系中，属国音乐是重要的组成部分，它既是华夷秩序的象征，也是中外音乐文化交流的结晶。

清代对西方国家的朝贡通商体制。清代朝贡制度是一种具有复杂层次的制度，除了中国与属国这一基本关系层面外，还包含中国与西方国家之间贸易制度的安排。广州体制和恰克图体制是清廷在南部沿海和北部陆疆设置的对西欧国家和俄罗斯的对外通商制度，这是清代独有的制度设置。这种通商体制虽然仍在朝贡原则之下运转，但其中对外商的管理、税制，与同时期其他国家的通商制度相比颇具创新。

四、清代朝贡制度研究的意义

研究清代朝贡制度，具有以下重要意义：

首先，作为清代的基本外交制度——朝贡制度，是理解清代外交政策、外交事件的钥匙。全面研究中国外交史，需从观念、制度、政策三方面同时入手，欠缺了任何一个方面的研究，都会影响对其他两方面研究的深入进行。对清代朝贡制度缺乏最基本的实证研究，制约了对清代外交史的深入研究。清廷执行的外交政策及其对外交涉事件，都是在朝贡体制的基础上进行的。如果不理解朝贡制度的各项规定，就无从理清各种繁复的外交事件表象背后的本质，也无法准确理解清代中外关系发展史。

其次，对清代朝贡制度进行研究，可以纠正当代朝贡制度研究中的一些错误观点，其中以下面两种错误观点较为典型。

把朝贡制度作为中国在东亚地区建立的霸权体系，将朝贡体系与近代西方殖民主义、帝国主义相比附。这一观点主要建立在朝贡制度是一种以中国为中心的等级世界秩序这一认识之上。实际上，朝贡体系就其性质而言虽然是一种等级世界秩序，但作为中心国的中国对周边属国从未有掠夺、侵占、控制的意图，中国仅仅以柔性的册封手段获得政治和文化方面的宗主地位，属国也从朝贡体制中获得国内政治的合法性和朝贡贸易利益。因此，就功能而言，朝贡制度纯粹是一种自我防卫制度，它通过在周边建立顺服的属国从而实现在中国内部建立稳定的统治秩序这一最终目标。从本质上看，朝贡制度是内向的，其指向是国内目标，将设置朝贡制度当作要在周边属国建立霸权体系，纯属误解。

认为朝贡制度是虚幻的、不切实际的。这种观点不时地使用外国一时一地或经过某些现代民族国家重新建构的所谓资料，否定中国朝贡制度的存在。从逻辑而言，利用一点可疑证据而判定整个朝贡制度的存废，属于妄断。从客观历史事实来说，朝贡制度是一个庞大的体系，涉及多个层次和多个国家，包括俄罗斯、西欧等国家，这些国家在与中国发生联系和交往时，都必须遵循朝贡制度的各项规定，中国政府也以朝贡制度为基础制定各项外交政策。因此，朝贡制度作为一种实实在在的客观存在是无可置疑的。此外，类似"虚幻论"的观点还常常利用朝贡制度在理想和现实之间存在的矛盾而认定朝贡制度是一厢情愿、盲目自大、不切实际。然而，任何制度都内含一种价值取向而具有某种理想成分，朝贡制度作为一种以中华文明为中心的一元等级世界秩序也不例外。清代朝贡制度实行最为彻底的是在东亚、东南亚等儒家思想文化圈和中国军事力量可以投放、辐射到的地区，其他地区的国家则只是在不同程度上利用朝贡体系这一平台为本国谋取利益而已。但朝贡制度中理想与现实的差异并不能否定朝贡制度的客观存在，就如现代国际体系是以一切主权国家平等为基础建构的体系，但从16世纪近代国际体系诞生后，与主权国家平等原则相悖的丛林法则却深刻影响着国际社会，我们并不能因国家平等原则这一理想与弱肉强食的丛林法则这一现实之间存在矛盾而否定现代国际体系的存在。

最后，对朝贡制度进行研究具有重要的现实意义。朝贡制度作为中国传统的外交遗产，是中国两千年来作为东亚地区宗主时期的外交制度，它更多地体现了中国作为一流大国时建构的世界秩序，是与中国一流的世界地位相始终的外交制度。中国的朝贡制度是一种严己宽人的包容性制度，既保持了文明的多样性，也维持了其他国家的独立性，这是建构当代世界秩序的一种可行性原则。随着我国的迅速崛起和国际地位的不断提升，研究、探索清代朝贡制度的兴衰并汲取其中的合理养分，是当代中国参与建设新世界秩序可资借鉴的历史遗产。

第一章

清代朝贡制度的思想基础

清代朝贡制度是中国儒家外交思想和清代特有的华夷观念相结合的产物。清廷入关建立统一王朝之后,其对外思想一方面继承了中国传统的儒家外交思想,另一方面发展出清代独特的"华夷一体"思想,二者相结合成为清代朝贡制度的思想基础。

第一节 中国传统儒家外交思想

外交[①]思想是一国处理与外部世界关系时遵循的基本价值与原则。中国儒家思想是中国历代王朝的主流政治意识形态,其包含的外交思想深刻影响了历代中国的对外交往活动,成为清代朝贡制度的观念源头之一。

一、大一统

儒家思想体系中,最能关系到整个宇宙秩序、世界秩序建立的思想就是"大一统"。这一思想体系不仅影响着中国国内的政治制度,也是清代朝贡制度的思想基础。

1."大一统"思想内涵的演变

"大一统"思想的内涵经历了一个演变过程,从春秋到秦、汉,经过思想家们的阐释而发生了重大变化。

"大一统"一词,最早见于《公羊传》对"王正月"的解释。《春秋》隐公

---

① 中文"外交"一词来源于我国的固有词汇,意指"对外交涉事务",诸如"人臣无外交"等用语。到了近代,"外交"的含义有了变化,有时专指"主权平等国家之间的往来交涉",与英文 diplomacy 相对应。实际上,中文"外交"一词适用的外延包含各种对外交涉关系,既可包含现代主权国家之间的平等交涉,也可包含传统朝贡体系下中国与属国之间的交涉,与英文 foreign affairs 相对应。

元年曰:"元年,春,王正月。"《公羊传》释曰:"元年者何?君之始年也;春者何?岁之始也;王者孰谓?谓文王也;曷为先言王而后言正月?王正月也;何言乎王正月?大一统也。"

《公羊传》提出的"大一统"概念,其中"大"为尊重、重视之意。而"统"的具体含义,东汉何休在为其作注时说:"统者,始也,总系之辞。王者始受命改制,布政施教于天下,自公侯至于庶人,自山川至于草木、昆虫,莫不一一系于正月。故云政教之始。"① 何休释"统"为"始"。《说文·大部》也有"统,纪也"之说。"纪,别丝也。"段玉裁对这一条目注解说:"别丝者,一丝必有其首别之,是为纪。众丝皆得其首,是为统。统与纪义互相足也。"② 因此"统"又可作"首"解。"首"也就是开始之义。

因此,"大一统"最初是由《春秋》的"王正月"强调"尊始"概念发展而来,它与春秋时期的"三统"密切相关。三统是指夏、商、周三代以不同历法为代表的不同统绪。夏、商、周三统以一年中不同的"正月"开始:"周正建子,殷正建丑,夏正建寅。"夏统以今天农历中的一月作为新年的正月,商统以今天农历中的十二月为新年正月,周统以今天农历中的十一月为新年正月。对于这三种不同文化传统,《公羊传》主张只能"大"其中的"一统"即周代的统绪,体现了春秋时代"尊周攘夷"和强调周文化为正统的观念。"《公羊传》之大一统,正为平衡王室与诸侯间之上下关系,为持续周之王统与文统,而求进一步之理据。"③

到了秦代,"大一统"含义开始发生了变化。秦国的李斯说:

昔者秦穆公之霸,终不东并六国者,何也?诸侯尚众、周德未衰,故王伯迭兴,更尊周室。自秦孝公以来,周室卑微,诸侯相兼,关东为六国,秦之乘胜役诸侯,盖六世矣。今诸侯服秦,譬若郡县。夫以秦之强,大王之贤,由灶上扫除,足以灭诸侯,成帝业,为天下一统,此万世之一时也。今怠而不急就,诸侯复强,相聚约纵,虽有黄帝之贤,不能并也。④

李斯所说"天下一统"之"统"字,不可作"始"解。参照其他文献:《周礼·大宰》:"以八统诏王驭万民。"郑玄注曰:"统,即所以合牵以等物也。"《汉书·倪宽传》:"陛下躬发圣德,统楫群元。"臣瓒注曰:"统,犹总览

---

① [汉]何休解诂,[唐]徐彦疏:《春秋公羊传注疏》,隐公卷一。
② 《说文解字》,第十三篇上。
③ 李新霖:《春秋公羊传要义》,台湾文津出版社,1990年,第49页。
④ 《史记》卷八十七,李斯列传第二十七。

也。"李斯所说的"统"正是郑玄、臣瓒所讲的"合牵""总揽"之义，所言"天下一统"是指总揽天下于秦，统一天下于秦。"一统"实际变成了以"力"统一的"霸道"。由此可见，"统"这一概念，经过春秋战国几百年的发展，因历史阶段不同，使用的人不同而产生了新的内涵。

至汉代，董仲舒在"大一统"含义演变过程中起了重要作用。董仲舒《春秋繁露》中解释说：

《春秋》曰："王正月。"传曰："王者庸谓？谓文王也。曷为先言王而后言正月？王正月也。何以谓之王正月？曰：王者必受命而后王，王者必改正朔，易服色，制礼乐，一统于天下，所以明易姓非继人，通以己受之于天也。王者受命而王，制此月以应变，故作科以奉天地，故谓之王正月也。"①

在"天人三策"中则说：

《春秋》大一统者，天地之常位，古今之通谊也。今师异道人异论，百家殊方，指意不同，是以上亡以持一统，法制数变，下不知所守。臣愚以为诸不在六艺之科、孔子之术者，皆绝其道，勿使并进。邪辟之说灭息，然后统纪可一而法度可明，民知所从矣。②

联系上下文，董仲舒解释"大一统"，有"改正朔""制此月以应变"等内容，因此，依然是"尊一始"之意。然而董仲舒在谈到"大一统"时，却与实现"大一统"的手段联系了起来：统一异道，统一异论，统一百家，统一指意，统一法制，统一法纪。这种联系使原初"大一统"的"尊始"观念里混入了"大统一"的含义。"大统一"贯穿着一个"力"字，王道尽失，霸道凸显，以致湮没了"大一统"原初的"尊始"观念。

董仲舒提出的"大一统"，与《春秋公羊传》的"大一统"，二者概念内涵虽然相同，但因所处的历史条件不同，提出"大一统"的根据和目的也不同，以致含义有了本质的差别。实行"大一统"的手段导致"大一统"变得更像"大统一"了。

2."大一统"思想的最终内涵

"大一统"思想经过春秋、秦、汉等时期的发展，最终完成了一个概念的重构和更新，此后的"大一统"大致包含了以下三方面的内容。

---

① 《春秋繁露》卷七，三代改制质文，第二十三。
② 《汉书》卷五十六，董仲舒传第二十六。

第一，道统一元，天命归一。

道统即正统，这是由"大一统"思想中最初的含义"尊始"发展而来。就道统的一元而言，万法归宗，天命归一。道统是统治天下合法性的主要途径，是一个政权具有正统性的标志。欧阳修在其《正统论》下篇曰："凡为正统之论者，皆欲相承而不绝。至其断而不属，则猥以假人而续之，是以其论曲而不通也。夫居天下之正，合天下于一，斯正统矣。"① 道统思想是"大一统"思想中最为核心的内容，深刻反映了儒家之"仁"与"王道"的政治理想。王朝统治合法性主要来自道统这种软实力，而非霸道。"《春秋》大一统之义，尊王黜霸，所立万世之纲常，使名正言顺，出于天命人心之正。"②

道统不仅在中国直接统治的地域具有重要意义，对于周边属国也同样如此。在一个正常和稳定的天下秩序中，中国与属国共享儒家文明的光辉。这一秩序的中心"中国"，应该是合法的、正宗的儒家文明继承人，而周边属国就如众星拱月般围绕中心运转。如果"中国"的道统地位受到怀疑——大多数是在北方民族统治中原时——周边属国这种自动的向心力就会减弱，甚至会导致以"中国"为中心的天下秩序的瓦解。在清代，朝鲜出现的"小中华"意识，日本出现的"华夷变态"论等，就是对统治中国的清廷在拥有道统方面的质疑。

第二，时间一元，万世一系。

这同样是"大一统"思想中具有的原初含义。"统之观念与历法最为密切。"③ 颁正朔就是这种时间一元的体现。这种正朔就是《春秋》所言"王正月"。在"大一统"的框架之下，自然的时间演化成了"天人合一"的政权合法性，天下的时间都在天朝的时间节奏中。

天朝具体历法标准由司天监等部门负责编算，由天子颁旨布告天下执行。不仅中国国内要实行"正朔"，属国也要执行中国的这种正朔。朔为每月的初一，颁朔则为颁布来年十二个月的朔日。《周礼·春官》的"大史"一职就有"颁告朔于邦国"的职责。因此每到王朝一统时，中国都要向属国派出官员颁布不同于前朝的历书，以示皇天眷命。古代东亚"天朝"对周边政权颁布纪元（纪年）标准也是天子与王政之权威的重要标志，建立统一的纪年尺度、纪月尺度和纪日尺度是儒家关于政治秩序、生活秩序的重要思想或核心观念。"中华帝

---

① 《欧阳修集》卷十六，居士集卷十六，山西古籍出版社，2010年。
② 《乾隆御制文二集》卷八，"命馆臣录存杨维桢'正统辨'论"，吉林出版集团，2005年。
③ 饶宗颐：《中国史学上之正统论》，上海远东出版社，1996年。

国维持中国中心世界秩序的方式之一是控制时间领域。"①

第三，空间一元，普天之下。

这是"大一统"思想中后来出现的含义。这一概念与天下分裂相对立，是指在广大的领域内建立统一政权，在最大的空间范围内达到统一。这一最大空间范围，即是中国特有的天下观念。"古代的中国人，一般感觉上，他们对于中国这一块大地，并不认为是一个国，而认为它已可称为'天下'，就已是整个世界了。"②"盖天下者，国之积也。"③ 在《诗经·小雅·北山》中就有"普天之下，莫非王土；率土之滨，莫非王臣"之说。《左传》昭公七年也有"封略之内，何非君土？食土之毛，谁非君臣？"④《诗经》与《左传》言近义同，均指世界上没有一处不归王者所有。"大一统"在空间上的落脚点最后归结到"天下"这一概念。

大一统在空间一统方面，不仅要求在国内领土统一，而且周边属国领土也同样在理论上归属天朝。明代中国曾派遣使节前往一些属国地方的名山行封山礼仪，就表明了这一含义。

总之，秦汉之后的"大一统"思想中最终包含了道统一元、时间一元、空间一元之意。世界万物全部笼罩在这种一元性的秩序之下，所谓"天无二日，土无二王，家无二主，尊无二上，道无二致，政无二门"是也⑤。

3. "大一统"对中国对外关系的影响

"大一统"是春秋时期儒家首倡的政治学说，自秦汉以来，被历代王朝奉为政治实践的理论指南。在对外关系中，"大一统"理念影响下的中国对外关系，一切政治关系皆为内政，没有"国家间"外交，没有与中国平行的、多元的国家观念，就如汉武帝的《泰山石刻文》云："四海之内莫不为郡县，四夷八蛮咸来贡职。"⑥ "中国人自有文化以来，始终未尝认国家为人类最高团体，其政治论常以全人类为其对象，故目的在平天下，而国家不过与家族同为组成天下之一阶段。"⑦ 中国传统政治的最终理想是"以全世界为鹄也"⑧。一言以蔽之，

---

① 金载炫：《与中国时间斗争、时空的国族化：李朝后期的计时》，司徒琳主编《世界时间与东亚时间中的明清变迁》上卷，生活·读书·新知三联书店，2009年，第167页。
② 钱穆：《中国传统文化之演进》，《中国文化史导论》，商务印书馆，1997年。
③ 李塨：《大学辨业》，题解，光绪五年刻畿辅丛书李恕谷遗书本。
④ 《春秋左传正义》卷四十四，昭公七年。
⑤ 《礼记正义》卷五十一，坊记第三十。
⑥ 《后汉书》卷九十七，志第七，祭祀上，注引《风俗通》。
⑦ 梁启超：《先秦政治思想史》，序论，中华书局，1924年。
⑧ 梁启超：《饮冰室合集》第三册，"论中国学术思想变迁之大势"，中华书局，1989年。

中国政治家处理外交关系秉承"胸怀世界，放眼全球"的整体原则，最终实现世界大同的目标。在这种具有"超国家主义""世界主义"取向的"大一统"思想和政治格局支配下的对外关系，只有君临天下的一元等级世界秩序：中国居天地之中，以控周边的万邦属国。M. B. 詹森称中国传统的"大一统"观为"中国的世界观"。

（这种）中国的世界观是一个宏伟的思想体系，具有无以伦比的历史连续性和不可匹配性。宏伟帝国的观念当然不足为奇，世界历史上有许多帝国，包括拜占庭帝国，都曾提出过天下一统的主张。本杰明·史华兹认为中国世界观的非同凡响之处在于，在中国，这些有特殊的儒教文化判断标准与之相得益彰。中国世界观的无以伦比之处在于，它所宣称的万年江山和独放光彩的理论，是具有东亚历史的经验和事实来加以证明的，并且似乎还被中国世界秩序的运作所强化了。①

二、华夷之辨

华夷之辨是儒家外交思想的另一重要组成部分，它是清代朝贡制度的另外一个观念源头。

1. 华夷之辨的内容

华夷之辨有3项内容。

第一，天限华夷。华夷之分首先是地理上的区隔。"大一统"观念具有强烈的一元与整体意识，然而这种整体并非是部分的简单叠加，在这种"大一统"格局之下，世界并非完全同质，而是内外有别、远近不同。就如《禹贡》中的"五服之图"（见图1-1）所示：

五服图中的"帝都""甸服""侯服"，属于"中国"与"诸夏"，统属于华夏范围，而"绥服""要服""荒服"则属于四夷范围。华夏与四夷从地理分布格局而言，泾渭分明。"中土得正，而阴阳合德者为人；四塞倾险，而邪僻者为夷狄。夷狄之下为禽兽。"② "中国戎夷，五方之民，皆有性也，不可推移。地气使之然。东方曰夷，被发文身，有不火食者矣。南方曰蛮，雕题交趾，有不火食者矣。"③ 中国、诸夏和四夷从中心向边缘渐次扩展，最终形成一种"内

---

① ［美］吉尔伯特·罗兹曼主编，国家社会科学基金"比较现代化"课题组译：《中国的现代化》，江苏人民出版社，1998年，第50页。
② 《大义觉迷录》卷一，曾静上岳钟琪书。
③ 《礼记正义》卷十二，王制第五。

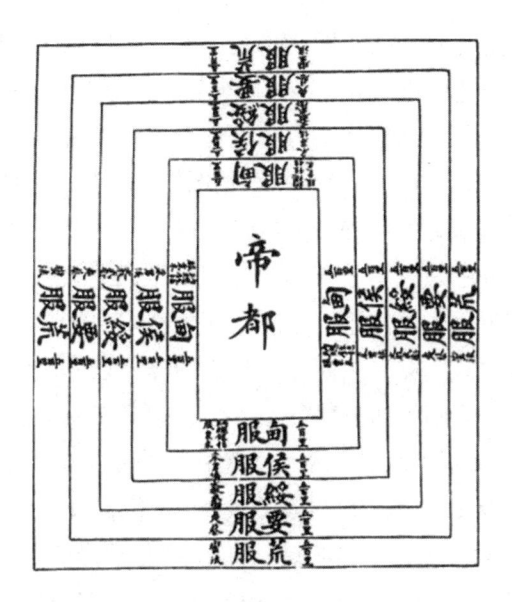

图 1-1 《禹贡》五服图

中国而外诸夏""内诸夏而外夷狄"的差序格局。

这种地理上的华夏中心主义产生了"天下之中"概念。《周礼·地官·大司徒》云:"日至之景,尺有五寸,谓之地中,天地之所合也,四时之所交也,风雨之所会也,阴阳之所和也。然则百物阜安,乃建王国焉。"① 我国历史上的"天下之中"以洛阳得名最早。《史记·周本纪》记载:"成王在丰,使召公复营洛邑,如武王之意。周公复卜申视,卒营筑,居九鼎焉。曰'此天下之中,四方入贡道里均'。"② 天下以洛阳为中心这一概念一直流传到此后的各朝代。唐高宗"建东都诏"云:"此都中兹宇宙,通贡于四方。"明代章潢在《图书编》"论淮蔡"中说:"河南之地,天下之中,其生民亲中和,性安舒,逸豫而不能为乱,故古名豫州。"③ 清代田文镜在《抚豫宣化录》"请增营汛官兵以资防御事"云:"河南一省居天下之中,地形四达,为九州之腹心,诸夏之阃域。"④

中国历代留存的世界地图,以唐代《海内华夷图》、宋代《华夷图》和明代《大明混一图》为代表,其内容都保留着这种地理上的华夏中心观。在宋代

---

① 《周礼注疏》卷十,大司徒。
② 《史记》卷四,周本纪第四。
③ 章潢:《图书编》卷三十三,四库全书存目丛书影印明刊本。
④ 田文镜:《抚豫宣化录》卷四,中州古籍出版社,1995 年。

的《华夷图》墨线拓本中，占地图90%的空间是长城以南中国的国土，四夷则以文字形式嵌在四个边的空白处，外国的名称多来源于《山海经》。到清代康熙时期，中国地图的编制开始使用西方传教士引入的经纬网、投影等技术。完成于康熙五十六年（1717年）的《皇舆全览图》，其绘制技术超出欧洲水平100年。尽管清代绘图技术更加精确，但清代出现的这种实测地图，并没有从根本上动摇地理上的华夏中心观。《皇舆全览图》依然呈现出"内中国，外夷狄"的整体结构。外部世界只是衬托中国为"中央之国"的点缀物而已。

第二，严夷夏之防。夷夏之间保有严格的尊卑之分，保持着严格的距离和相对稳定的关系。华夏不主动去勤边远略："王者不治夷狄。录戎来者不拒，去者不追也。"① 四夷又不得侵扰华夏并觊觎中国的权力和财富：夷不谋夏、夷不乱华。这种华、夷各安其职、各守其分的关系定位，最终形成一幅华夏居中以控万邦、四夷固守藩篱以奉天子的天下稳定、秩序严谨的景象。

"严夷夏之防"导致了种族上的"华夷之辨"。在这种原则指导下，华夷的身份由其血统来决定，后发展为汉族中心主义、种族沙文主义，这是华夷之辨的负面影响。

第三，以夏变夷。夷夏之间的互动关系建立在"以夏变夷"的基础之上。夷夏之间，华优夷劣。"夷狄之有君，不如诸夏之亡也。"② 这是用夏变夷的前提。因此孟子认为"吾闻用夏变夷者，未闻变于夷者也"③。"以夏变夷"又表明华夏文明包举天下，不忍四方长期陷于蛮荒状态。《春秋公羊传》曰："《春秋》内其国而外诸夏，内诸侯而外夷狄。""王者欲一乎天下，曷为以外内之辞言之？""言自近者始也。"④ 这种内外之分只是不得已之举，因为"王化"得有一个过程，要有一个先后次序，先就近开始，然后逐渐推及远方。虽然有华夷之分，但只是由于地理远近不同，王化和德化的进程有所不同而已。"王道"终究会遍及天下，包举四海。先从近处着手，这是儒家政治现实主义的体现。而最终通过"以夏变夷"达到"化成天下"的局面，又是古代华夏对蛮夷世界的一种责任和使命。

"以夏变夷"则导致了文化上的"华夷之辨"。在这种倾向下，华夷之间的划分仅仅是一种文化上的分别，与种族、血缘无别。华夷之分主要是指文化上

---

① 《春秋公羊传注疏》，隐公卷二。
② 朱熹：《四书集注·论语集注》，八佾第三，凤凰出版社，2005年。
③ 朱熹：《四书集注·孟子集注》，滕文公章句上，凤凰出版社，2005年。
④ 《春秋公羊传注疏》，成公卷十八。

的高下区别，拥有"文明"与否是判别华夷身份的主要标准。四夷与诸夏之区别，不是"民族"界限而是"文化"优劣的区别，或说古代诸夏代表的中国是一个"文化中国"。"孔子之作《春秋》也，诸侯用夷礼，则夷之；进于中国，则中国之。"①

2. 华夷之辨对中国对外关系的影响

华夷之辨理论是古代中国传统对外关系的基本理论。华夷之辨理论指导下的中国对外关系，一方面确立了华夏民族在文化上的自信心和优越感，成为中国文化中心论的滥觞，进而形成了对外关系格局里中国居高临下、傲视万国的情势。但另一方面，华夷之辨理论中的"文化中国"概念又确保了夷夏关系的开放性，成为推动天下秩序发生内部变化的推动力。

三、王道天下

王道思想也是儒家外交思想的重要内容之一，它是礼治天下和建立和平世界体系的思想基础。

1. 王道思想的来源

"王道"一词始见于《尚书·洪范》："无偏无陂，遵王之义；无有作好，遵王之道；无有作恶，遵王之路。无偏无党，王道荡荡；无党无偏，王道平平；无反无侧，王道正直。"②

孔子的政治理想中充满了王道的理想，但并没有使用"王道"的概念。孔子曾说："远人不服，则修文德以来之。既来之，则安之。"③ "修文德以来远人"可以看作"王道"观念的雏形。孔子理想的"王道"天下是仁德的天下，就如孔子所说："如有王者，必世而后仁。"④ 又说："为政以德，譬如北辰，居其所而众星共之。"⑤ 因此孔子"王道"理想的核心精神是"仁德"。

孟子是儒家思想家中较早系统论述王道思想的学者。《孟子》一书中已经提出了"王道"的概念，从而使萌发于孔子的"王道"思想获得了自己的概念形式。在《梁惠王》中，孟子说："不违农时，谷不可胜食也；数罟不入洿池，鱼鳖不可胜食也；斧斤以时入山林，材木不可胜用也。谷与鱼鳖不可胜食，材木

---

① 《韩昌黎文集注释》，原道，三秦出版社，2004年。
② 《尚书正义》卷十二，洪范第六。
③ 朱熹：《四书集注·论语集注》，季氏第十六。
④ 朱熹：《四书集注·论语集注》，子路第十三。
⑤ 朱熹：《四书集注·论语集注》，为政第二。

不可胜用，是使民养生丧死无憾也。养生丧死无憾，王道之始也。"①

关于"王道"思想内涵，孟子说：说："不仁而得国者，有之矣；不仁而得天下，未之有也。"②"行一不义，杀一不辜而得天下，皆不为也。"又说："仁者无敌于天下。"③ 因此，"仁道"就成为王道天下的政治原则，也是权力来源的合法性基础。正是从"仁"的原则出发，孟子对"王道"与"霸道"进行了原则的划分："以力假仁者霸，霸必有大国，以德行仁者王，王不待大。"④

先秦另一位大儒荀子更为系统地讨论了王道政治的问题。荀子对"王者之政"有如下的描述："贤能不待次而举，罢不能不待须而废，元恶不待教而诛，中庸民不待政而化。分未定也有昭缪。虽王公士大夫之子孙也，不能属于礼义，则归之庶人。虽庶人之子孙也，积文学，正身行，能属于礼义，则归之卿相士大夫。故奸言、奸说、奸事、奸能、遁逃反侧之民，职而教之，须而待之，勉之以庆赏，惩之以刑罚，安职则畜，不安职则弃。五疾，上收而养之，材而事之，官施而衣食之，兼覆无遗。才行反时者死无赦。夫是之谓天德，是王者之政也。"⑤ 实现"王道"天下的最根本手段是得天下之人心："王夺之人，霸夺之与，强夺之地。"⑥ 荀子借尧舜的对话阐述王者得天下的政治秘诀："尧问于舜曰：'我欲致天下，为之奈何？'对曰：'执一无失，行微无过，忠信无倦，而天下自来。执一如天地，行微如日月，忠诚盛于内，赉于外，形于四海，天下其在一隅邪！夫有何足致也！'"⑦

综合先秦儒家的主张，王道思想起源于仁的概念。仁扩展到政治层面即为仁政，仁政的实践即为"王道"。"王道"属政治伦理范畴，是儒家提出的一种以仁德治天下的政治主张。

王道思想奠基于先秦时代的儒家，此后经过历代经学家和大儒的阐释而发扬光大，成为儒家思想中重要的组成部分。

2. 王道思想对中国对外关系的影响

王道思想影响所及，不仅适用于国内政治的统治，也推及国家间关系，在世界范围内推广和实践"以德服人"的政治路线，即为"王道天下"。在国家

---

① 朱熹：《四书集注·孟子集注》，梁惠王章句上。
② 朱熹：《四书集注·孟子集注》，尽心章句下。
③ 朱熹：《四书集注·孟子集注》，公孙丑章句上。
④ 朱熹：《四书集注·孟子集注》，公孙丑章句上。
⑤ 《荀子·王制》。
⑥ 《荀子·王制》。
⑦ 《荀子·尧问》。

间关系上，王道外交不以追求本国利益为主要目的，而以仁义道德的实现为最大目标，儒家主张由华夏行"王道"来德化天下。

在"王道"思想的影响下，传统中国处理对外关系有两种价值倾向：追求"和平"与"礼治"。

王道思想指导下的中国传统对外关系，主张慎用武力征伐，强调整个世界和谐相处。《中庸》说："和也者，天下之达道也。致中和，天地位焉，万物育焉。"① 和谐是万物成长的基本原则。因此和谐、和平成为儒家王道外交思想的主要价值之一。正如杜佑《通典》云：

> 夫天生烝人，树君司牧，是以一人治天下，非以天下奉一人，患在德不广，不患功不广。秦汉以后，以重敛为国富，卒众为兵强，拓境为业大，远贡为德盛。争城杀人盈城，争地杀人满野，用生人膏血，宜不殖土田。小则夭小怨咨，群盗纷起，大则殒命歼族，遗恶万代，不亦谬哉！②

因此，使用武力征伐天下与儒家宣扬的王道原则极端相悖。所谓"王道"，即指"以德服人者"，而"以力服人者"则为"霸道"。"王""霸"之分野，即德、力之分野。天下本是一家，四海皆为兄弟，何所用其武力？"己所不欲勿施于人"；"万物并育而不相害，道并行而不相悖，此天地之所以为大也"。古代中国理想的世界秩序是"和平""非战"体系，"既不作向外之侵略野心，亦无所事于向内之紧张磨砺，因此斗争意识淡忘，祥和气象冲郁"。"返顾西方之政治思想，既皆以市府或国家为最高对象，自必孜孜于向外对抗，向内团结，以仇外为爱国，以敌忾为美德。国家主义思潮愈亢张，而世界汹乱遂无宁日。"③

建立礼制世界秩序是王道思想另外一个产物。在王道天下思想中，要维护天下和平的状态还需要以礼达成。"礼之用，和为贵。""礼"的重要功用，就是在不同等级之间建立一个和谐的秩序。这种礼治秩序不仅体现在国内政治中，而且延伸到天下万国间的关系中。"送往迎来，嘉善而矜不能，所以柔远人也。继绝世，举废国，朝聘以时，厚往而薄来，所以怀诸侯也。"④ 这种礼治秩序体现在孟子与齐宣王的一段问答中：

齐宣王问曰："交邻国有道乎？"

---

① 朱熹：《四书集注》，中庸章句。
② 杜佑：《通典》，州郡。
③ 谢扶雅：《中国政治思想史纲》，绪论，台湾正中书局，1954年。
④ 《礼记正义》，中庸第三十一。

孟子对曰:"有。惟仁者能以大事小,是故汤事葛,文王事昆夷,惟智者为能以小事大,故大王事獯鬻,勾践事吴。以大事小者,乐天者也;以小事大者,畏天者也。乐天者,保天下;畏天者保其国。"①

中国对外关系中,这种"礼"指导下的中国与他国之间的互动,采取"事大事小"的模式,最终从国内到国外,形成"百姓昭明,协和万邦"的理想局面。

总之,传统的儒家对外思想,强调世界为一整体(大一统);构成世界整体的中心、边缘各部分,其地位有尊卑之分(华夷之辨);中心与边缘之间的互动方式是和平交往(王道天下)。

传统的儒家思想中包含的这些对外思想,长久以来影响了中国的对外交流模式。依据儒家思想和原理建立起的朝贡机构和礼仪,使儒家外交理念制度化、体系化,这种固化的"天朝体制"又从制度上规定了历代中外交往的路径。儒家外交理念具体转化和内化为一系列复杂的制度、规则和礼仪,永久地规定着王朝时代中外交往的性质和范围。

第二节　清代华夷观

清朝承袭明制,重建一代王朝。作为中国最后一个传统王朝,清代不仅继承了儒家的对外交往理念,而且还有所发展,特别是对华夷观念的发展,更是清代独有的贡献。清代特有的华夷观也是清代朝贡制度的思想基础。

一、对天下、中国、四夷等概念的重构

华夷观一般都由天下、中国和四夷等核心概念构成。随着清代对构成华夷观的这些基本概念进行的重新建构,清代华夷观有了崭新的内涵。

清代皇帝使用"天下"一词时,其地理范围并不单指中国,而是包括了中国和四夷两部分。

努尔哈赤在讨明檄文《七大恨》第七恨中说:"天降大国之君,以为天下共主,何独构怨于我国也。"皇太极曾言:"明与我国素非和好,今取之甚易。但

---

① 朱熹:《四书集注·孟子集注》,梁惠王章句下。

念中国之主，不忍取也。"① 康熙帝在立于康熙三十七年（1698年）的太学御制碑文中也称："惟天尽所覆，海内外日月所出入之区，悉以畀予一人。"② 并强调说："宋儒云：'天下之大，不可执中国地方推算'。其言甚精而有理。"③ 乾隆帝要求收容和妥善安置土尔扈特部落时指出，"不仅与我大国声誉有关，且外藩之众闻得，也会耻笑哉"④。

因此，在以上清代诸帝看来，"中国"并不等于天下，只是天下的核心部分或者"大国"而已。因此，天下从地理范围而言，不仅包含中国，还包含环绕其间的四夷。在构成天下的中国与四夷两重空间里，中国为核心区域，四夷为边缘区域。

作为最大空间的天下是固定不变的，但构成天下的中国与四夷的边界却是变动的。由于朝代强弱之分，历代的中国与四夷的边界是流动的。甚至在一朝之中，中国与四夷的范围也盈缩不定。在清代，由于前期和后期控制的版图有所不同，以致"中国"的范围发生了变化，四夷概念也随之发生变化。清朝前期的几位皇帝也因此在不断调整他们心目中的中国与四夷范畴。

清代崛起于长白，五六世之后，经过努尔哈赤和皇太极的两代经营，最终统一东北。这一过程包括合并哈达、辉发、乌拉、叶赫及宁古塔诸地，也包含内蒙古札萨克25部51旗被并入版图。这一时期的清廷，以夷狄身份与关内的"中国"裂土抗衡，时刻准备南下"扶绥中华"，以"争天下"。关外时期的清廷，不时以"夷狄"身份自居，而把明代的中国作为中华看待。

顺治入关后，清朝统治了明朝原有的18省之地、漠南蒙古与东北地区。清廷取代明朝一跃成为"中国"。这一时期的"中国"，是清廷直接统治和管理的地区，不仅包括古代汉族王朝治下的中原地区，而且还包含了漠南蒙古与满洲发祥地东北地区。关于顺治时期四夷的范围，建于康熙七年（1668年）的孝陵神功圣德碑作了很好的说明："东至使鹿、使犬之国，西至厄内忒黑、吐鲁番等国，北至喀尔喀、俄罗斯，南至琉球、暹罗、荷兰、西洋海外等数百国。"⑤ 因此喀尔喀、厄鲁特、吐鲁番、青海蒙古、西藏等地区，与俄罗斯、朝鲜、琉球、暹罗、荷兰等国家都属于环绕中国的四夷。

---

① 《清圣祖实录》卷二百七十五，康熙五十六年十一月辛未条。
② 《清圣祖实录》卷一百九十，康熙三十七年十月乙巳条。
③ 《清圣祖实录》卷二百六十七，康熙五十五年三月乙巳条。
④ 中国社科院民族研究所：《论伊勒图等对土部来归须妥加安置勿虑俄罗斯索取》，《满文土尔扈特档案译编》，民族出版社，1988年，第8页。
⑤ 《清圣祖实录》卷二十五，康熙七年正月庚午条。

康熙朝前期,"中国"与"四夷"范围基本上与顺治时期相同。"综考舆图所载,东至朝鲜、琉球、暹罗,南至于交趾,西至于青海、乌思藏诸域,北至于喀尔喀、厄鲁特、鄂罗斯诸部,以及哈密、番彝之族,使鹿、使犬之区,皆岁时朝贡、输诚恐后声教之远、孰有媲隆于今日者。"① 这些外蕃、四夷,与清廷所代表之中华保持着密切的朝贡关系。

康熙中期以后和雍正时期,清廷继续拓土开疆,"中国"范围不断扩大。康熙三十年(1691年)漠北喀尔喀四部82旗完全归属中国版籍。同年五月,清帝第二次亲征噶尔丹得胜,返京途经蒙古的席喇布里图时,蒙古王公前往行庆贺礼,康熙曾感慨地说:"朕昔以汛界之内视为一家,今土喇、克鲁伦以内皆为一家矣!"② 雍正初年,青海四部29旗和西藏,相继归服清朝统治。雍正七年(1729年),清帝评论说:"自我朝入主中土,君临天下,并蒙古极边诸部落俱归版图,是中国之疆土,开拓广远,乃中国臣民之大幸。"③ 经过康熙与雍正两代经略,清代中国范围已经扩展至蒙古、青海与西藏地区。但天山南北的疆域依然属于四夷、外国范围,康熙曾言:"西北回子地方产丝绵……向来不知外国出丝也。"④ 康熙显然把回疆当作了"外国"看待。

乾隆中期,收准噶尔、回部,天山南北二万余里全归清朝直接统治。自此,东到库页岛,西到新疆疏勒至葱岭,北到外兴安岭,南到海南岛,通归中国范围。中国概念的内涵和外延随着版图的确定和国家对边疆地区的有效管辖而最后确定下来。从乾隆时期的《会典》和《一统志》等最权威官书来看,乾隆中期以后的中国已不是古代黄河中下游的华夏地区,也不是中原汉族地区的狭义的"中国",而是既有汉族中原内地各行省,更包括广袤无垠的蒙古、西藏、新疆等边远地区。而四夷范围,据《乾隆会典》关于外国的表述,在"礼部·主客清吏司·朝贡"条目下,"朝鲜、琉球、苏禄、安南、暹罗、西洋、缅甸、南掌"成为"四夷朝贡之国"。而作为"外藩属国"的"西北番夷"则有"哈萨克左、右部,布鲁特东、西部,安集延、玛尔噶朗、霍罕、那木干四城,塔什罕,拔达克山,博罗尔,爱乌罕,奇齐玉斯,乌尔根齐诸部落"。"四夷"范围随着"中国"一词外延的扩大而逐步缩小,最后只留下了周边或海外"朝贡之国"和"外藩属国"。

---

① 《清圣祖实录》卷二百四十五,康熙五十年三月庚寅朔条。
② 《清圣祖实录》卷一百七十三,康熙三十五年五月丙子条。
③ 《清世宗实录》卷八十六,雍正七年九月癸未条。
④ 《康熙几暇格物编》,回子地产丝条,上海古籍出版社,2007年,第67页。

二、对华夷关系的新认识

传统华夷观中,强调华夷之间有尊卑之分的华夷之辨是传统王朝处理对外关系的重要理论基础。清代对传统"华夷之辨"的内容既有所继承,也有所变革,特别是清代出现的华夷一体思想更是清代独有的贡献。

清朝的华夷一体思想并非一朝形成,而是经历了一个演进的过程。

清代帝王中,皇太极首创华夷一体。皇太极即汗位之初,针对努尔哈赤劫掠汉人为奴,甚至执行"诛戮汉人,抚养满洲"①的政策,明确宣布了"满汉一体"思想:"满洲、汉人,毋得异视。凡讼狱差徭,须画一均平。"② 崇德三年(1639年)又进一步阐明了这种思想:"满洲、蒙古、汉人,视为一体。"为了阐释这一"满蒙汉一体"的思想,他用调味作比喻:"譬诸五味,调剂贵得其宜,若满洲庇护满洲,蒙古庇护蒙古,汉官庇护汉人,是犹咸苦酸辛之不得其和。"③

清朝移都北京,面对人数更多、传统文化极深的汉人,顺治继续坚持"满汉一体"的思想。他认为:"满汉官民,俱为一家"④;"方今天下一家,满汉官民皆朕臣子"⑤;"不分满汉,一体眷遇"⑥。顺治不断解释满汉一体的新认识,"历代帝王,大率专治汉人。朕兼治满、汉,必使各得其所,家给人足"⑦。顺治二年(1645年),清帝在给朝鲜国王的敕谕中称:"今中外一统,四海为家,各国人民皆朕赤子,务令得所,以广同仁。"⑧

康熙更是明确提出"天下一家"的思想,将皇太极以来所倡导的新型"华夷观"推上了一个新高度。康熙十六年(1677年),康熙帝颁布上谕曰:"朕统御寰区,一切生民,皆朕赤子,中外并无异视。"⑨ 康熙帝最具有伟大历史意义的实践行动,是康熙三十年(1691年)宣布废除为历代沿用两千年的万里长城。康熙提出废长城的决策时认为:"帝王治天下,自有本原,不专恃险阻。秦筑长城以来,汉、唐、宋亦常修理。其时岂无边患?明末,我太祖统大兵长驱

---

① 《清太宗实录》卷六十四,崇德八年正月辛酉条。
② 王先谦:《东华录》,天聪一,天命十一年九月甲戌条。
③ 王先谦:《东华录》,崇德三,崇德三年七月丁丑条。
④ 《清世祖实录》卷十五,顺治二年四月辛巳条。
⑤ 《清世祖实录》卷四十,顺治五年八月壬子条。
⑥ 《清世祖实录》卷七十二,顺治十年二月丙午条。
⑦ 《清世祖实录》卷九十,顺治十二年三月壬辰条。
⑧ 《清世祖实录》卷二十一,顺治二年十一月乙酉条。
⑨ 《清圣祖实录》卷六十九,康熙十六年十月甲寅条。

直入，诸路瓦解，皆莫敢当。可见守国之道，惟在修德安民，民心悦，则邦本得而边境自固，所谓众志成城者是也。"① 康熙曾有《御制古北口绝句》一首赐给张英，诗云："断山踰古北，石壁开峻远。形胜固难凭，在德不在险。"②

康熙废长城的象征意义在于打破了华夷的传统地理界限，改变了对北方游牧民族被动的军事防御，将中原与边疆视同一体。两千年来华夷隔离的格局至此发生了变化。驰骋北部草原几千年的游牧民族，历来是中原王朝之大患。自9世纪以来，北部草原的蒙古民族，更是以强大的生命力，在北方纵横近千年，与中原王朝争战不已。两千多年来，为防北方游牧民族入侵，中原王朝修长城不止。明朝时期，视蒙古为劲敌，除了防御，就是攻战，但始终没有找到彻底解决蒙古问题的办法。清朝对于以蒙古为代表的游牧势力，有着一种崭新的认识。康熙说："蒙古游行之地，防之不可胜防。"如要巩固蒙古边疆之地，关键在于"控驭蒙古有道"。若"控驭无道，则何地不可为乱"。他又进一步指出："朕中外一视，念其人（指蒙古人）皆朕赤子，覆育生成，原无区别。"③ 清朝经几代人的努力，终于将横行几个世纪、难以驯服的蒙古人彻底降服，蒙古的安定几乎与清朝相终始。

雍正帝对华夷概念的辨析，在清代华夷一体思想的发展史中，更具深刻的理论意义。

雍正时期华夷一体观念的进一步发展，有一个深刻的背景。雍正统治时期，发生了吕留良、曾静的反清事件。这一事件触发了对传统华夷观的大讨论。明清易代，在明遗民看来，是"夷狄乘虚入我中国，窃据神位"，其严重性岂止一姓王朝的更迭，而是"中原陆沉""日月无光"，纲常名教荡然无存，整个社会沉沦于漫漫长夜。反抗清朝民族征服与民族压迫的正义性与"华夷之辨"的偏执与荒谬纠结在一起，吕留良借宣传"华夷之别"高于"君臣之义"，暗中鼓动汉人起来推翻清朝统治。雍正为维护满族皇帝统治中国的合法性，挟专制统治的政治优势，展开了对传统"华夷之辨"的抨击，在这一大论战中，形成了雍正帝特有的华夷一体理论。

第一，历史上的华、夷划分仅仅是地理方位的不同划分而已，除此之外并无其他特别意义。

雍正针对历代汉族统治者及士大夫，乃至平民，一贯将少数民族称为

---

① 《清圣祖实录》卷一百五十一，康熙三十年五月丙午条。
② 王士祯：《带经堂诗话》卷首，乾隆二十七年精刊本。
③ 《清圣祖实录》卷一百八十三，康熙三十六年六月壬辰条。

"夷"，作出了新的解释："孟子曰：'舜，东夷之人也；文王，西夷之人也。'舜，古之圣帝，而孟子以为夷；文王，周室受命之祖，孟子为周之臣子，亦以文王为夷。然则'夷'之字样，不过方域之名。自古圣贤，不以为讳也。"他最后强调："满、汉各色，犹直省之各有籍贯，并非中外之分别也。"① 至于历史上存在的"华夷之别"，不过是南北朝时北方人称南方为"岛夷"，南方人称北方为"索虏"的"口舌之讥"，这种见识实在是"至卑至陋"②。

雍正把华、夷的不同看成是不同民族居住地域的不同，这种观点成为雍正帝华夷一体思想的核心。

第二，统治天下的合法性是德行而非华夷身份。

既然华、夷之别仅为地理方位的不同，那么文化和德性就成为统治天下合法性的来源。华、夷原本不分高下，谁拥有了德，谁就拥有了统治天下的天命。雍正以唐代韩愈的理论作为根据："中国而夷狄也，则夷狄之；夷狄而中国也，则中国之。"在德性方面，他强调："夫天地以仁爱为心，以覆载无私为量，是以德在内近者，则大统集于内近，德在外远者，则大统集于外远。孔子曰'故大德者必受命'。"因此雍正得出结论："未闻亿兆之归心，有不论德而但择地之理。又曰：顺天者昌，逆天者亡。惟有德者乃能顺天之所与，又岂因何地之人而有所区别乎？"这种德性造就了清朝统治的合法性："海隅日出之乡，普天率土之众，莫不知大一统之在我朝。"③

第三，对汉族士大夫传统华夷观中的种族主义给予严厉批判。

传统华夷观中把夷狄看作不同于人类的禽兽。对待禽兽一样的夷狄，王夫之主张对四夷"歼之不为不仁，夺之不为不义，诱之不为不信"④。雍正对这种种族沙文主义进行反驳，强调清朝"既仰承天命，为中外臣民之主"，所以对任何民族皆抚绥爱育，"何得以华夷而有更殊视！"清朝统治，无分内外，不分彼此，不讲华夷，皆一视同仁，所以作为清朝子民，"尤不得以华夷而有异心"。雍正痛斥抱持种族歧视内容华夷观的吕留良等人：在"天下一统、华夷一家之时，而妄判中外"，是"逆天悖理"！他斥责夷狄即禽兽的无理之说，指出：只有那些缺乏"伦常之理"的人才可以打入禽兽之列。人与禽兽的区别，在于是否符合"人伦"与"天理"而非华夷之别。"夫人之所以为人而异于禽兽者，

---

① 《清世宗实录》卷一百三十，雍正十一年四月己卯条。
② 《清世宗实录》卷八十六，雍正七年九月癸未条。
③ 《清世宗实录》卷八十六，雍正七年九月癸未条。
④ 王夫之：《读通鉴论》卷四，中华书局，1975年，第75页。

以有此伦常之理也。故五伦谓之人伦，是阙一则不可谓之人矣。君臣居五伦之首，天下有无君之人而尚可谓之人乎？人而怀无君之心而尚不谓之禽兽乎？尽人伦则谓人，灭天理则谓禽兽。"①

雍正进一步分析"自古中国一统之世，幅员不能植"的原因是落后的华夷观所致。中国历来有把边疆地区"不向化者斥为夷狄"的传统，即使如"汉、唐、宋全盛之时，北狄、西戎世为边患，从未能臣服而有其地，是以有此疆彼界之分"。他评论说，"自我朝入主中土，君临天下，并蒙古极边诸部落俱归版图，是中国之疆土开拓广远乃中国臣民之大幸，何得尚有华夷中外之分论哉！"②

雍正七年（1729年），雍正帝针对陆生楠非议时政时就谈到了清代空前的"天下一家"：

> 孔子曰："天下有道则礼乐征伐，自天子出。"孟子曰："天下恶乎定，定于一。"孔子、孟子深见春秋战国诸侯战争之流弊，其言已启一统之先几矣。至秦始皇统合六国，制天下以郡县……。且中国之郡县，亦犹各蒙古之有部落耳，历代以来，各蒙古自为雄长，亦互相战争，至元太祖之世，始成一统。历前明二百余年，我太祖高皇帝开基东土，迩迹率服，而各蒙古又复望风归顺，咸禀正朔，以迄于今。是中国之一统，始于秦；塞外之一统，始于元，而极盛于我朝。自古中外一家，幅员极广，未有如我朝者也。③

雍正帝强调清朝仰承天命，在统治区域内，不分内外、华夷，是清朝才实现了华夷一体、中外一家的盛举。

至乾隆朝，清朝统治已近百年，政权合法性已经稳固建立，这一时期的汉人士大夫虽也有传统华夷观的成分保留，但对清朝政权的威胁程度不像以前。乾隆皇帝的华夷观与雍正帝基本无异，同样强调华、夷仅仅是地理方位不同与文化优劣而已。乾隆时期的满文《四书御译》，把汉文"夷狄"翻译为"外地的部落"，将"蛮貊"翻译成"北方的外地部落"，把华、夷区别只是地理区隔的意涵固化到满族的语言词汇中④。乾隆帝同样强调华夷之辨的"文化标准"："是故夷狄而中华，则中华之；中华而夷狄，则夷狄之。此亦《春秋》之法，司

---

① 《清世宗实录》卷八十六，雍正七年九月癸未条。
② 《清世宗实录》卷八十六，雍正七年九月癸未条。
③ 《清世宗实录》卷八十三，雍正七年七月丙午条。
④ 庄吉发：《清高宗敕译四书的探讨》，《清史论集》，文史哲出版社，2000年。

马光、朱子所为呕呕也。"① 对于华夷对立的论点，乾隆予以严厉指责。乾隆十九年（1754年）十一月，陕西巡抚陈宏谋在其奏折中把鄂尔多斯地方的蒙古称为"夷人"，乾隆朱批曰："鄂尔多斯蒙古乃属世仆，不应目之曰'夷'，此皆俗吏刀笔之谈，如云夷汉、蒙汉等语，甚属不经，朕恶观之。此后但称蒙古、汉人可。"② 乾隆三十二年（1768年），有永昌府官员檄谕缅甸时，文内有"数应归汉"一语，乾隆认为此语用法"实属舛谬"，"对远人颂述朝廷，或称天朝，或称中国，乃一定理"③。乾隆这一观点表明，这一时期的"中国"不再是狭义的"汉人"政权，而是中外一统的天朝大国。乾隆二十六年（1761年）乾隆帝给《皇清职贡图》题诗曰："累洽重熙四海春，皇清职贡万方均。书文车轨谁能外，方趾圆颅莫不亲。"④ 诗中体现出乾隆帝对盛世出现"华夷一体""天下一家"局面的空前豪迈。

乾隆朝以后，华夷一体思想更加深入。道光时期，外交官员利用华夷一体理论，还曾成功解决了道光时期中越外交词汇纷争的问题。

道光四年（1824年），越南贡使陈请为其国王母乞人参，得旨赏给。在清帝给越南国王的敕谕中有"外夷贡道"之语。越南使臣对此非常不满，要求把敕谕中的"外夷"一词改为"外藩"。礼部对越南使臣的要求加以拒绝。在回复越南使臣的答词中，强调了清代华夷一体思想，外国不必因被称为"夷"而不快。清廷的这一答词草稿由刘逢禄撰写，内容如下：

周官职方，王畿之外，分九服，夷服去王国七千里，蕃服九千里，是藩远而夷近。《说文》羌、狄、蛮、貊字，皆从物旁，惟夷从大从弓者，东方大人之国，夷俗仁仁者寿，有东方不死之国，故孔子欲居之。且乾隆间上谕申饬四库馆，不得改书籍中夷字作彝、裔字。舜东夷之人，文王西夷之人，王朝六合一家，尽去汉唐以来拘忌嫌疑之陋，使臣毋得以此为嫌。⑤

这一答复表达出了清代华夷观的核心思想：华夷一体。对于这一答复，越使无辞而退。

自清开国时期，经顺治、康熙、雍正至乾隆，清朝统治集团的华夷观不断发展变化，最终开创了"中外一家"的空前"大一统"的时代。有学者认为，

---

① 庆桂等：《国朝宫史续编》卷八十九，北京古籍出版社，1994年，第869页。
② 《清高宗实录》卷四百七十七，乾隆十九年十一月条。
③ 《清高宗实录》卷七百八十四，乾隆三十二年五月庚午条。
④ 《御制题〈皇清职贡图〉诗》，《皇清职贡图》，广陵书社，2008年，第2页。
⑤ 章乃炜：《清宫述闻》（上），紫禁城出版社，2009年，第126页。

清代帝王的这种"中外一家"观念是"满族的帝国想象的普世主义观念"。在此观念下,"所有种族、民族和文化的差异都被奇迹般地跨越了","满族贵族、旗人、汉人、少数民族、朝贡国以及外国,都被组织进了具有普遍亲情关系的等级秩序中"①。

  总之,清代的华夷观不仅对天下、中国、四夷的概念进行了重构,也明显不同于明代将华、夷置于严重对立地位的"严夷夏大防"思想,这使得建立在新型华夷观念基础之上的清代朝贡制度比前代在一个更大空间范围内运行,也比前代更具有灵活性。

---

  ① 刘禾:《帝国的话语政治》,生活·读书·新知三联书店,2009年,第119页。

第二章

清代朝贡管理机构

清代管理对外朝贡事务的机构由礼部与理藩院两个系统所属的相关机构组成，其中礼部所属机构管理东亚、东南亚、西方国家的朝贡事务，理藩院所属系统管理俄罗斯、中亚、南亚国家的朝贡事务。两类朝贡管理机构形成了清代外交管理机构的二元特色。

第一节 礼部及其相关的管理朝贡事务机构

礼部是负责礼仪制定和礼仪实施的主要部门，属于中国传统官制设置。清朝承袭明代制度，礼部成为中央官制的一部分。礼部遵循的原则是儒家礼治原理，这是统治中国式"天下"的"根本大法"。礼制原理在农业宗法社会体制的基础上创制，清廷据此对国内区域实行治理并扩展、延伸到对外领域。清代朝鲜、琉球、越南、暹罗、缅甸、苏禄、南掌等与中国东部、南部相邻的国家以及由海洋而来的西洋国家，其朝贡、册封事宜归礼部所属的相关机构管辖。"凡四夷朝贡之国，东曰朝鲜，东南曰琉球、苏禄，南曰安南、暹罗，西南曰西洋、缅甸、南掌。"①

一、礼部的设置及其职掌

清廷于天聪五年（1631年）首设礼部，由贝勒1人总理部务，下设满承政2人，蒙、汉承政各1人，参政8人，启心郎1人。顺治元年（1644年）停贝勒总理部务，设满、汉尚书各1人，左、右侍郎满、汉各1人。堂主事满3人，汉军1人。司务厅司务满、汉各1人。各司局郎中满6人，蒙1人，汉4人。员外郎宗室1人，满9人，蒙1人，汉3人。主事宗室1人，满3人，蒙1人，汉

---

① 《乾隆会典》卷五十六，礼部。

4人。大使汉1人。笔帖式宗室1人，满34人，蒙2人，汉军4人。堂子尉8人，堂书10人，儒士20人，经承49人。还有郎中、员外郎、主事、七品小京官等，均无定员。除额外官员外，礼部总人数为145人。

清代礼部总的职掌是"掌考五礼之用，达于天下，以赞上导万民。凡班制论材之典，达诚致慎之经，会同职贡之政，宴飨饩廪之式，百司以达于部，尚书、侍郎率其属以定议。大事上之，小事则行，以布邦教"①。礼部管理国家祀典、庆典、军礼、丧礼、接待外宾、管理学校和主持科举等事宜，下设仪制、祠祭、主客、精膳4个清吏司。

1. 仪制清吏司

掌嘉礼、军礼及学校、科举等事务。宣统时因避溥仪讳，改为典制清吏司。其职官有郎中3人（满2人，汉1人），员外郎4人（满3人，汉1人），主事2人（满、汉各1人），笔帖式若干人，经承15人。司下分设建言科、王府科、印信科、学校科和火房等单位，分办本司事务。

2. 祠祭清吏司

掌吉礼、凶礼事务。其职官有郎中2人（满、汉各1人），员外郎5人（满3人，蒙、汉各1人），主事2人（满、汉各1人），笔帖式若干人，经承6人。司下分设祭祀科、僧道科、时宪科和火房等单位，分办本司事务。

3. 主客清吏司

掌宾礼及接待外宾事务。其职官有郎中3人（满、蒙、汉各1人），员外郎2人（宗室1人，满1人），主事2人（满、汉各1人），笔帖式若干人，经承6人。司下分设赏赐科、四译科、芽茶科和火房等单位，分办本司事务。

4. 精膳清吏司

掌"燕飨廪饩牲牢"事务。其职官有郎中2人（满、汉各1人），员外郎满2人，主事3人（满、蒙、汉各1人），笔帖式若干人，经承7人。司下设勘合科、俸粮科（各设经承1人）、下程科、厨役科（各设经承2人）和火房（设经承1人），分办本司事务。每岁元旦皇帝、皇太后寿诞所设的"大宴"，大婚礼之"赐宴"、公主下嫁以及其他庆典之设宴，均备其陈设，序百官之班次，分别定其礼节。宴前先呈宴图及礼节，经御批后，行文各衙门，供备应用物品。

除了以上4个机构外，礼部还有以下附属机构。

乐部：设于乾隆七年（1742年），为管理祭祀、朝会、燕飨的演乐及审定

---

① 《光绪会典》卷二十六，礼部。

乐器音律事务的机关。设有管理大臣，也称"典乐大臣"，由礼部满人尚书1人兼任，后改各部侍郎或内务府大臣兼任，无定员。

陵寝礼部衙门：清代皇帝、皇后的陵墓，分为盛京陵（兴京或盛京城郊）、东陵（河北省遵化地方）、西陵（河北省易县地方）三处。东、西两陵由礼部、工部、内务府设官管理，盛京陵则由盛京礼部、工部、内务府管理。

盛京礼部：自顺治元年（1644年）在北京设六部之后，盛京置官镇守，处理盛京政务。顺治十五年（1658年），开始陆续设置礼、户、工、刑、兵各部。盛京礼部掌盛京朝祭之仪，其职官有侍郎、堂主事、郎中、员外郎、读祝官、赞礼官、笔帖式等42人，均为满人。

太常寺：顺治元年（1644年）置，是掌管坛庙祭祀礼仪的机关，其职官有卿、少卿等。乾隆十四年（1749年），确定由礼部满人尚书兼领太常寺职务。

光禄寺：顺治元年（1644年）设立，是掌管筵席及供应官员"廪饩"的机关。相关事宜，先由礼部具题，再札寺遵行。自乾隆十三年（1748年）开始，特简满族大臣1人总理寺事，下设卿、少卿、典簿、署正、署丞、笔帖式、司库、库使等官职，总数70人。

鸿胪寺：顺治元年（1644年）设立，是掌管朝会与国家宴会赞导礼仪的机关。乾隆十四年（1749年），以礼部满人尚书兼管鸿胪寺事，下设卿、少卿、鸣赞、学习鸣赞、序班、学习序班、主簿、笔帖式、经承等官职，总数48人。

国子监：顺治元年（1644年）设立，掌国学政令的机关。雍正三年（1725年）始特简大臣总理监事，下设祭酒、司业、监丞、博士、典簿、典籍、助教、学正、学录、教习、笔帖式、经承、额外汉教习等官职。后又增设算学，特设满管理大臣1人，汉助教1人，汉教习2人，总数148人。

二、礼部的外交管理职能

礼部所属机构中，具体掌管东亚和东南亚国家朝贡事务的是主客清吏司、会同四译馆和鸿胪寺。①

1. 主客司

主客司或称主客清吏司，为礼部所属四司之一，官职设置如前所述。

对于主客司之职能，《清史稿》称："主客掌宾礼。凡蕃使朝贡，馆饩赐予，

---

① 以下主客司、会同四译馆、鸿胪寺三个部门的内容主要参考李云泉《朝贡制度史论》（新华出版社，2004年）的相关部分，第174－183页。

辨其贡道远迩、贡使多寡、贡物丰约以定。"① 《光绪会典》对其职能有详细记载：

> 主客司掌四裔职贡封赉之事……凡入贡各定其期，使各辨其数。凡贡使至则以闻，乃进其表奏，达其贡物，叙其朝仪，给其例赏，支其供具，致其周恤。贡使往来皆护。凡封外国，必锡这诏敕，则锡之印，皆副以恩赉。凡封使，皆奉特简，仪服，资护，各予以其等……若无封使，则授敕印于其归使而封之。凡中外商人，许各以其所有市焉。颁其禁令。凡难夷，各加以拯济而遣之。②

主客司作为负责朝贡事务的专职机构，其具体职能如下：

（1）查验来华朝贡使者是否符合既定的朝贡程序，一旦出现与例不符的情况，议定后将具体处理方法奏请皇帝定夺；

（2）负责贡使来京后的接待、供应、宴飨、觐见、贸易等事宜；

（3）主持或参与对朝贡国的封、赏活动；

（4）负责执行清廷颁布的朝贡禁令。

礼部主客司的上述管理职能，自乾隆五十五年（1790年）开始发生重大变化。该年乾隆帝下令："嗣后外藩各国赍表来京贡献方物使臣，其朝鲜国仍照向例，令礼部照料办理外，所有安南、缅甸、暹罗、南掌等国来京使臣、随从人等，应行照料事宜，俱著内务府经理，仍著礼部派委司官二员帮同照应。"③ 这一谕令表明，乾隆五十五年（1790年）之后，除朝鲜外，其他国家贡使一行的接待、供应等事宜改隶内务府，主客司只需委派两名官员协助管理。与此相适应，主客司的一部分职权转归内务府，这种管理格局一直延续至清末。

2. 会同四译馆

清廷在顺治元年（1644年）分设会同馆、四译馆，其中四译馆为明代四夷馆的改称。乾隆十三年（1748年）合并会同馆和四译馆为会同四译馆。会同四译馆在光绪二十九年（1903年）裁撤。

会同馆初设时隶属礼部主客司，由主客司满、汉主事各一人提督馆事。顺治十四年（1657年）增设员外郎品级通事一人，掌会同馆印。同年设会同馆大使一人，序班20人，官生、差役若干。馆内的具体事务，由大使率下属承办。康熙十二年（1673年），"裁掌印通事，馆内一应事务，由部委官专管，令主客

---

① 《清史稿》卷一百十四，志八十九。
② 《光绪会典》卷三十九，主客清吏司。
③ 《光绪会典事例》卷五百一十四，礼部。

司公同办理。"乾隆二年（1737年）又将会同馆司宾序班"概行裁汰"。会同馆经历了由主客司主管到礼部"委官专管"、主客司协管两个阶段。

清初会同馆的职责为："凡贡使来京，提督官据督抚报文，稽正从人数据申部，札光禄寺支送饭食等物，咨工部应付铺垫什物。计到馆马数，咨户部给发草豆；奏拨官兵看守，咨兵部拨送到馆。次日，率贡使赍该国王表文，至部呈堂，共同拆阅。大使将进馆时日及进贡人数，具呈报部。"① 作为朝贡事务的接待机构，会同馆主要负责贡使一行在京的饮食起居和馆舍的管理；转呈朝贡表文，清点贡物；将贡使所需物品及其安全防卫等事宜报主管和其他相关部门；监督和管理朝贡贸易等。

四译馆隶属翰林院，以"太常寺汉少卿一人提督之"，共设序班20人，顺治十五年（1658年）裁4人，定每馆正教、协教序班各8人，计16人，至康熙年间减至9人，并以其中一人"管典物厅事"。四译馆分设回回、缅甸、百夷、四番、高昌、西天、八百、暹罗8馆，负责翻译"远方朝贡文字"。

会同馆与四译馆分隶不同部门，但由于二者职能相互交叉，造成机构臃肿，人浮于事的弊端。乾隆时期决定将会同、四译两馆合并。

乾隆十三年（1748年），乾隆帝颁布谕令曰："提督四译馆，以今视之，实为废冗闲曹，无所事事，不如裁之为便。如以为应设以备体制，则不宜听冷员虚禀。其应裁应设，著大学士会同该部议奏。"经大学士与礼部官员议定："四译馆卿率其属，不过传习各国译字。现在入贡诸国，朝鲜、琉球、安南表章，本用汉字，无须翻译。苏禄、南掌文字，馆内原未肄习，与暹罗表章，率由各省督抚令通事译录具题。至百夷，即川、广、云、贵各省土官，今既改置州府，或仍设土官，皆隶版图，事由本省。回回、高昌、西番、西天等国，以及洮、岷、河州、乌思藏等处番僧，现在入贡，统隶理藩院接待。据理藩院复称，高昌馆字与蒙古通，西天馆与唐古特同。是该馆并无承办事务，应将四译馆归并礼部会同馆。"② 会同四译馆至此成立。

通过合并而新成立的会同四译馆，隶属礼部。清廷对其编制进行了重新调整：主管官员"于礼部满、汉郎中内拣选二人引见，候旨简用一人，令其兼理。定以三年更代，换给印信，以昭信守"。兼理之人，加提督会同四译馆兼鸿胪寺少卿衔。四译馆原设回回、高昌、西番、西天、暹罗、缅甸、八百、百夷8馆，共有序班8人（每馆1人），译字肄业生96人。及四译馆归并会同馆，将回回、

---

① 《光绪会典事例》卷五百一十四，礼部。
② 《光绪会典事例》卷五百一十四，礼部。

高昌、西番、西天四馆合为一馆，改称西域馆，保留回回、西番译字生4人；将暹罗、缅甸、百夷、八百4馆和增设不久的苏禄、南掌2馆合为一馆，改称百夷馆，保留暹罗、百夷译字生4人。原有序班8人，保留2人，"以备体制，余皆裁汰"。其序班、译字生由原来的104人减至10人。若遇"序班员缺，于译生内选补。译字生缺，于在京童生内选充，由馆呈部考补"。至于会同馆原设大使一人、朝鲜中官14人、书隶8名、皂隶6名、馆夫18名，则"照旧保留，以备使任"。所不同的是，大使一职，此前"向于各省杂职内推升"，两馆合并后，"照从前四译馆典务之例，于序班内升用，由吏部论俸推补"。原来四译馆官衙所在地，成为新成立的会同四译馆的办公地点，"所有四译馆册籍番书，仍于馆内收存"①。

会同四译馆"掌四夷朝贡之国。设广厦以待贡使之至；置象译以通语言，习番夷书。凡贡使就馆，率大使庀治屋宇，稽其出入、互市之事，视其脯资饩牵，毋有不给。若朝见及赐宴、颁赏，皆馆卿率使臣以行礼焉"②。另据《光绪会典》记载：会同四译馆"掌宾馆之事，通其译语。凡贡使来京师，皆授之馆舍，而给以器用、刍秣，竣事则核其数而册报。凡贡使行礼皆引焉。凡译书，各辨其体而考其义，率其属以肄习"③。会同四译馆的执掌综合了原来的会同、四译两馆的接待、翻译功能，具体而言主要包括以下内容。

（1）安排贡使一行入居馆舍。

（2）负责管理馆舍及贡使日常生活物品的供应。馆舍"遇有应行修理添设之处，由馆卿报部查核，移咨工部办理"；馆内各种设施用品，"付知主客司豫行工部备办，贡使回日缴还"；"贡使廪饩，付主客司由司转付精膳司行光禄寺备给"。各国贡使一行在京期间，清廷按其身份等级供应食物。贡使所需物品，皆由会同四译馆大使"呈明监督，付主客司办理"。年终，将"领过料豆及采买草束价银造册送司，咨户部核销；木柴、煤炭咨工部核销"④。

（3）转呈朝贡表文，查验贡物，引领贡使履行朝贡礼仪。贡使抵京后，先赴礼部进呈朝贡表文，"正使奉表授会同四译馆卿，转授礼部堂官"。随后，会同四译馆卿率属员查验贡物。凡遇皇帝召见、赐宴、颁赏等盛典，"皆由馆卿率使臣以行礼"⑤。

---

① 《光绪会典事例》卷五百一十四，礼部。
② 《清朝通典》卷二十五，职官三，礼部。
③ 《光绪会典》卷三十九，礼部主客司。
④ 《光绪会典》卷三十九，礼部主客司。
⑤ 《光绪会典》卷三十九，礼部主客司。

（4）监督在会同馆内进行的朝贡贸易活动，严禁违禁物品的买卖和贡使与官民私自交易。

（5）承担朝贡事务的翻译工作，培养翻译人才。

3. 鸿胪寺

鸿胪寺的官制设置，参见前述。鸿胪寺"掌襄朝会、燕飨之礼，率其属而赞导"①。贡使至京后，由鸿胪寺负责教其朝拜礼节："外国贡使入朝，习仪于本寺内。均委鸣赞、序班教以升降拜跪之仪。"② 凡遇朝觐、赐宴、颁赏等礼典，皆由鸿胪寺官员赞导，引领贡使行礼。

三、其他中央和地方机构的外交管理职能

清朝时期的中国是一个高度中央集权制国家，从中央到地方拥有一个自上而下的庞大权力网络。对东亚和东南亚等国朝贡事务的组织管理虽然主要以中央礼部为主，但从中央到地方，其他官衙也参与了朝贡事务的相关管理。

1. 内阁

内阁是辅助皇帝政务的中枢，"掌议天下之政，宣布丝纶，厘治宪典，总钧衡之任，以赞上理庶务。凡大典礼，则率百僚以将事"③。其主要职责是拟进与宣布皇帝的诏令，票拟、进呈臣工的本章，皇帝批阅后，由六科抄发各部院施行。朝贡国国王的表文、奏本由礼部转由内阁进呈御览；颁发朝贡国的诏敕，由内阁撰拟。

2. 内务府

内务府负责管理宫廷事务，属衙有"七司""三院"。七司为广储司、都虞司、会计司、掌仪司、营造司、庆丰司、慎刑司，三院为上驷院、武备院、奉宸院。各国贡物中，"金宝器币"按规定送交内务府，马匹交上驷院，腰刀、鹿皮、青黍皮等交武备院。广储司下设银库、皮库、瓷库、缎库、衣库、茶库等六库，清廷赏赐朝贡国的物品，多由该六库供给。自乾隆五十五年（1790年）以后原属礼部主客司的一部分职责由内务府接掌，除朝鲜外，其他国家来京贡使一行日常生活用品的供应，全由内务府承担。

由内务府分享历来由礼部主客司掌控的朝贡事务，这是清代前中期外交体制的重大变革。

---

① 《光绪会典》卷七十五，鸿胪寺。
② 《乾隆会典》卷八十五，鸿胪寺。
③ 《光绪会典》卷二，内阁。

3. 兵部

兵部掌管全国军事及武职官员的任免，下设武选、职方、车驾、武库四清吏司。其中，车驾司负责管理全国的驿站。贡使自京返回及清廷遣使册封朝鲜、琉球、安南3国，由兵部出具勘合，按站拨兵护送，同时作为沿途投宿驿馆和支取车马的凭据。贡使入住馆舍后，兵部派兵看护。乾隆五十三年（1788年），清帝下令永久取消了派兵看护的制度。

4. 工部

工部"掌天下造作之政令，与其经费，以赞上奠万民"①。凡册封各国，封使所用仪仗、朝服由工部发给。届时，封使将起程日期呈报礼部，"行工部取节及节衣，及仪从：龙旗二、黄盖一、御仗二、钦差牌、肃静回避等牌各二"。册封朝鲜，"正副使均用本任顶戴、朝服"；册封琉球、安南，"正副使准暂用正一品顶戴，赐正一品蟒缎披领袍各一件、麒麟补褂各一件，均行工部办给，回日缴还"②。会同馆馆舍设施及贡使一行所需物品，也由工部供给。

5. 户部

户部负责供给封使一行经费。"册封琉球等国正副使，照现在品级，行文户部领支二年俸银，回日缴还。"③ 另外，会同馆购买喂马草料所需费用，也由户部承担。

6. 督抚

在地方，朝贡事务由贡使入境省份的总督或巡抚兼管，其职责主要有：

（1）贡使入境后，入境省份总督、巡抚查验朝贡表文和贡物，随后题奏清帝，转付礼部核查，再由礼部咨文该总督、巡抚照章办理；

（2）入境省份总督、巡抚接礼部咨文后，向进京贡使一行签发勘合，委派文武官员沿途护送；

（3）负责管理朝贡使团中的"留边"人员，给以口粮，并监督其在当地进行的朝贡贸易；

（4）派人护送贡使一行出境，将出境日期报送礼部。

此外，贡使往返沿途所经省份，当地官员派专人接送，按省更替；贡使所到之处，提供起馆舍、廪饩、人夫及车马、船只等交通工具。

---

① 《光绪会典》卷五十八，工部。
② 《光绪会典》卷三十九，礼部主客司。
③ 《光绪会典》卷三十九，礼部主客司。

第二节　理藩院及其相关的管理朝贡事务机构

在清廷管理蒙古、新疆和西藏的成功经验中，起举足轻重作用的一个机构是直接从清初满蒙关系演变来的理藩院。理藩院属于清代的创制。"理藩一职，历古未有专官，唯周官大行人差近之。秦、汉以降，略存规制。遐荒绝漠，统治王官，为有清创制。自译署设，职权渐替已。"① 理藩院除了管理藩部以外，还管理藩部邻近的周边国家和部落的朝贡事务。

清代理藩院治理蒙、藏等藩部所遵循的治理原则可称之为"藩部治理原理"。这一原理不同于诞生于农业宗法社会的"礼治原理"。"藩部治理原理"是根据藩部本身所具的游牧特点所创制，朝廷据此对边疆地区实行厚养和自治政策。"其于诸藩也，容之如天地，养之如父母，照之如日月，威之如雷霆。饥则哺之，寒则衣之，来则怀之，劳则劳之，患则救之。量才而授任，疏之以爵土，分之以人民，教之以字畜，申之以制度。一民尺土，天子无所利焉；寸赏斗罚，天子无有私焉。修其教不易其俗，齐其政不易其宜。旷然更始而不惊，靡然向风而自化。"②

一、理藩院的沿革及其执掌

1. 理藩院的沿革

理藩院是清代在蒙古衙门的基础上演变而来的。崇德元年（1636年），清廷设立蒙古衙门。蒙古衙门初设时，官制只有两个层级，有承政三、四名，其余皆为参政。崇德三年（1638年）六月，蒙古衙门更名理藩院，专管外藩事务。七月更定八衙门官制，理藩院职官改为承政1员，左右参政各1员，副理事官8员，启心郎1员。十一月清廷铸造理藩院印信。

理藩院存在的200多年间，随着清朝整个政权机构的调整以及管理藩部事务范围的扩大，其内部的机构设置曾不断变化。

顺治元年（1644年），承政改为尚书，参政改为侍郎。顺治五年（1648年）二月，增设汉院判、汉知事、汉副使各1员。顺治十六年（1659年）闰三月，理藩院归礼部所属，尚书、左右侍郎均称礼部尚书和礼部左右侍郎，同时保留

---

① 《清史稿》卷一百十五，志九十，职官二。
② 祁韵士：《皇朝藩部要略》第一册，李兆洛序，台北文海出版社，1965年。

副理事官8员,堂主事2员,汉院判、汉知事、汉副使各1员。

顺治十八年(1661年)正月,康熙帝即位后,清廷认为:理藩院专管外藩事务,责任重大,"今作礼部所属,于旧制未合。嗣后不必兼礼部衔,仍称理藩院尚书、侍郎,其印文亦著改正铸给"①。同年八月,理藩院设立录勋、宾客、柔远、理刑四司。九月,因为"理藩院职司外藩王、贝勒、公主等事务及礼仪刑名各项,责任重大,非明朝可比,凡官制体统应与六部相同,理藩院尚书照六部尚书,入议政之列。该衙门向无郎中,今著照六部,设郎中官"②。理藩院增设各司郎中11员,员外郎21员。理藩院与六部平行,理藩院尚书衔名列于工部之后,成为清代中央常设机构。

康熙三十八年(1699年)七月,在清廷各机构一次普遍性人员裁撤中,理藩院满洲、蒙古司务各1人,汉院判、知事、副使各1人,各司汉主事共4人尽行裁撤。康熙四十年(1701年),理藩院柔远司划分为柔远前司和后司。

乾隆年间,理藩院组织机构趋于完善。乾隆二十二年(1757年),理藩院司属机构进行调整,改录勋司为典属司,宾客司为王会司,柔远后司为旗籍司,柔远前司仍为柔远司。乾隆二十六年(1761年)清廷平定霍集占兄弟叛乱后,乾隆帝谕示军机大臣:"理藩院专理蒙古事务,尚可兼办回部。著将理藩院五司内派出一司,专办回部事务。"③于是,理藩院司属机构再行调整,并旗籍、柔远为一司,增设徕远司,专管回部事务。乾隆二十七年(1762年),鉴于原来柔远、旗籍"二司所办事件各有不同,若责成不专,恐办理日久,不免舛错弊溷",旗籍、柔远仍分为二司。至此,理藩院下属六司机构最后完备。乾隆二十九年(1764年),因旗籍司、典属司"就其职掌,按之司名,究亦未符",便再改典属司为旗籍司,其旧旗籍司仍为典属司。至此,理藩院内部机构由旗籍、王会、典属、柔远、徕远、理刑六司组成。

光绪三十二年(1906年)七月,清廷在实行新政过程中,进行官制改革,理藩院机构发生了比较大的变化。鉴于"蒙、藏、青海,固圉防边,其行政事宜实与各部并重,故易理藩院为理藩部"④。更名以后,理藩部的内部机构也发生了较大变化:由于年班来京的蒙古王公,或自有府第,或租赁民房,早已不

---

① 《清圣祖实录》卷一,顺治十八年三月戊寅条。
② 《清圣祖实录》卷四,顺治十八年八月戊申条。
③ 《光绪会典事例》卷二十,吏部四,理藩院。
④ 《清末筹备立宪档案史料》上册,中华书局,1979年,第470页。

在里、外馆居住，里、外馆监督"无从稽查，无可弹压，几同虚设"①，因而裁撤里、外馆监督。合并满档房等机构成立领办处，设调查、编纂两局附入该处。领办处是全部公务总汇集的地方，设领办、帮办、稽核文移、总看奏折、委署主事、正副缮写等员，分别以郎中、员外郎、主事、笔帖式充任，主要筹办藩部地区各项新政。调查、编纂两局，设正副管股、翻译官、监管官、兼行官等员，分别以郎中、员外郎、主事、笔帖式充任，负责调查、编纂藩部地区的情况。旗籍等六司虽然因"名称久播蒙藩"，仍存旧名，但是人员设置也有了变化，均设掌印、帮印、主稿、委署主事、正副缮写等员，分别以郎中、员外郎、主事、笔帖式充任。

宣统元年（1909年）十二月，调查、编纂两局改为调查、编纂两科，合为宪政筹备处，筹备藩部地区的宪政事宜。在宪政筹备处内，附设藩务研究所，所有掌印、帮印各员均要参加研究所内的讨论，筹商藩部地区宪政诸事。宣统三年（1911年）四月，清廷内阁官制改组，成立新内阁，理藩部和其他部一样，尚书改称大臣，侍郎改称副大臣。

2. 理藩院的职掌

理藩院"掌内外藩蒙古、回部及诸番部封授、朝觐、疆索、贡献、黜陟、征发之政令，控驭抚绥，以固邦翰"②。理藩院的首长为尚书，名额1人，由满人出任，官阶从一品，统理院内一切事务；副首长是侍郎3人，其中左右侍郎2人由满人出任，蒙古侍郎一人从蒙古贝勒之中选贤出任，官阶从二品；郎中12人，由宗室1人、满族3人、蒙古8人所组成，官阶正五品，分掌院内各司事务，是处理各项庶务的中级官员；员外郎36人，由宗室1人、满族10人、蒙古族25人组成，官阶从五品，一般为闲职；堂主事6人，由满族2人、蒙古3人、汉族1人组成；校正汉文官2人，皆由汉人出任，做翻译工作；司务2人，满族蒙古族各1人；各司主事10人，分别由2个满族官及8个蒙古族官组成；银库司官、司库、司使合共5人，全由满员出任；笔帖式95人，分别为满族官34个、蒙古官55人、汉族官6人，负责翻译奏章、文书抄写、检查奏章中满汉蒙三文之间的校注。全院共设官172人，另有吏147人协助院务。

乾隆中期之后，理藩院机构设置臻于完善。理藩院分司6个，分掌不同事项，4个司分掌外蒙古、新疆蒙古族、青海、西藏（即所谓"外扎萨克"）及内

---

① 《大清光绪新法令》，《理藩部奏内外馆监督任满请旨可否裁撤折》，上海商务印书馆，1909年。
② 《清朝通典》卷二十六，职官四，理藩院。

蒙古（即所谓"内扎萨克"）的内部行政及对朝廷关系事务。其他两个司一个掌管新疆回部及西南土司各部，一个主理各外藩司法事宜。各机构设置和职掌如下。

旗籍清吏司：掌管内扎萨克所属24个部落49个旗的划定疆界、封爵、内部会盟、驿递、军旅等内部行政事务。设满族郎中1人、蒙古族郎中2人、宗室员外郎1人、满族员外郎1人，蒙古族员外郎2人，满族主事1人，满族笔帖式5人，蒙古族笔帖式10人，经承2人，帖写书吏2人。

王会清吏司：掌管内扎萨克所属24个部落49个旗王公的朝贡、俸禄、赏赐等对朝廷关系事务。设满族郎中1人，蒙古族郎中2人、满族员外郎2人，蒙古族员外郎3人，蒙古族主事3人，满族笔帖式3人，蒙古族笔帖式8人，经承2人，帖写书吏1人。

典属清吏司：掌管外扎萨克划定疆界、封爵、内部会盟、驿递、军旅、蒙藏各地喇嘛、察哈尔各族牧民、少数民族地区贸易等内部行政事务，兼管俄商来恰克图贸易事宜。设满族郎中1人，蒙古族郎中1人，满族员外郎2人，蒙古族员外郎6人，满族主事1人，蒙古族主事1人，满族笔帖式4人，蒙古族笔帖式6人，经承1人，帖写书吏2人。

柔远清吏司：掌管外扎萨克王公及蒙藏各地喇嘛的朝贡、俸禄、赏赐等对朝廷关系事务。设宗室郎中1人、满族员外郎2人，蒙古族员外郎7人，蒙古族主事1人，满族笔帖式2人，蒙古族笔帖式9人，经承2人。

徕远清吏司：乾隆二十六年（1761年）设立，掌管回部扎萨克及四川土司之政令及对回部的赏赐、封衔以及"外裔职贡"等事宜。设蒙古族郎中1人，满族员外郎1人，蒙古族员外郎4人，蒙古族主事2人，满族笔帖式3人，蒙古族笔帖式5人，经承2人。

理刑清吏司：分掌外藩各部的刑罚事件，修订惩治外藩的法律。理藩院驻扎各外藩的司员，参加审理有关外藩的案件及判决。被判遣罪（发配犯人流徙边远地方）以上者，均需汇报理藩院总部以及会同刑部或三法司复审及执行。该司设蒙古族郎中2人，满族员外郎2人，蒙古族员外郎4人，蒙古族主事1人，满族笔帖式2人，蒙古族笔帖式5人，经承1人。

理藩院尚管辖里馆、外馆、蒙古学、唐古特、托忒学、俄罗斯学、木兰围场、总管驻京喇嘛印务处、则例馆等机构，派出司员、笔帖式作为中央朝廷在外藩的驻官，处理外藩事务，定期轮换。

清代的部、院官职设置一般都采取满、汉双职，但理藩院主要官职不设汉官，而设蒙古官缺。无汉官则无汉制，理藩院有别于一般官制表明了治理对象

二、理藩院的外交管理职能

理藩院除了管理国内的藩部事务之外，还具有管理紧邻藩部的国家、地区的外交职能。理藩院负责管理三个地区的外交事务。

其一，中亚地区。理藩院的徕远司负责紧邻回部的"外夷朝贡"。"凡哈萨克左右部，布鲁特东、西部，安集延、玛尔噶朗、霍罕、那木干四城，塔什罕，拔达克山，博罗尔，爱乌罕，齐齐玉斯，谔尔根齐诸部落汗长，重译以时朝贡者，各以其国之籍礼之。"①

其二，廓尔喀（尼泊尔）。乾隆末年清军两次远征廓尔喀之后，廓尔喀成为清朝的藩属国。清廷把廓尔喀列入理藩院的管辖范围之内。赴京进贡的朝鲜使者曾观察说："廓尔喀在西藏之西，距燕京为数万里。昨年（指乾隆五十六年）讨平之后，廓尔喀酋长遣数十人，趁元朝（元朝：指新年元旦的正月朝贺）纳贡，自理藩院馆待之。每于宴班，不厕于外国，另设一班。……班于蒙古、回子之下，待以内服云。"②

其三，俄罗斯。清代中俄之间的外交文移往来也都以理藩院的名义进行。"国初与俄罗斯立约往来，不强之修表纳贡，彼此关会，不用诏旨。惟理藩院行文于其玛玉斯衙门，如有司咨牒状，盖早恐后日梗化，不至有伤国体也。"③"玛玉斯衙门"就是俄国的枢密院。由于顺治、康熙年间中俄之间在国书格式方面的争论，雍正时期签订的《恰克图条约》规定了两国外交文书来往在中国的理藩院和俄国的枢密院之间进行。两国地方事务则由清朝库伦办事大臣与俄罗斯伊尔库茨克省长共同负责。由此避免了中俄两国在朝贡文书方面的争执。

俄罗斯在清代按照每十年一次向北京派出僧侣和学生常驻北京的俄罗斯馆。道光二十六年（1846年）改为五年一次。④ 对于在京的俄罗斯馆，其管理权也直接归属理藩院，包含设监督进行行政管理、任命满汉教习对俄国学生进行满汉语言的教学、承办对俄国驻京人员的供给。其他诸如俄罗斯人的信件邮递、对俄罗斯人的来回接送都有一套相关制度。对于在京俄罗斯人的信件邮递，资料记载："子弟若寄信于其国，皆露函交理藩院。理藩院译其文进呈，无私语方

---

① 《清朝通典》卷二十六，职官四，理藩院。
② 《〈同文汇考〉中朝史料》（四），吉林文史出版社，2005年，第545页。
③ 陈康祺：《郎潜纪闻初笔》卷十，中华书局，1984年，第222页。
④ 《故宫俄文史料》，《清史译文新编》第一辑，第201件：《大清国理藩院致俄罗斯枢密院函》，历史研究编辑部编印，2005年。

为寄之。"①

对于理藩院这一外交职能，俄罗斯有着深刻的认识，出使中国的使节都把理藩院看作"清廷独特的外交部"，"是处理对外关系的'部'或'院'"②。

咸丰八年（1858年）五月签订的中俄《天津条约》第二款规定："嗣后两国不必由萨那特衙门及理藩院行文。由俄国总理各国事务大臣或径行大清之军机大臣，或特派之大学士。往来照会，俱按平等。设有紧要公文，遣使臣送到京，交礼部转达军机处。"③ 俄国以条约形式，脱离了清廷的理藩院管理轨道。咸丰十年（1860年）十二月成立总理衙门以后，理藩院兼办对俄外交事务的功能被总理衙门内部的俄国股接管。

三、藩部地方机构与外交管理职能

与在中央设置理藩院来管理藩部及其周边地区相配合，清代在藩部地区设置了将军、都统、大臣等职位直接统率军队，负责维护该藩部地区社会秩序，此即军府制度。军府体制是藩部地区统治秩序得以建立的组织和军事方面的保障。

1. 藩部地方机构的设置

清代藩部地区的军府建置，在内蒙古地区有绥远城将军、呼伦贝尔副都统、察哈尔都统、热河都统，在外蒙古地区有定边左副将军（也称乌里雅苏台将军）、科布多参赞大臣、阿尔泰办事大臣、库伦办事大臣，在新疆有伊犁将军、塔尔巴哈台参赞大臣、乌鲁木齐都统、喀什噶尔参赞大臣等，在青海有西宁办事大臣，在西藏有西藏办事大臣。

（1）内蒙古地区

绥远城将军设置于乾隆二年（1737年），统率满洲、蒙古、汉军士兵3900名，管辖归化城土默特二旗，以及军事上统驭乌兰察布和伊克昭两盟。呼伦贝尔副都统是在乾隆八年（1743年）由统领改设的，统率士兵2500名，管辖呼伦贝尔地区索伦、陈巴尔虎、新巴尔虎、厄鲁特等各旗的兵马。察哈尔都统设于乾隆二十六年（1761年），驻张家口，统率察哈尔八旗所属官兵、阿尔泰军台、锡林郭勒盟的军务以及察哈尔地区的四牧群。热河都统的前身是热河总管，设于雍正二年（1724年），乾隆三年（1738年）裁总管，改设副都统，嘉庆十五

---

① 姚元之：《竹叶亭杂记》卷三，中华书局，1982年，第87页。
② ［荷］伊兹勃兰特·伊台斯等著，北京师范学院俄语翻译组译：《俄国使团使华笔记（1692—1696年）》，商务印书馆，1980年，第290页。
③ 王铁崖：《中外旧约章汇编》第一册，生活·读书·新知三联书店，1957年，第87页。

年（1810年）副都统升改为都统。热河都统统率热河各处驻防官兵2000名，管辖卓索图盟和昭乌达盟两盟军务，热河所属各驿站，以及八沟、塔子沟、三座塔、乌兰哈达理事司员等。

（2）外蒙古地区

定边左副将军又名乌里雅苏台将军，雍正十一年（1733年）初设，当时还属于临时差遣性质。乾隆三十二年（1767年），清廷在乌里雅苏台筑城，作为定边左副将军衙署的所在地，定边左副将军军府正式形成。定边左副将军统率士兵2600余名，管辖漠北蒙古四部的兵马，监督各盟旗札萨克王公是否遵守清廷的法令，并管理唐努乌梁海部落一应事务。科布多参赞大臣在乾隆三十二年（1767年）成为军府建置，统率守城马步兵、卡伦士兵、种地蒙古兵、牧场兵以及向导兵等总计2000余名，管辖赛音济雅哈图盟各部兵马，以及扎哈沁1旗又1佐领，明阿特1旗，阿尔泰及阿尔泰诺尔乌梁海9旗的兵马。阿尔泰办事大臣设于光绪三十年（1908年）四月，"驻扎阿尔泰山，管理该处蒙哈事务"①。后来，又节制所有旧土尔扈特蒙满官兵，管理科布多所属迤西附近阿尔泰山乌梁海7旗，新土尔扈特2旗，霍硕特1旗，共计3部落10旗，以及昌吉斯台等西8卡伦，布伦托海屯田。库伦办事大臣设置于乾隆二十七年（1762年），"专理与俄罗斯通商之事，并抚驭哲布尊丹巴呼图克图。治所在土谢图汗部右翼左末旗之南中旗之北。其在土拉河以东、科鲁伦河以西者，为东库伦；在土拉河以西、鄂尔坤河以东者，为西库伦"②。库伦为外蒙古喇嘛教首都，是蒙古教首哲布尊丹巴呼图克图驻锡之地。清廷设立库伦办事大臣，目的在于联络喇嘛教，凭借其宗教势力绥服蒙古。库伦办事大臣兼理车臣汗，土谢图汗两部事务。

（3）新疆地区

伊犁将军设于乾隆二十七年（1762年），驻惠远城。统率天山南北全新疆地区约10000多名驻防官兵，并管辖乌讷恩苏珠克图等盟旗的兵马。在伊犁将军以下，新疆北路塔尔巴哈台设参赞大臣，统率官兵2000余名，负责巡查东西路卡伦，管理地方游牧。在乌鲁木齐设都统，驻巩宁城，管理乌鲁木齐、巴里坤、古城、吐鲁番、库尔喀喇乌苏等处满汉官兵事务。清廷在乌鲁木齐设官兵3460名，巴里坤1100名，古城1140名，吐鲁番600名，库尔喀喇乌苏720名。在南疆地区，乾隆二十四年（1759年），喀什噶尔设参赞大臣③、帮办大臣各1

---

① 《清德宗实录》卷五百二十九，光绪三十年四月辛酉条。
② 《嘉庆一统志》卷五百三十三，上海书店出版社，1984年。
③ 回部参赞大臣一职驻地并非固定，先后为喀什噶尔、乌什、叶尔羌等地。

人，管理喀什噶尔、英吉沙尔、叶尔羌、和阗、阿克苏、乌什、库车、喀喇沙尔等八城事务，每城又各设领队大臣1人，总兵、副都统等员，统率满汉官兵，负责巡查卡伦等事。光绪十年（1884年）新疆建省后，参赞大臣、帮办大臣、领队大臣等裁撤，俱改直隶厅、州。

（4）青海地区

西宁办事大臣设于雍正三年（1725年），是在清廷平定罗卜藏丹津叛乱之后。西宁办事大臣的主要职掌是统率征调青海蒙古和硕特、辉特、喀尔喀等各部兵马，负责审理各部蒙古的诉讼案件，管理青海地区的藏民。

（5）西藏地区

西藏办事大臣设于雍正五年（1727年），是西藏地方和清朝中央政府关系日益密切的产物，也是清廷在西藏施政进一步完善的结果。根据乾隆五十八年（1793年）颁布的著名的《钦定藏内善后章程二十九条》（藏文本）可知，西藏办事大臣的职掌是：督办藏内事务，与达赖喇嘛、班禅额尔德尼平等，共同协商处理政事；负责达赖、班禅以及各地黄教胡图克图灵童转世的金瓶掣签；督管西藏边界贸易以及各种外事活动；管理财政；管理西藏地区军事防御；负责西藏地方的司法。乾隆朝末年，西藏成立3000名正规军队，前后藏各驻1000名，江孜、定日各驻500名。兵员由各主要地区征调，每500名兵员委托1名代本管理。代本等军官由驻藏大臣和达赖喇嘛选年轻有为者充任，并发给执照。西藏兵员由驻藏大臣通过西藏地方政府分春秋两季发给粮饷。西藏地方军队要经常操演，驻藏大臣每年分春秋两季出巡前后藏各地和检阅军队。清廷在驻藏大臣之下所设的官员有：

（1）夷务章京1人，负责管理达木蒙古八旗官兵和39族事务，承办驻藏大臣衙门清文稿件，3年一任，由理藩院拣派。

（2）笔帖式1人，后因工作太重又增加1人，由理藩院拣派，专司驻藏大臣衙门翻译满、汉文书的工作。

（3）驻藏大臣衙门内设有译字房，置唐古特通司1人担任汉、藏文翻译，置廓尔喀通司1人担任廓尔喀文的翻译。

（4）粮务委员，清廷在西藏设有前藏粮务1员，后藏粮务1员，察木多粮务1员，拉里粮务1员。这些粮务专司支放兵饷以及承办驻藏大臣委审该处案件，3年一换。此外，清廷还设有副粮务1员，专司监造银钱。

道光二十年（1840年）以后，由于驻藏大臣琦善上奏《酌拟裁禁商上积弊章程》等，对驻藏大臣的职权、地位和地方官员应遵守的章程，重新申定并做了部分改动，并获清廷批准。这使驻藏大臣的职权有所削弱，并逐渐失去了对达赖喇嘛和班禅额尔德尼两处商上收支的审核权、对边界的巡查权、校阅营伍和操练藏兵的权力。

理藩院和将军、都统、大臣的关系较为复杂。一般说来，藩部地区的将军、都统、大臣向清帝奏报时，同时要上报理藩院，有的则直接上报理藩院，再由理藩院转奏清帝，这是因为理藩院属于管理藩部地区的中央机构，藩部地区的将军、都统、大臣理论上归理藩院管理。不仅如此，在藩部地区将军、都统、大臣等衙署的建置中，有的就设有理藩院的派出机构。热河都统衙门，设有随同办理理藩院司员、笔帖式等官职办理所属事务。乌里雅苏台将军衙署内，设有理藩院司官、笔帖式、候补笔帖式、委署笔帖式等官职，专管蒙古事件。在科布多参赞大臣、西藏办事大臣衙署内，也都设有理藩院司员管理相关事务。清廷通过理藩院和藩部地区将军、都统、大臣在组织上以及奏事方面的联系，形成了从中央到地方对藩部地区的强有力统治。

这里需特别指明的是，清代蒙、回、藏各藩部的性质有一个复杂的演变过程：起先属于外国，后来才转变为内藩。早先，喀尔喀、厄鲁特、吐鲁番、青海、西藏等地区与清朝或战或和，清朝称其为"部落""国""尔国"①或"本朝职贡之国"②，这些地区的"进贡"行为被称为"遣使进贡"，进贡者称为"使臣"③。康熙二十八年（1689年），康熙帝在分析喀尔喀蒙古内附清廷之前的身份时说："土谢图汗向来职贡惟谨，久在属国之列。"又说：喀尔喀等部"虽向非属国，而随属国之列"④。康熙对喀尔喀蒙古的身份在不同场合虽有不同的说法，但认为它们的身份都属"属国之列"。清入关前直到完成全部统一的18世纪中叶，清廷在官方文书中，称呼西藏为"图白忒部落""汤古忒部落""汤古忒国""乌斯藏部落"；称呼回部地区为"西域三十八国部落""哈密卫畏兀国"；称呼天山以北的西蒙古为"厄鲁特部落""准噶尔部""准部"等。

不过外蒙古、准部、回部、青海蒙古、西藏等藩部均在不同时期从"外藩"（外国）向"内藩"转变。各部在此前后与清廷有着性质迥异的区别：前为国家间关系，后为一国内部的臣属关系。喀尔喀在噶尔丹入侵之后的康熙三十年（1691年）多伦会盟，准部、回部在乾隆二十四年（1759年）平定回疆之后纳入清朝疆域。青海蒙古也在喀尔喀归附清朝的同时，大体循着"漠南蒙古模式"

---

① 《清世祖实录》卷九十一，顺治十二年五月壬寅条。
② 《清圣祖实录》卷一百三十一，康熙二十六年九月庚子条。
③ 《清圣祖实录》卷四十九，康熙十三年九月丙午条。
④ 《清圣祖实录》卷一百四十，康熙二十八年四月己卯条。

被纳入大清版图。西藏则在康熙末年被废除了和硕特蒙古藏王制,乾隆十五年(1750年)平定西藏郡王珠尔默特纳穆扎尔叛乱,随即设噶卜伦等官员"分辖藏务,受驻藏大臣及达赖喇嘛管辖"①。对于这些地区归属的转变,资料记载:"国初蒙古北部喀尔喀三汗同时纳贡,厥后朔漠荡平,庇我宇下,与漠南诸部落等。承平以来,怀柔益远,北逾瀚海,西绝羌荒,青海厄鲁特、西藏、准噶尔之地咸入版图。"②

2. 藩部地方机构的外交管理职能

藩部地方机构不仅负责对藩部地区的管理和统治,也兼管对藩部相邻的国家对清朝的朝贡事务,具体分工如下。

库仑办事大臣兼管紧邻蒙古地区的俄罗斯朝贡与恰克图贸易事宜:"库伦办事大臣一人,掌俄罗斯之往来,明其禁令。司员掌库伦贸易诸务,分驻恰克图办事司员一人等俄罗斯贸易诸务。"③

喀什噶尔或者叶尔羌的参赞大臣兼管紧邻回部的诸如哈萨克、布鲁特以及其他中亚国家。乾隆三十五年(1770年)清廷强调指出,中亚国家必须"一切凛遵喀什噶尔、叶尔羌大臣等命令,安常守分,以期永沐朕恩"④。

驻藏大臣兼管紧邻西藏的诸如廓尔喀等国的朝贡、通商事宜。乾隆五十七年(1792年)之后,西藏的外交大权一律集中于驻藏大臣。外藩所献贡物以及写给达赖喇嘛等人的来文,先须呈送驻藏大臣查阅。达赖喇嘛和班禅与邻国的来往书信,必须交驻藏大臣阅视,对于来文的回复,必须由驻藏大臣代为酌定,交来人带回。邻国侨商入藏,必须持有驻藏大臣颁发的执照。边境重大事务,更要根据驻藏大臣指示处理。为更直接管理西藏外交,驻藏大臣衙门专门添设口译、书写廓尔喀文字的翻译人员两名,并规定译员每名一天支取口粮银6分4厘3丝9毫。

第三节 清代前期管理朝贡事务机构的特点

通过对以上清代朝贡管理机构的梳理可知,清代前期设置的管理朝贡事务

---

① 《乾隆会典则例》卷一百四十二,理藩院,典属清吏司。
② 《乾隆会典》卷八十,理藩院,典属清吏司。
③ 《清朝通典》卷二十六,职官四,理藩院。
④ 《清高宗实录》卷八百六十六,乾隆三十二年十二月辛巳条。

机构明显具有二元结构的特征：由礼部与理藩院两类系统的部门对不同国家进行管理（见表2-1）。

表2-1 理藩院和礼部的内、外管理功能比较表

部门	国内管理功能	外交管理功能
礼部	掌五礼秩叙、典领、学校、贡举，以布邦教	管理朝鲜、琉球、安南、暹罗、缅甸、南掌、苏禄7国的传统朝贡事务；管理荷兰、葡萄牙、英吉利等西方国家的朝贡与通商事务
理藩院及其地方派驻机构	掌内外藩蒙古、回部及诸番部封授、朝觐、疆索、贡献、黜陟、征发之政令，控驭抚绥，以固邦翰	管理与各藩部接壤的外藩属国的朝贡、通商事务。这些属国包含与蒙古接壤的俄罗斯，与准部、回部接壤的中亚属国（哈萨克、布鲁特、浩罕四城、拔达克山、布哈尔、巴勒提、爱乌罕等国），与西藏接壤的南亚属国（廓尔喀等国）

这种二元的外交机构，是清代朝贡制度最具特色之处，这是基于清代对外部世界的二元划分法。如与明代将外部世界看作毫无区别的铁板一块相比，清代将外部世界作了两类区别："农业"外国与"游牧"外国，西方学者麦考尔较早指出了清代这种划分外部世界的方法及其原因。

清代由两个朝贡管理朝贡事务的衙门，一个是礼部，一个是理藩院。虽然它们共管礼仪程序，但负责的地域不重合。这种情况表明，满族人对东亚世界的看法不同于明朝。明朝把世界划分为两个截然不同的部分：中国与异国。明朝对蒙元野蛮统治的历史做出了儒教中国特有的保守反应，以华夷大防的旗帜在中国之外区隔出一个毫无差别的外部世界，而无视外部世界的性质是什么。清朝的生存环境似乎更为复杂，其经济基础是渔猎和畜牧业的混合体，在技术上与中国本土的农耕经济差异很大。在满族统治中国期间，他们一直明确承认自己与汉人有区别。[①]

清代将外部世界进行的二元划分法与清代特有的政治文化和身份认同有关。清代是一个统治范围广袤的多民族大帝国，它一方面继承了历代中原统治天下的政治遗产，另一方面又先天地带有草原民族和游牧部族的印记。清朝入主中原后，在其文化身份认同方面具有二重性。

其一，清朝皇帝自认汉家天子，在广大汉族居住地区设置18行省，典章文物承继前明，尊孔、祭祖悉就中华。清廷或因权宜之计，或因向往文明教化，

---

① 马克·曼考尔：《清代朝贡制度新解》，《中国的世界秩序》，中国社会科学出版社，2010年，第66页。

采取主动"汉化"政策。从清帝本身所受的正统教育而言，自清代前期的顺治、康熙、雍正、乾隆4位皇帝，再到其后的继承者，无不在皇子时代便开始接受系统的儒家教育，他们都拥有很高的汉文化修养。康、雍时期编纂《古今图书集成》、乾隆时期编纂《四库全书》，表明清代帝王对汉文化的继承。在礼仪制度方面，清廷遵守传统的儒家五礼：吉、嘉、军、宾、凶。这种礼仪与唐时的"开元礼"、明时的"明集礼"一脉相承。在官吏的选任制度方面，清廷以汉文明中传统的科举制度作为选拔官员的主要方式，把儒家经典作为科举考试的主要内容。对满、蒙旗人的选任也同样采取了科举取士的方法。

其二，清朝对"汉化"却又时刻保持警惕。清朝认为"汉化"会导致文弱奢靡，丧失满洲部族淳朴与强悍之风。因此清廷尽量保持"国语骑射"：满人之语言、发式、服饰等传统生活方式不变，清朝发祥地也禁止汉人染指。清廷对与满族相近之边疆社会，汉代所称长城之北的"引弓之国"，如蒙古、回部和西藏，征服之后不施行内地的行省制度，而是设置将军、大臣、都统进行统治，以致清代在北部和西北形成了与东南18行省相对的藩部地区。藩部统治形式更合乎满洲部族传统。与清代的理藩政策相关，清廷在康熙四十二年（1703年）到乾隆五十五年（1790年），在热河承德建立了避暑山庄，作为夏都，成为北京之外的第二行政中心。避暑山庄的建筑风格在保留了汉人固有的宫廷、园林之外，有外八庙等喇嘛庙建筑群，有近似草原的山区，有大蒙古包御幄。从生活习俗、宗教习俗尽量模拟草原自然与人文生态。与之相配合，清廷还形成了只针对藩部首领的"围班"制度，帝国皇帝与各部落首领定期前往热河围猎，这种政治上的象征意义在于显示与汉文明相异之处，进一步增进了同为骑射民族之间的相互认同感。"屏翰之重，所以宠之；甥舅之联，所以戚之；锐刘之卫，所以怀之。"① 避暑山庄在一定程度上成了草原之都。

清朝两种不同的身份认同使两种不同的文明基因在满洲统治者身上合而为一，最终形成了清廷在内、外领域都采用二元体制进行治理的格局。② 对国内

---

① 《清史稿》卷五百十八，列传三百五，藩部一。
② 历史上的汉代便有内地与都护府设置的区别。唐代有正州和羁縻州并行之例。唐朝的羁縻州，保存征服区的下层社会结构，保留原来的统治结构。辽代统治区分为两部分，一是北面契丹本部和其他游牧民族地区，一是南面汉人农耕区。《辽史·百官制》云："辽国官制，分南北院。北面治宫帐、部族、属国之政，南面治汉人州县、租赋、军马之事。因俗而治，得其宜矣。"学者雷海宗曾对唐代的"二元帝国"评论说："当中国某一朝代鼎盛，外藩四服时，均有二元的情况，但大唐二元帝国最为显著。所谓二元帝国，就是兼为中国本部与外藩之主。"（朱延辉："大唐二元帝国——雷海宗先生讲授的'中国通史'片段"，《雷海宗与二十世纪中国史学：雷海宗先生百年诞辰纪念文集》）。

地区，形成了国内的行省与藩部两种形式共存的二元治理结构。对外领域，与国内二元统治结构相对应，清廷与周边国家关系的处理方面，也相应地采取了两种制度设置："清初藩服有二类，分隶理藩院、主客司。隶院者，蒙古喀尔喀、西藏、青海、廓尔喀是也；隶司者，曰朝鲜，曰越南，曰南掌，曰缅甸，曰苏禄，曰荷兰，曰暹罗，曰琉球。"① 对于与汉人文化相似、受汉人农耕文化影响较深的东部、东南部国家，以致从这一方向舶海而来的西方国家，诸如葡萄牙、荷兰、英国等，清廷沿明旧制，均由中国历代设置的礼部管辖。对于与蒙、回、藏等藩部游牧社会相似的北方、西北和西南部族，不论行国、居国，包括俄罗斯，都由清朝特设的理藩院管理。中亚的国家和地区在乾隆平定准部和回疆之后，直接成为清廷的外藩属国。西南的廓尔喀则是清廷两次出兵廓尔喀之后，将其列入理藩院管理的国家之列。

清代这种二元外交管理机构的设置，显示了清代处理对外关系的某种灵活性和开放性。礼部管理下的传统朝贡国家，更多地沿袭了中国前代管理外国的模式。而理藩院以及相关机构管辖下的外国，如与礼部管辖下的朝贡国家相比，在管理力度方面则更为松散，与清廷关系也相对较为平等。有西方学者评论：

> 正是理藩院这一机构，而并非礼部（继续按照明代模式处理中国以东、中国以南和海外国家关系的机构），在1840年以前提供了中国在双边协议基础上对待欧洲人的唯一经验。当然，清廷的首要任务是加强控制和维持屈服，而并非提倡文化多元化。但是通过利用或与清代内亚的当地贵族合作，而达到的控制和屈服，使得清廷机构的这部分与同时代的欧洲列强的海外殖民机构的高级复杂程度达到相当的水平。②

因此，清代二元外交机构在一定程度上突破了僵硬的、一元化的传统朝贡管理机制，在当时容纳了中亚、俄罗斯等异质国家与中国的交往，在一定程度上舒缓了16世纪以来世界大变局对中国的冲击，也为近代中国外交制度转型积累了一定经验。当然，我们也不必对这种积极意义过分的高估，因为这种积极意义在另外一方面却又创造了清廷继续陶醉于天朝大国梦的条件和资本。

---

① 《清史稿》卷九十一，志六十六，礼十，宾礼。
② Di Cosmo, "Qing Colonial Administration"（《内亚清的殖民管理》），第306页。转引自司徒琳："世界史及清初中国的内亚因素——美国学术界的一些观点和问题"，《满学研究》，第五辑，民族出版社，2000年。

第三章

清代朝贡制度的一般性规定

清廷对属国有诸多限定性规定，其中贡期、贡道和贡物是最为一般性的规定，它们从时间、空间和物质三方面对朝贡国进贡进行了限制，共同构成了清代朝贡制度的基础。

第一节 贡期制度

一、贡期规定

属国来华朝贡，根据与中国的亲疏、远近关系，周期各有不同。不同的朝贡周期构成了贡期。贡期制度起源于周朝，周朝政府按照距离王都的路程，将天下由近及远划分为侯、甸、男、采、卫、要、夷、镇、藩9个区域——"九服"，其中前6个区域属于"内服区域"：侯服每年朝贡1次，甸服2年朝贡2次，男服3年朝贡1次，采服4年朝贡1次，卫服5年朝贡1次，要服6年朝贡1次。后3个区域为"蕃国"，"世一见"，即只有新统治者上台时才去朝见。这种不同类型的区域按期朝见周王，后来演变为此后属国来华朝贡的贡期。

确定属国贡期的意义在于：对不同国家访问中国在时间上进行限定，既加强了与友好国家的密切交往，又限定了不友好国家的无限制闯关，达到把潜在敌人拒之于门外的效果。成化十五年（1479年），明廷发给琉球敕谕，对将其贡期由一年一贡改为二年一贡的理由进行了阐释："曩因尔国使臣入贡，往往假馈送为名污我中国臣、士，其实以为己利；又不能箝束傔从，以致杀人纵火，强劫民财；又私造违禁衣服，俱有显迹，故定为二年一贡之例。"①

---

① 《中山世谱》卷六，《国家图书馆藏琉球资料续编》下册，北京图书馆出版社，2002年，第178页。

清代与中国关系最为友好的两个国家是朝鲜和琉球，因而两国的朝贡周期最短，其中朝鲜一年四贡，琉球两年一贡。缅甸等与中国较为疏远的国家贡期为十年一贡。至于中亚、西洋等地区的国家则"贡无定期"。中国不仅利用周边属国从空间上建立起一道拱卫中国的藩篱，而且利用贡期制度从时间上竖起了一面无形的防火墙。

清廷对于各国贡期的规定，一般都严格执行。如果有朝贡国家过期不贡，清廷会通过边境督抚向该国发出咨文催贡，该国要不马上派遣使臣进行补贡，要不陈述误期理由。清廷也有主动推迟贡期的，这种情形一般发生在中国境内发生内乱，贡道被梗阻时。太平天国时期，大半中国被太平军控制，清廷曾阻止了几个国家的入贡请求。

二、各国贡期

清代对属国来华朝贡的周期基本根据地理远近和亲疏关系制定。根据《光绪会典》，清代属国凡入贡各定其期：

> 朝鲜每年四贡，于岁杪合进。琉球间岁一贡，四年遣使来朝一次，合两贡并进。越南两年一贡，四年遣使来朝一次，合两贡并进。南掌十年一贡。暹罗三年一贡。苏禄五年一贡。缅甸十年一贡。其余国家因道远而贡无常期。①

上述规定的各国贡期，只反映某个时期的规定，各国贡期其实一直都在发生着变化。特别是在道光十九年（1839年），清廷曾对各国贡期进行过一次大规模调整，《清实录》记载：

> 谕内阁：向来越南国二年一贡，四年遣使来朝一次，合两贡并进。琉球国间岁一贡，暹罗国三年一贡。在各该国抒诚效顺，不敢告劳。惟念远道驰驱，载涂雨雪，而为期较促，贡献频仍，殊不足以昭体恤。嗣后越南、琉球、暹罗，均著改为四年遣使朝贡一次，用示朕绥怀藩服之至意。该部即遵谕行。②

1. 朝鲜

朝鲜贡期在崇德二年（1637年）规定："万寿节及中宫千秋、皇子千秋、冬至、元旦及庆吊之事，俱行贡献之礼。"③ 这一时期，清廷规定朝鲜要完全按

---

① 《光绪会典》卷三十九，礼部主客司。
② 《清宣宗实录》卷三百二十，道光十九年三月庚申条。
③ 《清太宗实录》卷三十三，崇德二年正月丁卯条，台湾华文书局，1968年。

照向明朝进贡的周期向其进贡。每年要向清廷派遣冬至使、朝正使、圣节使、千秋使。不久,清廷取消了千秋使,代之以年贡(岁币)使。因此朝鲜在清初每年四贡,分别在一年内的冬至、元旦、圣节和岁末四次派遣使节前往中国:"崇德时,岁遣冬至、正朝、圣节、年贡四使,或一员、二员,品衔无定式。"①

顺治二年(1645年),清帝诏谕朝鲜:"元旦、冬至、万寿庆贺礼物,念道途遥远,俱着于庆贺元旦时,一并附进。"② 清廷允许朝鲜把具有不同功能的四次进贡合并为一次综合性的朝贡行为:"并三节及年贡为一行,而必具正使、副使及书状官,名曰冬至使,岁一遣之。"③ 朝鲜此后派出的朝贡使团又被称为"三节年贡使"

2. 琉球

琉球的明代贡期原为一年一贡,成化年间更改为二年一贡。清初继承了二年一贡的惯例。道光十九年(1839年),清廷试图将琉球贡期延长,但遭到琉球的反对:"钦奉上谕:琉球改为四年一贡。特遣王舅向邦正、正议大夫郑元伟奏请照旧间年进贡,随蒙允准。"④ 在琉球的请求下,清廷最终依然维持琉球两年一贡。

对于清廷企图更改琉球贡期一事,清代有笔记资料记载:

故事:琉球国间岁一贡,道光十九年,诏改每四年遣使朝贡。是岁中山国王尚育咨达闽抚,谓"琉球地滨海,最患多风,惟朝贡以时,则风雨和顺,每遇贡年,岁必大熟。又贡舶出入闽疆,岁颁时宪书,得以因时趋事,庶务合宜。又琉球不产药材,赖贡舶载回应用,至航海针法,全赖随时学习,番休更替。若四年一朝,则丰歉不齐,人时莫授,药品缺乏,针盘荒疏,请奏复旧制。"时抚闽使者为吴文节公文,疏闻,手敕报曰:"据奏情辞真挚,如所请行,并允令陪臣子弟随同贡使,入监读书。"按:琉球臣服大朝,最称恭顺,在我国家八荒亭毒,原望其承祧衍绪,永为瀛海维屏也。⑤

3. 安南

安南(越南)贡期在康熙二年(1663年)被定为三年一贡。康熙七年

---

① 《〈同文汇考〉中朝史料》(一),吉林文史出版社,2003年,第114页。
② 《清世祖实录》卷十九,顺治元年十一月庚戌条,中华书局,1985年。
③ 《〈同文汇考〉中朝史料》(一),吉林文史出版社,2003年,第114页。
④ 周煌、赵新:《续琉球国志略》卷二,台湾文献丛刊第293种,台湾银行经济研究室编印,1970年。
⑤ 陈康祺:《郎潜纪闻二笔》卷十三,中华书局,1984年。

（1668年）改为三年一贡，六年遣使来朝一次，合两贡并进。"安南国王黎维禧疏请六年两贡并进。礼部议，仍照会典定例、三年朝贡。得上谕曰：'览王奏称该国僻居禹服之外，道路悠远，山川阻深，贡役劳苦，三年、六年先后虽异，礼意恭敬则一等语。该国遵奉教化。抒诚可嘉。此进贡著照该王所奏行'。"① 乾隆五十七年（1792年）改为两年一贡，四年遣使来朝一次，合两贡并进。嘉庆八年（1803年），清廷重申：越南国贡期仍为安南旧例，二年一贡，四年遣使来朝一次②。道光十九年（1839年），改为四年一贡。这里需要注意的是，这次把越南的贡期改为"四年一贡"，表面上依然与此前的"四年遣使来朝一次"没有任何区别，但实际上，改变贡期后，越南方面的贡物变成了一份，而非"两次并进"时的两份。道光十九年（1839年）的上谕对此作了特别说明："越南国向例，每届四年，两贡并进。今既改为四年一贡，所进贡物，自应减去一次，其旧例两贡并进之处，著即停止。"③

4. 暹罗

暹罗贡期在康熙四年（1665年）被定为三年一贡，道光十九年（1839年）由三年一贡改为四年一贡："向来暹罗三年一贡，著改为四年遣使朝贡一次，用示朕绥怀藩服之至意。"④

5. 南掌

南掌在雍正八年（1730年）初次遣使清廷并请定贡期，清廷定为五年一贡。乾隆八年（1743年），清廷以南掌国"僻处天末，远道致贡，未免烦劳"⑤为由，改为十年一贡。

6. 苏禄

苏禄贡期在雍正五年（1727年）规定"五年一贡"⑥。

7. 缅甸

缅甸清初由于"道远，贡无定期"⑦。乾隆五十五年（1790年），改为十年一贡⑧。

---

① 《清圣祖实录》卷二十六，康熙七年五月甲子条。
② 《光绪会典事例》卷五百二，礼部。
③ 《清宣宗实录》卷三百二十八，道光十九年十一月甲午条。
④ 梁廷枏：《海国四说·粤道贡国说》卷二，暹罗二，中华书局，1993年，第199页。
⑤ 《清高宗实录》卷一百九十四，乾隆八年六月甲寅条。
⑥ 《清史稿》卷五百二十八，列传三百一十五，属国三。
⑦ 《乾隆会典》卷五十六，礼部，主客清吏司。
⑧ 《光绪会典事例》卷五百二，礼部。

8. 廓尔喀

廓尔喀，在乾隆末年出兵之后，清廷规定五年一贡。① 对此，文献记载："乾隆五十八年正月，廓尔喀贡使噶箕第乌达特塔巴等赍贡物至京师，帝赐宴，命与朝鲜、暹罗各使同预朝贺，封拉特纳巴都尔为廓尔喀王。自是五年一贡，听命惟谨。"②

9. 荷兰

荷兰在清朝初期，也是清廷理论上的朝贡国。期间贡期的长短有所变化。顺治十二年（1655年），清廷考虑到荷兰"道路险远，着八年一次来朝"③。康熙二十五年（1686年）改为五年一次："荷兰国进贡之期，原定八年一次，今该国王感被皇仁，更请定期，应五年一次。"④

10. 其他国家

除了相对比较有固定贡期的国家外，其余国家因道远而"贡无常期"。这些国家主要是指中亚一带的国家：

哈萨克左、右部，布鲁特东、西部，安集延、玛尔噶朗、浩罕、那木干四城，塔什罕，巴达克山、博罗尔、爱乌罕、奇齐玉斯、乌尔根齐诸部落汗长，自高宗纯皇帝平定西域陆续通贡后，皆重译来朝，遣使入贡。各部来朝无定期，或三年、或间年，无常期。⑤

至于西洋诸国如葡萄牙、意大利和英国，同样"贡无定期"⑥。各国贡期见表3-1。

表3-1　清代属国贡期及其变化表

国家	贡期及其变化
朝鲜	起初一年四次遣使进贡；后合并为一年一次，四贡并进
安南	起初三年一贡；后改为三年一贡，六年两贡并进；又改为两年一贡，四年两贡并进；最后改为四年一贡
琉球	两年一贡
暹罗	起初三年一贡，后改为四年一贡

---

① 《光绪会典》卷六十七，理藩院。
② 《清史稿》卷五百二十九，列传三百一十六，属国四。
③ 《雍正会典》卷一百四，礼部·朝贡。
④ 梁廷枏：《海国四说·粤道贡国说》卷三，荷兰，中华书局，1993年，第210页。
⑤ 《乾隆会典》卷八十，理藩院徕远清吏司；《光绪会典》卷六十八，理藩院柔远清吏司。
⑥ 《嘉庆礼部则例》卷一百七十九，主客清吏司。

续表

国家	贡期及其变化
南掌	五年一贡,后改为十年一贡
苏禄	五年一贡
缅甸	十年一贡
廓尔喀	五年一贡
荷兰	八年一贡,后改为五年一贡
中亚国家	贡无定期
西洋国家	贡无定期

第二节 贡道制度

一、贡道规定

贡道是贡使来华朝贡行走的路线。根据各国的地理位置,清廷规定了不同的入境路线。其中朝鲜从东北陆路入境,越南、缅甸、南掌皆从西南陆路入境,中亚国家和俄罗斯则从西北和北部陆路入境,琉球、暹罗、苏禄、西洋诸国则皆浮舟于海,远涉重洋入境。

清廷为各国规定的贡道,除非恩准,否则不得随意更改:"各国贡使入境,水陆俱遵定制,不得越行别道。"[1] 如与贡期相比,清廷对贡道的规定更为严格。如果不是出于冬季水路冰冻无法行舟而临时更改陆路的自然原因,或贡道所经省份发生叛乱的社会原因外,清廷一般不允许更改贡道。

安南传统的贡道从首都升龙(河内)出发,在北部的两国陆地边境进入中国。阮朝建立后,将其首都改在富春。富春位于越南中部的濒海地区,由富春经海路可直达广东。道光九年(1829年),越南贡使以"省陆路劳累之苦"为由向礼部申请更改贡道,要求经由海路进入广东。礼部以"事涉更张,实不可行"为由将越南请求驳回。清廷随后颁布谕令:"外夷各国贡道,或由水路,或由陆路,定例遵行,未可轻言改易。所有该陪臣禀请改由水路以省劳费,着勿庸议。"[2]

---

[1] 《光绪会典》卷三十九,礼部主客司。
[2] 《清宣宗实录》卷一百五十八,道光九年七月丁巳条。

暹罗贡使在咸丰二年（1852年）返国途中，在河南遭抢。此后再未向清廷派遣贡使。同治二年（1863年），两广总督向暹罗发谕，要求暹罗继续进贡。同年，暹罗政府派人到广东递送公文，提出因道路梗塞，请求从天津海道入贡。同治七年（1868年），沈葆桢派遣福建船政总监叶文澜前往暹罗采购木材时，带给暹罗政府一份要求其按期进贡的公文。同治八年（1869年）由叶文澜捎回的暹罗给福建方面的回复禀文中称：咸丰二年（1852年）暹罗进贡，返回途中遭匪徒抢劫。及至贡期，问诸来往商船，传说沿途各地匪患未平，因此无人敢任贡使。如果允许改从海道经由天津入京，则可恢复进贡。对于暹罗请求更改传统贡道事宜，福州将军和巡抚专门上奏朝廷。礼部最后答复："现在中原底定，发逆一律肃清。由粤赴京，驿道并无梗阻。即有应行绕道之处，亦可知照经过地方，妥为接护，以期周密。若由海道至天津，经涉重洋，恐有风涛之险、盗贼之虞，地方官无从防护，转失朝廷体恤藩封之意。自应照旧航海至广东虎门，起旱后驰驿赴京。"①

光绪元年（1875年），朝鲜副使到天津、烟台考察港口税务后，提出由海道归国。清廷认为这一请求与定例不符，下令仍由原来的贡道归国。不久，朝鲜也要求把贡道从陆路改到海路，但被清廷严词拒绝。

对于违反贡道制度，擅自更改路线行走，清廷将进行严处。康熙六年（1667年），荷兰由福建进入中国朝贡，康熙皇帝发布谕令：该国以后进贡路线"务由广东进入，别道不许放入"②。道光二十三年（1843年），尼泊尔使臣从北京返回途中，正、副贡使在该年九月初六没有按规定从西藏的济咙出境，而是从另外一个边境地区绒辖尔山口"捷径回巢"，导致中方两位伴送人员获得了被降四级的处分③。中尼3个边界通道分别为绒辖尔、聂拉木和济咙，其中绒辖尔山口最东，聂拉木居中，济咙最西，因此尼泊尔使节从绒辖尔出境被中方称为"捷径"。

确立贡道，有以下几层含义。

第一，固定的贡道，有固定的接待设施，保障贡使在朝贡路途中的衣食住行等后勤供应。

资料记载："周公治致太平，越裳氏重译来贡白雉一、黑雉二，象牙一。使

---

① 余定邦：《中泰关系史》，中华书局，2009年，第182–183页。
② 梁廷枏：《海国四说·粤道贡国说》卷三，荷兰国，中华书局，1993年，第209页。
③ 孟保：《西藏奏疏》卷三，中国藏学出版社，2006年，第98页。

者迷其归路。周公赐以文锦二匹,軿车五乘,皆为司南之制,使越裳氏载之以南。"① 这一资料表明,西周时期的越裳进贡中国,返国时却不知归路,周公赐以指南车供其返回。从这一方面而言,贡道的确立完全出于怀柔远人之故。

第二,贡使进京的贡道,一般都选择经过繁华富庶地区,目的在于显示中华物阜人丰。清廷特别注重这种"形象工程"。

乾隆五十三年（1788 年）七月,清帝下旨:"缅甸贡使现赴热河瞻觐,荆州为必经之路。此次被淹情形较重,城垣庐舍,多有坍塌,恐不足以壮观瞻。著传谕该督等务将堤塍各工。上紧兴修。如能于该贡使过境之前,一律兴修完整,并将各兵民妥为安顿,固属甚善。如实赶办不及,或令绕道行走亦可。"② 乾隆五十五年（1790 年）安南国王阮光平入贡,清廷为显示中国的"气象万千",特改传统的贡道,而由广西、广东、江西、湖北、河南、直隶入京。对于这一路线的选择,福康安在给乾隆的奏折中指出:南宁—肇庆—封川—德庆—三水—佛山—广州一线,"海舶连樯,城隍壮丽,烟户市廛,骈阗藩庶,且满汉官兵众多,气象更为雄壮"。而广州—韶州—南雄—南昌一线,"所过梅岭等处地方,山川雄秀,人物殷稠,俱有可观"③。为了体现这种壮美,沿途省份还"欲将道路、桥梁、途间屋宇,俱为修葺粉饰;甚至路旁枯木皆行伐去,竟如隋朝外藩来觐,草木皆衣被文绣"④。同治三年（1877 年）,廓尔喀贡使按期进贡,到达前藏后,由于该年廓尔喀贡道上的陕西、山西两省荒旱异常,饥民充塞于道,有碍观瞻,清廷下令四川总督,在廓尔喀贡使抵达成都后,即派人就地护送返程而不必来京。廓尔喀所上表文、贡物,另委人员进京呈送,给国王的敕书、赏赐,也由理藩院发往四川,由四川方面颁给贡使⑤。这一事件,证明了清廷是多么地在乎面子。

第三,贡道是外国使节在中国行走的指定区域,在贡道之外地区,外国使节无权进入,这是出于国防和安全考虑。

贡道一般不能过于"径直"而需要某种程度的蜿蜒曲折,以免贡使在途中窥得门径。在贡使经过的战略要冲,有时要安排驻军列队致敬,表面是向使节致意,实际上更多的是宣示军威,以防外人起觊觎之心。乾隆五十八年（1793 年）正月,乾隆对英国马嘎尔尼使团来华的沿途贡道作出如下安排:

---

① 崔豹:《古今注》卷上,舆服第一,《四部丛刊》影印本。
② 《清高宗实录》卷一千三百八,乾隆五十三年七月甲子条。
③ 《钦定安南纪略》卷二十五,海南出版社,2000 年。
④ 《清高宗实录》卷一千三百五十六,乾隆五十六年己未条。
⑤ 《清德宗实录》卷六十,光绪三年十月戊申条

降旨海疆各督、抚，如遇该国贡船进口，即委员照料护送进京。因思乾隆十八年西洋博尔都噶尔国遣使进贡，系由广东澳门收泊。其时两广总督阿里衮曾于海岸处所调派员弁，带领兵丁，摆齐队伍，旗帜甲仗等项，皆一体鲜明，以昭严肃。此次英吉利国贡船进口泊岸时，自应仿照办理。此等外夷输诚慕化，航海而来，岂转虞有他意。但天朝体制，观瞻所系，不可不整肃威严，俾外夷知所敬畏。现在海疆宁靖，各该督、抚皆未免意存玩忽，近海一带营伍可想而知。著传谕各该督、抚等：如遇该国贡船进口时，务先期派委大员，多带员弁兵丁，列营站队，务须旗帜鲜明，甲仗精淬。并将该国使臣及随从人数，并贡件行李等项，逐一稽查，以肃观瞻而昭体制。外省习气，非废弛因循，即张大其事，甚或存畏事之见，最为陋习。此次承谕办理，务须经理得宜。固不可意存苟简，草率从事，亦不可迩涉张皇，方为妥善也。钦此。①

马嘎尔尼对这种安排后来也洞烛于胸："今兵队向吾等行礼而夹有示威之性质。"② 正如两江总督长麟在马嘎尔尼从北京返回广州经过江苏时所上的奏折指出的那样："江南境内营汛墩台，已饬预备整肃，足壮观瞻。臣复密札经过所属道府，将备不动声色，严肃弹压，俾该贡使知所畏慑，不敢少有逗留。"③ 清廷在贡道上的种种制度安排，范芝岩的《即事诗》，云：

<blockquote>
争传沧海使，重译款重关。
声教钦诸夏，怀柔到百蛮。
邮程严递送，贡市恤长艰。
俾睹军容盛，防闲重若山。④
</blockquote>

第四，通过确立的贡道网络，清廷建立起了四夷宾服、万国来朝的朝贡格局，加强了中国与周边国家在政治、经济和文化上各方面的密切交流。

清代各国贡道的来京路线，基本与清代中国的"官马大路"系统相吻合。这一网络以京城东华门外的皇华驿为总枢纽，向北、西、南、东四面延伸。

官马北路系统最重要的是通往大东北的干线，它从北京经山海关、盛京分别延伸到雅克萨、庙屯和朝鲜半岛。属于官马北路系统的还有内蒙古五路台站，

---

① 梁廷枏：《海国四说·粤道贡国说》卷五，英吉利一，中华书局，1993年，第237页。
② [英]马嘎尔尼著，刘半农译：《1793乾隆英使觐见记》，天津人民出版社，2006年，第215页。
③ [法]佩雷菲特著，王国卿等译：《停滞的帝国》，生活·读书·新知三联书店，2008年第三版，第272页。
④ 龙顾山人：《十朝诗乘》卷十一，福建人民出版社，2000年，第414页。

这一官道向北可以延伸到俄罗斯。

官马西路系统包括兰州官路与四川官路的两大干线。兰州官道是通往西北的主要交通干线，从北京经保定、太原、西安、兰州，通往青海、西藏和新疆，与中亚、西亚诸国相连，这是历史中最为著名的丝绸之路所经的主要区域；四川官道则是通往大西南的干线，从西安通往云、贵、川，再向西延伸到西藏，并通往廓尔喀等南亚诸国，这是西南丝绸之路所经区域。

官马南路系统，包括云南官路、桂林官路和广东官路3条干线。前两条干线大致从太原南下过黄河到洛阳，分道到昆明或桂林，通往缅甸、老挝、越南等国；第三条干线即广东官路，从北京出发经济南、徐州、合肥、南昌、赣州、韶关，直达广州。这是元、明以来北京到广州纵贯中国南北的主要官道，历来被当作"使节路"。通过这条道路，清代的暹罗和欧洲国家得以与中国进行密切交流。

官马东路的唯一干线就是福建官路，沿途经过天津、济南、徐州、南京、苏州、上海、杭州、福州等地，经海路与琉球、苏禄等国相连。

二、各国贡道

1. 朝鲜贡道

朝鲜三节年贡使团通常在每年的十月或十一月初从朝鲜的汉阳出发，十二月末以前到达北京。朝鲜境内经由汉阳—平壤—安州—义州—鸭绿江一线行走。

朝鲜在中国境内的贡道，几经改易，最后确立：沿九连城—汤站—凤凰城—雪里站—通远堡—连山关—甜水站—浪子山站—辽东城（辽阳）—十里河—沙河—盛京—边城—流河—新民屯—白旗堡—二道井—黑山—广宁—小凌河—沙河—山海关—武宁—玉田—蓟州—三河—通州—北京一线行走。

朝鲜使团入华第一站是九连城。明人王之诰有诗云："九连城畔草芊绵，鸭绿江头生暮烟。"九连城始建于金代，元朝时是婆娑府巡检司治所。明朝始称九联城，后改称九连城，并增建镇江城。九连城位于今天丹东市东北25里的鸭绿江畔。

清代顺治年间，实行柳条边外封禁政策，九连城和汤站被圈在了柳条边外，以致朝鲜使团进入中国国境后，在通过这两站行走时，没有中国官方机构迎接招待，朝鲜使团不得不风餐露宿。对于这种情形，朝鲜人记载："渡鸭江以后，两日露宿。"[①] 使团到达第三站凤凰城的栅门时，才有中国官方正式接待。

---

① 李宜显：《陶谷集》卷二十九，《庚子燕行杂识上》，参见韩国民族文化推进会编译《国译〈燕行录〉选集》影印本，1976年。

朝鲜贡道总路程在3100里左右，在中国境内有2100里左右。朝鲜贡使往、返路途分别需60天左右，加上在京停留的40天，总共大约需要160天。朝鲜《燕行录》对朝鲜使团来回日程大都有详细的记录。表3-2为韩国学者全海宗列出的5次朝鲜使团日程表（月、日为农历）①：

表3-2 明清朝鲜使团进贡日程表

年代	汉城出发	渡鸭绿江	抵达北京	离开北京	渡鸭绿江	返回汉城	总天数
1574年	5月11日	6月16日	8月1日	9月8日	10月10日	11月3日	170
1790年	5月27日	6月22日	--	--	10月10日	10月22日	142
1803年	10月21日	11月24日	12月24日	2月2日	3月11日	3月25日	152
1832年	10月20日	11月21日	12月19日	2月7日	3月14日	4月2日	159
1876年	5月6日	闰5月12日	6月10日	8月7日	9月6日	9月24日	155
							平均155.6

2. 琉球和苏禄贡道

琉球贡道先经海路到达中国。琉球入贡，一般在农历九月初从姑米出发，在九月底或十月初到福州："必自姑米开洋，柹更沙漏，经飓翻台吼之险，昼夜一针；或兼旬、或十数日，始收帆乎榕城。"② 琉球使团也有在其他时节来福建的。

记载从琉球往返中国海行路线最详细的资料是琉球人程顺则的《指南广义》：

琉球往福州

二月，古米山开洋，（用辛戌并辛酉针）四十五更（取）东涌山为妙。

又三月，古米山开洋，（用辛酉针）二十七、八更（看墨鱼骨成阵流）系是洋心，（用单酉针）一日就见山。如不见山，海水变绿色，又见白色。夜间可防近山。使开针，候至天明观是什么山，真无差也。

又三月，古米山开船，（用辛酉针）十五更、（又用单酉）二十更（见）钓鱼台，（又单酉针）七更（取）彭家山，（又用辛酉针取）官塘。

又成化二十一年九月二十四日午时，古米山开洋，（用庚酉针）四更、（又干亥针）三更、（又单干针）四更、（又辛戌针）三更、（又单戌针）四更、

---

① [美]费正清著，杜继东译：《中国的世界秩序》，中国社会科学出版社，2010年，第87页注释10。

② 潘相：《琉球入学见闻》，乾隆二十九年刻本。

(又辛酉针)十九更(见)台山。

又古米山开舟,东北风(用单戌针)十更、(又辛戌针)五更、(又单辛针)五更、(又单酉针)十更(见水色浑白,远看有山),又用(庚酉针)认是南杞。

又十月,古米山开洋,(用干戌针)十更、(又用辛酉)五更、(又用单酉)十更、(又用辛戌)五更、(又用单酉)五更,(见)台山为妙。

福州回琉球

梅花及东沙开船,若正南风(用乙辰针)十更(取)小琉球头,便是鸡笼山圆尖,(又用乙辰)五更花瓶屿(并)彭家山,(又用单乙)七更(取)钓鱼台,(离开流水甚紧,北过,用乙卯并单卯针)四更乌屿,(前面)黄毛屿,(北过用单卯针)十更(取)赤屿,(北过用卯卯针)十五更(取)古米山,(北过用单卯针)三更(取)马齿山,(用甲卯并甲寅)三更收入那霸港大吉。

又东墙山开船,南风(用乙辰针直取)小琉球头,(用乙卯针)五更(取)花瓶屿(并)彭家山,(用乙辰取)北木山(即八重山岛)。

又东涌山开船,北风(甲卯针取)彭家山,若南风(用甲卯并乙卯针取)钓鱼台,北风(用甲卯并乙辰针取)太平山(即宫古岛)。

又钓鱼台开船,北风(辰巽针取)北木山尾 小琉球头,(又乙辰针取)沙洲门,(又用乙卯针取)太平山。太平山开船,(用艮寅针直取)那霸港口大吉。①

这一资料记载了琉球贡使在不同月份往返中国所行的不同道路。对于以风帆为动力的船只来说,海洋是无常的。琉球使团即使在同一月份出行,有时也因风向不同而采取不同的行走路线。

琉球贡使到达福州后,一般选在秋冬之交,由闽起程,经浙江、江苏、山东和直隶五省的陆路和河道在年底到达京师。

苏禄贡道经海路到达中国福建厦门。清代苏禄航行福建,经我国传统海行路线"东洋针路"。经吕宋群岛北行至福建洋面。中国境内的苏禄贡道,雍正四年(1726年)议准:从福建厦门入境,经浙江、江南、山东、直隶到达京师。

琉球、苏禄两国贡道除了入境地点不同外,其余进京道路都相同,都途经福州—浦城—清湖—杭州—苏州—扬州—淮安—沂州—德州—景州—河间—郑州—涿州—北京一线,其间经过以下驿站:

---

① 程顺则:《指南广义》,琉球大学志嘉屋记念图书馆藏本。

闽县三山驿—侯官县芋园驿—侯官县白沙驿—古田县水口驿—古田县黄田驿—南平县仓峡驿—南平县茶洋驿—南平县剑浦驿—南平县大横驿—建安县太平驿—瓯宁县城西驿—瓯宁县叶坊驿—建阳县建溪驿—建阳县营头驿—浦城县人和驿—浦城县柘浦驿—浦城县小关驿—江山县广济驿—西安县上杭埠驿—龙游县停步驿—榖水驿—建德县富春驿—桐庐县桐江驿—富阳县会江驿—钱塘县浙江驿—钱塘江武林驿（杭州）—钱塘县吴山驿—石门县皂林驿—嘉兴府西水驿—江苏吴江平望驿—苏州府姑苏驿—无锡县锡山驿—武进县毗陵驿—丹阳县云阳驿—丹徒镇京口驿—扬州江都县广陵驿—甘泉县邵伯驿—高邮州孟城驿—高邮州界首驿—宝应县安平驿—山阳县淮阴驿—清河县清江驿—桃园县桃园驿—桃源县古城驿—宿迁县锺吾驿—宿迁县峒峿驿—郯城红花埠驿—郯城县郯城驿—沂州李家庄驿—沂州府沂州驿—沂州徐公店驿—沂水县垛庄驿—蒙阴驿—新泰县新泰驿—新泰县羊流驿—崔家庄驿—泰安府泰安驿—长清县长城驿—长清县崮山驿—齐河县晏城驿—禹城县刘普驿—平原县桃园驿—德州安德驿—景州东光驿—阜城驿—交河县富庄驿—献县乐城驿—河间瀛海驿—任邱县鄚城驿—雄县归义驿—新城县分水驿—涿州涿鹿驿—良乡县固节驿。

这一贡道经过73处驿站，总长度为4848里①，途中需要费时60—70天。

同治六年（1867年），由于山东捻军活动频繁，琉球贡道曾改由水路，返回时也允许改道回国②。

3. 安南贡道

安南贡道③在康熙四年（1665年）议准"由广西太平府"④。具体入境路线由镇南关进入凭祥州，穿越广西后，经湖南、湖北、河南、直隶到达北京⑤。这是一条安南贡使入京的贡道正路，前半段为水路行走，后半段由武汉渡过长江后为旱路行走，其间经过以下驿站：

镇南关—宁明州—崇善县—新宁州—宣化县（南宁府）。从宣化可分水陆两道：或由陆路，经过宾州—迁江县—来宾县—马平县—洛容县—永福县到达桂

---

① 《光绪会典事例》卷六百八十八，兵部，邮政。
② 《光绪会典事例》卷五百二，礼部。
③ 关于安南贡道，越南方面有大量使节所著的"路线图"作了详载。据研究者称，这种专门的"路线图"文献现存八种，它们分别是：《燕轺日程》《北使图集》《使程图》《北使程图》《使程图版》《使程图画》《如清图》《北行图版》。
④ 《光绪会典事例》卷五百二，礼部。
⑤ 《光绪会典事例》卷五百二，礼部。

林东江驿；或由水路，沿郁江到达梧州，再由梧州溯桂江到达桂林东江驿。

从桂林起程，经过灵川县大龙驿—兴安县白云驿—全州城南驿—湖南零陵县零陵驿—祁阳县祁阳驿—衡阳排山驿—衡阳县县驿—衡山县临烝驿—湘潭县黄茅驿—湘潭县南岸驿—长沙县长沙驿—长沙县桥头驿—湘阴县在城驿—湘阴县归义驿—湘阴县大荆驿—巴陵县青冈驿—巴陵县岳阳驿—临湘县云溪驿—临湘县长安驿，出湖南到达湖北。此段全为水路，经过漓江、灵渠、湘江、洞庭湖。进入湖北后，继续沿长江而下，经过嘉鱼县，到达汉阳。

从汉阳起，改走陆路，经过黄陂县双庙驿—孝感县杨店驿—孝感县小河溪—应山县广水驿—应山县观音店驿—河南信阳州在城驿—信阳州明港驿—确山县在城驿—遂平县在城驿—西平县在城驿—郾城县在城驿—临颍县在城驿—许州在城驿—新郑县永新驿—新郑县郭店驿—郑州管城驿—荥泽县广武驿—获嘉县亢村驿—新乡县新中驿—汲县卫源驿—淇县淇门驿—汤阴县宜沟驿—安阳县邺城驿—直隶磁州滏阳驿—邯郸县丛台驿—永年县临洺驿—邢台县龙冈驿—内邱县驿—柏乡县槐水驿—赵州鄗城驿—栾城县关城驿—正定县恒山驿—正定县伏城驿—新乐县西乐驿—定州永定驿—望都县翟城驿—满城县泾阳驿—保定府清苑县金台驿—安肃县白沟驿—定兴县宣化驿—涿州涿鹿驿—良乡县固节驿，最后到达北京。

道光二十一年（1841年），阮朝贡使李文馥就是经由这一贡道进京：闰三月初十入镇南关，四月初一抵达广西梧州，四月二十二到达桂林。五月二十四日到达湖南衡州，六月初三过洞庭湖，六月十一日在湖北境内改陆路前行。六月二十七日渡黄河，七月初六到达邯郸，七月二十四日抵达北京①。

安南另外一条贡道是全程水路："历湖广、江西、江南入瓜洲口，经山东直隶至通州，始易舟而车赴京。"② 这一贡道路线的前半段，由广西、湖南到湖北汉阳，与前面一条贡道相同。从汉阳开始，改走水路：沿江到达蕲州，顺流到达江西德化，此后的水路行程与暹罗进京贡道重合。雍正二年（1724年）安南贡使往返京城，就是经由这一道。"安南贡使进京，广西巡抚予以勘合，由广西、湖南、湖北、江西、江南、山东、直隶水路行。回日由部照原勘合换给，仍由水路归国。"③

对于安南的两条不同贡道，乾隆五十七年（1792年）进行了具体规定：安

---

① 李文馥：《使程志略》，越南汉喃研究院藏本，编号A. 2150.
② 龙顾山人：《十朝诗乘》卷十四，福建人民出版社，2000年，第561页。
③ 《光绪会典事例》卷五百二，礼部。

南贡使如需前往江南采购丝织品,在提前呈明当地督抚后,允许经由江南水路行走。如果无购买任务,则需要照旧经由湖广、河南一线进京。①

判断历年以来安南贡使经由哪条贡道行走,可以从安南使者沿途所作诗歌名称断定。安南贡使一路吟诗作赋,曾作过各种形式《赤壁怀古》诗歌的贡使,一般都经由江南水路而行,因为赤壁正好位于从汉阳到德化的途中,是前往江南水路的必经之地。

安南进贡路线,由于政治原因和战乱,曾有几次改道。乾隆五十五年(1790年),安南西山朝国王阮光平进京朝贡,走广西、广东肇庆一线,到达广州后,经江西、湖北、河南、直隶入京。乾隆六十年(1795年),石柳邓等领导湖南、贵州苗民发动反清起义,正处安南贡道上的湖南难以顺利通行,清廷批准安南贡使经由广西、广东肇庆,到达江西沙井后,由旱路取道河南北上进京②。咸丰三年(1853年),越南贡使由于"武、汉两府兵燹未靖,改由长沙、常德,径赴荆州,取道襄阳进京"③。光绪八年(1882年),法国占领河内,中越之间的陆路贡道断绝。光绪九年(1883年)初,越南任命范慎遹、阮述为使臣前往天津执行清政府与法国谈判的咨询人员,使臣乘中国坐招商局轮船,经由广州、上海,到达天津,这是历史上越南使臣首次经海路到达中国,对此越南使臣阮述在其日记中评论说:"盖常年贡部,皆由陆程,其浮海至津者,则余等此行为始也。"④ 越南使臣此次入华任务主要是去天津协助李鸿章进行中法谈判,算不上一次真正的朝贡行动,因此由海至津还不能完全说已经改变了惯常贡道。光绪九年(1883年)六月,越南新国王阮福升即位后去函清廷,请求改由海道遣使入贡请封,八月十二日清廷上谕批准:

越南使臣定例由镇南关经广西北上,迩来法人构兵,越地道途多梗。据该嗣王阮福升文称:现在权摄邦事,循例遣使,恳准由海道进京叩陈等语。情词迫切,自应准其所请,暂予变通,以示体恤藩服之意。著李鸿章、左宗棠、张数声、曾国荃、裕宽、倪文蔚密咨该国嗣王,此次暂准贡使由海道径诣广东省城,再附招商局轮船抵京入都。该使行李及贡物,准其查验关税。如有附带商货,仍令照例纳税。沿途经过地方,并著该督抚等饬属一体,妥为照料。将来

---

① 《光绪会典事例》卷五百一十,礼部。
② 《光绪会典事例》卷五百二,礼部。
③ 《光绪会典事例》卷五百二,礼部。
④ 阮述:《往津日记》,香港中文大学出版社,1980年,第43页。

该使到京，一切事宜，著礼部仍照向例办理。①

越南遣使入华请封，清廷允许全程皆由海路而行：先乘船越洋到达广州，在广州乘坐招商局轮船沿海北上到达京师。然而，由于法国殖民者封禁了越南的各个海口，越南此次入贡未能成行，越南入贡中华之举遂成绝唱。

4. 暹罗贡道

暹罗贡道包含海行和陆行两部分：贡途水路3000里，陆路7000里。

我国古代南海海上航行路线大体分内沟和外沟两种：内沟航线即沿印支半岛和马来半岛的东岸航行；外沟航线则从南海中、西部向西南方向直穿而过，渡过西沙。暹罗贡使到中国的海路，属于内沟航线，由湄南河入海，经由暹罗和柬埔寨沿岸，横渡暹罗湾，过越南南部，到达昆仑岛，北行经过占城（清代已被安南兼并），沿交趾东京（越南北部）沿岸，向东经过北部湾，沿海南岛西南沿岸航行，过海峡进入七洲洋，或者由占城直接航行至海南岛东南一带进入七洲洋。不论哪条路线，都要经过七洲洋，由此到达澳门以南洋面老万山群岛，北驶进入珠江口。这段海程大约需要四五十天。古代南海的交通工具是风帆木船，其动力主要依靠季风，我国渔船前往南海诸岛，通常在秋冬利用东北季风出航，次年的春夏利用盛行的西南季风回航，正如资料所载："船舶去以十一月、十二月，就北风；来以五月、六月，就南风。"② 与我国渔民利用这一季风规律相似，暹罗贡船一般在秋季到达广东洋面，次年春季离开广东。

暹罗贡道越洋经虎门到达广州，再由广州溯北江而上，经韶州到南雄，越过梅岭，进入江西省南安，过安徽、江苏两省，经山东、直隶抵达北京。暹罗贡道在中国所经具体驿站如下：

番禺县五仙驿（广州）—三水县西南驿—清远县安远驿—英德县浈阳驿—曲江县芙蓉驿—始兴县在城驿—南雄州临江驿—江西大庾县横浦驿—大庾县小溪驿—南康县南野驿—赣县乌镇驿—赣县攸镇驿—万安县五云驿—泰和县白下驿—庐陵县驿—吉水县白水驿—峡江县玉峡驿—新淦县金川驿—清江县清江驿—高安县驿—南昌县南浦驿。从南昌县南浦驿起，北上京城可以分为水路和陆路两种路线。

水路所经驿站如下：

---

① 《清德宗实录》卷一百六十八，光绪九年八月己未条。
② 朱彧：《萍洲可谈》卷二，中华书局，2007年。

南昌县南浦驿—南康府星子驿—湖口县彭蠡驿—彭泽县龙城驿—东流县驿—怀宁县同安驿—贵池县贵池驿—铜陵县铜陵驿—繁昌县荻港驿—芜湖县櫓港驿—当涂县采石驿—江南上元县龙江驿—仪征驿—丹徒县京口驿—江都县广陵驿—甘泉县邵伯驿—高邮州孟城驿—高邮州界首驿—宝应县安平驿—山阳县淮阴驿—清河县清江驿—桃园县桃园驿—桃源县古城驿—宿迁县锺吾驿—邳州赵村驿—峄县万家驿—沛县泗亭驿—鱼台县河桥驿—济宁州南城驿—汶上县开河驿—东平州安山驿—阳谷县荆门驿—聊城县崇武驿—清平县清阳驿—清州清源驿—清州渡口驿—武城县甲马营驿—德州安德驿—德州良店驿—吴桥县连窝驿—南皮县新桥驿—沧州砖河驿—青县乾宁驿—青县流河驿—静海县奉新驿—天津县杨青驿武清县杨村驿—武清县河西驿—通州和合驿—通州潞河驿。

陆路所经驿站如下：

南昌县南浦驿—建昌县驿—德安县通安驿—德化县通远驿—德化县浔阳驿—（经湖北黄梅县停前驿、孔垅驿）安徽宿松县枫香驿—太湖县小池驿—潜山县青口驿—桐城县陶冲驿—桐城县吕亭驿—舒城县梅心驿—舒城县三沟驿—合肥县派河驿—合肥县金斗驿—合肥县店埠驿—合肥县护城驿—定远县张桥驿—定远县定远驿—凤阳县红心驿—凤阳县濠梁驿—凤阳县王庄驿—灵璧县固镇驿—宿州大店驿—宿州睢阳驿—宿州夹沟驿—江苏铜山县桃山驿—铜山县东岸驿—铜山县利国驿—山东滕县临城驿—滕县滕阳驿—邹县界河驿—邹县邾城驿—滋阳县昌平驿—滋阳县新嘉驿—汶上县新桥驿—东阿县旧县驿—东阿县铜城驿—茌平县茌平驿—高唐州鱼邱驿—恩县太平驿—德州安德驿—直隶景州东光驿—阜城县驿—交河县富庄驿—献县乐城驿—河间县瀛海驿—任丘县鄚城驿—雄县归义驿—新城县汾水驿—涿州逐鹿驿—良乡县固节驿。

德州安德驿是北上京城的水陆两路交汇点。

5. 缅甸和南掌贡道

缅甸贡道"由云南永昌府"① 具体进入云南省境的路线是从铁壁关或虎踞关入，经孟卯、陇川、干崖、南甸到达腾越。腾越自古以来为滇西门户，明、清时期缅人进犯，首攻腾越，朝廷出征，无一不以腾越为军事据点。《腾永关行记》称："我国西南边防重镇腾越，古越赕地，与永路隔龙潞两江，北通片马，南控七司，为出缅之门户。民善贸迁，多侨缅，四乡殷实，瓦屋鳞比，为滇中

---

① 《乾隆会典》卷五十六，礼部，主客清吏司。

各县所罕见。"① 从腾越到保山,再经大理到达昆明。这一从缅甸边境到昆明的道路就是著名的"贡道上路"②。此后,贡道经由云南省城昆明,通过贵州、湖南、湖北、河南、直隶入京。贡道从昆明开始所经具体驿站如下:

昆明县滇阳驿—昆明县板桥驿—嵩明州杨林驿—寻甸州易隆驿—马龙州马龙驿—沾益州南宁驿—南宁县白水驿—平彝县多罗驿—贵州普安厅亦资孔驿—普安厅刘官屯驿—普安厅上寨驿—普安县白沙关驿—安南县阿都田驿—永宁州郎岱驿—永宁州坡贡驿—镇宁州安庄驿—普定县普利驿—安平县平坝驿—清镇县威清驿—贵筑县驿—龙里县驿—贵定县新增驿—平越县酉阳驿—平越县杨老驿—清平县清平驿—黄平州重安江驿—黄平州兴隆驿—施秉县偏桥驿—镇远县驿—青溪县驿—玉屏县驿—湖南芷江县晃州驿—芷江县便水驿—芷江县沅水驿—芷江县罗旧驿—芷江县怀化驿—辰溪县山塘驿—沅陵县船溪驿—沅陵县辰阳驿—沅陵县马底驿—桃源县界亭驿—桃源县新店驿—桃源县郑家驿—桃源县桃源驿—武陵县府河驿—武陵县大龙驿—澧州清化驿—澧州兰江驿—澧州顺林驿—湖北公安县孙黄驿—公安县孱陵驿—江陵县荆南驿—荆门州建南驿—荆门州荆山驿—荆门州石桥驿—荆门州丽阳驿—宜城县鄢城驿—襄阳县汉江驿—襄阳县吕鄢驿—河南新野县湍阳驿—南阳县林水驿—南阳县宛城驿—南阳县博望驿—裕州赭阳驿—叶县保安驿—叶县㶟水驿—襄城县新城驿—葛县石固驿—新郑县永新驿—新郑县郭店驿—郑州管城驿—荥泽县广武驿—获嘉县亢村驿—新乡县新中驿—汲县卫源驿—淇县淇门驿—汤阴县宜沟驿—安阳县邺城驿—直隶磁州滏阳驿—邯郸县丛台驿—永年县临洺驿—邢台县龙冈驿—内邱县驿—柏乡县槐水驿—赵州鄗城驿—栾城县关城驿—正定县恒山驿—正定县伏城驿—新乐县西乐驿—定州永定驿—望都县翟城驿—满城县泾阳驿—保定府清苑县金台驿—安肃县白沟驿—定兴县宣化驿—涿州涿鹿驿—良乡县固节驿。

以上驿站,在湖南、湖北,主要是沿着两省的西部驿路前行,从河南新郑县永新驿开始,与安南北上贡道路线重合。

南掌贡道在雍正七年(1729年)议准"由云南普洱府"。南掌到达云南边

---

① 《永昌府文征校注》卷三十,文录,云南美术出版社,2001年。
② 万历《云南通志》卷十六记载:贡象道路有二途:上路由永昌,经腾冲、南甸、干崖、陇川、缅甸、洞吾,至摆古;下路由景东,经者乐甸(今恩乐)、镇沅、车里,西南行至八百媳妇宣慰司,又西南行至老挝宣慰司,西行至摆古。参见《云南史料丛刊》第六卷,第644页。

境主要有3条通道①：从旧岭隘到猛拿、从猛润隘到勐腊、从整发隘到乌得。经由上述3路中任何一路通往车里后到达思茅："（思茅）厅为普洱之门户，车里为厅之藩篱。"② 从思茅到达普洱府，再从普洱经元江、嶍峨、晋宁、呈贡到达昆明。这一路线从南掌边境到普洱路段，所经过的主要区域，就是所谓的"贡道下路"。据《云南通志》记载，"贡象下路"所经区域为：

> 下路由景东历赭乐甸行一日至镇沅府。又行三日始达车里宣慰司之界。行二日至车里之普洱，此处产茶。一山耸秀，名光山，有一车里头目居之，蜀汉孔明营垒在焉。又行二日至一大川原，轮广可千里，其中养象，其山为孔明寄箭处，又有孔明碑，苔沴不辨字矣。又行四日始至车里宣慰司，在九龙山下，临大江，亦名九龙江，即黑水之末流也。由车里西南行八日至八百媳妇宣慰司，此地寺塔极多，一村一寺，每寺一塔，村以万计，塔亦以万计。号兹国，其酋恶杀，不喜争，敌人侵之，不得已一举兵，得所仇而罢。由此又西南行一日至老挝宣慰司，其酋一代止生一子承袭，绝不生女。西行十五六日至西洋海岸，乃摆古莽酋之地。③

南掌贡道从昆明开始，与缅甸贡道完全相同。

乾隆六十年（1795年），缅甸、南掌两国遣使入贡，由于贡道所经省份贵州、湖南一带有苗民起义，两国贡使改由经四川、陕西、山西、直隶一线入京。"缅甸、南掌遣使祝釐，请由川、陕一路进京等语。所办好。现在辰、沅一带办理军务，所有该二国贡使自应改由川、陕一路行走。"④

6. 廓尔喀贡道

廓尔喀贡道由后藏的济咙入境。济咙⑤作为西藏与廓尔喀之间的边境口岸，有大道直通廓尔喀都城，路程大约千里，途中"每一里安一塘，一塘八人，接递文报，尽夜不停"⑥。最快时3日内可往返。另据《卫藏通志》云："查西藏

---

① 吴其桢：《缅甸图说》，《小方壶舆地丛钞》再补编第十帙。
② 云南社科院文献研究所：《道光云南志钞》卷一，地理志，云南文献1995年第二期。
③ 万历《云南通志》卷十六，羁縻志，1933年刊本。
④ 《清高宗实录》卷一千四百七十六，乾隆六十年四月庚寅条。
⑤ 济咙又名"济隆""吉仲"等，今命吉隆。1961年，国务院决定在吉隆设立海关；1978年，中国改革的元年，国务院批准吉隆为国家一类陆路通商口岸，是自治区4个一类通商口岸之一，中尼两国政府签约规定，双方边民可在双方境内30公里范围内自由出入，开展自由贸易。
⑥ 赵咸中：《使廓纪略》，光绪十四年石印本。

边界，如济咙、聂拉木①、绒辖②……均与廓尔喀道路相通。"③ 济咙的地理情形，有资料称："居四山合抱之中，地洼而天气微温，山边竹木青葱"；"不产麦稻，不生菜蔬，所食惟赖廓国之米"④。济咙是古代西藏与尼泊尔、印度等佛教国家文化传播和贸易往来的重要通道，西藏历史上的一些重大事件，曾与济咙有关联。济咙是中、尼交往通道"吐蕃尼婆罗之路"必经之地，唐代王玄策、赤尊公主、莲花生等人都经由济咙进出中国。乾隆年间，廓尔喀两次入侵都是从济咙入藏，后来乾隆派清军反击也是从济咙进军阳布的。

廓尔喀贡使从济咙入藏后，驻藏大臣派专人将贡使护送到拉萨，再到察木多，由察木多行至打箭炉后，交四川总督所派文武官员接送。此后按省接替，经陕西、山西、直隶，到达京城。从拉萨到北京，贡道路程大致为10920里。

从拉萨到北京的贡道所经驿站主要如下：

拉萨—站达—墨竹工—仁进里—乌苏江—磊达—鹿马岭—顺达—江达—宁多—常多—山湾—阿咱—拉里—擦竹卡—多洞—甲贡—阿南多—朗吉宗—丹达—边坝—纳子—巴里郎—硕板多—铁凹—洛隆宗—嘉益桥—瓦合—恩达—纳贡—过脚—察木多—蒙堡—包墩—巴贡—王卡—昂地—乍丫—洛加宗—阿足—石板沟—力树—江卡—古树站—巴塘—里塘—打箭炉—清溪县烹坝驿—清溪县驿—雅安县驿—名山县百站驿—邛州驿—新津县驿—双流县驿—成都县锦官驿—新都县驿—汉州驿—德阳县驿—罗江县罗江驿—新铺驿—绵州驿—绵州魏城驿—梓潼县驿—剑州上停铺驿—剑州武连驿—剑州柳池沟驿—剑州驿—剑州剑门驿—昭化县大木村驿—昭化县昭化驿广元县问津驿—广元县望云驿—广元县神宣驿—陕西宁羌州黄坝驿—宁羌州柏林驿—沔县大安驿—沔县顺政驿—沔县黄沙驿—褒城县开山驿—褒城县青桥驿—褒城县马道驿—留坝厅武关驿—留坝厅留坝驿—留坝厅松林驿—凤县三岔驿—凤县梁山驿—凤县草凉驿—宝鸡县东河驿—宝鸡县驿—凤翔县驿—歧山县驿—扶风县驿—武功县驿—兴平县白渠驿—咸阳县渭水驿—咸宁县京兆驿—临潼县新丰驿—渭南县丰源驿—华州华山驿—华阴县潼津驿—潼关厅潼关驿—山西永济县河东驿—临晋县樊桥驿—安邑县浤芝驿—闻喜县涑川驿—曲沃县侯马驿—临汾县史村驿—临汾县建雄驿—洪洞县

---

① 聂拉木有樟木口岸，现为西藏最大的对外贸易口岸。
② 今属定日县，位于县驻地西南，意为东谷。汉字曾译绒峡、绒夏、绒协尔、绒辖尔、绒辖豁、绒辖学巴。该处是历史上廓尔喀（今尼泊尔）与中国的交通要道之一。
③ 《卫藏通志》卷二，疆域，商务印书馆，1936年。
④ 赵咸中：《使廓纪略》，光绪十四年石印本。

普润驿—霍州霍山驿—灵石县仁义驿—灵石县瑞石驿—介休县义棠驿—平遥县红善驿—祁县贾令驿—徐沟县同戈驿—阳曲县驿—榆次县鸣谦驿—寿阳县太安驿—寿阳县寿阳驿—盂县芹泉驿—平定州平潭驿—乐平乡柏井驿—平定州甘桃驿—直隶井陉县陉山驿—获鹿县镇宁驿—正定县恒山驿—正定县伏城驿—新乐县西乐驿—定州永定驿—望都县翟城驿—满城县泾阳驿—保定府清苑县金台驿—安肃县白沟驿—定兴县宣化驿—涿州涿鹿驿—良乡县固节驿。

以上由藏入川再经过陕西、山西、直隶到达北京，是廓尔喀入贡的正道。

廓尔喀进贡道路除了这一正道以外，还有一条由藏入川再经过陕西、河南、直隶到达北京的道路。

对廓尔喀的两条贡道进行比较，正道在潼关渡过黄河，因而途经山西；另外一条贡道在孟津渡过黄河，因而途经河南。途经河南孟津的这一贡道，如与正路相比，路程稍长，但位置偏南，气候较暖，道路平缓，黄河的结冰期也较晚。乾隆五十七年（1792年）十月，清廷担忧廓尔喀使团经过潼关时黄河结冰而延迟进贡行程，下令改从河南一路行走。光绪二十二年（1896年）廓尔喀使团也经由河南孟津入京。

光绪三十二年（1906年）派出的廓尔喀最后一个使团在光绪三十四年（1908年）返回时，前所未有的乘坐中国新开通的铁路，先由北京乘火车到天津，再由天津乘火车至河南，从河南乘坐传统的交通工具到达陕西，沿着旧有的贡道，经四川、西藏，于宣统二年（1910年）初夏回到加德满都。廓尔喀贡使这次的返国途中，在北京—天津—直隶—河南一段，乘坐当时最为现代化的交通工具火车，为已经没落的朝贡制度抹上了一笔现代色彩。

7. 中亚国家贡道

中亚属国，清廷要求各部不定期地向中国地方政府喀什噶尔遣使入贡。若有进贡北京之事，则随回部年班进京朝觐。这些朝贡北京的中亚使节，一般不会被单独护送前往北京，而是要与回部前往北京的年班或围班同行，进京后也享受与这些回部伯克同等待遇。

哈萨克、齐齐玉斯、鄂尔根齐等中亚北部国家或部落，"其贡道均由伊犁以达京师"。这条贡道由伊犁、乌鲁木齐、哈密，经甘肃、陕西、山西、直隶到达北京，路程大致在9245里。

霍罕、布鲁特、安集延、拔达克山、博罗尔、爱乌罕等中亚南部国家或部落,"其贡道由回部以达京师"①。这条贡道由喀什噶尔、叶尔羌、阿克苏、库车、喀喇沙尔、吐鲁番、哈密,经甘肃、陕西、山西、直隶到达北京。全部贡道路程大致在 11951 里②。

中亚北部国家和南部国家前往北京的贡道过哈密后,在嘉峪关处重合,因此有资料记载,这些国家的贡道"由嘉峪关"。

哈萨克左右部、布鲁特东西部、安集延、玛尔噶朗、霍罕、那木干四城,塔什罕、拔达克山、博罗尔、爱乌罕、奇斋玉斯、鄂尔根齐诸部,贡鬻刀、马匹,或三年或间年,贡无定期,贡道由嘉峪关。③

8. 西洋诸国贡道

18 世纪的康雍乾三朝,多次出现西方国家进京朝贡的事件。对于这些西方国家,清廷也规定了相应的贡道:西洋诸国在西南海外,远越重洋,不计道里。其通贡者,曰博尔都嘉利亚国、曰意达里亚国、曰博尔都噶尔国、曰英吉利国,贡道均由广东澳门水路达京师。④

上述西洋诸国中,博尔都嘉利亚国、博尔都噶尔国实为葡萄牙的两种音译,意达里亚国为意大利,英吉利为英国。清代西方国家的贡道,经由广东澳门进入广州后,大体沿着暹罗贡道入京。

9. 荷兰贡道

对于荷兰,清廷虽然没有将其列入上述"西洋诸国"范围,但早在顺治十三年(1656 年),清廷就规定荷兰贡道从广东进入。康熙二十五年(1686 年),荷兰的贡道改从福建入境,但这一路线由于荷兰此后的绝贡而从未行走过。乾隆六十年(1795 年)荷兰依然从广东前往北京;由京返回时经直隶、山东陆路到达江南王家营登舟,由江苏、浙江、江西水程到达广东⑤。

10. 俄罗斯贡道

历届来华使团,通常都从莫斯科出发,首先到达托博尔斯克,然后以此地为基地,按照西、东、中 3 条线路前往北京。

从莫斯科到托博尔斯克有 3 条道路。第一条为莫斯科—雅罗斯拉夫尔—沃

---

① 《清史稿》卷五百二十九,列传三百一十六,属国四。
② 《光绪会典事例》卷六百八十八,兵部,邮政。
③ 《皇朝文献通考》卷三十八,土贡考,商务印书馆,1936 年。
④ 《嘉庆礼部则例》卷一百七十九,主客清吏司,海南出版社,2001 年。
⑤ 《文献丛编全编》第三册,荷兰国交聘案,北京图书馆出版社,2008 年,第 383 - 384 页。

洛格达—乌斯秋格—索利卡姆斯克—韦尔霍图里耶—图林斯克—秋明—托博尔斯克；第二条为莫斯科—穆罗姆—下诺夫哥罗德—索利卡姆斯克—韦尔霍图里耶—托博尔斯克；第三条为水路，沿莫斯科河、奥卡河、伏尔加河、卡马河到达索利卡姆斯克。

从托博尔斯克前往北京的道路有3条，按照开辟时间，分别为西路、东路和中路。西路从托博尔斯克出发，溯额尔齐斯河抵达亚梅什湖，穿越准噶尔西蒙古草原，经归化、张家口、宣化一线到达北京；东路从托博尔斯克起，大致穿越贝加尔湖北部的西伯利亚地区，到达额尔古纳河，经根河、海拉尔河，向东过兴安岭，经蒙古东南部草原，至长城喜峰口，经遵化、通州抵达北京；中路由色楞格斯克出发，到达楚库伯兴，经喀尔喀蒙古土谢图汗处入境，经库伦、张家口一线来京。①

在康熙中前期，由于西路和中路分别要经过准噶尔蒙古地区和喀尔喀蒙古部落，俄罗斯入京访问的道路，大多数选择东路。东路穿越整个俄罗斯的西伯利亚地区后，从中国的东北地区入境。东路虽然是3条路线中最长的，但由于沿途所经区域都属于两国正式管辖的土地——西伯利亚属于俄国地区，东北属于清帝故乡，因此，出于安全考虑，俄罗斯外交使团宁可选择东路。康熙三十三年（1694年）俄罗斯的伊兹勃兰特·义杰斯使团来华道路就是从黑龙江入境，经东北到达北京。康熙后期，由于北方喀尔喀蒙古归顺大清以及雍正时期恰克图体制的建立，此后俄罗斯使节来华道路都改由中路。中路由中俄边境的恰克图入境，经库伦，越过草原戈壁，由归化、张家口、宣化一线到达京师。从库伦到北京，路程大致为2880里。

清代各国贡道见表3-3。

表3-3 清代各国贡道表

国家	贡道
朝鲜	由凤凰城入境，经盛京、山海关、通州达京
琉球	由福建福州进入境，经浙江、江苏、山东和直隶达京
安南	由广西太平府凭祥入境，经广西、湖南、湖北、河南、直隶达京
暹罗	由广东虎门入境，经江西、安徽、江南、山东、直隶达京
苏禄	由福建厦门入境，经浙江、江苏、山东、直隶达京
缅甸	由云南永昌府腾越州入境，经贵州、湖南、湖北、河南、直隶达京

---

① 以上关于俄罗斯来华的3条线路，主要参考了叶柏川：《俄国来华使团研究》，社会科学文献出版社，2010年，第255-265页。

续表

国家	贡道
南掌	由云南普洱府入境，经贵州、湖南、湖北、河南、直隶达京
廓尔喀	由西藏济咙入境，经四川、陕西、山西、直隶达京
中亚北部国家	由伊犁入境，经哈密达甘肃，过陕西、山西、直隶到达北京
中亚南部国家	由喀什噶尔入境，经哈密达甘肃，过陕西、山西、直隶到达北京
荷兰	初期由广东入境，沿途贡道与暹罗同。后改为由福建入境，沿途贡道与琉球同
西洋诸国	由广东入境，经江西、安徽、江南、山东、直隶达京
俄罗斯	由恰克图入境，经外蒙、内蒙、张家口一线入京

第三节 贡物制度

交纳贡物是属国服从宗主国的象征。上古时期，就有属国向中国献贡的制度："九州之外谓之蕃国，世一见，各以其所贵宝为挚。"① 有清一代，属国向清廷进献贡物形成了一系列的相关制度与惯例。

一、贡物种类

根据朝属国进贡活动的性质，贡物分为正贡与加贡两大类。

1. 正贡

正贡是清廷规定在贡期来临时，属国向清廷进呈的贡物。这种物品名目和数额在确定后，属国每次进献时都不得改动物品种类和数额，因而又称常贡、例贡。

对于属国的正贡物品，清廷规定比较严格："凡外国进贡正贡方物，自不可短少。"② 不过，属国进献贡物，有的种类与《会典》规定不符，有的因路途遥远在途中损坏，对这些情况，清廷一般宽大为怀，不要求补进。康熙七年（1668年）礼部题奏："暹罗国进贡方物，与《会典》不符，应责其补贡。"康熙帝下旨："暹罗小国，贡物有产自他国者，与《会典》难以相符。所少贡物，免其补进。以后但以伊国所有者进贡。"③ 康熙十二年（1673年），暹罗贡物有

---

① 《周礼注疏》卷三十七。
② 《乾隆会典》卷六十，礼二十。
③ 《清圣祖实录》卷二十七，康熙七年十一月己亥条。

虫蛀和短少之物，清帝下谕："暹罗国航海远来，抒诚进贡，其虫蛀、短少等物免令补进。嗣后各国皆照此例。"①

2. 加贡

加贡是属国在正贡之外增加的进贡，包括属国向清廷表贺（即位、尊号、尊谥、册立、讨平）、谢恩（册封、救助）和陈奏（请求）时不定期向清廷进呈的特定贡物。这些加贡物品，也通常规定有物品名目和数额。

对于属国的加贡物品，清廷不如像对待正贡那般严格。乾隆四十三年（1778年），安南庆贺清廷平定金川而向清帝恭进方物。但比规定少进了金龟、漆扇两种贡物，而多进了十斤速香。礼部为此向清帝奏明。乾隆最后下旨说："因庆贺、陈奏、谢恩等事加贡，间有短少，与例不符者，毋庸计较。"② 乾隆五十年（1785年），乾隆下旨废除了朝鲜的加贡："凡遇寻常奏贺、奏谢、陈奏等事，只需备具表文，其随表贡物，该国王备仰体朕意，恪遵谕旨，概行停止。"③

二、贡物定例

清廷对正贡和加贡物品都从品种和数量上进行了明确的规定，这种规定就是贡物定例。清代属国的贡物定例，有3种情形。朝鲜、安南、琉球等核心朝贡国，清廷对这些国家的正贡与加贡一般都规定了定例；暹罗、南掌两国，只规定了正贡的定例，而加贡则全由属国自行掌握。"例于常贡外有加贡，无定额"④；至于其他朝贡国家，清廷对其正贡与加贡的贡物都没有明确规定，详见表3-4。

表3-4 属国贡物定例表

国家	正贡规定	加贡规定
朝鲜	有定例	有定例
安南	有定例	有定例
琉球	有定例	出入国子监的谢恩贡物有定例，其余无定例。
暹罗	有定例	无定例
南掌	有定例	无定例
缅甸	无定例	无定例
苏禄	无定例	无定例

---

① 《乾隆会典》卷六十，礼二十。
② 《光绪会典事例》卷五百三，礼部，朝贡。
③ 《〈同文汇考〉中朝史料》（一），吉林文史出版社，2003年，第208-209页。
④ 梁廷枏：《海国四说·粤道贡国说》卷一，暹罗一，中华书局，1993年，第176页。

续表

国家	正贡规定	加贡规定
廓尔喀	无定例	无定例
中亚国家	无定例	无定例
欧洲国家	无定例	无定例

清廷确立属国贡物定例，一般采取"任土作贡"的"土产"原则。各国进献的贡物，必须是各国本土物产，奇珍异品等非土产者不能作为贡物。"明王慎德，四夷咸宾。言明王慎德以怀远，故四夷皆宾服。无有远迩，毕献方物，惟服食器用。天下万国无有远近，尽贡其方土所生之物，惟可以供服食器用者。"① 清代王西樵有诗云："真人御极临八荒，百蛮九译皆享王。西旅之獒越裳雉，贡物各各因其方。"② 土产，既表示进贡者的虔敬之心，"夫贡物何足珍贵，正鉴其诚敬之心耳"③；也表示着宗主国对该物品的产地拥有权力。一般而言，对于不能按照贡物为土产这一原则进贡的国家，要进行惩戒。道光六年，廓尔喀声称要到别处采办进贡清廷贡物，被道光皇帝严厉申斥：

驻藏大臣松广道光六年十一月初三日奉上谕：松廷等奏，接据廓尔喀禀称，来年例贡，届期所有该部落出产之物，就近觅办，其部落中不能出产物件，业经差人前赴甲噶尔地方采办等语。廓尔喀国王例进方物，自当皆系该部落所产，方符任土作贡之义，何以称赴甲噶尔地方采办。现查历届例贡之时，该大臣具奏折内并未如此声叙，松廷等何得据以入奏。来年既届例贡之期，着传例该国王，准其照例专遣贡使赴京。该大臣等计算日期，令该贡使到藏，派员护送起程，于明年封印前后到京，随班瞻觐。至其例进贡物，止谕令该国王遵照向定章程备办，不得藉词增减。其所禀赴他处采办一节，竟可置之不问也。将此谕令知之，钦此。遵旨寄信前来。④

当然，这种依据土产原则作出的规定仅仅是针对那些与中国有经常性关系的国家。对于往来不定的国家，这种土产原则就变成了一种书面规定。一些进贡频率较低的国家，清廷对其贡物是否属于"土产"不太关注。

属国的贡物定例并不是固定不变的，清代中国政府对大多数属国的贡物定

---

① 《尚书正义》卷十三，旅獒第七。
② 龙顾山人：《十朝诗乘》卷三，福建人民出版社，2000年，第74页。
③ 《清圣祖实录》卷一百二十四，康熙二十五年正月甲戌条。
④ 《道光朝上谕档》，广西师范大学出版社，2008年，第1245页。

例都曾进行过调整。朝鲜、琉球等国正贡的品种、数额在顺、康、雍、乾每个时代都有所改变。清廷调整贡物定例的原则一般是减少种类和数量。这种调整目的有三：一是为了体现怀柔远人之意，清廷主动提出减少属国贡物种类和数额，减少属国的经济负担；二是为了体现清代统治者的勤俭，有为的形象而取消一些纯粹具有"声色犬马"性质的一些贡物；三是考虑到实用性。雍正七年（1729年），清廷认为暹罗常贡土物内的"速香、安息香、袈裟、布匹等，在内府无须应用，嗣后将此等免其入贡，永著为例"①。清廷对贡物的实用性要求在对某些国家的贡物定例调整过程中起着很大作用。

对于东亚和东南亚国家的贡物定例，资料有如下记载：

凡各国方物，朝鲜年贡白苎布二百匹，白绵绸二百匹，红绵绸一百匹，绿绵绸一百匹，木绵布三千匹，五爪龙席二张，各样花席二十张，鹿皮百张，獭皮三百张，腰刀十把，大小纸共五千卷，黏米四十石。万寿圣节，恭进皇帝前黄苎布十匹，白苎布二十匹，黄绵绸三十匹，紫绵绸二十匹，白绵绸二十匹，龙文帘席二张，黄花席二十张，满花方席二十张，杂彩花席二十张，獭皮二十张，白绵纸一千四百卷，厚油纸十部。恭进皇后前红苎布十匹，白苎布二十匹，紫绵绸二十匹，白绵绸十匹，黄花席十张，满花席十张，杂彩花席十张。元旦令节，恭进皇帝前黄苎布十匹，白苎布二十匹，黄绵绸二十匹，白绵绸二十匹，龙文帘席二张，黄花席十五张，满花席十五张，满花方席十五张，杂彩花席十五张，白绵纸一千三百卷。恭进皇后前红苎布十匹，白苎布二十匹，紫绵绸二十匹，杂彩花席十张，螺钿梳函一事。冬至令节与元旦贡同。惟恭进皇帝仪物，加进黄花席、满花席、满花方席、杂彩花席各五张。每届庆典，具方物表贺，恭进皇帝前黄苎布三十匹，白苎布三十匹，黄绵绸二十匹，紫绵绸二十匹，白绵绸三十匹，龙文帘席二张，黄花席十五张，满花席十五张，杂彩花席十五张，白绵纸二千卷。恭进皇后前红苎布十五匹，白苎布十匹，白绵绸二十匹，满花席十张，杂彩花席十张。该国谢恩方物，与恭进庆贺方物同。该国王陈奏事件，恭进皇帝前黄苎布二十匹，白苎布二十匹，黄绵绸二十匹，紫绵绸二十匹，白绵绸三十匹，龙文帘席二张，黄花席十张，满花席二十张，杂彩花席十张，獭皮二十张，青黍皮三十张，白绵纸二千卷，黄毛笔百枝，油煤墨五十锭。恭进皇后前红苎布十匹，白苎布十匹，白绵绸十匹，满花席十张，杂彩花席十张。恭遇巡幸盛京，该国王遣陪臣进表接驾。恭进豹皮二十张，鹿皮三十张，水獭

---

① 《清世宗实录》卷八十三，雍正七年七月己巳条。

皮五十张，青泰皮一百张，倭剑二柄，金鳆二十贴，八带鱼二十尾，大口鱼二百尾，海参二百斤，海带菜二百斤，红蛏二百斤，浮椒十五斗，白蜜十五斗，柏子十五斗，银杏十五斗，黄栗十五斗，柿二十贴。

琉球正贡，硫磺一万二千六百斤，红铜三千斤，白刚锡一千斤。每届庆典表贺及谢恩进贡，皆以方物，无定额。该国王请以陪臣子弟入监读书奉旨恩准后，该国于常贡外，加进围屏纸三千张，蕉布五十匹。学成归国，恭进谢恩方物，围屏纸五千张，蕉布一百匹。

越南正贡，象牙二对，犀角四座，土绸、土纨、土绢、土布各二百匹。沉香六百两，速香一千二百两，砂仁、槟榔各九十斤。每届庆典表贺，恭进象牙二对，犀角四座，土绸、土纨、土绢、土布各一百匹。其陈谢表奏，毋庸备物。如该国王抒诚备进，应否赏收，或抵下次正贡，均届期请旨。

南掌贡以驯象。

暹罗贡物，驯象、备象、龙涎香、幼嗽香、犀角、象牙、豆蔻、降香、藤黄、大枫子、土桂皮、乌木、苏木、荜拨、樟脑、儿茶皮、树胶皮、硫磺、檀香、冰片、翠鸟皮、孔雀尾、阔红布、大荷兰毡、冰片油、蔷薇露。又贡物一分，其数减半。或有加进之物，听其随宜进献。

苏禄、缅甸贡无定额。①

三、抵贡制度

清代贡物制度中，有把属国加贡贡物抵作下次正贡贡物的惯例，此即抵贡制度。

清廷对于正贡与加贡中的庆贺贡物一般都正常接受。但加贡中的谢恩、陈奏贡物，要由礼部请旨作出决定，"应否收受或留抵下次正贡，具题请旨。如奉旨留抵下次正贡，则以贡物交内务府存储。届应贡时，于本内声明准抵。抵充不尽者，再依入下次，仍行知该国王"②。雍正六年（1728年）正月，雍正下旨，将朝鲜国王陈奏进献的礼物斜皮30张交与武备院照数查收存贮，抵作年贡。③

清廷一般不允许除朝鲜、琉球和安南之外的一些国家加贡或者将加贡抵作下次正贡的做法。嘉庆二年（1797年），暹罗向太上皇和皇上进献两份贡物。

---

① 《光绪会典》卷三十九，礼部主客司。
② 《光绪会典》卷三十九，礼部主客司。
③ 《〈同文汇考〉中朝史料》（三），吉林文史出版社，2005年，第47页。

内阁将进献皇帝的那份贡物准备抵作暹罗下次的正贡。但嘉庆下旨："查暹罗国向无作抵正贡之例。嗣后，该国只准进正贡分。如有仍前多进者，著该督即于该处驳回。"① 嘉庆拒绝把暹罗的加贡抵作下次的正贡，并禁止暹罗以后加贡。

清廷的抵贡制度的意义就在于能适度减轻朝贡国的经济负担。韩国学者全海宗曾把朝鲜贡物与中国的赏赐物的价值进行比较，认为贡物的价值超过赏赐物的价值："皇帝所赐之物的价值仅有朝鲜贡物的大约十分之一"②，以此否定惯常认定的在贡赐往来过程中，中国奉行"厚往薄来"的原则。这种计算方法姑且不论如何准确地对当时两国的物价水平测算、换算，也不必考虑清初、中期和晚期朝鲜贡物项目和数量经历的巨大变化以及中国皇帝在各种场合向朝鲜使团在例赏之外的特赐、加赐，该结论的最大的漏洞在于笼统地将朝鲜贡物项目加在一起，没有扣除朝鲜贡物中的抵贡部分而导致重复计算。实际上，全海宗依据的主要资料《同文汇考》就有专门的"蠲免"篇记载清廷对朝鲜的各种免贡、减贡和抵贡内容，如果能把这部分内容结合起来的话，结论可能会更公允。

四、处理贡物的流程

清廷对贡物的处理流程大致有检验、收纳、分配和变卖等几个环节。

1. 检验

属国贡物进入中国境内后，一般要经过两次检验。一次是在边境省城，"顺治元年，定外国朝贡以方物为凭，该督抚察验的实，方准具题入贡"③。其中朝鲜贡物是由凤凰城城守尉和山海关监督进行检验。一次是到达京城之后的礼部进行，具体由会同四译馆卿查验，"贡使到京，所贡方物，会同馆报部，提督该馆司官，赴馆查验，拨驿管领，由部奏闻"④。

2. 收纳

对于贡物的收纳，清廷也形成了一些惯例，"惟其所献，或输内务府，或入武备院，或纳銮仪卫，或留于盛京及边省，各备所司备用"⑤。因此，清廷以两

---

① 故宫博物院：《文献丛编全编》第十册，藩属表章票拟式样，北京图书馆出版社，2008年，第137页。
② 全海宗：《清代韩中朝贡关系考》，《中国的世界秩序》，中国社科出版社，2010年，第96页。
③ 《乾隆会典》卷六十，礼二十。
④ 《光绪会典事例》卷五百三，礼部，朝贡。
⑤ 《乾隆会典》卷五十六，礼部主客司。

种方式收纳贡物：贮藏在边境省份和运到京城。

贮存在边境地区的贡物主要属于数额庞大和地方需用的贡物。这部分贡物暂时储存于地方藩库，由朝廷随时取用，"如有应用之物，内务府咨部，移咨该抚，差官解送"①。清廷这种措施目的在于节省途中的运送费用。朝鲜所进贡物，如果有盛京户部按规定截留使用的物品，交给凤凰城守尉及山海关监督等处存储。随后再由盛京礼部知会并转行内务府查照核实，在具题后获得批准接收。琉球所贡硫黄，储存在福建藩库。工部在使用时再知照闽浙总督，随时取用。越南贡物留在广西藩库收储，其贡物名单由伴送委员解交内务府查收后，知照礼部，由礼部具题后请旨收受。南掌进贡的驯象，一般由云南省的督抚解送至京。但是如值严冬，在向清廷奏明后，礼部知照该省督抚，允许到开年春开时节，另委专员将驯象解送到京②。

光绪元年（1875年），礼部照会内务府，说明盛京截留朝鲜贡物的情况：

礼部为知照事：准盛京礼部咨称、准盛京户部咨开、据金银库掌官房郎中嵩宝等呈称：

朝鲜国今岁所贡红绿绵绸、布匹、纸张到省，本库仍照每年所截留之数截留高丽红绿绵绸二百匹、高丽布三百匹、头号高丽纸三千张。惟二号高丽纸一款，此次较上年多截留二千张。缘去岁截留纸张本库俱已尽数给发，现有不敷支放，是以多截留二千张，共截留二号高丽纸四万四千二百张，以备应用。相应移咨盛京礼部，俟朝鲜国贡物到日，照数截留等因，先行咨报礼部等因前来，相应知照内务府可也。须至片者，右片行内务府。

光绪元年正月二十五日③

运送到京城的贡物，在"题准收受"④后，贡物中的金、宝、器、币（织物）交于内务府各库。"凡朝鲜、越南、琉球、暹罗、苏禄等国进贡珍珠、金银、绸缎、布匹、凉席、纸张、香料、铜锡等物，俱由礼部奏明数目，转送交各该库收贮。"⑤大象交于銮仪卫，马匹交于上驷院，腰刀、鹿皮、青黍皮等交于武备院。

---

① 《光绪会典事例》卷五百三，礼部。
② 《光绪会典》卷三十九，礼部主客司。
③ 《文献丛编全编》第六册，光绪元年朝鲜进贡案，北京图书馆出版社，2008年，第526页。
④ 按照程序，贡物到达后，礼部要向皇帝报告（具题），皇帝随后下旨批准收受贡物。
⑤ 章乃炜：《清宫述闻》上册，紫禁城出版社，2009年，第115页。

道光十八年（1838年），批准内务府奏折：

> 嗣后琉球、暹罗、越南、缅甸、南掌、廓尔喀等国进到贡物，俟该部院具奏后，定期交本府，在堂上眼同接收。毋庸分交各司处领去。即交广储司按款收存，并委六库郎中、广储司官员详细查明，呈览后，再行分交各司处才承领。至所进贡物内，如有火药等项，先交武备院在外库接收，以昭慎重。①

由于接收贡物的处所大都在禁城之内，在接受贡物时，护军统领要带领章京、护军前往现场弹压，以保持秩序井然肃穆。

内务府有时还承担对收纳贡物的重新包装任务。乾隆五十八年（1793年），英国使臣访问中国。对于英国的贡物，当英使回国后，乾隆帝命内务府将每件物品，小至剪子、扣子都配上精美匣子，内衬黄缎②。

乾隆二十六年（1761年），内务府奏报广储司收藏各国贡物情况：

缅甸国进八成色金表一张，银表一张，棉布十二匹（用九匹）。

苏禄国进正珠一颗，国土一包（用九两），爪鸦钟二个。

安南国进银一千三百八十二两（用九两重锭九个），泡速香五千六百六十二斤十一两（用九十斤）。

琉球国进白锡二千七百斤（用九块），红铜二千三百斤（用九把），蕉布五十匹（用九匹），绵子一百斤。

暹罗国进龙涎香一斤八两（用九块），沉香三斤（用九块），白檀香一百五十斤（用九块），降香四百五十斤（用九块），藤黄三百七十六斤九两（用九块），苏木七千一百八十斤，硫磺一百五十斤（用九块），红布十五匹（用九匹）。

西洋国进西洋布二百十匹（用九匹）。

朝鲜国进高丽布五千六百五匹（用九匹），夏布三百七十二匹（用九匹），绵绸二十四百七十二匹（用九匹），水獭皮五百十九张（用九张），龙席六十领（用九领），凉席一十零三领（用九领），油厚纸十八块，高丽纸三十九万七千九百二十九张（用十八卷）。③

以下为一些朝贡国进献贡物的具体收纳情况：

---

① 《光绪会典事例》卷一千一百九十一，内务府，库藏。
② 秦国经：《乾隆皇帝与马嘎尔尼》，紫禁城出版社，1998年，第115－116页。
③ 中国第一历史档案馆：《清代中国与东南亚各国关系档案史料汇编》第二册，菲律宾卷，国际文化出版公司，2004年，第463－465页。

乾隆二十八年（1763年）苏禄进贡方物11项，其中珍珠2粒，西洋布2匹，花西洋布2匹，竹丝布4匹，藤席2领，玳瑁1匣交广储司。剑1对，标枪1对，吹筒1对交武备院。燕窝2小匣交膳房，丁香粒1罐交药房。①

乾隆五十八年（1793年）琉球进到的谢恩贡物："金龟形著交内殿，银攒盒二具内圆盒著交瀛台，方盒著交永安寺，铜火盆著交宁寿宫，染花土绸苎布著交盛京各十匹、内殿各十匹、宁寿宫各十匹、武成殿各五匹、外库各十匹、万壑松风各五匹，其余铜水罐、素光蕉布、围屏、护寿纸、雅扇著交外库。"②

乾隆五十六年（1791年）安南国进贡的银盆、银香炉，奉旨交广储司银库，所贡象牙交造办处。

乾隆五十七年（1792年）安南进贡的100匹万象彩布：交武成殿30匹，万壑松风20匹，大人们赏50匹。③ 万象象牙3对则交造办处。

乾隆五十七年（1792年），廓尔喀进贡的镀金番刀，交乾清宫、宁寿宫各1把，花露2瓶交乾清宫，红花交乾清宫2匣，宁寿宫1匣。珍珠佩1挂，大珊瑚5颗，珊瑚串2挂，交造办处装饰呈览后，交养心殿。

嘉庆四年（1799年）正月，暹罗国进贡方物中的金刚钻、翠鸟皮，交造办处。上冰片、中冰片、樟脑、甘蜜皮、桂皮、荜拨、大枫子、豆蔻交药房，龙涎香、沉香、白檀香、白胶香、降真香、孔雀尾、犀角、象牙、西洋红布、西洋毯、藤黄、乌木、苏木交外库。④

嘉庆二十一年（1816年），暹罗国贡孔雀尾、犀角，奉旨交皮库；龙涎香、沉香、檀香、白胶香、降真香、藤黄、乌木、苏木，奉旨交茶库。西洋红布，交重华宫9匹，留内6匹。

道光十四年（1834年），缅甸国进贡物品中，长寿佛交圆明园，象牙上留2只，交造办处2只。黄呢上留1版，红呢上留1版，交敬事房2版，绿呢、洋毯交敬事房。洋布、印花洋布、洋布手帕、红宝石手镯、蓝宝石手镯、花油、花水、洒金缅盒、木缅盒、黄缅盒、红缅盒、大缅盒、小缅盒上留，金箔、银箔、沉香、檀香、孔雀屏交外库，玉石交造办处。⑤

---

① 中国第一历史档案馆：《清代中国与东南亚各国关系档案史料汇编》第二册，菲律宾卷，国际文化出版公司，2004年，第465页。
② 《清代中琉关系档案六编》，中国档案出版社，2005年，第84页。
③ 中国第一历史档案馆藏：《外交进单》，第190号包。
④ 《史料旬刊》第二册，暹罗国入贡案，北京图书馆出版社，2008年，第289页。
⑤ 章乃炜：《清宫述闻》上册，紫禁城出版社，2009年，第302页。

3. 变卖、赏赐

属国贡物由内务府收纳并贮存相关各库后，由于常年积累，有部分贡物数量颇多，为防止库内发生霉变，清廷往往将其折价变卖或赏赐他人。

雍正十二年（1734年）十二月，总管内务府和硕亲王上奏，请求将缎库内所贮存的高丽布3万匹发卖，在批准后交给商人马成龙领买，获银22880余两。乾隆三年（1738年）、八年（1743年）安南进贡的漆扇，在乾隆十年（1745年）交由崇文门折价出售。

乾隆五十八年（1793年）英国马嘎尔尼使团来京朝贡，军机处在八月十七日上奏要求将内务府所存的高丽布赏给随行英国官兵：

> 遵查京城内外库存高丽布匹为数甚多，谨将英吉利国贡船留存官役兵丁水水等分别酌拟赏件开单呈览。查此次该国跟随赴京之夷官兵役等每名赏给绸缎绫布匹数较多，现在留船官役等，臣等谨亦酌量加拟颁赏，夷官每名各色布共八匹，兵丁每名各四匹，是否有当，恭候训示。①

该奏片后附赏赐清单，其中军官5人，每人赏8匹；兵丁615名，每人赏4匹。清廷总计一次性赏给英国官兵2500匹高丽布匹。

五、回赐规定

清廷依照"物有所偿，贡有所赏"的原则，对属国进贡行为进行适当的赏赐，颁赏对象包含国王、王妃以及贡使、随员，赏赐品种主要以绸缎等为主：

> 颁赏朝鲜年贡，国王表缎五匹，里五匹，妆缎四匹，云缎四匹，貂皮百张，正副使各大缎一匹，帽缎一匹，彭缎一匹，绸一匹，纺丝一匹，绢二匹，银五十两。书状官大缎一匹，彭缎一匹，绢一匹，银四十两。大通官各大缎一匹，绢一匹，银二十两。护贡官各彭缎一匹，布二匹，银十五两。得赏从人各银四两。万寿圣节贡，赐该国王二等鞍马一匹，表缎及里、妆缎、云缎、貂皮并如年贡之数。正副使各三等鞍马一匹。大缎、帽缎、彭缎、绸、纺丝、绢、银均如年贡。书状官绸一匹，银五十两，余如年贡。大通官绸一匹，银三十两。护贡官绸一匹，银二十两，其缎绢布匹均如年贡。得赏从人各给银五两。元旦贡与万寿圣节赏物同。冬至贡与年贡同。其贡使有称君者，加赏缎五匹，缎衣一袭，貂皮十张，余均与正副使同。庆贺谢恩陈奏等贡，赏赐不及国王。正副使

---

① 《文献丛编全编》第二册，英使马嘎尔尼来聘案，北京图书馆出版社，2008年，第221 - 222页。

以下赏赐，均与元旦贡同。惟不赏绢布，各加赏靴一双。若附年贡同来者不另赏。以事并至者总为一赏。请封请谥等贡，赏赐不及国王。正副使大缎、帽缎、彭缎、绸、纺丝各一匹，银各五十两，袜靴各一双，漆鞍全备三等马各一匹。书状官一员，大缎一匹，彭缎一匹，绸一匹，银五十两，袜靴各一双。大通官大缎各一匹，绸各一匹，银各三十两，袜靴各一双。押物官彭缎各一匹，绸各一匹，银各二十两，袜靴各一双。得赏从人银各五两。恭遇恩诏内，有外藩王公及福晋夫人加恩赐一款。朝鲜国王应照在外诸王以下，公等以上，恩赐例。赏蟒缎二匹，补缎二匹，妆缎二匹，片金缎二匹，倭缎二匹，闪缎五匹，帽缎五匹，蓝缎五匹，青缎五匹，各色缎十匹，洋缎十四。王妃照外藩诸王福晋以下，公夫人以上，恩赐例。赏蟒缎二匹，妆缎二匹，锦缎二匹，倭缎二匹，闪缎二匹，帽缎二匹，衣素缎二匹，大缎三匹，彭缎三匹，石青缎二匹，纺丝四匹，纱四匹。每岁孟冬颁朔，该国差领时宪书之赍咨官一员，赏银三十两。小通事一员，赏银八两。从人每名赏银四两。凡遇该国赍咨来京，其赏使臣及通事从人例均同。如告讣使臣至，赐使臣大缎、帽缎、彭缎，及绸各一匹，银三十两。书状官大缎及绸各一匹，银二十两。大通官各彭缎一匹，绸一匹，银十五两。随带官各彭缎一匹，银十两。从人各银四两。恭遇巡幸盛京，朝鲜国王差陪臣等接驾进贡方物，赐该国王弓矢全副，鞍马一匹，貂皮百张，红妆缎、龙裥缎各四匹，大缎、纺丝各五匹。正使妆缎一匹，缎四匹，袜靴各一双，鞍马一匹，银五十两。书状官缎二匹，袜靴各一双，银四十两。大通官各缎一匹，袜靴各一双，银三十两。押物官各缎一匹，银二十两，从人各银五两。

颁赏琉球常贡，国王锦八匹，织金缎八匹，织金纱八匹，织金罗八匹，纱十二匹，缎十八匹，罗十八匹。贡使各织金罗三匹，缎八匹，罗五匹，绢五匹，里绸二匹，布一匹。使者都通事各缎五匹，罗五匹，绢三匹。从人各绢三匹，布八匹。伴送官彭缎袍一件。其土通事及留边通事从人赏同伴送官。其贡使系该国王舅，加赏缎五匹。其王舅通事照都通事之例。凡遇庆贺及请封谢恩等事遣使至者，赏赐国王及来使等并同常贡。如附贡使同来者，均不另赏。凡入监官生归国，每名例赏线缎二匹，里二匹，毛青布六匹。从人每名赏毛青布六匹，并将加赏缎二匹，里二匹，从人加赏缎各一匹之处，题本内夹单呈进，旨下在部颁给。如值贡使在京，于午门前一体颁给。入监官生遇有事故，国子监咨报奏明，恩赏银三百两。以一百两营葬事，其二百两附回本家收领。从人在京者，仍照例赏给布匹。该国王于下次贡使来京时，附表谢恩。

颁赏越南常贡，国王贡使与琉球同。行人与琉球使者都通事同。伴送官通事官均与琉球伴送官同。其庆贺陈奏谢恩等事遣使至者，赏赐亦如常贡。

颁赏南掌，与琉球、越南同。大头目、次头目，照琉球、越南贡使之例。先目、通事照都通事行人之例。夷目、后生照从人例。伴送官赏赐并同琉球、越南。

颁赏暹罗常贡，国王与琉球等国王同。赐王妃织金缎四匹，织金纱四匹，织金罗四匹，缎六匹，纱六匹，罗六匹。贡使通事从人伴送官，俱如琉球等国之例。如贡使系微员，视职分酌减。通事从人等，俱一例酌减赏给。

颁赏苏禄常贡，赐该国王蟒缎六匹，锦缎六匹，闪缎八匹，彩缎十匹，蓝缎十匹，青缎十匹，绸十匹，罗十匹，纱十匹。仍将上次恩赏之处，开列清单，于本内一并声明请旨。其正副使彩缎六匹，里四匹，罗四匹，纺丝二匹，绢二匹。如来使系内地人，赏彩缎三匹，里二匹，绢一匹，毛青布六匹。通事彩缎二匹，里一匹，绢一匹，毛青布六匹。从人及留边从人各毛青布六匹。伴送官与琉球等国同。

颁赏缅甸常贡，国王、王妃，与暹罗同。贡使、通事、伴送官，与琉球等国同。缅役象奴，照琉球等国从人之例。

凡赏赐各国国王及王妃物件，并特恩加赏，均开送内阁，撰入敕内，交来使赍回。敕书书筒行工部，包裹布匹行户部。至特赐国王，加赏贡使，事隶军械处、内务府。①

上述资料详载了清廷对朝鲜、琉球、越南、暹罗、缅甸、南掌、苏禄等7个传统朝贡国家在不同场合下的赐物。对于诸如中亚、南亚和欧洲国家其他朝贡国家，清廷的赏赐项目和数量也同样丰富。

六、贡物制度的意义

1. 清代的属国贡物与国内贡物一起构成了清代的贡物体系。

清代属国贡物制度，从政治层面而言，具有象征意义："至外蕃诸贡，梯山航海，不可殚记。在国家，恒恤其力，在蕃国争效其诚。因敬稽会典所载，凡成例所著者，用昭圣朝绥来怀远之宏略焉。"② 属国贡物象征着清廷已经建立起了天下一统、万国来朝的大一统格局。从总体而言，不论国内的行省、藩部，还是周边属国，向清廷交纳贡物都是朝贡体系下的义务。不过如从强制性程度而言，属国贡物与国内贡物在性质上有一定的区别。属国贡物在较大程度上体

---

① 《光绪会典》卷三十九，礼部主客司。
② 《清朝文献通考》卷三十八，土贡考。

现出了一种外交关系而非政治从属关系。属国贡物在进献的贡期上，除朝鲜、琉球外，都在3年以上，有的甚至是"十年一贡"。另外一些所谓属国，更是来去自定，贡物的多少，清廷也并不在意。

2. 清代属国贡物制度具有相当重要的经济含义。

天朝体制森严，缺乏国家间正常贸易的制度安排。清廷实行"厚往薄来"或者至少是贡、赐相当的贡物制度，使得贡物制度成为一种双向的物质交流。因此，属国贡物制度使得中国和周边国家通过以进献贡物和朝廷赏赐这一形式，与朝贡制度中的朝贡贸易加在一起，实现了中外贸易之实。

清代这种有贡必有赏的制度，对一些贸易依赖度特别强的属国，具有非常重大的意义。琉球、暹罗，甚至朝鲜，都从这一制度中获得了利益。

3. 清代属国贡物制度是清代中国了解世界的窗口。

外国的大量奇珍异品通过贡物制度进入中国。一些国家的贡品中，除了本地产品外，还有得自贸易之物。朝鲜、琉球的一些贡品，诸如鸟枪、刀剑，有的就是来自日本的产品；暹罗的贡品中，不仅包含了东南亚其他国家的所有代表性产品，而且还包含来自中亚、西亚的织物撒哈剌以及来自印度和欧洲两个地区的西洋布；廓尔喀的贡品包括绸缎等丝织品和毡呢、片子等毛织品，它们大多从印度、中亚等地区采办得来。俄罗斯的贡物，诸如钟表类，主要采购自西欧国家，有的还来自土耳其；俄罗斯进献给清廷的马匹则为丹麦马；西欧国家的贡物中，有的来自其在亚洲、美洲、非洲的殖民地。荷兰向清廷进献的贡物，不论动物，还是香料，主要来自亚洲。葡萄牙向中国进贡的狮子产自东非。因此，清代贡物制度成为连接中国与世界的桥梁，通过这一制度，几乎世界上所有地区的物品都汇聚到了中国。在一定程度而言，属国贡物打开了中国人的视野，成为清代中国了解世界的一个特殊渠道。

4. 清代属国贡物制度推动了传统中国社会的变化。

虽然清廷一再强调"不贵异物""不宝远物"，也尽量把外国产品的消费局限在皇家宫廷，但"上有所好，下必甚焉"，有的国外产品还是越过了宫廷高墙而在一些地区流行，追求物质享受的人类天性是任何统治者无法遏制的。这些外来物品在东南沿海地区悄然渗透到人们的日常生活中，并在逐渐改变着这些地区传统的物质消费结构。消费结构的变化会引起生产结构的变化。清代前期的广州、苏州等商品经济较为发达地区，洋风很盛，诸如广州的钟表、玻璃、珐琅等制造业，深受欧洲技艺影响。虽然这些地区出现的消费和生产领域的变革绝非疾风骤雨式的，也仅仅局限于个别地区，但潺潺溪流如果绵延不绝，其长期累积的结果最终也会引发巨变。

第四节　其他一般性规定

一、贸易规定

在进贡期间，清廷允许两种形式的朝贡贸易：贡使所携带的货物，愿到北京贸易，则听其自运；愿在边境处贸易，则在当地督抚委派的官员监视下进行。

会同馆贸易。各国贡使在领到颁赏物品后，在离京前几日，将携带到京城的货物在会同馆外出售。①

入境处的贸易，其中朝鲜在东北、琉球在福建、暹罗在广州。各国贡使团来中国时，携带大量的货物。清廷允许各国将其部分货物在入境地区出售并购买中国商品，对于这种贸易，清廷予以免税。

对于这两种贸易形式，《光绪会典》有如下记载：

各国贡使附载方物，或就边省售于商行，或自出夫力，携至京城，于颁赏后，在会同馆开市，或三日，或五日。惟朝鲜、琉球不拘限期。贡船往来所带货物，俱停其征税。其就边境贸易者，该督抚委员监视。铺户商行人等，不得赊买拖延及私相交易。凡朝鲜人出入山海关，由该监督验明，与凤凰城总管印文，及礼部札付相符者，免其输税。如不系彼国土产，及别带货物，仍照例征税。凡铜铁马骡角弓丝斤例应禁止之物。经该国王奏请购买，及各督抚代奏者，均候旨运行。越南至江宁置买绸缎，官为经理。②

关于在京城会同馆贸易情形，朝鲜使节为我们留下了记录。乾隆四十二年（1777 年）来华的朝鲜使团成员李岬记载了清廷允许人们前往朝鲜馆进行贸易的告示榜内容：

礼部为晓谕事：照得朝鲜馆进贡员役到京，例于公事毕后，所有携带布匹纸张等项，许令行家铺户人等入馆交易。兹当开馆伊始，各行户等情愿交易者，务须遵照法例，现银售买，不得赊欠拖延，以慢该国员役得以及时起程回国。至史书、兵器、焰硝、牛角等项一应违禁之物，不得入馆售买。例禁甚严，合行出示晓谕，尔等行户各宜凛遵法纪，不得违犯。倘经本部查出，或别经发觉，

---

① 《光绪会典》卷三十九，礼部主客司。
② 《光绪会典》卷三十九，礼部主客司。

定行从重究治，绝不姑宽。毋违特示，右仰知悉，告示会同四译云云。此乃礼部知委公事也。①

另外，在以上两种进贡贸易之外，清代中国和属国之间还存在一种贸易形式。这种贸易并不与朝贡行为挂钩，而属于经常性的互市活动，《光绪会典》记载：

> 朝鲜与盛京八旗台站官兵贸易，每岁于中江春秋二市至；宁古塔人往朝鲜会宁，岁一市。库尔喀人往朝鲜庆源，间岁一市。均由部具题，派朝鲜通事二员，行文吉林将军，派宁古塔章京、骁骑校、笔贴式各一员，前往监视。凡貉獾、骚鼠、鹿、狗等皮，准其市易。貂皮及水獭、猞猁狲、江獭等皮，不准市易，限二十日毕市。部派通事二名，各准带跟役六名。行文兵部，填入路引。派往官兵，毋许私带人役货物。海外诸国，于广东省城，每夏乘潮至省，及冬候风归国，均输税于有司，与内地商民同。②

对中朝之间中江互市制度这一贸易形式，资料记载：

> 朝鲜为国家外藩，边门商民亦有互市之例，谓之马市。市设于中江，岁春秋仲月望后，朝鲜员役以牛货济陈于江干，驻防兵丁台驷夫以布七千五百十四段，易牛二百、盐二百九十九包、海菜万五千八百斤、海参二千二百斤、大小纸十万八千张、绵麻布四百九十九段、铁犁二百具。以京畿、平壤、黄海三道商各一人承办，义州知府率员役领之。所具糇饵蘳鱼称之曰宴，其官商曰别将。右见蒙古博明所著《凤城琐录》，亦圣朝怀远之谟也。③

二、使团规模规定

各国使团进入中国，其人员规模都有所限定。这种限定，既为了节约接待费用，也出于安全考虑。明朝时期，日本、琉球使团成员在中国境内都曾聚众杀人越货。

顺治元年（1644年）规定：凡从陆路进贡的人员，入境人员不得超过百名。从海路进贡者，进贡船不得超过3只，每船人员不得超过百名，其他诸如接贡、探贡等船，一概阻回，不许放入。各国进京人员只许20人，其余停留

---

① 李岬：《燕行记事》，《国译〈燕行录〉选集》第六册，第51页。
② 《光绪会典》卷三十九，礼部主客司。
③ 陈康祺：《郎潜纪闻三笔》卷一，中华书局，1984年，第665页。

边境。

关于各国使团规模,《光绪会典》中规定:

朝鲜贡使,正副使各一员,以其国大臣或同姓亲贵称君者充。书状官一员,大通官三员,护贡官二十四员,从人无定额,赏额凡三十名。

琉球贡使,正副使各一员,以其国王舅或耳目官及正议大夫、紫金大夫充。贡船至福建,该抚分为三等,应摘回者先归国,应存留者留边听赏,赍贡入京者,正副使以下都通事使者从人等,不得过二十人。

越南贡使,或二员,或三员,止称姓名,不署官爵。其次为行人,以中官充,或四五员,或八九员,其下为从人,凡十余名。

南掌贡使,称大头目次头目。其次为先目,为通事;其次为夷目,为后生。入贡员役不得过百人。赴京者不得过二十人。

暹罗贡使,有正使二使三使四使,其下为从人。赴京者不得过二十六人。

苏禄贡使,正副使各一员,通事一名,从人无定额。

缅甸贡使,称头目,次为通事,次为缅役,员役不得过百人。赴京者不得过二十人。①

另外,清代中国对荷兰的入贡使团规模也有规定:"凡荷兰入贡,其贡使有正使、副使,或专以正使一员,其下为从人。凡入京者,不得过二十名。"② 对于葡萄牙,则在康熙七年(1668年)规定:"西洋进贡,以后船不许过三只,每船不许过百人。"③

在有关各国使团规模的规定中,朝鲜人数最多,有30多人。但由于朝鲜使团性质不同,其构成人员和数量实际上各有不同,以下是研究者罗列出的朝鲜各种使团人员的构成情况表④:

表3-5 朝鲜使团种类及成员构成表

职位	使团种类					
	冬至	谢恩	告讣	问安	参核	赍奏或赍咨
正使	1	1	1	1	1	1
副使	1	1	0	0	0	0

---

① 《光绪会典》卷三十九,礼部主客司。
② 梁廷枏:《海国四说·粤道贡国说》卷三,荷兰国,中华书局,1993年,第204页。
③ 梁廷枏:《海国四说·粤道贡国说》卷四,西洋诸国,中华书局,1993年,第218页。
④ 费正清:《中国的世界秩序》,中国社会科学出版社,2010年,第85页。

续表

职位	使团种类					
	冬至	谢恩	告讣	问安	参核	赍奏或赍咨
书状官	1	1	1	1	0	0
堂上官	2（1675年前为1）	1	1	1~2	2~3	0
上通事	2	2	2	0	0	0
各类从事官	14	9	5	3~4	2~3	0
清学新递儿	1	1	1	1	0	1
医员	1	1	1	0	1	0
写字官	1（1720年前还有1名辅助写字官）	1	1	0	0	0
画员	1	0	0	0	0	0
别遣御医	0	2	0	1	0	0
别启请	0	1（有时为2名）	0	0	0	0
加定押物官	0	2（1697年停派，1707年恢复）	0	0	0	0
军官	7	8	4	5	2	0~1
偶语别差	1	1	1	0	0	0
湾上军官	1	2	2	2	2	0
日官	1	0	0	0	0	0
总计	35	34	20	15~17	10~12	2~3

三、遭风难民救助规定

中国的朝贡国，除南掌以外，其他国家的国土大都临海，琉球还是岛国。在中国漫长的海岸线上，经常有这些国家的遭风难民出现。中国商船也时有因风飘至外洋的。在朝贡体制下，中国与这些国家都有相互救助海上难民的责任与义务。

清廷非常重视飘风难船的安置、护送工作。乾隆二年（1737年）根据中国沿海经常有琉球等国飘风难民的情况颁发谕旨："沿海地方常有外国船只遭风飘至境内者，朕胞与为怀，内外并无歧视，外邦人民既到华，岂可令一夫之失所。嗣后如有被风飘泊之人船，着该督抚率有司加意抚恤，动用存公银两，赏给衣粮，修理舟楫，并将货物查还，遣归本国，以示朕怀柔远人之至意，将此永著为例,钦此,钦遵。"① 中国各地方官大都以此为准则处理海上难民事务。

对于海上互助,《光绪会典》有以下记载:

凡外国商民船遭风飘至内洋,所在督抚饬有司动用存公银两,赏给衣粮修理舟楫,并将货物查还,候风遣归本国。该督抚随时具奏,年终题销报部。若系朝鲜商民,委员伴送来京,俱疏奏闻,将难民安插会同馆,令通事送至朝鲜界。或附该国贡使归国。若内地商民船飘至外洋,其国能拯救资赡,送回各省,或附载贡船,或专差送京。如蒙恩降敕褒奖,并赐国王使臣银币。奉旨后,行知该国王。②

四、朝贡禁止事宜规定

在朝贡活动中,规定了诸多不得违背的事项,这些事宜包括如下内容:

近边各国,不得越境渔采及私辟田庐,隐匿逋逃。

内地民人不得私度沿边关塞,交通外境,及以海上贸易渔采为名,贩卖违禁货物。

贡使及夷商等,不得收买兵器、史书、《一统志》、地理图,及焰硝、牛角、绸缎、锦绢、丝斤等物,及携带内地人口,潜运造船大木、钉铁、油麻、米谷出境。

伴送人员,亦不得将例禁之物,私相贸易。

各国贡使入境,水陆俱遵定制,不得越行别道。贡使入境,及贡道所经各定地界,不由正道越行他省者。

外国有事陈请,其奏疏令专差陪臣赍文赴部,或交各该督抚转奏,不得径交遣往使臣带来。

外国一应事宜,赍文申报各部,均由礼部转发,不得擅自径申。及陈奏御前,各省督抚提镇官,非有公事,不得擅自移文外国,私相往来。

外国不得馈送各该督抚礼物。

贡使出入关口,通事及迎送守关官兵,不得索取土物陋规。③

上述禁止事宜,涉及中外交往过程中的各个方面。如有违犯,相关方面均

---

① 《清高宗实录》卷五十二,乾隆二年闰九月庚午条。
② 《光绪会典》卷三十九,礼部主客司。
③ 《光绪会典》卷三十九,礼部主客司。

将受到处分："凡干禁令者，俱论如法。"①

在众多的违犯规定的案例中，朝鲜由于与中国交往最多，因而违禁事例也最多。其中康熙五年（1666年）使团成员私自购买硫黄、焰硝，乾隆十二年（1747年）购买马匹，乾隆五十四年（1789年）购买水牛角，都受到中方查处。至于因购买中国历史书籍、地图而受到中方指控、查处的事例更多。

康熙十五年（1676年），朝鲜使臣购买《前明十六朝纪》后，发现书中把明末朝鲜仁祖废光海君的事件称为"篡逆"。朝鲜遣使"陈奏始末，伏乞删改，以昭信史"。礼部不仅没有理睬朝鲜的请求，反而以"外国使臣来京，禁买史书。今违禁购买，应遣官往朝鲜国，会同该王，严加详审议处"。康熙帝命令："免遣大臣往审，着国王将私买史书人犯，逐一严拿详审，确议具奏。"②

康熙十六年（1677年），朝方使团成员把在朝鲜本国印制的北直隶"地图小贴"携带来华，目的在于"欲知走路远近，持往行中"。但中方认为，"天下地图乃中国之舆图也，关系紧要"。清廷最终查扣了地图，将携带地图的朝鲜人员革职充军③。

康熙三十年（1691年），朝鲜进贡正使和通官私买《一统志》被察觉，礼部官员认为："《一统志》载天下山川舆地、钱粮数目，所关甚重。"④ 清廷虽然没有对朝鲜正、副使处罚，但没收了私买书籍，并将朝鲜通官革职充军。

中方对禁止朝鲜使团购买史书这一规定的执行几乎达到了严苛的程度。康熙三十八年（1699年），朝鲜年贡正使李彦纲购买了四包书籍被查出，中方指控说：这些书籍的名称虽然并非历史类，但"内有关系史书之言"。朝鲜相关人员最后被革职、降级。⑤ 康熙四十五年（1706年），朝鲜使团成员在北京购买了《六经春秋》两套8本，在凤凰城被中国边境官员查出。中方以《春秋》"虽非犯禁史书，但《春秋》系鲁国之史，亦有关系史书之处"为由扣留⑥。《春秋》为六经之一，在有尊崇孔孟之道悠长历史的中朝两国，该书是士人们自幼诵习之书，清廷竟以内容是"鲁国历史"为由禁止他国购买。

---

① 《光绪会典》卷三十九，礼部主客司。
② 《清圣祖实录》卷六十四，康熙十五年十一月己卯条。
③ 《〈同文汇考〉中朝史料》（二），吉林文史出版社，2003年，第317-318页。
④ 《清圣祖实录》卷一百五十二，康熙三十年七月己丑条。
⑤ 《〈同文汇考〉中朝史料》（二），吉林文史出版社，2003年，第316-317页。
⑥ 《〈同文汇考〉中朝史料》（二），吉林文史出版社，2003年，第318-319页。

第四章

清代属国来华朝贡礼仪

清代属国使者来华朝贡，需要遵循一系列礼仪规则。这些礼仪规则属于中国历代王朝款待"四夷之君长与使者"的宾礼范畴①，内容包括了贡使在地方和京城实施的各种礼仪。

第一节 贡使出入中国边境的程序和礼仪

朝贡国的贡使从规定的中国边境入关：海上国家从海路入境，与中国陆地相接的国家从陆路入境。从京城折回时，要从同一地点出境返国。贡使在中国边境地区的往返都须遵循各种出入境的礼仪规章。

一、入境申请与批准

每届贡期，朝贡国派遣贡使前往中国，需要遵循一系列程序："凡外夷属国遣陪臣恭赍表文、方物按期修贡，既达境，所在督抚查明、具题，由部覆准，行该督抚，填给勘合。"②

首先该国王要把朝贡事宜先行咨报中国边境官员，由当地督抚"具题"③中央。琉球由闽浙总督具题，越南由两广总督、广西巡抚具题，南掌、缅甸由云贵总督、云南巡抚具题，暹罗、西洋诸国由两广总督、广东巡抚具题，苏禄由福建巡抚具题。而朝鲜则在年初"开印"后由礼部具题。

在朝廷礼部"批准"属国的朝贡请求后，由当地督抚"移咨"该国王，通知该国政府，批准此次入贡请求。朝贡国的国王随后组织进贡使团，授予贡使

---

① 《新唐书》卷十六，礼乐志六。
② 《嘉庆礼部则例》卷一百七十一。
③ "具题"是指地方官员撰写的向皇帝汇报的文书"题本"。

贡物和表奏文书，并把朝贡使团成员及相关朝贡事宜报告中国督抚，督抚批准并确定好入贡日期。贡使入境前的准备工作完成。下面以道光五年（1825年）越南入贡为例说明这一程序：

> 广西巡抚康道光四年八月二十日奉上谕：康绍镛奏越南阮藩现届例贡，请示进关日期一折。越南国王阮福皎援照成例敬备贡物，效悃出于至诚，著加恩准一并呈进。所有该国使目著于明年七月底到京，该抚接奉此旨，按程计算，酌定进关日期，照会该国王遵照办理可也。将此谕令知之，钦此。①

这一材料表明，道光五年（1825年）为越南的例贡日期。越南在前一年的道光四年（1824年）就向广西巡抚发出请求。广西巡抚将越南这一请求"具题"上奏。清廷批准越南这一请求，要求贡使在次年的七月到达北京，并命令广西巡抚照会越南国王，按照贡使到京的时间来确定入关的具体时间。

二、入境程序与礼仪

朝贡使节按照事先规定的日期到达中国边境后，中国地方官员派人迎接。不同的入境地点，贡使入境程序与礼仪也各不相同：

> 贡使将入境，朝鲜以礼部通官二人迎于盛京凤凰城；安南、琉球、缅甸、暹罗、荷兰、苏禄、南掌诸国，贡道所经之省督抚遣佐贰杂职官一人迎于边界；西洋以内务府司官及西洋人供职钦天监者各一人迎于广东。②

从上述材料看出，迎接朝鲜和西洋国家贡使的官员级别较高，都由中央部门派出。其余国家则由当地的"佐贰杂职"迎接。中国地方边界迎接各国贡使的具体情形如下：

1. 朝鲜使团

朝鲜贡使入境后，由礼部通官与凤凰城守尉共同迎于边境。

朝贡使团渡过鸭绿江，由今爱河村之中江台起，经九连城、蛤蟆塘、五龙背、汤站城、边门村，来到边门口，行程110里。因为柳条边外是封禁区，虽然进入了中国国境，但并无中方人员的迎接。朝贡使团到达栅门③时，已是夜幕时分。使团先向栅门守门人通报，并请转告凤凰城城守。使团随后在栅门外

---

① 《道光上谕档》，广西师范大学出版社，2000年，第1106页。
② 《大清通礼》卷四十三。
③ 因柳条边用柳条联结而成，边门也称栅门。

过夜。由于边外没有住所，使团只能使用随行携带的帐幕之类或燃起篝火抵御风寒。对于栅门形制，朝鲜资料描述说："栅门即所谓架子门也。上龙山落脉到此陡起，屹然与凤凰山对立，以作栅门开荒之镇。而数尺疏栅或存或无，三间小门庇以茅草，定界之地及其虚疏。盖之所以定界而非所以御寇也，真所谓折柳之藩也。"①

第二天早晨，掌管钥匙的章京（佐领）打开栅门后，朝鲜使团开始履行进入栅内的各种程序。朝鲜方面将贡使进入大清第一道关卡凤凰城边门这一行为习称为"早朝"。中方的凤凰城城将在两位礼部主客司官的陪同下，与伏兵将、迎送官、衙译、诸章京、巴克什（笔帖式）、当月拨升库（值班领催）、甲军等一起来到边门外迎接朝鲜贡使。朝鲜贡使团的三大使臣②首先向凤凰城城守行相见礼并馈赠酒果，向中方呈递填有人员、货物名称与数量的报单。朝鲜通官呈递赠送中方各级官员的礼单。随后两位主客司官分别坐在栅门左右，令甲军依照报单所填项目对使团所带物品一一验过后放入栅门。使团成员则通过清点人数的方式依次进入栅门。栅门随后关闭，朝鲜贡使团进入中国的"早朝"仪式宣告结束。对朝鲜使团的"早朝"，中方资料则记载："向例，朝鲜贡使到边，凤凰城城守尉带领官兵偕主客、迎送通事等官至关门，稽其人马车舆辎重各数。"③

朝鲜朝贡使团在进入凤凰城边门后，由凤凰城守将等陪同，行30里到达凤凰城，入住驿馆。次日，贡使到凤凰城守尉衙署行见官礼，两拜作揖，城守尉则答揖还礼。贡使一行随后从衙署前往龙凤寺，在城导尉引领下向寺内龙亭的皇帝牌位行五拜三叩头的朝拜礼。龙亭是在康熙五十三年（1714年）时增修，专供皇帝牌位，左右配廊各三楹，农历每月初一和十五城内官员都要来此遥祝圣寿。朝鲜贡使叩拜龙亭完毕后，城守设宴款待贡使。宴席上，城守坐中，使臣坐东，书状官坐西，通事以下人员在楹外分两行而坐。席间，进赐馔床并奏乐，又有戏曲表演以娱宾客。宴请完毕后，贡使又到龙亭前行谢恩礼。凤凰城宴席丰盛，规格甚至超过京宴，使团由京返回时也有同样规格宴请。此种规格宴请，在途中的辽东、盛京、山海关还有一次。但随着岁月推移，礼仪渐减，最后只有山海关一地保留这种宴席。

---

① 《沈槎日记》八月二十日条。见张杰《韩国史料三种与盛京满族研究》，辽宁民族出版社，2009年，第329-330页。
② 朝鲜贡使团是"三节年贡"四贡合一，因而团中有担负不同使命的三使臣。
③ 《清史稿》卷五百二十六，列传三百一十三，属国一。

2. 安南使团

安南贡使的入境首站是镇南关。广西地方官员开关迎接安南贡使团：

> 广西镇南关内山下有昭德台，每安南贡使至，左江镇、道莅关，先于台上设黄幄，标兵布阵左右列。贡使抵关，则武员请锁钥，钥长四尺余，巨如人股。既乃升旗鸣号，鼓乐启关，通事导贡使人役鱼贯入，向台三跪九叩首毕，乃请见。诸官镇、道验表文，阅贡物，量留百许人从赴京，余悉犒以酒筵银帛遣还。军器外，不禁裔货。①

按照以上材料，迎接安南（越南）贡使团入境仪式在镇南关内的昭德台举行。台上事先设置黄幄，左右布列标兵，左江镇、道主持欢迎仪式。当安南贡使到达时，武官请出开关钥匙。镇南关的开关钥匙竟然四尺长，"巨如人股"！随后，升旗鸣号，在鼓乐的伴奏之下，打开关门。使团成员在通事的导引下鱼贯进入关内，向着昭德台上的黄幄行三跪九叩礼。礼毕后，与中方官员会面。中方的左江镇、道对安南的表文、贡物进行检验后，只允许安南方面保留100人左右的贡使团规模②，其余人员在进行赏赐后遣返回国。迎接安南贡使入境的欢迎仪式完成。

安南（越南）贡使入境后，镇南关的关门将被重新加封。贡使从边境前往广西桂林，"封关后，贡使从镇道起行，自太平府下船，经南宁、梧州至省"③。

到达桂林后，广西官员对越南贡使赐宴的大致情形如下："越南入贡，宴之巡抚大堂，司道侧陪，贡品列庭下。使臣侍郎阮某于堂下拜跪，登堂赐坐，宴之后列。"④

广西巡抚在府衙司道等官员的陪同下，接见越南贡使。越南的贡品被陈列在巡抚衙门院内。贡使在堂下行三跪九叩礼后，进入大堂内并被赐座、赐宴。

对于安南贡使入境程序和礼仪，《广西通志》有详载，可与以上资料进行参照：

安南入贡事例

款贡之年，左江道预详督抚，檄传安南国王取入关日期。国王乃遣使并通

---

① 龙顾山人：《十朝诗乘》卷十四，福建人民出版社，2000年，第561页。
② 此处有误。安南使团只允许保留21人而非百人的规模，其余人员在完成护送贡使进入中国边境后返回安南。
③ 龙顾山人：《十朝诗乘》卷十四，福建人民出版社，2000年，第561页。
④ 龙顾山人：《十朝诗乘》卷十四，福建人民出版社，2000年，第562页。

事赍夹板公文投递左江道衙门。届期,使臣恭运贡物至坡垒驿,龙凭关守备(今改都司)具报左江道,即移驻太平府示日启关。而新太参将(今改副将)先领官兵列队关上及把守各隘口。左江道于启关三日前,率南宁、太平知府至思明土府(今宁明州)驻扎,次日至受降城,又次日至幕府营,由幕府营至关十里。是夜四更后,发号鼓三通,各土司兵马齐集,护卫龙亭前至昭德台。左江道与府厅关各官至关拜谒龙亭,行三跪九叩首礼毕,左江道委官祭关门土神事毕,龙凭关守备禀领锁钥,擂鼓放炮,唱开关,发皇令旗两面,出关唤通事引夷使恭捧表文及贡物入关,叩谒龙亭。其关外夷从并罗拜事毕,左江道与各官送龙亭旋升昭德台,夷官叩谒。乃开柜验明贡物,封讫,左江道以花币赏入京进贡夷官,次赏护贡回国夷从,以牛、酒犒夷官、夷从与汉土官兵。凡进贡夷官、夷从,共二十一人,正使陪臣一人赏镀金银花一对,重二两,大红云缎一端;副使陪臣二人,各赏镀金银花一对,重一两六钱,各大红云缎一端;通事官一人赏银花一对,重一两二钱,大红云缎半端;行人四人各赏银牌一面,重八钱,各红布一匹;从人十三人,各赏银牌一面,重五钱,各红布半匹。其护贡之夷官、夷从受赏出关,仍擂鼓放炮,唱开关。龙凭关守备督守关门及各处隘口,三日后方撤。其贡物、表文、夷官、夷从名数申报,督抚并檄押贡文武官各一,由思明登舟逐城交替至桂林,护送至楚。若贡使归国,则礼部题议差司宾序班伴送至广西,巡抚照例遣官伴送,太平知府启关验放。夷官回国仍照前接贡之例,文渊州夷官具收领印结,通报督抚、司道查考。①

3. 暹罗使团

暹罗贡使船队一般从虎门进入广州。暹罗船只到达伶仃洋后,向驻守的官兵报到后进入珠江,由珠江上溯到虎门,再由虎门副将验明船只、人员,查明货物,然后放行,经黄埔到达广州。对于暹罗船队进入港口后中国方面首次的入境检验,有泰国方面的诗歌材料作为佐证:

总爷镇军门,统帅十万人。贡船初抵港,有吏登身询。贡使忙对答,道是暹使臣,奉表修职贡,遐方世所遵。检点录名册,解衣验痣身。职官奉命至,从卒三十人,青霜耀紫电,威仪绝超伦。相将乘战舰,护行谒军门。②

暹罗贡使团的船队进入虎门后,中方官吏登舟询问,暹罗贡使作答。然后,

---

① 谢启昆:《广西通志》卷一百六十四,经政略十四,安南入贡事例,广西人民出版社1988年。
② 许云:《郑昭贡使入朝中国纪行诗译注》,《南洋学报》第一卷,第二辑。

中方对暹罗使团的人员进行清点,并要求使团成员脱衣验痣。在贡使乘坐中方战舰谒见长官后,船队还得继续航行两天,沿珠江口上溯进入广州城登陆。贡使被护送入住当地专门招待贡使的宾馆——怀远驿。怀远驿建在城西南珠江边的蚬子步,明代时临江,规模相当大,有大型牌坊、大片的房屋,雕梁画栋。清代时,随着珠江北岸向南延伸,原位于江边的怀远驿已远离江岸,在其南面则出现了十三行夷馆。

贡使到达省城入住驿馆后,将其所带的朝贡表文供于驿馆中堂,贡物也贮存在馆内。在把表文、方物安置妥当后,地方官员备办牛、酒、米、面等宴席项,前赴驿馆犒赏暹罗贡使。

此后不久,中方将按照惯例对暹罗方面的贡物进行检验。检验地点在巡抚衙门进行。

关于贡物检验的礼仪和程序,《粤道贡国说·会验暹罗国贡物仪注》详载:

> 是日辰刻,南、番二县委河泊所大使,赴驿馆护送贡物,同贡使、通事由西门进城,至巡抚西辕门停放。贡使在头门外帐房站立,候两县禀请巡抚开中门。通事、行商护送贡物,先由中门至大堂檐下摆列。通事复出,在头门外候。两县委典史请各官穿补褂、挂朝珠,至巡抚衙门。通事引贡使打躬迎接。各官会齐,升堂开门。各官正坐,司道各官傍坐。通事带领贡使由东角门报进,至大堂檐下,正行一跪三叩首礼。赐坐、赐茶。各官即起坐,验贡毕,将贡物仍先从中门送出西辕门。通事引贡使由西角门出,至头门外站立。候送各官回,将贡物点交,通事、行商、贡使同送回驿馆贮顿。①

按照检验程序,首先由南海、番禺两地县令委派官员与暹罗贡使、通事一起把贮存在驿馆内的贡物,从广州城西门送往广东巡抚衙门的西辕门停放。贡使先在府衙头门外的账房站立稍候,由两位县令禀请打开衙门中门后,通事和行商把贡物搬运到大堂檐下摆列,通事退出门外等候。验贡各官员身着朝服先后来到府衙,门外的贡使在通事的指引下,向中方各官鞠躬致意。在验贡官员会齐后,便升堂依序入座,其中大员坐于中间,司道级别的官员坐于两旁。贡使在通事的带领下,从东角门进入院内,在大堂檐下行三跪九叩礼。贡使被赐座、赐茶。接着大堂内的官员起身前往檐下检验贡物。检验完毕后,贡物被从中门送到西辕门外。贡使在通事的陪同下,从西角门走出,停在头门外站立,

---

① 梁廷枏:《海国四说·粤道贡国说》卷二,暹罗二,中华书局,1993年,第200-201页。

恭候中国官员离去。在点清了验过的贡物之后，贡使、通事和行商将贡物再运回驿馆贮存。验贡程序至此结束。

与暹罗贡使同来的，还有船上的压舱货物。这些货物的清单由船主和通事呈报广州府，再由广州府转报后，派员查明核实。督抚将表文、贡物和货物情形一同题报清廷，批准后招商发卖并免征货饷。

4. 琉球使团

琉球贡船到闽后，先在闽安镇口亭头村怡山院前的河湾停泊，然后行文福建布政使司，布政使司令福州府海防同知查明船只来由后，派兵引入内港。琉球通事呈交使团随行人员和携带各种物品的清单，中方赴船实地查验。之后再移会福州城守营副将和闽县典史，会验琉球使团所带的执照、贡物、银两、土产杂物、防船军器，并查明使臣、官伴、水梢人数，安排他们入住当地专门招待琉球贡使的宾馆——柔远驿①。

清初的柔远驿，"中有头门、仪门、大堂、月台，左右两旁房舍三十二间。皆休整完固，使贡臣有栖止之地，方物无湿坏之虞。又于附驿旷地周围砌墙，日夜巡逻，使居民、贡使无相混杂，嫌隙不生，和好永固"②。对于福州柔远驿，康熙时的琉球人程顺则在《指南广义》中记载颇详：

河口柔远驿记

驿设于福建省城水关外，琼河之口，所以贮贡物、停使节也。旧制四围砌墙，门临大街，设照墙木栅。官厅在两井中间，两厢楼屋各十三门。天妃、土地各有祠，规模弘敞。自靖藩调闽后，前面侵为两镇营房，地遂促。及甲寅之变，折毁几尽，仅存官厅一所。岁丁巳，我国遣官远探，适闻奉命大将军和硕康亲王统禁旅入仙霞，民皆按堵。越明年，奉贡如旧。时诸当事以馆驿倾圮，恐亵贡典，兼悯使臣露宿，特委郡司马苏公，重新起盖大门、仪门并两边厢楼各十一间。仪门外，视馆公署一座，厅后，天妃祠堂三小间。虽建制不异于初，然非曩日旧址矣。辛未年予接贡留边，因思有土居人，不可无神以守之，有臣死事，不可无位以安之，即于天妃祠傍，左祀土地公神，右立故臣木主，各为文以记之。壬申，飓风大作，厢楼倒塌，墙垣崩颓，复请于当事，委官重造厢

---

① 福州市区第二开关厂旁有琉球馆，原名柔远驿。明成化十年（1474年）前后修建，当时有前后厅和大小卧房等63间，现仅存清末改建的楼舍1座，业经重修。参见李莉《明清福州琉球馆考》，《福建师大学报》2002年第4期。

② 冲绳县立图书馆编：《历代宝案》第一册，台湾大学图书馆影印本，1972年，第464页。

楼各十间。垣墉修筑之续,因进贡两船人多屋少,自盖楼屋四小间于厅西之侧。至于崇祀、天妃大楼,乃前者进贡耳目官魏公应伯、毛公起龙、正议大夫曾公夔、蔡公铎,以我国往来海上舟楫无虞,皆荷天妃弟庇,今古驿楼居鳞鳞,而旧祠数椽草草,渎且亵,殊非报本,意佥议来贡诸员,捐积数年,重建楼台于旧祠之次,以安神灵。计四贡,而所积足用。至癸酉岁,大夫王公可法至闽,方董其事,不日成之。梓材丹艧,焕然可观。传译通官冯斌发心妆塑新像,并旧者均祀于其上。移土地、崇报两祠,仍祀左右。从此仰见姓名,捐数可按,看题日月年代有稽。九重建置之恩,真堪万古,而五公倡率之德,亦足千秋矣。余恐规制久而无征,是为之记。①

以上资料表明:清初柔远驿继承明代规模,有官厅、厢房以及天妃、土地祠。耿精忠驻闽时,曾将部分用作兵营。后来兵乱,柔远驿毁灭殆尽,只剩官厅一所。清廷平乱后,虽重修大门、仪门、厢房、天妃祠,但与以前规制已有所差异。此后,琉球来华使节又自捐银两,增建了几间房屋,并扩建了神祠。福州为台风侵袭之地,柔远驿的房屋曾遭风倒塌,后经官府重修复原。

贡使入住柔远驿后,浙闽总督有再次验贡之例。以下是闽浙总督对琉球贡品进行检验的一则史料:

是日,总督坐大堂,司道旁坐,府县立侍案侧。两贡使手捧表文、贡单,至头门,即跪,报名,膝行而进,至公案前,以表文、贡单呈验。总督略阅一过,传询数语,命赐食,即有一役以矮桌二,置大堂口,酒肴亦续至,二使叩头谢,就堂口席地,坐而食之,各官仍坐堂上也。须臾食毕,复向上九叩首谢恩毕,乃鸣炮作乐掩门。②

贡使从柔远驿前往总督府衙。总督升堂入座,司道旁坐,府县官员侧立。琉球正副使手捧表文、贡单,到达总督府的头门后下跪,通报姓名,膝行到达院内摆设的公案前,把表文和贡单呈递总督检验。总督简单阅过,传话数语慰问贡使,随即宣布赐宴贡使。仆役在大堂门前摆放两方矮桌,酒菜相继端上。贡使叩头称谢后,席地而坐开始就餐。此时的中国官员们仍然坐立堂上。贡使很快食毕,再行九叩首礼谢恩。中方鸣炮、作乐,欢送贡使离开衙门。

比较福建官员与广东官员的验贡程序,可以发现两地有所区别。广东方面主持验贡的是广东巡抚,福建方面则是闽浙总督;广东检验贡品是检验实物,

---

① 程顺则:《指南广义》,琉球大学志嘉屋记念图书馆藏本。
② 徐珂:《清稗类钞》,"朝贡类",中华书局,2010年。

而福建官员只检验贡物单而已；暹罗贡使是鞠躬而进，再行一跪三叩礼，而琉球贡使更为恭敬，膝行而进；暹罗贡使被赐座、赐茶，琉球贡使则被赐酒食；福建方面在验贡结束后，以鸣炮、作乐的方式欢送琉球贡使，广东方面则由暹罗贡使在府衙门外候立目送中方官员离去。

5. 南掌使团

南掌进贡使团，由云南边境进入中国。在一份记载南掌贡使在云南西双版纳管辖地域接受中方土司招待的文件中，详细叙述了往来礼仪：

接待寮国向汉王朝进贡宝象的礼制

宣慰使地方、景兰象路、百万象地朝向汉室国进贡的来往［官员］，均须按先前的礼制。到傣历一千一百九十三年［公元1831年］，宣慰使照旧制通告百姓，百万象地寮国的代表，每五年小贡一次，每十年大贡一次呈现汉皇。沿途须设站，规定：勐仑一站，勐醒一站，勐征、勐胎、把岛一站，橄榄坝一站，勐型一站，共五站。

当寮国代表到每站时，须依照礼制接待如下：

迎接国书宝盒出：一块九成银，一头水牛，一排红布、白布。

为首席使官系魂出：一双银镯，一块纯银，一口猪，一对鸡，两瓶酒，一匹马。

为景永打湘官系魂出：一块九成银，一对鸡，两瓶酒。

对五个象鬼出：两块九成银，一口猪，四对蜡条，红布，白布，四对鸡蛋。

埋［拴象桩］出：一块九成银，四瓶酒，四串槟榔菜，四对蜡条。

上象、下象出：一块四破九成银，四瓶酒，四串槟榔菜，四对蜡条。

对破文书官出：五破九成银。

对大鲊改出：五破九成银。

对小鲊改出：五破九成银。

对叭西里绷往出：四破九成银。

对其副官出：两破九成银。

对勐腊的首官出：四破九成银。

对其副官出：四破九成银。

凡来进贡的象客到客站，应出迎接费如上，共有五站。对陪伴的象客、埋象桩、解象、象鬼、上象都不费。

凡进贡的象客进入地界来，（原文残缺，此处有十几个字难译）十五匹马，十客、二十客［以上］有盖着王印公文的，要到勐腊□□橄榄坝迎接。每站出八破九成银。没有盖王印的公文，而只盖有议事庭［印］公文的，（此处残缺数字）只派马匹、挑夫来往接送。西双版纳和寮国都下令通知：宣慰司以宣慰使为首的西双版纳的大小土司头人，百万象地寮国以叭先龙管乃蒿腊拉买梯里西里腊答纳蒙滚为首的全体使者，双方共同合立文件为证。①

这则资料表明，南掌派往中国的使团，有携带国书访问北京的高级使团，也有只送贡象到边境的低级使团，云南西双版纳地方根据具体情形进行不同规格的接待。中国境内的云南土司一般都要对南掌使团的各级官员赏银，还要向高级官员出"系魂"费。系魂是流行于傣老地区的风俗，用红色或白色丝线系在人们的手腕上，称为"索欢"，意为"系魂"，即系住魂灵不离身体，这是一种祝福人们身体健康的习俗。

三、入境处安排贡使进京

在入境处的地方督抚对贡国的表文和贡物审查合格之后，按照惯例，由督抚将属国朝贡事宜转奏朝廷。皇帝发下圣旨，批准贡使入京朝觐的日期。在确立了贡使进京的日期之后，入境处的地方政府需要为贡使进京做准备工作。对以上程序，有资料概括为："外夷各国，凡遇进贡，俱由例准进口省份先将副表、贡单呈明督抚，奏奉允准之后，委员伴送使臣赍带贡物赴京呈进。"②

以暹罗贡使在广州的经历为例，地方政府为贡使进京进行的程序如下：

通事须将暹罗贡使入京的启程日期，具报广州府，广州府转报布政司，布政司再移会按察司，由按察使颁发兵部勘合1道、驿传道路牌1张。所颁兵部勘合填注使团人员所需口粮、所需仆役和船只等项内容。勘合的作用在于贡使经过沿途州县时，地方政府要按照勘合所填标准按日供应贡使。而驿道的道路牌则为贡道所经驿站的路线图。最后两广总督委派3名官员长程伴送贡使，其中文职官员应为道、府大员，武职官员应为参、副大员，另外1名则为级别较低的丞倅之类官员。

一切就绪之后，贡使起程赴京。

暹罗贡使登船前，还要在怀远驿的天后庙举行祭江仪式。据乾隆《南海县志》《白云、粤秀二山合志》关于广州的天后宫的记载，广州天后宫或天后庙数量很多，其中有十三甫的天后庙、第十甫的天后庙、怀远驿的天后庙、十七甫

---

① 《傣族社会历史调查（西双版纳之三）》，民族出版社，2009年，第12–13页。
② 《文献丛编全编》第一册，英使马嘎尔尼来聘案，北图出版社，2008年，第30页。

的天后庙、东教场的天后庙、小东门外的天后宫等①。广州府负责提供祭祀珠江所需的猪以及吹手、礼生等人员。就是在这种吹吹打打中，暹罗贡使开始了前往北京的行程。

四、出境程序与礼仪

贡使在京城朝贡礼毕，还要从北京由原道返回中国边境城市。贡使归来后，地方官员筵宴贡使于省城。宴请由一般由司道级别的官员主持。在贡使起程离境后，护送官员要向上司禀报贡使出发情形，再由该省督抚将贡使出境日期"题明"报告礼部。

朝鲜贡使从北京由原道返回凤凰城后，由凤凰城守尉宴请后送出栅门，经由鸭绿江返回朝鲜。

暹罗贡使在伴送委员护送下返回广州。贡使如携带敕书，先要护送敕书前往怀远驿供奉安置。广州地方宴请贡使一次，费用为白银17两5钱。贡使等候风顺之日起程返国。早在暹罗贡使自京回广州之前，清廷就提前谕令修葺停泊在广州的船只，以免迟误贡使回国日期。贡使起程之日，除了违禁物件不许买带外，其他所买货物，由中方委官一员进行监督，将货物搬运下船，护送船只出口。

安南贡使在北京朝见、宴犒完毕后，从原道返回广西桂林。《听雨轩笔记》记载了乾隆乙亥年（乾隆二十年，1755年）冬天安南贡使从京城返回桂林时中方对贡使的接待礼仪：

乾隆乙亥冬客桂，遇安南贡使自京归，舟泊水东门外湛恩亭下，抚标、绿营列队于岸。正使侍郎武钦麟、副使翰林李春兰、部曹武陈绍，皆纱帽绯袍，帽翅阔且长，靴头长尺许，高不掩艇，至郡禀谒，使经历谢之。次日答拜，用双红帖，夹以全柬，顶格大书"天朝中宪大夫知广西桂林府某拜"。次日，贡使诣谢恭缴。又次日，巡抚具燕。先一日，命伴送之巡检、千总往舟传谕。及期，盛陈兵卫，巡抚坐大堂，司道参见毕，依序坐。通事领贡使于东角门报名入堂，上下应声如雷。及堂下，向上三叩首，就位。巡抚、司道各有宴席。贡使、通事凡五席，最末以矮几席地坐。进酒、进馔，咸侑乐。三爵后，通事领贡使出位，又向上三叩首谢，仍自东门出。礼成，各官兴辞，兵卫徐撤。迨行，贡使

---

① 曾昭璇：《天后的奇迹》，香港中华书局，1991年，第93页。

复诣各官廨告辞，各官赍予有差。①

这一材料大致反映了安南贡使从北京返回桂林后的接待礼仪。贡使由水路到达省城桂林后，抚标、绿营在岸上列队欢迎贡使。安南正、副使上岸首先"禀谒"桂林知府；次日桂林知府送帖回拜。其后广西巡抚赐宴贡使。赐宴之日，巡抚端坐大堂，司道官员陪坐，贡使从东角门报名入堂，在堂下三叩首。随后，宴席开始，巡抚、司道各有席，贡使、通事共有5席。宴毕，贡使三叩首谢恩后，从东角门返回。等到贡使即将离开桂林时，贡使再向中方官员告辞。

安南贡使由太平守、新泰协从桂林送至镇南关。贡使向昭德台谢恩后，出关返回安南。太平守、新泰协随后"封关"，上缴锁钥给左江道库，广西地方接待贡使任务完成。

第二节　贡使在京朝贡的程序与礼仪

外国贡使在中国伴送官员的护送下，跋山涉水，一路风尘，最终到达朝贡目的地——北京。贡使在北京的活动是贡使朝贡礼仪的高潮部分。具体来说，这些程序和礼仪包括以下几项：

一、入住会同馆舍

各国贡使至京，由礼部通知崇文门监督，在验明贡使所带行李、物品之后免税验放，允许进入京城。贡使到京第一天，礼部首先安排前往馆舍就住，提供起居饮食方面的各种供应，并对馆舍进行日常管理："凡外国贡使来京，设立宾馆，日给廪饩，至周且渥。嗣是服属外臣，无远弗届，岁时职贡，万国攸同，馆舍饔饩，日益增备。"②

以朝鲜使团入京为例，在使团到达北京城外时，护行译官先前往礼部会同馆通报。会同馆派遣数人将使团迎至离城半里处的东岳庙。

东岳庙有两个功能，一是朝鲜使团暂作休息之地："欲向都城聊暂憩，乍沾

---

① 龙顾山人：《十朝诗乘》卷十四，福建人民出版社，2000年，第562页。
② 《清通典》卷六十，礼二十，宾，馆饩。

茶碗渴喉醒"①;"皇家制作思当日,使节驱驰住少时"②。二是朝鲜使团的"改服"处:使臣一行要在这里更换本国的朝服后才能进城。

使团在东岳庙进行暂时的停留后,骑马由朝阳门进入京城来到会同馆舍之外。会同馆提督在大门口迎接使团的到来,使团成员正式入住会同馆舍。

二、前往礼部进献表文、方物

贡使到京的第二天,需要前往礼部进表文。该日黎明,礼部设案于大堂正中,提督会同四驿馆鸿胪寺少卿,率领身穿本国朝服的贡使、从官,由馆舍前往礼部。

各国贡使的国服,朝鲜一般为乌纱宽袍,南掌、越南贡使的国服,资料记载:

（南掌）贡使称曰"大怕"（音近怕字之上声,不知其字,聊记其音耳）,从者称曰"后生"。曰"大怕"者,盖其贵者尊称也。大怕衣红袍帽,则若官轿前刽子手之式,其内衣布,紧缠其身,亦著靴。闻在其地则赤足,且不著裤也。后生或衣蓝布袍,或葛布,不带领,暑日亦戴骚鼠帽,其状不文。

安南国,嘉庆九年锡号越南,古交趾也。其随贡使来者,衣红短袄,束绿带,以蓝布缠头,出两角,若戏中之扮渔婆者。贡使则宽袍纱帽,帽上加一錾花铜片,若女子之翠围。③

暹罗国贡使的服饰,则有朝鲜使节作了描述:"（暹罗）使臣四人,而衣色紫黑,绣以金花。头岸独角金冠,长可一尺。其端尖杀如锥。人皆剃头光光,而体矮貌薄,类类僧徒。盖国在江南,冬亦不寒,皆着单衣,无皮绵之装。"④廓尔喀贡使的服饰,《清稗类钞》记载:"衣糁金宽博之衣,红紫色,冠如僧所戴者,中较高,上有金绣。各手素珠。"⑤

贡使携带表文、方物,从左角门进入,在礼部的阶下等候。礼部侍郎1人出,立于案左,仪制司官2人,鸿胪寺鸣赞2人,立于左右楹南,这些官员都身穿朝服。馆卿首先登上台阶,站在阶前充当司仪进行鸣赞。馆卿高呼"进

---

① 金锡胄:《东岳庙》,《息庵遗稿》卷六,《捣椒录》卷上,《燕行录全集》卷二十四,第55-56页。
② 李世白:《东岳庙》,《零沙集》,《韩国历代文集丛刊》。
③ 姚元之:《竹叶亭杂记》卷三,中华书局,1982年,第89页。
④ 刘顺利:《朝鲜文人李海应〈蓟山纪程〉细读》,学苑出版社,2010年,第490页。
⑤ 徐珂:《清稗类钞》第一册,中华书局,2010年,第429页。

表"，司宾、序班2人引领贡使奉表登上台阶，副使从官随后跟上。馆卿高呼"跪"，正使以下皆跪。高呼"接表"，侍郎把贡使手中表文接过，陈于案正中后，回到原位站立。高呼"跪、叩、兴"，正使以下行三跪九叩礼。礼毕，序班引领贡使退下，仪制司官则将案上表文带走退出。第二天，向皇上具奏，把表文送交内阁处理。在圣旨下达后，将贡物交给相关部门领取。表文如果是金叶表，由内阁收受后，即将上届所进金叶表文交出，由礼部送交内务府熔化。

贡使还可以直接向皇帝呈递表文、方物，"如贡使奉国王命，表文、方物愿亲进献者，呈明礼部转奏请旨。如准其亲献者，传知贡使遵行，并知照该国王"①。这一规定实际上是直接针对西方国家的。西方国家的进贡使节所携带的表文、方物一般直接递交中国皇帝。西方贡使在觐见时直接面交皇帝表文的具体方式有两种：一是将表文放在皇帝前面的黄案上，二是由使臣直接交到皇帝的手中。清廷对西方国家递交表文、方物采取这种变通方式，虽然主要是由于西方国家使节的坚持，但也表明清廷对西方国家的优礼。

三、演礼

在贡使把表文递交礼部之后，皇帝将择期接见贡使。但在觐见皇帝之前，使臣需要熟悉并练习各种觐见皇帝的礼仪，此即所谓"演礼"。鸿胪寺就是担任培训外国使臣演习礼仪的主要机构。

关于演礼，有朝鲜史料记载：

> 演仪者，演习朝贺仪节。……午时，与正副使及任译具公服……至鸿胪寺……见庭中东西对立二碑而无书字，盖表班次也。庭北又有门，匾曰"龙亭门"。门前周设红栅，左右有月廊，门内有八面高阁，匾曰"习礼亭"，俗称牌阁，又称龙亭，其内盖设玉榻，奉安位牌，牌面书曰"当今皇帝万岁万岁万万岁"，如我国殿牌也。我使就左月廊，琉球使就右月廊稍憩。本寺官员六七具朝服，喝道入来，始开龙亭门，演仪于亭中。本寺官员东西分立于庭北，我三使北面序立于庭南，诸译又序立于三使之后。……琉球三使又序立于诸译之后，我国从人与琉球从人又立于其后。而观光排毕，鸣赞二人分立于龙亭门左右胪唱。……于是行三拜九叩之礼。曾闻官员纠检行礼，如或参差，则虽三四巡更令演习云，而今不然。礼毕，复入左右廊，换着平服而归。②

---

① 《嘉庆礼部则例》卷一百七十一，主客清吏司。
② 金景善：《燕辕直指》，《燕行录全集》第70册。

另一则朝鲜资料也对演礼有相似记载：

因主客司移文，三使午赴鸿胪寺，行演礼。寺在太医院、工部两衙之间。西向设甓大厅，厅之南筑墙而置门。入其门，庭除旷然。北有门，匾曰"龙亭门"。寺卿呼喝，而至龙亭门。门内有八面亭，匾曰"习礼亭"，中安龙碑，而设御榻，牌刻"皇帝万岁万万岁"。庭植品石。使就立于品石前。寺卿胪唱，则通官以我音传之，行拜叩礼。①

演礼完成后，贡使觐见皇帝的准备工作完成。

四、觐见

贡使觐见皇帝大约有以下几种规定。

1. 随班觐见

遇大朝（三大节）和常朝（每月逢五日）时，贡使随班觐见，"如值大朝、常朝，序班引贡使等列西班末，听赞行礼如仪"②。

在清朝，每逢皇帝登极、大婚，每年元旦、冬至、万寿节（皇帝的生日）等都要在太和殿举行朝贺典礼。文武百官按级别在太和殿内外行礼。每月逢五的常朝，文武百官同样在太和殿行礼。贡使在京，如恭遇万寿圣节、元旦、冬至三大节，应与中国朝臣一同上殿朝贺。如果赶上常朝时期，也允许贡使前往太和殿入班行礼。对此惯例，史料有明确记载："贡使在京，恭遇三大节，及凡陛殿日期，应与朝贺。预行鸿胪寺传贡使演礼。付仪制司于仪注本内声明。令其于百官末行礼。届期派员率大使等领入贞度门伺候。"③

在太和殿朝见皇帝的仪式上，各级官员、人臣、外国贡使等，都有其固定位置。这些位置的排列从太和殿内部一直到殿外的太和广场，大约有3个空间层次：

第一层是在太和殿内，前引大臣10人分两列在宝座前东西站立，东西相向。后扈内大臣2人在御座两旁金立（与宝座成45度角）。内大臣率豹尾班侍卫左右各10人，在宝座后东西站立。殿内执事人员不参与行礼。

第二层位于殿门外的丹陛上。丹陛即为太和殿外檐下的月台。月台上有4排宗室王公。以亲王为1班，郡王为1班，贝勒、贝子为1班，入八分公为1

---

① 刘顺利：《朝鲜文人李海应〈蓟山纪程〉细读》，学苑出版社，2010年，第224页。
② 《清史稿》卷九十一，志六十六，礼十，宾礼。
③ 《嘉庆礼部则例》卷一百七十一，主客清吏司。

班。分左右两翼，左翼在东，右翼在西，面北而立。

第三层位于丹墀内。丹墀即月台下的太和殿广场。在广场上，御道的左右两侧是文武百官的拜位所在。为了保持顺序，在御道两侧分别安置东西相对的18座品级山，从正一品、从一品到正九品、从九品。其中的八旗官员，各按旗属分为东西两班，镶黄、正白、镶白、正蓝在东，正黄、正红、镶红、镶蓝在西，各以品级为序。部院官，也分东西两班。宗人府、内阁、礼部、吏部、户部、通政使司、翰林院、詹事府、太常寺、光禄寺、鸿胪寺、国子监、太医院在东班；兵部、刑部、工部、都察院、大理寺、銮仪卫、太仆寺、中书科、兵科、刑科、工科、顺天府、京县、五城兵马司、京五营在西班，各以品级为序。

外国贡使的随班觐见，安排在国内百官朝贺完毕之后。

礼部事先派人把贡使接引至贞度门等候。一俟王公百官朝贺完毕，序班随即引领贡使及其从官身着该国朝服，前往太和广场丹墀西班末站立，"外国陪臣立位随西班末，拜位亦如之"①。此时丹陛乐作，奏治平之章，其辞曰："我清世德，作求若天行。天尽所覆畀我清，万方悦喜来享庭。曰予一人，业业兢兢。"②按照鸣赞的口令，贡使在音乐声中行三跪九叩礼。礼毕，皇帝赐座、赐茶。

如果有多国的贡使同时随班朝贺，朝鲜贡使排在最前行礼，琉球次之，然后是暹罗、南掌，最后是越南使节③。对此朝贺顺序，越南人大为光火。越南明命二十一年（道光二十年，1840年）十二月，越南方面准备对此进行抗议：

礼部预撰如清使部应对语并稽查我使班次以奏。帝曰：班次一事，是年前清国礼部失于排列耳。初岂有我使班在高丽、南掌、暹罗、琉球之次之例乎？且高丽文献之邦，固无足论。若南掌，则受贡于我，暹罗、琉球并是夷狄之国，我使班在其次，尚成何国体哉？倘复如此排列，宁出班而受其责罚，不宁立在诸国之下。这事作为要著。此外则随事应答，不必印定。阮廷宾奏请抵燕京日，先纳贡贺表文，即将班次事禀到礼部辩说，以观其意。如或不许，则具表候旨。④

该年，越南礼部准备派出使臣（如清使）前往中国，并将越南使臣在朝贺

---

① 《大清通礼》卷十七，嘉礼。
② 《大清通礼》卷十七，嘉礼。
③ 《大清通礼》卷十七，嘉礼。
④ 张登桂：《大南实录》正编第二纪，卷二百二十，庆应义塾大学语学研究所，昭和36—56年。

时的班次问题上奏了越南国王。国王认为,上一年越南使臣朝贺时的班次,明显是中国礼部的失误。原本哪有把越南排在高丽、南掌、暹罗、琉球使臣之后的规定!越南对排在朝鲜之后,并无异议,因为朝鲜属"文献之邦"。排在琉球、暹罗、南掌之后则忍无可忍,有损越南国体。琉球、暹罗属于蛮夷之国,而南掌还是越南自己的朝贡国,越南岂能甘居这些国家之后。如果以后还这样排班,越南宁可出班而甘愿受到中国责罚,也绝不站在其他国家之下。这一次出使中国,越南使臣应该把朝贺班次的事向中国礼部提出申诉。如果中国不改变这种排序,则等待命令吧。

看来,朝贡国对于朝贺时的排班次序非常敏感,因为关系到属国在朝贡等级体制下的地位。

外国贡使在太和殿随班朝贺的具体情形,曾有外国资料进行了生动描述。

道光十三年(1833年)正月初一,朝鲜和琉球使臣参加了太和殿的随班朝贺,亲历者记录下了这次盛大的仪典:

礼部知委五鼓偕正副使及诸任译具袍赴贺班,路见官人趋朝者,皆书职名于灯,悬于车股。……晓色沉沉,行之如入土窟中,至太和门前稍憩于右夹贞度门下,琉球使自左夹昭德门下,两门檐端各悬一大灯,千官分文东武西弥满其中,然绝无喧哗声。时从黑暗里但闻靴声阁阁。少顷,忽自午门楼上钟声大震……时提督前导入太和殿庭,以次序立,如鸿胪寺演礼时。……天渐亮,望见殿门洞开,而殿内深远不可见。殿门外对立曲柄黄凉伞一双,阶上对立黄盖二双,阶下对立绣鞍马六匹,黄屋轿二座,其次对竖红黑盖,其次对竖各色灯笼,其次对竖各色旗帜,或以金织成龙,或画日月星辰,或画熊虎龟蛇,或书门字,皆朱笔画龙。其次对竖枪棒斧钺之属,仪仗军共数百人,而皆黄衣黄镶,两行排立,队队井井,盛仪甚整饰。……东西班趋入杖内,大臣以下阶下,诸王与蒙古王阶上皆序立。……琉球使在我使之后成班……已而皇帝从殿后门出登殿上云。……陛乐作,其音节迫促,绝不类大国之响。然而无缠缓哀怨以意,则亦非乱世之音。……乐止而又警鞭三声,鞭讫而又乐作于太和门楼上。乐止,鸿胪官立于陛上胪唱,恰如我国。这胪声而大作且清响满庭中,于是东西班随唱行三拜九叩头礼,无一参差,亦无喧哗声。礼毕,殿上有读书声,声亦洪畅,闻是新正贺表及颁诏文云。……读讫,又作乐,乐止,皇帝还内,亦从后门。……周览东西月廊,乃退出太和门,……历午门、端门而出,仰见城楼高插半天，朝日荡射，金彩炫辉，帝居之壮，有如是矣！还至馆所，日未二竿。①

甚至西方国家的贡使团成员对此也有描述。康熙九年（1670年）葡萄牙贡使在太和殿随班觐见康熙皇帝，葡方资料记载如下：

> 入宫后，大使先生和我们在一院子中向皇帝行了常礼。此院子可容纳5千余官员，只有他们才可入此行礼。在从位于金銮殿对面的一大殿中传出的乐曲的伴奏下，我们行了礼。行礼开始的记号为8声鞭响。此鞭如同我们欧洲车夫使用的那种，但硕大无比，重得从地上根本抬不起来，其声如同8声手枪射击声。为不出差错，不打扰行礼之人，有一官员高声宣叫何时下跪，何时磕头，何时起身，以便众人行动一致。金銮殿宏伟高大，全部饰以赤金及朱色雕刻，70根楠木柱分两行排列，将大殿如同我们那些古老的教堂一般分为3个中殿。从院子至金銮殿有5重雕刻精美的如同大理石般的石阶。中央有两个带有栏杆及同质石料扶手的阶面。雕刻巧夺天工。阶梯之间空处，摆着几个酒筒般大小的圆肚形的溜金铜香炉。阶梯最后一个阶面处便是纵向排列的金銮殿，其远视景与从里斯本罗西奥广场看医院教堂的远视景十分相似。惟一不同的是，此处宫殿呈纵向排列，里斯本教堂仅见其正面山墙。金銮殿有三道门通石阶面。中央门向前开。此为正门。金銮殿约3嗨高，内饰精美木雕。皇帝的座位既无幔帐、天篷，又无靠背。如同一张桌子，其两侧伸出两条龙。这是中华帝国具有迷信色彩的国徽。二龙绞盘，其体构成二美丽的花束，皇帝威襟正座其中。若我们未十分搞错的话，他的双脚交叉地放在一桌上。无靠背或靠垫，因为从我们行礼的院子中只看到他腰以上的身体。其身后有一道门，正好与正门相对，光亮及空气由此而入。之所以详细描写金銮殿是因为描绘一建筑物非一易事。此类例子圣经中比比皆是。②

2. 便殿召见

不遇大朝和常朝时，由礼部奏请在便殿召见贡使。便殿召见贡使的礼仪分为一般礼仪和"优礼"两种。如果为寻常身份贡使，大多以一般礼仪召见。朝鲜、琉球、安南来华贡使身份有"称君者"或者是国王兄弟、世子，都以优礼召见。

---

① 金景善：《燕辕直指》，《燕行录全集》第七十册。
② 弗郎西斯科·皮门特尔著，金国平译注：《葡萄牙国王遣中华及鞑靼皇帝特使玛讷撒尔达聂使京廷简记》，《中葡关系史地考证》，澳门基金会出版，2000年。

(1) 一般礼仪

贡使如果奉旨被召见,礼部则知会钦天监选择吉日,并奏请皇帝钦定。届期,恭进礼节单,并行知内阁、起居注、侍卫处、内务府、銮仪卫、景运门、武备院、鸿胪寺、钦天监,并由吏部转传文武大臣。

觐见当日,礼部尚书1人身穿蟒袍补服,率领贡使、通事在宫门外恭候。贡使身穿该国朝服,通事身穿补服。随后皇帝身着常服驾临便殿,御前大臣、领侍卫内大臣、内大臣侍卫在殿内左右侍立。接着礼部尚书引领贡使从宫门外进入院内,通事跟随进入。贡使到达宫殿丹墀下的西边后,行三跪九叩礼。礼毕,由西阶登上丹墀。1名通事也跟随到丹墀。贡使等在大殿的殿门外下跪。皇帝降旨慰问,礼部尚书将皇帝的慰问传达给通事,通事再将皇帝的慰问翻译给贡使。贡使跪着用本国语言向皇帝表达深深谢意。通事将贡使的答词翻译成中文,礼部尚书再将其代奏皇帝。对于清帝与贡使答问这一环节,《大清通礼》以简洁的语言记载为:"皇帝降旨慰问,尚书承传,通事转谕贡使,贡使对辞,通事译言,礼部尚书代奏。"① 贡使再次行礼完毕后被引出宫殿。

乾隆元年(1726年),暹罗派使臣朗三立哇提进贡,使臣在乾清宫觐见,清廷以一般礼仪接待,其礼仪如下:

召见之日,皇帝御乾清宫,升宝座。应入班之内大臣、侍卫等,照例排班序立。礼部堂官引来使,随带通事一人,由乾清门西门入,于丹墀西边,行三跪九叩礼毕,礼部堂官由西阶引至乾清宫中门外跪,通事在来使西边稍后跪。皇帝慰问毕,引出。后旨赐茶或赐饭毕,引至午门外谢恩。②

(2) 优等觐见礼仪

皇帝对贡使实行"优礼"时,贡使进入宫门礼仪、丹墀之下行礼,都与一般觐见礼仪相同。但此后的礼仪环节就不同了。贡使在丹墀下行礼后,从西阶登上丹墀,再从大殿右门进入殿内,站立在右翼大臣之末。通事也跟随进入,站在贡使后面。殿内的大臣、贡使一同被皇帝赐座。殿内的中国大臣与贡使一同向清帝行一跪礼谢恩后,原地坐下。接着皇帝开始赐茶。尚茶官将茶送到皇帝手中后,坐在地上的大臣、贡使向皇帝行跪、叩礼,准备接受赐茶。侍卫接过皇帝的赐茶,开始向殿内的所有人一一进茶。当侍卫来到贡使面前进茶时,贡使行跪叩礼后,坐着饮下这杯茶。饮毕,贡使向皇帝跪、叩谢恩。随后,皇

---

① 《大清通礼》卷四十三,宾礼。
② 梁廷枏:《海国四说·粤道贡国说》卷二,暹罗二,中华书局,1993年,第185页。

帝降旨慰问，贡使跪聆答奏，中间由礼部尚书承传，通事翻译。对答环节的礼仪程式就如前面。礼毕，礼部尚书带领贡使退出大殿，来到朝房。在奉旨赐贡使饮食后，由会同四译馆的馆卿带领贡使返回馆舍。第二天黎明，在馆卿带领下，贡使前往午门外谢恩。谢恩礼仪由鸿胪寺的传赞官和序班官主持，贡使在丹墀的西北面行三跪九叩礼。

从以上内容可以看出，一般礼仪与"优礼"的区别在于：一般礼仪只允许贡使在便殿的院内和殿门外的丹墀上行礼，但不许进入殿内；优礼则允许贡使在院内、丹墀之下行礼完毕后，可以登上丹墀并进入大殿内与中国大臣并立，被皇帝赐座、赐茶，并在朝房内被赐"尚方饮食"。此外，待以"优礼"者还须在次日黎明到午门外谢恩。

下面所列举的四个贡使觐见礼仪，都允许贡使进入殿内，其礼仪属于"优礼"。

康熙五十九年（1720年），大西洋国派遣使臣裴拉理"奉表来朝"，清廷甚至允许葡萄牙使臣当面向康熙皇帝递交表文。康熙帝接见其的礼仪如下：

是日，设表案于畅春园九经三事殿阶下正中，圣祖仁皇帝御殿升座。礼部鸿胪寺官引贡使奉表陈案上，退，行三跪九叩礼。仍诣案前奉表，进殿左门，升左陛，膝行至宝座旁恭进。圣祖仁皇帝受表，转授接表大臣。贡使兴，仍由左陛降，出左门，于阶下复行三跪九叩礼。入殿，赐座、赐茶毕，谢恩退。①

乾隆十八年（1753年），葡萄牙使臣巴哲格来朝，礼部制定的觐见仪注如下：

是日，来使公服候于后左门，恭候皇上升乾清宫宝座。臣部堂官一员，带领在京居住西洋人一名，令来使恭捧表文，引至乾清宫西阶上，入西边槅扇，由宝座西边台阶上，至宝座旁跪，恭献表文。皇上接，授侍立大臣，侍立大臣跪领，恭捧侍立。仍引来使由西边台阶降，出西边槅扇，至丹陛上，在西边行三跪九叩头礼，由西边槅扇引入，赐坐于右翼大臣之末，赐茶，叩头，吃茶。皇上慰问时，令来使跪听，毕，臣部堂官引出。至乾清门外，谢恩。②

乾隆八年（1743年），苏禄贡使进京。该年六月十六日苏禄贡使在圆明园正大光明殿觐见乾隆，其仪注单如下：

---

① 《光绪会典事例》卷五百五，朝贡·朝仪。
② 《明清史料》庚编下册，中华书局，1987年，第719页。

是日，皇帝御正大光明殿宝座，礼部堂官一员引来使勝独喊敏穿伊国公服，随带通事一员，由出入贤良门西边门入，由阶下西边行三跪九叩头礼毕，由正大光明殿西槅扇引入，赐坐，坐于右翼大臣之末。赐茶，来使叩头，饮茶，皇上慰问来使，跪聆，毕，礼部堂官引出至出入贤良门外，谢恩。①

乾隆二十五年（1760年）正月，安集延、拔达克山使臣在乾清宫觐见乾隆，其礼仪如下：

殿内左右以序安设坐褥，祗候皇帝升乾清宫，侍卫等立如常仪。王以下咸跪，赐坐，咸一叩，坐。理藩院尚书引陪臣，自乾清宫右门入趋西阶，升丹陛上，北面行三跪九叩礼，毕，理藩院尚书引入殿西门，于班末一叩，坐。赐茶，尚茶以查案又中道进，至檐下，进茶大臣恭进皇帝茶，王以下暨陪臣咸行一叩礼，饮讫，复叩，坐如初。皇帝召陪臣至御座前，亲以回语慰问，咸震詟跪答。复赐以彩缎等物，咸欢忻，叩首谢恩。毕，理藩院尚书引陪臣退，仍由殿右门趋出。众咸退，皇帝还便殿。凡属国陪臣于乾清宫觐见者仪同。②

3. 贡使道旁观瞻

贡使至京后，如果恭遇圣驾至圆明园或前往南苑等处，则命令贡使在道旁瞻觐，"恭遇皇帝出入，带使臣瞻仰天颜，并迎送圣驾"③。这些瞻觐天颜的地方包括午门、西华门、东华门和神武门等紫禁城四门以及其他皇帝出入的地方。

关于道旁观瞻的例子非常多。仅以缅甸使者为例：乾隆五十五年（1790年），缅甸国大头目便居也控等三人，在西苑门外瞻觐④；嘉庆十六年（1811年），缅甸国使臣孟幹在神武门外瞻觐⑤；道光三年（1823年），缅甸国使臣聂缪蟒腊等五人在神武门外瞻觐⑥；道光十三年（1833年），缅甸国使臣每麻牙在午门外瞻觐⑦；光绪元年（1875年），缅甸国纳贡使臣直也驮纪们腊们甸沮阿素在神武门瞻觐⑧；光绪元年（1875年），朝鲜正副使、缅甸国正副使跪迎圣驾，

---

① 中国第一历史档案馆：《清代中国与东南亚各国关系档案史料汇编》第二册，菲律宾卷，国际文化出版公司，2004年，第454页。
② 章乃炜：《清宫述闻》下册，紫禁城出版社，2009年，第457页。
③ 《嘉庆礼部则例》卷一百七十一，礼部主客司。
④ 《清高宗实录》卷一千三百六十九，乾隆五十五年十二月丁卯条。
⑤ 《清仁宗实录》卷二百五十二，嘉庆十六年十二月丙寅条。
⑥ 《清宣宗实录》卷六十三，道光三年十二月丙辰条。
⑦ 《清宣宗实录》卷二百四十七，道光十三年十二月乙丑条。
⑧ 《清德宗实录》卷十五，光绪元年八月丁丑条。

在东岳庙外瞻觐。①

贡使道旁瞻觐皇帝，其礼仪同样隆盛。乾隆十四年（1749年）暹罗贡使圆明园外道旁瞻觐时，其瞻觐的礼节单规定如下：

> 暹罗国使臣朗呵派提等，奉表来京，恭遇圣驾巡幸，于启銮之日，礼部满堂官引来使等四人并通事一人，至圆明园宫门外，于圣驾启銮之先，行三跪九叩礼。恩赏该国王物件，于宫门前赏给。随率至王公百官送驾排班之末，跪候瞻仰。如蒙慰问，来使跪聆毕，礼部堂官领回。②

根据以上材料，瞻觐的贡使先需提前赶到皇帝经过的宫门前或道旁，行三跪九叩礼并接受赏赐的礼物。之后，贡使排在中国的王公百官之末跪候大驾。皇帝在经过贡使身旁时，有时会专门慰问使节。皇帝走后，道旁观瞻的贡使由礼部堂官领回馆舍。

4. 前往京城之外的巡幸地区觐见

清代皇帝外出有"四巡"：北巡热河、东巡盛京、西巡清凉山（五台山）和南巡江南。在皇帝出巡时，外国贡使可以前往巡幸之地见驾。

热河是康熙、雍正和乾隆三帝喜欢驾幸之地。若驾幸热河而贡使适至，皇帝下旨把贡使召到热河，由礼部堂官带领该贡使前往觐见，"贡使来京，恭遇皇帝巡幸木兰，礼部堂官一员带领赴行在瞻仰"③。贡使在热河觐见皇帝的次数，仅次于在北京觐见的次数。

乾隆五十五年（1790年）清帝八旬万寿节，朝鲜使臣前往热河祝寿，在淡泊敬诚殿觐见乾隆帝，朝鲜资料记载：

> 和珅、福长安、王杰三人，升阶左右侍立。
>
> 和珅出，传曰："朝鲜使臣等进前。"
>
> 三使臣进跪阶上。皇帝御沉香榻上，后设沉香屏刻山水云物。
>
> 皇帝曰："国王平安乎？"
>
> 三使臣叩头后，正使对曰："赖皇上洪恩平安矣。"
>
> 皇帝曰："国王生男乎？"
>
> 三使臣叩头后，正使对曰："今年元正颁降'福'字宸翰，即旷古异数，国

---

① 《清德宗实录》卷十八，光绪元年九月庚申条。
② 梁廷枏：《海国四说·粤道贡国说》卷二，暹罗二，中华书局，1993年，第186－187页。
③ 《嘉庆礼部则例》卷一百七十一，礼部主客司。

王感戴铭镂，日夕攒祝，果然于六月十八日举男，此实皇上攸赐也。"

皇帝笑曰："然乎？大喜大喜的。"

仍询三使臣姓名。和珅进前指而历对。

皇帝曰："使就宴坐。"

铁侍郎引使臣坐于各国使臣班。①

盛京是清帝东巡和祭祀祖宗之地。在清帝到达盛京时，朝鲜使节常常前往盛京接驾②。康熙二十一年（1682年），"圣祖仁皇帝恭谒祖陵，朝鲜国王遣陪臣至盛京迎接，进贡方物"。乾隆八年（1743年），"上恭谒盛京祖陵，朝鲜遣使表贡"。乾隆四十三年（1778年），清帝前往盛京，祗谒祖陵。该年由于不举行筵宴大典，礼部事先通知朝鲜不必遣使朝贺。但朝鲜国王具咨礼部，坚持派遣陪臣至盛京向乾隆请安。乾隆为此御书"东藩绳美"匾额赐给朝鲜国王，并厚加赏赐，以示优奖。乾隆四十八年（1783年），清帝恭谒盛京祖陵，朝鲜遣使觐见，所有朝贡宴赍一切典礼，与前两次相同，而赏赐更加优渥，乾隆御制诗章，颁赐国王。

若清帝圣驾南巡，外国使臣在途中也可以觐见清帝。乾隆二十七年（1762年）二月，哈萨克阿布勒玛木比特遣使来朝，正值皇帝南巡，命令使臣前往扬州觐见，并赐使臣冠服③。乾隆皇帝对此觐见曾以诗记之：

> 哈萨朝正贡马频，路遥迟到值南巡。
> 因教驰驿来江国，便挈行春阅绮闉。
> 昔岁观光称使者，今番优赍实陪臣。
> 广陵鄂睿何南北，总我心怀保赤人。④

乾隆四十九年（1784年），安南国王遣使谢恩入贡，恭遇乾隆南巡到江南。礼部带领安南贡使在江南省城之外迎接⑤。《清通典》对此记载："三月安南国王遣陪臣谢恩入贡，恭遇圣驾南巡，陪臣等于江宁省城外接驾。"⑥ "四十九年，帝南巡，安南陪臣黄仲政、黎有容、阮堂等迎觐南城外，赐币帛有差，特赐国

---

① 《〈同文汇考〉中朝史料》（四），吉林文史出版社，2005年，第540-541页。
② 以下三次事例，均选自《清通典》，边防典，朝鲜。
③ 《西域图志校注》卷四十四，藩属一，新疆人民出版社，2002年，第563页。
④ 《西域图志校注》卷四十四，藩属一，新疆人民出版社，2002年，第566页。
⑤ 《光绪会典事例》卷五百七，礼部。
⑥ 《清通典》卷六十，礼二十。

王'南交屏翰'匾额。"① 乾隆对前往接驾的安南贡使恩赐优加。

一般而言，贡使在参加了大朝、常朝的朝贺以及道旁瞻仰之后，礼部要向皇帝奏明停止对其召见，皇帝一般不予另外接见贡使。乾隆十八年（1753年），礼部奏准："暹罗国使臣郎损吞沠沛等奉表来京，恭遇驾幸南苑，已令使臣道旁瞻仰，应照例停其召见。"② 然而，一些贡使虽然在大朝和常朝时已经觐见了皇帝，但仍然希望再次觐见，礼部依然需要上奏请旨，决定是否召见贡使。如果被批准的话，贡使将被皇帝第二次召见。皇帝对一些特殊的使节，或者特定的时期，有时按照特例处理。贡使在某些特殊情况下，有多次觐见皇帝和道旁观瞻圣容的机会。

有清一代，来华朝贡的使者中，安南国王来华是绝无仅有。③ 乾隆五十五年（1790年）安南国王阮光平亲诣阙廷，庆祝乾隆万寿。安南国王途经各省以及在京城所遵循的礼仪，与一般贡使迥然不同。

清廷为了迎接安南国王，事先在接待礼仪方面做了特别安排。乾隆帝认为，阮光平毕竟是国王身份，沿途督抚们接待国王的礼仪应该以宾主之礼相待。但因无前例可循，乾隆下令大学士与礼部专门研究途经省份督抚接待安南国王的礼仪。相关方面比照外藩亲王见宗室亲王的礼仪，制定出了如下的督抚与国王相见的仪注：

直省总督、巡抚接见安南国王之礼：至辕门，从官致词，执事官转启。宾乘舆至大堂，督抚延宾于大堂上。宾西面，主人东面。宾行一跪三叩礼，主人答拜。兴，宾东，主人西。升阶，各就坐。安南从官阶下，北面西上，行一跪三叩礼。兴，执事官献茶，宾受茶，揖，主人答。饮讫，令通事传语慰问。致词毕，从官阶下跪一叩，先退。宾离席，一叩，辞。主人答。兴，下阶，送宾升舆，退。司道以下各官接见，俱用宾主礼。其通事传语慰问，较督抚递加和□。

直省总督巡抚筵宴安南国王之礼：总督、巡抚主席，在省之文武大小各官咸赴陪宴。宾席西向，主人席东向，均专席，北上。安南从官席，槛外檐下，及露台上，西向，稍后，咸共席。宾至，主人迎入。行礼，序坐，如相见仪。既入座，从官槛外行一跪三叩礼，各就坐。宴毕，从官谢宴行礼，先出。宾主

---

① 《清史稿》卷五百二十七，列传三百一十四，属国二。
② 梁廷枏：《海国四说·粤道贡国说》卷二，暹罗二，中华书局，1993年，第187页。
③ 此次国王来华朝贡，实际上是冒名顶替者。

各行礼，出席。宾辞出，送如迎礼。①

　　从广西边境开始，安南国王一路由两广总督福康安、广西巡抚孙永清全程陪同。本来福康安计划只护送从边界到梅岭一段路程，但乾隆下旨"福康安奏预筹明春阮光平入觐沿途程站供顿各事宜，所办好。惟请于护送国王过梅岭后，即先行赴热河行宫，未免太早。阮光平此次来京瞻觐，所带陪臣人等较多，自梅岭至南昌由湖北、河南一带进京，程站遥远，经历数省，仅令副将、道员等护送照料，尚恐未周。福康安自应与国王一同行走，至直隶保定府时，再行先来热河，亦为不迟"②。阮光平沿途经过各地省城时，当地督抚以上述规定的仪注会见并宴请了安南国王。此外，路途中如遇有皇帝赏赐福康安香器、扇篦和奶饼等物，也要赏给阮光平一份。福康安预备仪仗迎接赏赐时，允许阮光平与福康安一同跪迎谢恩。当福康安奉到朱批时，也允许阮光平阅看。阮光平途中寄回安南的书信，均未封口，乾隆下旨允许其封口向安南递送信件。阮光平到达良乡时，乾隆派礼部左侍郎德明迎迓赐茶。

　　安南国王到达承德避暑山庄后，清廷赐安南国王清朝冠服，并安排安南国王于亲王以下郡王以上班次一体行礼，特赏国王黄金鞓带，允以抱手礼觐见皇帝。黄金鞓带在天朝体制中惟宗藩始得系用此带；抱手礼即抱见请安礼，只有懋著勋劳的天朝大臣始能膺此异数，其余虽系亲贵大臣，亦难所得。对于这两项特权，阮光平只敢接受前者，对以抱手礼觐见乾隆不敢遵行，依然对乾隆行了三跪九叩礼。对于安南国王亲来朝贡，乾隆是非常满意的。在卷阿胜境召见阮光平后，乾隆作御制诗：

　　　　　　瀛藩入祝值时巡，初见浑如旧识亲。
　　　　　　伊古未闻来象国，胜朝往事鄙金人。
　　　　　　九经柔远祗重泽，嘉会于今勉体仁。
　　　　　　武偃文修顺天道，大清祚永万年春。③

　　乾隆五十六年（1791年）六月，阮光平觐见乾隆帝的第二年，驻跸热河的乾隆帝忆及阮光平"万里来庭，情殷爱戴……不啻家人父子。……今屈指又将一载，因用前韵特制诗章，书扇以赐。现在溽暑届候，该国王正可借拂炎薰"。乾隆帝将诗题写在扇子上赐给安南国王，诗云：

---

①《清高宗实录》卷一千三百四十二，乾隆五十四年十一月丁亥条。
②《清高宗实录》卷一千三百四十四，乾隆五十四年十二月壬戌条。
③《清高宗实录》卷一千三百五十八，乾隆五十五年七月己丑条。

> 例事山庄驻夏巡，敕几不息必躬亲。
> 近当愠解南薰我，远忆心悬北极人。
> 诣阙去年思会面，为邦永训在渐仁。
> 笺头写寄梅花信，风被瀛疆奕叶春。①

乾隆五十八年（1793年）正月，在获悉阮光平早在上年九月在安南义安去世后，乾隆帝亲撰诔诗一章，命臬司成林前往义安在阮光平坟茔前焚化。乾隆这一悼念诗文，再次忆及了外藩亲身觐见的这次创举：

> 外邦例以遣陪臣，展觐从无至以身。
> 纳款最嘉来玉阙，怀疑堪笑代金人。
> 秋中尚忆见冠肃，膝下诚如父子亲。
> 七字不能罢哀述，怜其忠悃出衷真。②

五、赐宴

贡使在京期间，清廷要举办宴会招待贡使。这种宴会一般分两类，一为礼部举行主持的例行宴会，二为清廷特赐的宴会。

1. 礼部的例行宴会

外国贡使进贡，按照规定，礼部须举行招待宴会。贡使到达京城后，由礼部赐宴1次，俗称"下马宴"。

在贡使领受赏赐之后，清廷一般再赐宴两次，赐宴事宜具体由经膳司办理，"朝鲜、安南、琉球、暹罗、南掌、苏禄、西洋、荷兰、缅甸等国进贡，各在部筵宴二次。朝鲜国领时宪书官在精膳司筵宴一次"③。第一次筵宴在礼部举行。第二次筵宴在会同馆舍举行，俗称"上马宴"，"事竣，贡使将回国，光禄寺备牲酒果蔬，礼部侍郎一人诣馆舍筵宴，如在部仪"④。

此外，在京贡使如遇年节除夕，都要按例颁赏各类食物。

礼部赐宴贡使的礼仪，文献记载如下：

> 东南海外诸国陪臣进贡入朝毕，赐宴于礼部。以礼部侍郎主席。其日，设

---

① 《清高宗实录》卷一千三百八十一，乾隆五十六年六月戊辰条。
② 《清高宗实录》卷一千四百二十一，乾隆五十八年正月丙辰条。
③ 《光绪会典》卷三十九，礼部主客司。
④ 《大清通礼》卷四十三。

香案于露台上。光禄寺庀馔，所司视布席。堂上正中位主席，当后楣①，西向，其右为正使席、副使席。正使下人专席、通事从官席、副使从人席，于西楹外。二人共席，均南向，以东为上。

贡使至部，步入仪门，主席率诣香案前三跪九叩，礼毕，升堂。贡使见主席，行一跪三叩礼，主席答揖三，乃即席。主席举爵，贡使即席一叩，饮酒三巡，贡馔。宴毕，谢恩如仪，贡使辞，各退。②

清廷赐宴东南海外各国的贡使，由礼部侍郎担任主席。赐宴当日，首先要在礼部进行宴前布置。首先在露台上设置香案，作为叩拜皇帝场所。光禄寺要事先准备好酒席。相关官员要负责监督布置宴会礼宾的席次，其中大堂正中位置为主席位，正好对着大堂后梁，座位朝西。主席右手为正、副使的席位。正使下人的专席、通事从官席、副使从人席，都设在大堂的西楹之外，两人一席，座位向南，从东向西按等级大小排列。

宴席开始时，贡使步行进入礼部仪门，礼部侍郎带领贡使前往香案前，行三跪九叩礼后，进入大堂。宾主相互行礼：贡使见主席，行一跪三叩礼，主席3次作揖还礼，随后入席。主席举起酒杯，贡使行一叩礼，饮酒三巡后，端上饭菜。宴会结束，贡使按照固定礼仪谢恩后告辞。宾主各自退席。

图 4-1 是《钦定礼部则例》所载的"朝鲜贡使宴图（各国贡使仿此）"③。

清代筵宴的举办时间、地点、规模、品级、陈设及所用餐具与菜点数量、宴礼程序等，均有严格规定。就所供菜点来看，主要有满席、汉席两种。这是清代统治者在饮食制度方面的一种二元制度，以避免在饮食方面全面汉化。满席由满洲饽饽和干鲜果品构成，汉席则由菜肴、面食、酱菜和果品构成。

满席一般多用于典礼性较强的外朝筵宴，其规格分为 6 等，所费银价及供应饽饽数量各有不同。资料记载："凡燕筵，满席视用面多寡定以六等价直，以是为差。"④ 满席一等席用面 120 斤，至六等席用面 20 斤，并配以鸡、鹅、酒、各种果饼、点心。用银则从头等 8 两至六等 2 两 2 钱余。史料记载：

宴朝鲜国进贡正副使、西藏达赖喇嘛、班陈额尔德尼贡使、除夕赐下嫁外

---

① 《仪礼·乡饮礼》中有："主人阼阶上当楣北面再拜，宾西阶上当楣北面答拜。"其意为"主人在阼阶上方对着屋前梁的地方面朝北两拜，宾客则在西阶上方对着屋前梁的地方面朝北答拜"。"当楣"即"对着房梁"。
② 《大清通礼》卷三十七。
③ 《嘉庆礼部则例》，宴图，海南出版社，2001 年。
④ 《光绪会典》卷八，光禄寺。

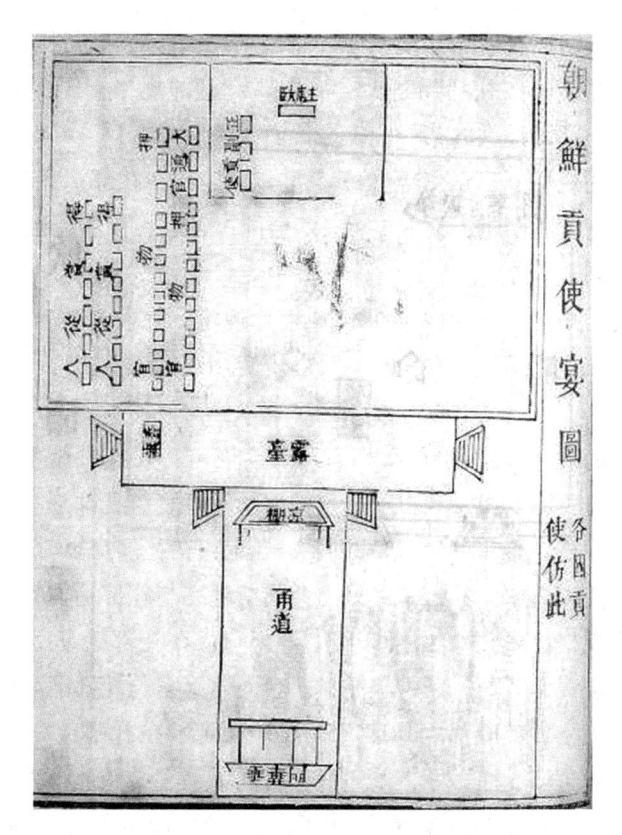

图 4-1　朝鲜贡使宴图（各国贡使仿此）

藩公主、暨蒙古王公台吉等馔筵皆用五等席，每席用熟鹅一；经筵讲书、衍圣公来朝、及朝鲜进贡押物等官、安南、琉球、暹罗、缅甸、苏禄、南掌等国贡使、都纲喇嘛、番僧来京各燕皆用六等席，每席用熟鸡一；经筵用熟鹅一。乳酒每瓶十斤。黄酒每瓶十有五斤。乳茶以筒计。筵席茶酒数目均照礼部札办送。①

从以上材料可知，清廷专门招待朝贡国贡使的宴席，主要是满席。其中朝鲜正副使为五等满席，而其他朝贡国使臣为六等满席。以下是属国贡使在京时的筵宴规格②：

朝鲜筵宴的具体规格，顺治八年（1651年）规定：朝鲜贡使朝见后，在礼部筵宴时，共设45席，提供乳酒1瓶，烧黄酒13瓶，茶叶18桶，蒙古羊13

---

① 《乾隆会典则例》卷一百五十四。
② 《光绪会典事例》卷五百十九，宴礼，各国贡使来朝筵宴。

只。该日在会同馆筵宴时,共设40席,酒、茶、羊只数量与礼部筵宴相同。

荷兰及西洋诸国在礼部赐宴3次。礼部筵宴的规格,康熙九年(1670年)规定:每次设5席,提供乳茶一桶,烧黄酒2瓶,羊3只。

安南筵宴的规格,雍正三年(1725年)规定:在礼部筵宴时,设17席,提供乳茶4桶,烧黄酒4瓶,蒙古羊4只。会同馆筵宴,设席数量以及羊、茶、酒与礼部筵宴相同。

琉球筵宴的规格,雍正四年(1726年)规定:在礼部筵宴时,共设11席。会同馆筵宴规格与礼部筵宴相同。两处共使用茶5桶,烧黄酒5瓶,蒙古羊5只。

苏禄筵宴的规格,雍正五年(1727年)规定:在礼部筵宴时,共设6席。提供茶2桶,烧黄酒2瓶,蒙古羊2只。会同馆筵宴与礼部筵宴相同。

暹罗筵宴规格,雍正七年(1729年)规定:在礼部筵宴时,共设10席,提供茶2桶,烧黄酒2瓶,蒙古羊2只。会同馆筵宴与礼部筵宴相同。

南掌筵宴规格,雍正八年(1730年)规定:在礼部筵宴时,共设7席,使用乳茶2桶,烧黄酒2瓶,蒙古羊2只。会同馆筵宴与礼部筵宴相同。

缅甸筵宴规格,乾隆十六年(1751年)规定:在礼部筵宴时,共设11席,使用茶3桶,烧黄酒3瓶,蒙古羊3只。会同馆筵宴与礼部筵宴相同。

关于礼部赐宴贡使的具体情形,康熙九年(1670年)葡萄牙进贡使团的一位成员作了详细描述:

一连3场满族式宴席。头席以皇帝名义赐宴,所有官员身着朝服。其余二席由礼部宴请,每次由一尚书出席。殊不知这些宴会无法与我们的宴会上的排场、礼仪、洁净相比,适得其反。首先,餐桌距地面只有两掌高,既不用台布又不用餐巾,更不消说使用餐刀或餐叉。端上来的肉十分肥腻且不熟,看上去如生肉一般。必须以牙作餐叉,用手撕食,或像狗那样撕咬。肉是羊肉、牛肉、猪肉、马肉、鸡、鸭及鹅。厨师惟一的工作是将这些肉用水氽一下。因此,我们当中无人咽得下一口这样的食物,我们应邀出席宴会只能一饱眼福。又上了许多干、鲜水果,诸如,栗子、核桃、榛子、葡萄、苹果及硕大的桃子。这些品种的质地很好,葡萄牙均有产。席间,我出了一、两次洋相。在此不必贻笑读者。第一道宴会上,在我面前摆了一只羊头,那一对大大的角看上去都怕人。不知当时人们怎样看待我,也不知给我作了甚么手势,一连两天,我眼前总是出现这对儿大角,搅得我六神无主。从其毛皮来看,是头黑羊。我在此记叙这为人不齿之事,请勿见怪。莫怪我快人快语,需打消某些人的气焰,制止他们的小心眼，否则华人会施虐我们欧洲，将我们踩在脚下。看看这凶猛的势头是多么的无礼，岂非一野蛮、愚蠢、毫无掩饰的行迳？皆因此事发生在中国、发生在京廷、发生在宫闱。华人彬彬有礼、建筑宏伟壮观、富甲天下，我不矢口否定，但不无微疵：彬彬有礼，却在餐桌上摆上前文有所叙述的那种菜；华夏城池无不宏伟壮观，但其住宅尤同畜栏；富甲天下，一贫如洗者比比皆是；喜爱洁净，三天欢宴连用同一餐具，从不盥洗。当我问及为何不洗餐具时，所得到的答覆是，银质餐具有定量，交回时不得缺斤少两。多次盥洗会减少份量，差量需由他们补齐，故从不清洗餐具。此系不清洗餐具之理由。尽管说来不无玄乎之感，但实情如此。宴会开始前，由礼部尚书带头向皇帝行礼，对此前有所述。尚书面朝金銮殿所在的北方，大使及我们随其行礼。此乃朝廷人人必须遵守之规矩。①

上述葡萄牙使团成员对赐宴的记载表明，礼部举行的宴席，因中西饮食文化不同，还是引起了部分欧洲人的不满。

2. 宫廷宴会

礼部举行的招待宴会，是专门针对进京贡使的例行宴请。除此之外，在贡使驻京的时间里，如逢新年正月，一般都会参加宫廷宴会。保和殿、紫光阁和圆明园的山高水长楼是赐宴外藩的主要场地。这类赐宴并不专门针对贡使，而是在特别场合恩准外国贡使参加。这些宫廷筵宴都由内务府具体办理。对于这些正月进行的对外藩的各类宫廷赐宴，道光帝在道光五年（1825年）曾作"上元日正大光明殿锡宴外藩喜成"诗进行盛赞：

前朝雪散助春光，今序张筵御醴香。
西北雄藩承世德，东南雁使奉前章。
柳垂弱质檐端拂，梅吐新葩坐右芳。
敬续鸿猷钦耿烈，情联中外凛无忘。②

从道光帝的诗的内容看出，在圆明园的宴席上，既有"西北雄藩"，又有"东南雁使"，清廷通过这种赐宴形式，达到"情联中外"的目的。

外国贡使参加的最高级别筵宴是在太和殿。太和殿筵宴，只有在圣诞旬寿（逢十的生日）时才举行。在太和殿的筵宴上，参加赐宴的官员座次与太和殿朝

---

① 弗郎西斯科·皮门特尔著，金国平译注：《葡萄牙国王遣中华及鞑靼皇帝特使玛讷撒尔达聂使京廷简记》，《中葡关系史地考证》，澳门基金会出版，2000年。
② 《道光上谕档》，广西师范大学出版社，2000年，第43页。

贺时的位置一样：王公亲贵在太和殿内，一、二品大员在丹陛之上，三品以下官员在广场之内，而"外国陪臣来朝者，席于西班之末，东向"①。筵宴程序大体都是些皇帝与官员之间互相进茶、进酒之类的仪式，皇帝高高在上，官员们则不断叩头②。

关于太和殿赐宴，一则史料记载：

> 甲午六月，德宗万寿，赐宴太和殿，每部司官两员，余与溥倬云与焉。宴列于丹陛，接连及殿下东西。两人一筵，席地而坐。筵用几，几上数层饽饽，加以果品一层，上加整羊腿一盘。有乳茶、有酒（酒系光禄寺良酝署所造）。赞礼者在殿陛上，赞"跪"则皆起而跪，跪毕仍坐。行酒者为光禄寺署正。酒微甜，与常味不同。宴惟水果可食，饽饽及余果，可取交从者带回。赤日行天，朝衣冠，盘膝坐，且旋起旋跪，汗流浃背；然却许从者在背后挥扇。历时两点钟之久，行礼作乐，唱喜起，舞歌备极整肃。宴之次日，赏福字、三镶如意、磁碗磁盘、袍褂料、帽纬、白绫飘带八色。恭逢盛典，渥荷殊恩，今日思之，如隔世矣。宴之坐次，自王公大臣在丹陛上，各官各按宪纲，递为坐次。西边末坐，则为朝鲜使臣宴席。朝使圆领大袖，手执牙笏，尤为恭顺。中、东战后，朝为日并，殿廷上不复见朝鲜衣冠矣。③

这是光绪二十年（1894年）清帝庆生时太和殿赐宴的情形。王公大臣在丹陛上、文武百官在丹墀内，按照级别依序席地而坐，两人一筵。朝鲜使臣也在庆贺的队列中。他们穿圆领、大袖之服装，手执牙笏，宽衣翩翩，颇有明代华风。朝鲜贡使的席次，排在"西班末座"。只可惜不久之后的中日甲午之战，导致殿廷之上不再有"朝鲜衣冠"了。

关于太和殿赐宴，可由台湾中研院内阁大库档案中的一幅"太和殿筵宴"位置图来具体说明（如图4-2），图中，"外国来使"位于太和殿广场的西南角。

对于皇帝对贡使的赐宴，荷兰使节有过描述。荷兰使节德胜在乾隆六十年（1795年）访问北京时，皇帝曾经在保和殿赐宴。据荷兰使节范罢览的记载，皇帝这种赐宴实际上是"接受皇帝之残余"，食物上甚至还"留有皇帝的牙印"，"皇帝取其桌上黄瓷茶托之小饼赐吾等，吾人叩首谢之。不久又赐吾等一

---

① 《大清通礼》卷三十七。
② 《大清通礼》卷三十七。
③ 何刚德：《春明梦录》上卷，上海古籍出版社，1983年。

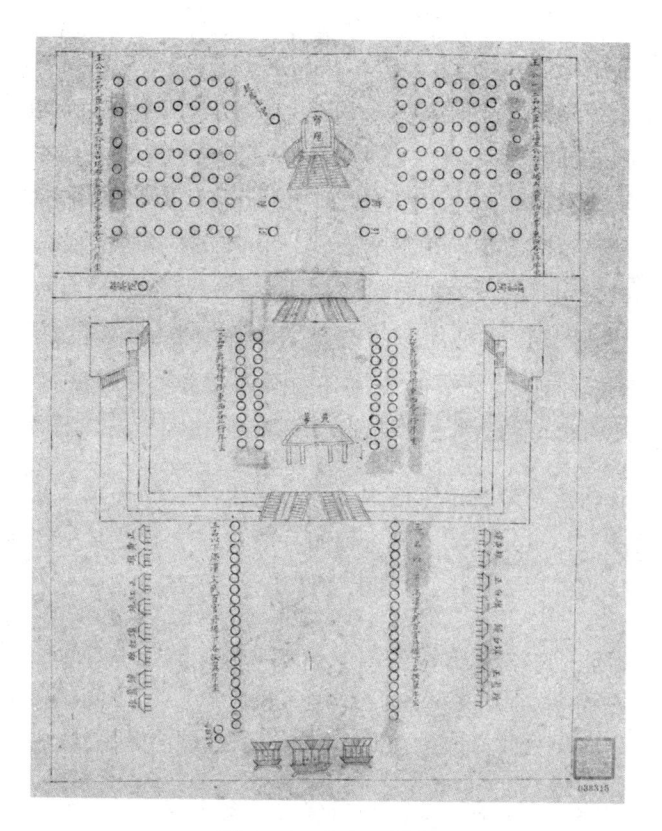

图 4-2 太和殿筵宴

碟野味，视之宛如嚼过之骨头。此物倒于案上，但又需叩头"①。范罢览日记原文如下：

> 一小块肋骨，上面的瘦肉不足半英寸厚，一块肩胛骨上则什么肉也没有，还有四五块不知是脊椎骨还是羊腿骨，看上去已被啃过。这一堆乱七八糟的玩意盛在一个肮脏的盘子里端来，看上去更像是喂狗的东西，而不是给人吃的食物。这居然是一个皇帝给一个大使的赏赐！在荷兰，就是最不堪的乞丐在救济所里也会领到一份整整齐齐的救济粮呀！如果这真的是君王的剩菜，我们就是

---

① C. R. Boxer 著，朱杰勤译：《乾隆时期荷兰使节来华记》，《南洋学报》第三卷，第一辑。原文为："a dish with pieces of game, looking as if they were remnants of gnawed-off bones. They were dumped on the table."参见 Titsingh´s MS. Report, f. 32-34, summarised in J. J. L. Duyvendak, The Last Dutch Embassy to the Chinese Court´, in T´oung Pao, vol. XXXIV, Leiden: Brill, 1938, 57.

有幸啃完皇帝陛下所选中的骨头了。按中国人的说法，这是极大的恩典！①

荷兰使节对清帝赐宴贡使的这一细节，对以后来华使节产生了很大影响。甚至到了80年后的同治十三年（1874年），卫三畏和美国公使在紫光阁觐见同治皇帝之后，清廷邀请美国使节前往总理衙门赴宴。但美方却当场拒绝："按照惯例，宴席是从皇帝的餐桌上撤下的。……多少有些不敬的成分。1798年荷兰公使欣然赴宴时，当时的天子乾隆竟把自己啃了一半的骨头送去给他。"② 卫三畏在这里把荷兰使节在北京的时间乾隆六十年（1795年）错记为嘉庆三年（1798年），并把荷兰使节记载的"宛如嚼过的骨头"演绎为"啃了一半的骨头"。另外一个美国外交官何天爵对该次赐宴的追述则变成以下情节：

作为一种特殊恩宠的表示，他们得到了一大堆食物碎屑，这些碎屑不仅是来自皇帝的桌子上，而且还带着皇帝的牙印。这些食物是用一个脏盘子端给他们的，正如一位使团成员所说："看上去像是喂狗而不像是招待人。"③

当然，对荷兰使节记载的赐宴细节是否准确，皇帝是否把嚼剩的骨头赐予贡使，看来还需其他旁证。参照荷兰使节之前的马嘎尔尼使团在华接受赐宴的情形作一对比。马嘎尔尼曾记述了乾隆在热河万树园的赐宴仪式：

觐见礼仪完毕后，皇帝赐宴。中国官员退到宝座右边的锦垫上坐下，使者退到宝座左边的锦垫上坐下。垫前设有食桌，桌上有桌盖盖之，宝座之前亦设一桌。待所有人员坐定之后，执事官开启桌盖，赐宴开始。皇帝对使者恩赐，命执事取皇帝桌前的几碟饭菜与一壶酒送与使者。半点钟之后，皇帝又招正副两使者前往御座前，各亲赐温酒一杯，两使者在皇帝面前立而饮之。此御前宴会自始自终，秩序异常整肃，执事官按序进馔，与宴者亦都沉默不喧。宴会持续约五小时之多。④

从马嘎尔尼的记载来看，皇帝赐宴气氛还是充满了温情厚意。可以想见，皇帝赐宴贡使，实际上就是皇帝与使者共享饭菜酒食，当然不是同桌共饮，而

---

① ［英］约翰·巴罗著，李国庆等译：《我看乾隆盛世》，北京图书馆出版社，2007年，第154页。
② ［美］卫斐列著，顾钧、江莉译：《卫三畏生平及书信》，广西师范大学出版社，2004年，第277页。
③ ［美］何天爵著，卢彦名译：《真实的中国问题》，南京出版社，2009年，第99页。
④ ［英］马嘎尔尼著，刘半农译：《1793乾隆英使觐见记》，天津人民出版社，2006年，第103页。

是把皇帝桌上的某些佳肴端到贡使餐桌之上。

附：清廷宴席规格

清宫的宴席由光禄寺主管。宴席种类有两种：

1. 满席共分6等。

一等席用面120斤，席上有玉露霜方酥夹馅各4盘，白蜜印子、鸡蛋印子各1盘，黄、白点子松饼各2盘，合图例大饽饽6盘，小饽饽2盘，红、白徽子3盘，干果12盘，鲜果6盘，砖盐1碟。其陈设计高1尺5寸（折合公制0.5米），每桌银价8两，一般用于皇帝、皇后死后随筵。

二等席用面100斤。席上有玉露霜2盘，绿印子、鸡蛋印子各1盘，方酥翻馅饼各4盘，白蜜印子、黄白点子松饼各2盘，饽饽以下与一等席同。其陈设计高1尺4寸（折合公制0.42米），每桌银价7两2钱3分4厘，一般用于皇贵妃死后随筵。

三等席用面亦为100斤，席上无黄、白点子松饼，另有四色印子4盘，福禄马4盘，鸳鸯瓜子4盘，其他与一等席同。其陈设计高1尺3寸（折合公制为0.39米），每桌银价5两4钱4分。一般用于贵妃、妃、嫔死后随筵。

四等席用面60斤，方酥以下，大体与三等席同。其陈设计高1尺3寸（折合公制为0.39米）。每桌银价4两4钱4分。主要用于元旦、万春节、皇帝大婚、大军凯旋，公主或郡主成婚等筵宴以及贵人死后的随筵等。

五等席用面40斤，方酥以下大体与四等席同。其陈设计高1尺1寸（折合公制为0.37米）。每桌银价3两3钱3分，用于赐宴朝鲜进贡的正、副使臣，西藏达赖喇嘛和班禅额尔德尼的贡使、除夕赐下嫁外藩的公主及蒙古王公、台吉等的馔宴。

六等席用面20斤，无方酥夹馅、四色印子、鸡蛋印子，其余与五等席同。其陈设计高1尺（折合公制0.33米）。每桌银价2两2钱6分。用于赐宴经筵讲书，衍圣公来朝，越南、琉球、暹罗（今泰国）、缅甸、苏禄、南掌等国来朝进贡的使臣。

2. 汉席则分一、二、三及上席、中席5类。

一等汉席内馔鹅、鱼、鸡、鸭、猪肉，共23碗，果食8碗，蒸食3碗，蔬食4碗。用于临雍次日赐宴、文会试出场赐宴、武会试出场赐宴。

二等汉席定额肉馔20，不用鹅，果食8碗，蒸食3碗，蔬食4碗。修书开馆日、告成日赐宴兼用一、二等汉席。

三等汉席定额肉馔15碗（不用鹅、鸭），果食8碗，蒸食3碗，蔬食4碗。

主要用于临雍宴文武会试考官出闱宴,实录、会典等书开馆编纂日及告成日赐宴等。

上席:高桌陈设宝装一座,用面 2 斤 8 两,宝装花 1 攒,向馔 9 碗,果食 5 盘,蒸食 7 盘,蔬菜 4 碟;矮桌摆猪肉、羊肉各 1 方,鱼 1 尾。

中席:高桌陈设宝装 1 座,用面 2 斤,绢花 3 朵,肉馔等同于上席高桌。每等席都供给一定数量的乳酒和黄酒。在文进士的恩荣宴、武进士的会武宴,主席大臣、读卷执事各官用上席。文、武进士和鸣赞官等用中席。

六、属国乐舞表演

皇帝招待贡使的赐宴规格较礼部筵宴规格更为高级,凡有外国贡使陪宴的场合,均有属国乐舞表演。"乾隆间,缅甸使臣陪宴万树园,以其国乐器五种合奏。厥后凡遇筵宴,备陈准部、回部、安南、缅甸、廓尔喀乐。"① 属国乐舞种类按照进入清廷的时间先后顺序为高丽国俳、缅甸国乐、安南国乐、廓尔喀乐舞。这种伴奏音乐属于"宴会乐",即清代文献中之"宴飨乐",是皇帝为节日、庆功、贺喜而在宫中举行宴会时表演的礼乐,亦称"燕乐""宴乐"②。

七、观看节目

外国贡使在京时期,往往正好在万寿节和年节期间。为了体现中国皇帝与民同乐、四海升平的盛世景象,清廷在赐宴同时,有时允许贡使观看各种节目,其中主要包括戏剧、烟火和冰嬉。

1. 听戏

清廷下令贡使听戏、观剧是朝贡制度中的惯例。乾隆六十年(1795 年)八月万寿节,清帝命缅甸、南掌两国贡使赶赴热河,与蒙古王公等一同观剧③。嘉庆二十年(1815 年),清廷下令暹罗贡使到京后,前往同乐园听戏④。

清代宫廷戏种类繁多,仅就外藩朝贡戏目,就有"海不扬波""年年康泰"和"太平王会"等⑤。

"海不扬波"内容为洞庭公主奉上帝敕旨,在外国君主朝贡中华圣主时,不

---

① 《清史稿》卷八十八,志六十三,礼七,嘉礼一。
② 此一部分关于属国音乐的论述,主要参考了《清代乾隆朝宫廷礼乐探微》,《中国音乐学》,2001 年第 3 期。
③ 《清高宗实录》卷一千四百七十六,乾隆六十年四月庚寅条。
④ 梁廷枏:《海国四说·粤道贡国说》卷二,暹罗国二,中华书局,1993 年,第 198 页。
⑤ 丁汝芹:《清代内廷演戏史话》,紫禁城出版社,1999 年,第 43 页、第 60 - 61 页。

许鲸鲵为害，海水不能扬波，以此保证来往贡船平安渡海。

"年年康泰"内容为四方众国王、国内督抚和朝中文武大臣朝拜圣主，禀奏年年康泰。

"太平王会"内容为元宵节灯会上，御史接到会同馆咨会，通知有外国贡使前来观看花灯表演。随后东方九夷、南方八蛮、西方六戎、北方五狄上场表演花灯。

在马嘎尔尼使华期间，乾隆为英使来访专门编了一出昆剧，剧名"四海升平"。据学者研究，该剧完全依照明代传奇的形式，南、北调轮换唱，主角文昌唱北调，其他角色唱南调，戏以北调开场、结束。整出戏的演出都按福、禄、寿三层舞台的条件来设计，前半部是歌功颂德的说白或唱、舞，后半部则为开打武戏。该剧情节大致如下①：

戏开场时，众云使手持祥云道具从底层寿台出场，文昌帝率领十六星神在金童玉女引导下，从仙楼出场。文昌使用了一大段赞美皇帝的唱词，歌颂乾隆之文治武功。接着有一段关键性对白：

故有英吉利国，仰慕皇仁，专心朝贡。其国较之越裳，远隔数倍。或行数载，难抵中华。此番朝贡，自新正月启舶登程，六月已抵京畿矣。此皆圣天子，仁德格天，所以万灵效顺，非有神灵护送而行，安能如此迅速。载之史册，诚为亘古未有之盛事也。今当进表赐宴之期，隆典特开，天人交庆。小圣感沐恩荣，亟当趋觐。众星神，同往神州庆贺去者。

台上众神齐唱赞美之词。文昌携金童玉女踏上云板离场，舞台上出现象征吉祥的海市蜃楼。突然从地井中冒出各种水怪：虾精、鱼精、龟精、蛇精、蚌精等。文昌唱："呀，一霎时波浪叠兴，潮势济拜，是何缘故？护从们，请四海龙王进见。"

四海龙王从地井上。文昌问："我等欲赴神州庆祝，路过海滨，有水族现形，阻扰驺从，何也？"龙王说："海宇承平，年来久矣。此乃一顽蠢巨龟，吞吐风涛，因此把云头阻住。"文昌说："英吉利国贡使等，进表赐宴毕，不日赏赉遣还，海道亦当肃清，尔诸神亦当保护，使他们稳渡海洋，平安回国，方为仰体圣主仁德之心也。岂可容此辈鱼虫，兴风作浪？"

地井又出来更多水怪，各星神开始与龟精为代表的水怪作战，雷公、电母、风伯、雨师、潮神、河伯、使者也都前来助战。龟精因有一颗精珠而异常凶猛，

---

① 叶晓青：《乾隆为马嘎尔尼来访而编的朝贡戏》，《二十一世纪》总第105期。

但最终被收服，大海重新恢复平静。舞台出现"福庆大宝瓶"，上书"四海升平"四字。文昌颇有感慨地说："妙吓，圣天子至德怀柔，百灵效顺，果然四海升平也。"众星神响应说："果然是万万年四海升平也。"

戏在全场唱赞歌声中结束。

对于清廷以戏剧款待英国使团，马嘎尔尼在其日记中也有所记述，在马嘎尔尼于乾隆万寿节第二天的日记中，曾记述过一出神戏情节，与以上《四海升平》内容最为相似：

最后一折则为大神怪戏，不特情节诙诡，颇堪寓目，即就理想而论，亦可当出人意表之誉，盖所演者为大地与海洋结婚之故事。开场时，乾宅坤宅各夸其富，先由大地氏出所藏宝藏示众，其中有龙、有象、有虎、有鹰、有鸵鸟，均属动物；有橡树，有松树以及一切奇花异草，均属植物。大地氏夸富未已，海洋氏已尽出其宝藏，除船只、岩石、介蛤、珊瑚等常见之物外，有鲸鱼、有海豚、有海狗、有鳄鱼以及无数奇形之海怪，均系优伶所扮，举动、神情颇能酷肖。

两氏所藏宝物既尽暴于戏场之中，乃就左右两面各自绕场三匝，俄而金鼓大作，两方宝物混而为一，同至戏场之前方，盘旋有时，后分为左右两部，而以鲸鱼为其统带官员立于中央，向皇帝行礼。行礼时口中喷水，有数吨之多，以戏场地板建造合法，水一至地即由板隙流去，不至涌积。①

这出神戏中，大地氏和海洋氏各显神通，尽献宝物于皇帝。如果马嘎尔尼记载的这出大神怪戏就是清廷专为英国使团创作的《四海升平》，那么英国人不仅未能领会该剧的"微言大义"，连一些基本情节也未能理解。

2. 冰嬉

外国贡使一般在冬季的十二月到达京城，为了体现怀柔远人的精神，一般邀请贡使观看冬季特有的冰上项目——冰嬉。

冰嬉是满族人的习俗。清代皇室对冰嬉十分重视，每年还要举行大典，亲临检阅。参加冰嬉的人员是从八旗和前锋统领、护军统领以及训练有素的士兵中挑选。选拔工作始于每年十月。每旗照定数各选善于走冰的200人，内务府预备冰鞋、行头、弓箭、球架。冬至后第九日，皇帝驾幸瀛台等处，陈设冰嬉和较射天球等伎。分兵丁为二翼，每翼头目12人，身穿红、黄褂，其余穿齐肩

---

① ［英］马嘎尔尼著，刘半农译：《1793年乾隆英使觐见记》，天津人民出版社，2006年，第128页。

马褂。射球兵丁凡160人，幼童40人，均服马褂，背插小旗。按八旗分色，以次走冰、较射。陈伎完毕后，恩赐银两。

对于冰嬉，杨钟羲《雪桥诗话》记载：

> 国俗，有冰嬉之制。每岁冬至后，太液冰坚，简羽林佽飞之士，分棚掷踘，设旌门，整编伍，缇衣齿履意注手，承按八旗之色，各负小旌与弓矢，相间盘旋弥络，健步矫捷，其行如驰，悬球、仰射，如凌虚振翼，自在游行。上幸瀛台或五龙亭或阐福寺，亲御冰床，第其高下。勇者特旌，余皆均赐。盖旌勇习劳，且寓以行庆施惠，资八旗度岁之计。腊月初八日，于万寿寺拈香，因阅内务府上"三旗冰技"，高宗有御制《冰嬉赋》，于藩使瞻觐之日，每令八旗合演，临阅布惠，以示远人。王德甫《瀛台观冰嬉》诗有"毬门弓矢三番接，画舫旌旗五色裁"之句。①

乾隆五十三年（1788年）十二月，乾隆前往西苑用膳办事，所有年班藩部、外国贡使等于西华门外迎谒，随入西苑赐食，并令与观冰嬉。乾隆对此事赋诗云："贺正近远毕来同，抚谕凭舆言语通。西北新番称旧仆，东南捕鹿学宾鸿。冰嬉仍寓诘戎训，苑觐都怀奉朔衷。众喜康强颂四得，独深虔巩昊恩蒙。"②

3. 观火

焰火表演，是宫廷庆祝的重要节目。清宫内，有专门制作焰火的作坊。每到庆典时节，内务府要制作或购买大量的爆竹、烟花等。

《啸亭续录》载有一则"山高水长楼看烟火"的史料：

> 乾隆初定制，于上元前后五日观烟火于西苑西南门内之山高水长楼。楼凡五楹，不加丹垩，前平圃数顷，地甚爽垲，远眺西山如髻，出苑墙间，浑如图画。是日申刻，内务府司员设御座于楼门外，凡宗室、外藩王、贝勒、公等及一品武大臣、南书房、上书房、军机大臣以及外国使臣等咸分翼入座。圃前设火树，棚外围以药栏。上入座，赐茶毕，凡各营角伎以及僸佅兜离之戏，以次入奏毕，上命放瓶花。火树崩湃，插入云霄，洵异观也。膳房大臣跪进果盒，颁赐上方，络绎不绝，凡侍座者咸预焉。次乐部演舞灯伎，鱼龙曼衍，炫曜耳目。伎毕，然后命放烟火，火绳纷绕，奢如飞电，俄闻万爆齐作，轰雷震天，

---

① 杨钟羲：《雪桥诗话》，北京古籍出版社，1989年。
② 《台湾诗钞》卷三《嘉平二十一日于西苑觐年班各部并台湾生番，示以冰嬉即事得句》，台湾文献丛刊第280种，台湾银行经济研究室，1970年，第44页。

逾刻乃已。上方回宫，诸大臣以次归邸，时已皓月东升，光照如昼。车马驰骤，塞满堤陌，洵升平盛事也。①

《檐曝杂记》则有"烟火"条目：

上元夕，西厂舞灯、放烟火最盛。清晨先于圆明园宫门列烟火数十架，药线徐引燃，成界画栏杆五色。每架将完，中复烧出宝塔楼阁之类，并有笼鸽及喜鹊数十在盒中乘火飞出者。未、申之交，驾至西厂。先有八旗骟马诸戏：或一足立鞍镫而驰者；或两足立马背而驰者；或扳马鞍步行而并马驰者；或两人对面驰来，各在马上腾身互换者；或甲腾出，乙在马上戴甲于首而驰者，曲尽马上之奇。日既夕，则楼前舞灯者三千人列队焉，口唱《太平歌》，各执彩灯，循环进止，各依其缀兆，一转旋则三千人排成一"太"字，再转成"平"字，以次作"万""岁"字，又以次合成"太平万岁"字，所谓"太平万岁字当中"也。舞罢，则烟火大发，其声如雷霆，火光烛半空，但见千万红鱼奋迅跳跃于云海内，极天下之奇观矣。②

清代焰火表演主要在元宵节、万寿节等时节举行，地点有时在圆明园、南苑、西苑等地，有时在避暑山庄的万树园。来华贡使在正月和万寿节时都要被赏赐观看清廷举办的盛大焰火。

清代诗人沈德潜的词《元夕御园赐观烟火》云：

春月初盈，玉露初零，天家赐观火树。竖长竿，放出烟花挂彩绳，垂将瑶圃。海上仙山，空中楼阁，佛门窣堵。又炮声震襄阳，惊飞鸦雀无数。时雅乐和鸣，羽林排列，红云环卫处。颁御膳铋椒元宵，粔籹满金盘，令与席群工餍饫。熄鳌山，咚咚三鼓；聚班联，齐齐拜舞。归怀果饵，比割肉东方，遗细君，并邀恩遇。③

词中描写了乾隆年间元宵焰火盛况：正月十五的月夜，玉露初降。皇家焰火开始施放。空中出现了一座座仙山、楼阁、佛塔，又有炮打襄阳城的阵仗，以致惊飞了鸦雀无数。不一会儿，皇家雅乐响起，那声音和谐美妙。羽林仪仗排列两旁，红色装饰远看就如一团红云笼罩。随后颁赐皇家元宵宴，端上的金盘盛满美味珍馐，让群臣们吃个肚饱肠肥。听那咚咚声响，那是宣布焰火结束

---

① 昭梿：《啸亭续录》卷一，中华书局，1980 年，第 374 – 375 页。
② 赵翼：《檐曝杂记》卷一，中华书局，1982 年，第 11 – 12 页。
③ 章乃炜：《清宫述闻》下册，紫禁城出版社，2009 年，第 450 页。

的鼓声。群臣排班齐谢恩,顺手拿走席间留下的水果,这可真比得上东方朔不待命令自行割肉拿回家给娇妻,还感谢君王施恩宠哩!

诗人提到的著名烟花种类有炮打襄阳城。炮打襄阳城的制作需要灯、炮、鞭、烟火,构件数量需要几万件。具体制作方法是先扎一段城市,有门楼、炮台、防御工事等,规模大者,宽约五丈,高约两丈。中间穿一铁丝,一端系一起花置于远处。施放时点燃起花,起花顺着铁丝直窜城墙,依次碰触城墙内的各处机关,霎时间,万炮齐轰,万箭齐发。

对于放焰火的景观,英国副使斯当东在《英使谒见乾隆纪实》中有段记载:

> 歌舞表演之后,继之是焰火。即使焰火在白天,效果也非常好。许多设计都是英国人从来未见过的。一个大盒子悬挂在空中,从它的下面突然掉下来许多纸灯笼。在盒子里面这些纸灯笼是折着的,掉出来之后就自动张开,而里面突然燃起色泽非常漂亮的火焰。我们简直看不出灯笼是怎样突然出现的,以及没有通过外面的点燃,它们又是怎样亮起来的。大盒子里面一层一层地掉出各种不同的景象,发出各种不同的光亮,似乎中国人有随意把火包裹起来的本领。大盒子的每边有几个小盒子,里面也各自放出不同的景象和不同的火焰。这些火彩像发光的铜色,像电光一样随风动荡。焰火的最末一场是伟大壮观的火山爆发。①

规模盛大的焰火表演,璀璨绚丽。那瞬间的火树银花,具有震耳、炫目、摄人心魄的效果,它让人们忘却了卑贱的个体生命,而完全沐浴在帝国创造出的"爆力"美学中。让外国贡使观看焰火,就如三跪九叩一样,也是一种帝国礼仪,通过绽放的烟花,把帝国的万丈光辉浓缩在帝京暗夜的天空,使贡使们在不自觉中,体验天下一统的情怀,从而增加属国对天朝的向心力。对于邀请贡使观灯火,乾隆帝曾作《御制填仓日命哈萨克人观灯火》诗曰:"委羽来经五月程,上元盛典入都城。得教饼节观灯火,为示怀柔洽众情。"②

八、午门受赏

贡使觐见皇帝之后,随后的日子里会收到皇帝赐予的各种礼物。礼部代表朝廷在午门前颁授皇帝的礼物。

---

① [英]斯当东著,叶笃义译:《英使谒见乾隆纪实》,上海书店出版社,2005年,第360-361页。
② 《西域图志校注》卷四十四,藩属一,新疆人民出版社,2002年,第565页。

贡使在午门外接受赐物的礼仪如下：

届期设案于午门外御道左边，凡赏赐国王及贡使的物件，由上驷院准备马匹，工部预备鞍辔靴袜，礼部预备银两，内务府预备绸缎绢布貂皮。这些物件都是各部门挑选出的质量最好者。户部、工部、内务府司官将各自预备的物件陈放在案上。上驷院则将其预备赏赐的马匹陈列在庭院内。所有的朝贡国中，只有朝鲜国王及贡使才赐马。

仪式中，礼部堂官1人站立在案的南面，主客司官在其后站立，御使4人、鸿胪寺鸣赞2人、序班2人，夹御道左右，东西两面对立，这些官员都身穿朝服。随后，提督会同四译馆鸿胪寺少卿，率领穿戴本国国服的贡使、从官，由东长安门、天安门、端门，到达西朝房前，向东面站立。礼部的鸣赞官赞"排班"，序班引领贡使、从官向北面依序站立听从指令。贡使在行三跪九叩礼后，先接受颁赐给国王的物品。这些物品由主客司官转交贡使，贡使跪受后，再转授其从人接受。接下来再颁赐物品给正、副使及从官、从人，这些物品由主客司吏转交给贡使等人，贡使等人跪受赐物后，须谢恩并行三跪九叩礼。礼毕，引贡使退出午门。

这里需要注意一细节，贡使在午门外因谢恩而行三跪九叩礼时，鸣赞官一改使用口令的惯例，而是使用手势来指挥贡使行礼，"颁赐外藩朝贡使臣品物引至午门前恭谢。鸣赞官指行三跪九叩礼不赞"①。

关于赏赐礼物的经过，俄罗斯的一份文献给我们留下了生动的记录：

交给礼品时，在宝座前有人高呼："使臣！领皇上赏赐，叩首谢恩！"过了一刻钟，牵来一匹带有鞍辔的价值不超过十五卢布的极为普通的马交给使臣，同时有人喊道："使臣，领皇上恩赐的马匹，你可乘骑返国。"过后不久，又有人拿来两幅普通花缎，并喊道："使臣！你曾恭献皇帝陛下两只猎犬，故皇上赐你两幅花缎，以示奖赏。"使臣对这一切虽觉好笑，但却深表谢意地接受了全部礼品。对使团随员同样赏赐了皮袍好花缎。②

贡使在接受颁赏之后，朝贡使命基本完成，贡使将踏上返国的路途。

对于清廷赏赐给朝贡国的贡品，其中玉器、瓷器是易碎物品。各国返回的贡道路途迢迢，而且有很多是颠簸起伏的旱路，这些珍贵的赏赐物品极易被损。

---

① 《光绪会典》卷七十五，鸿胪寺，台湾新文丰出版公司据光绪二十五年刊本影印。
② ［俄］尼古拉·班蒂什—卡缅斯基编著，中国人民大学俄语教研室译：《俄中两国文献汇编》，商务印书馆，1982年，第162页。

礼部一般会行文内务府转交造办处，派遣匠人携带箱、毡等物品前往礼部，把赏赐的物品加以仔细包装。乾隆十九年（1754年）十二月礼部发给内务府的一份咨文中称：

> 礼部为移取事：主客司案呈：照得向例外国进贡，来京所有特恩赏赐该国王玉器、瓷器俱由造办处包裹妥协交与礼部转交贡使带往回国。此次特恩赏赐苏禄国王玉器、瓷器由军机处交出，并未包裹，长途起早恐有损坏，相应行文内务府转交造办处，于本月初十内遣匠携带应用箱毡等项赴部，照向例包裹如式，以便赏给可也。须至咨者。
>
> 右咨总管内务府。
>
> 乾隆十九年十二月初四日①

清廷赏赐属国的礼物，也有中国官员从中作弊者。嘉庆六年，琉球使者在午门领赏之后，发现所赏缎匹都被截裁一半，而且缺少衣料部分。琉球使臣将残缺的赐物送到礼部，管库官员被严责。

第三节 贡使来华的其他礼仪

属国使节来华，除了觐见皇帝的礼仪外，还有皇帝去世后，实行的进香吊唁礼仪。一年一度的属国受朔礼仪也是重要的礼仪内容。

一、进香礼仪

属国除了派遣使者觐见皇帝外，朝鲜等国对于故去的皇帝还派遣使者行进香礼仪。对于外国进香，清廷规定："凡外国进香，王以下奉国将军以上及文武三品官侍卫以上皆齐集。陈设祭品，鸣赞官赞，来使行礼，读文致祭，捧祭文送焚毕，众皆散。"②

光绪元年（1875年）八月，朝鲜国王派遣使臣蒋兰馨前往北京给同治皇帝进香行礼。朝鲜使臣进香的日子，最后经钦天监选择，定于八月十七日午时行礼。朝鲜使臣进香仪注如下：

---

① 中国第一历史档案馆：《清代中国与东南亚各国关系档案史料汇编》第二册，菲律宾卷，国际文化出版公司，2004年，第458页。
② 萧奭：《永宪录》卷二（上），中华书局，1959年，第112页。

是日，法驾卤簿全设工部，设幕于殡宫二门外之西，置奠几，陈燎炉于燎所，设祭文案于殡殿西檐下。读祝官恭捧翻译清字朝鲜国祭文设于案。王以下、奉恩将军以上，民公侯伯以下、满汉文武四品官以上，均齐集，按翼序立。朝鲜国使臣等戴官帽、穿素服、束角带，鸿胪寺官引立于右翼之末。内务府官陈祭品，点朝鲜所进香烛。鸿胪寺官引朝鲜国使臣等至仪仗之南，北向立。鸣赞官赞行三跪九叩礼毕，退立原班。众咸举哀，俟进馔毕，读祝官诣黄案前，奉祭文至槛外正中向上立。内务府官进奠几于阶下正中。派出之祭酒大臣至奠几前向上立。鸿胪寺官引朝鲜国使臣等仍于行礼处，北向立。读祝官跪，礼部堂官二员跪，展祭文。祭酒大臣并齐集之王公官员及朝鲜国使臣等跪，哀暂止。读祝官读祭文毕，复陈于黄案上，举哀如初。祭酒大臣祭酒三爵，每祭行一叩头礼，众随行礼，朝鲜国使臣等亦随行礼，毕，兴。鸿胪寺官赞朝鲜国使臣等复行二跪六叩头礼，退立原班。俟撤馔毕，读祝官奉祭文出，送燎，哀止。鸿胪寺官引朝鲜国使臣等出，众皆出。①

二、受朔礼仪

朔，为每月的初一，颁朔则为颁布来年十二个月的朔日。《周礼·春官》的"大史"一职就有"颁告朔于邦国"的职责。清代同样在固定时间向全国颁朔，即颁布来年的日历。清代的日历为时宪历②，每年二月由钦天监制成并经皇帝御览后，镌刻成版，在四月份通过驿递送到各省的布政司，依式刊造。从康熙三十四年（1695年）起，时宪书列有蒙古、属国以及诸部落太阳出入、昼夜长短及节气时刻。

清代"颁朔"礼始于入关前的崇德二年（1637年）。顺治二年（1645年）十月初二日，清廷首次在午门举行颁朔礼仪。此后，清廷将颁朔仪式的日期改为十月初一日③。午门颁朔礼仪，由献朔（献给皇帝）、受朔（颁给京师百官）两部分组成④。在京城举行颁朔礼的同日，各省省会也同时举行由总督主持的向地方各级颁发时宪书的受朔礼。清代，中国三个属国朝鲜、琉球、越南都要接受清廷的颁朔。

清代属国中，朝鲜是最早奉大清正朔的国家。清初，朝鲜每年都将大清时

---

① 《〈同文汇考〉中朝史料》（三），吉林文史出版社，2005年，第262页。
② 乾隆时期为避讳弘历御名，改时宪历为时宪书。
③ 参见吴振棫：《养吉斋丛录》卷六，中华书局，2005年。
④ 《大清通礼》卷二十九。

宪历在年底由在华的进贡使节带回朝鲜，包括官时宪历 1 本、民时宪历 100 本。此后，朝鲜将时宪历带回朝鲜的方式发生变化，"每于正朝使之回，例为受来。顺治丁亥，礼部移咨，改令进鹰行领回，至庚子停鹰贡后，另差译官领来"①。这一资料表明，时宪历最初由朝鲜贡使带回，顺治四年（1647年）改由进鹰使带回。顺治十七年（1660年），朝鲜停止贡鹰后，经中、朝两国协商，从顺治十八年（1661年）起，朝鲜每年五月任命专门领取时宪历的历咨官，八月十五后从朝鲜起程，十月一日前到达北京。起初，钦天监每年十月初一日在午门外颁朔时，并不允许朝鲜使节前往领受，而是于初三、初四等日，礼部祠祭司从钦天监领取后，再由该司转颁给朝鲜贡使。对于朝鲜在礼部受朔的礼仪，清代资料记载：

> 每岁十月，朝鲜国王遣其陪臣赍咨赴礼部受来岁之朔。礼部预取钦天监时宪书，函封钤印讫颁朔。翌日设案于仪制司堂上正中，会同四译馆大使引朝鲜国陪臣服本国公服入仪制司。郎中公服就案坐，吏奉时宪书置于案，赞礼者一人立于案右，赞进，大使引陪臣诣案前。赞跪，陪臣跪。赞受朔，吏奉时宪书授陪臣。陪臣恭受，兴，退。乃归报朝鲜国王。王朝服祗受如礼，遂颁布于其国人。②

乾隆三十年（1765年）九月二十八日，礼部官员建议改变由礼部另颁历法给朝鲜这一做法。礼部官员在给乾隆的上奏中指出：

> 恭查朝鲜国每年遣官，于九月内来京领取时宪书。虽有阻滞迟误，亦必须月底赶赴来京，并无违误迟延之事。此系该国王敬谨天朝时宪书之意。但钦天监每年十月初一日在午门外颁发之时，并不一体给发。向于初三、四等日，礼部祠祭司行文领取，有该司给发。似此办理，与该国特遣人赶十月初一日敬谨领取之意，似有不符。即与经书内"天子颁来岁之朔于诸侯、诸侯受而藏之祖庙"之义，亦不相允协。臣愚见，请嗣后交钦天监行文礼部，于十月初一日派官，带领朝鲜国来使，于午门前预备，俟王公、大臣、官员谢恩恭领，鸿胪寺官照例引至班末，谢恩敬谨领受。似于典礼、体制，均为有当。臣愚意如此，可否之处，伏候皇上睿鉴，训示施行，为此谨奏。
>
> 乾隆三十年九月二十八日奏。③

---

① 《〈同文汇考〉中朝史料》（一），吉林文史出版社，2003年，第341页。
② 《大清通礼》卷二十九。
③ 《〈同文汇考〉中朝史料》（一），吉林文史出版社，2003年，第345页。

这一建议的核心,就是要求清廷在十月初一日在午门外一体颁给朝鲜时宪书,而不必由礼部转发。乾隆帝在当天就批准了这一建议。

清朝时期,琉球的新年日历也由贡使从中国领取。贡使一般在前一年的十月份来到中国,次年的四月份才能返回琉球。因此,中国颁发的新年日历到达琉球后,该年的时间几过半年。琉球方面为了避免前半年没有日历,只好事先按照清代历法自己造出新年日历在国内暂时通行,直到中国颁发的官历到达琉球后再将其取代。对此,有资料记载:琉球"历奉正朔,贡使至京,必候十月朔颁历赍回;及至国,已逾半年。故国人设司历通事,官秩七品,豫推算,造历应用;历面书云'琉球国司历官谨奉教令,即造选日通书权行国中,以候天朝颁赐官历,共得懔遵'。一王正朔,是千万亿年'尊王归化'之义也"①。

嘉庆十五年(1810年),清廷改变了颁赐新年日历给琉球的政策,规定此后琉球的新年日历由琉球本国政府按照清朝历法制造即可:

> 琉球久列藩封,极为恭顺,惟因地悬海外,不能克期往来,是以历来时宪书均未经颁发。每年专遣使送还,涉重洋前来祗领,非所以示体恤,若将时宪书存贮福建巡抚处,遇便交发,则徒为具文,转非核实之道。所有琉球应颁之时宪书毋庸颁给,只将该国星度节候详细推准,增入时宪书内以垂久远。②

中国另一个属国安南,则由中国边境官员颁给。乾隆五十四年(1789年)十二月,乾隆发下谕旨:

> 向来朝鲜国系遣使臣先期赴京,于十月朔日祗领时宪书,今安南远在南交,若每年照朝鲜国之例,遣陪臣到京谨领,返国时已逾春正元旦之期,该国臣民转未能及时尊奉,殊非体念远人之道。今谕该部即将五十五年时宪书发往,交该督等即委员赍至镇南关,令该国镇目转交国王祗领。嗣后每年即著该部照朝鲜国请领数目,将时宪书发交广西,令该抚照此次之例,届期颁给,无庸该国遣使赴京,以示体恤。③

礼部颁发给安南的时宪书由广西巡抚发交左江道,知照该国差官到镇南关祗领。阮朝建立后,清帝在嘉庆八年(1803年)指示钦天监衙门,在颁给该国

---

① 徐葆光:《中山传信录》卷五,台湾文献丛刊第306种,台湾银行经济研究室,1972年。
② 《〈同文汇考〉中朝史料》(四),吉林文史出版社,2005年,第570页。
③ 《清高宗实录》卷一千三百四十四,乾隆五十四年十二月乙卯条。

的时宪书内,要将"安南"二字改为"越南",使其永遵正朔①。

越南史料曾记载以下一件事情,足以说明清代颁朔于越南的制度:"明命十四年正月:清广西巡抚移文于凉山,言燕京历书未送到,权将在省书代给。帝批示曰:不知彼国事若何?甚至正朔无以与人,可笑可笑!岂有巡抚放正朔之理,断然不应受命,却之。"②清代每年正月由广西巡抚代颁由北京发给越南的新年历书,由越南边境城市凉山的官员接受。这种颁发渠道就如由广西巡抚颁给越南清帝诏书一样。但在越南明命十四年(1833年)的时宪书,由于清廷本身原因,没有即时把颁给越南的"中央版"历书交到广西巡抚手中。广西巡抚便咨会越南凉山当局,商量是否可将广西刊刻的"省版"历书颁给越南。署凉山巡抚黄文权将此事上奏越南国王。越南国王嘲笑清廷:作为天朝大国,竟然没有"中央版"的"正朔"给人家发,着实可笑。哪有巡抚把"省版"历书充作"正朔"来颁发。此种做法绝不可接受。越南国王指示凉山地方官,将广西巡抚的这种提议拒绝。

以上越南史料中的明命十四年为道光十三年(1833年)。对此事清代文献也有相对应的记载:

道光十三年正月丙申谕内阁:去年该国应领时宪书,迟至十二月尚未赍到,经该抚将广西省遵照部颁道光十三年底本刊刷之时宪书查照定数,发交左江道递送出关,转递该国王遵照。所办是。至此次广西驻京提塘递发时宪书迟误,殊属怠玩。著兵部即传该提塘严行讯问,奏明办理。③

广西驻京提塘没有及时将清廷所颁时宪书递送到广西,清廷命令兵部对其失职行为严加讯问。

---

① 《清仁宗实录》卷一百一十五,嘉庆八年六月己丑条。
② 张登桂:《大南实录》正编第二纪,卷八十九,庆应义塾大学语学研究所,昭和36-56年。
③ 《清宣宗实录》卷二百三十,道光十三年正月丙申条。

第五章

清代中国对属国的册封礼仪

在清代的朝贡体制下，中国对属国有册封义务，"凡外邦效顺，俱颁册赐爵"①。清廷册封属国国王有遣使敕封、贡使领封两种方式："自太宗征服朝鲜，镌石三田渡。厥后安南、琉球诸国，先后请封，皆遣使往。其他回首内乡者，航海匪复，梯山忘阻，则玺书褒奖，授来使赍还而已。"② 前者由中国派出使节前往该国册封，后者由来华请封的使者把册封敕书带回本国。

第一节 贡使领封的程序与礼仪

清廷对暹罗、南掌、苏禄和缅甸等朝贡国家国王的册封与任命，并不亲派使节前往，而仅让来华请封的该国贡使把清廷的册封敕书带回。《大清通礼》记载："若荒远阻绝之区，以敕书授来使赍回。"③《光绪会典》记载："若无封使，则授敕、印于其归使而封之。"

这种册封敕书由来使赍回的礼仪在中国京城午门内由礼部官员和贡使共同完成。具体礼仪如下④：

至以诏敕授使赍还，则礼部设案午门，位正中，尚书立案左。仪制司官从，馆卿率来使入，授诏敕，序班引诣案前跪，授受如制。退诣丹墀西，三跪九叩，礼成，归授国王。谢恩同。⑤

礼部在午门外甬道上正中设一案，尚书站立在案的左侧，仪制司官站立其

---

① 《清史稿》卷九十一，志六十六，礼十。
② 《清史稿》卷九十一，志六十六，礼十。
③ 《钦定大清通礼》卷四十三，宾礼。
④ 《清史稿》卷九十一，志六十六，礼十。
⑤ 《光绪会典》卷三十九，礼部主客司。

后。四译馆卿带领使节到来,序班引使节到案前下跪,接受诏敕。接着退到丹墀西面,行三跪九叩礼。

使节回国后,将册封诏敕授予受封国王。随后国王派使节前往北京谢恩。

清代有多次贡使领封的事例。

康熙十二年(1673年),暹罗请封,清廷颁给诰书、敕、印。关于是否像明朝那样遣使敕封,礼部建议:如今遣封暹罗国王,航海随去官兵甚多,又需月日,暹罗国迎送劳苦。相应不必遣官,令来使赍捧前往,皇上柔远之意,得以速被外国。清廷最后决定,册封暹罗国王的诰命、敕、印由来使带回。礼部命令暹罗的请封贡使前往午门外领取册封诰命、敕、印。礼部堂官司员,身着朝服在午门前恭设几案,鸿胪寺官引暹罗贡使等行三跪九叩首礼,跪领诰、印。清廷发给暹罗咨文,命令国王在贡使返回本国时出城恭迎清廷颁给的册封诰、印。① 乾隆五十一年(1786年)封暹罗国王郑华、六十年(1795年)封南掌国王召温猛,都是按照康熙十二年(1673年)册封暹罗国王这一先例进行②。

南掌贡使在雍正八年(1730年)携清朝敕谕归国,南掌国王岛孙亲自跪叩迎接。据《朱批鄂太保奏折》记载:

南掌国夷目叭猛花等进贡回滇,臣委员照看起程,并差目兵二名,暨土把总召猛比伴送回国。嗣据普洱总兵官邱名扬、知府终世阴等禀报,该差等伴送夷目,于八年十一月二十四日至该国界内之戈奈地方,有猛洒、叭先率领数百人于五十里外跪道迎接,将敕书安设龙亭,供奉缅寺。……该国王岛孙,先差大叭目四员,带领二千余人,备金银彩花龙船四十余号,设龙亭香案,亲出五十里外,跪迎至新造公馆内。供奉敕书御赐毕,岛孙行三跪九叩头礼,复斋戒三日,始恭迎进署,行礼如初,然后叭猛花敬捧敕书,跪授岛孙。③

可见,南掌国王显然是用敬事佛法的礼仪来迎接清朝册封敕谕的。

第二节 遣使敕封的程序与礼仪

清廷对朝鲜、琉球、安南3个最为重要的朝贡国,采取遣使敕封制度。凡

---

① 梁廷枏:《海国四说·粤道贡国说》卷一,暹罗国一,中华书局,1993年,第179页。
② 《光绪会典》卷三十九,礼部主客司。
③ 鄂尔泰:《朱批鄂太保奏折》,雍正九年五月二十六日,清朱墨抄本。

属国新王即位以及册立世子等，先由该国向清朝政府上奏，经大清礼部议定后，再由大清皇帝选派正、副使持节往封。如果按照过程，"遣使敕封"礼仪可以分解为以下几个部分。

一、外国请封

清廷遣使敕封，首先需要属国上表文请封。中国并不主动册封属国国王，以免干涉属国内政。

朝鲜奏请袭封爵位，礼部在上奏颁发诏、敕各一道后，再派出使节前往朝鲜册封。

琉球奏请袭封爵位，由闽浙总督福建巡抚具题，再由礼部具体操作。如果册封的是琉球国中山王，礼部题请颁诏、敕各1道，并派遣使者前往册封。

越南请封事宜，由两广总督代题，并令该国派遣陪臣携带表文前往北京陈奏，清廷下令派遣册封使节。

二、清廷遣使

在收到朝贡国请求册封的表文之后，中国礼部奏请皇帝派遣正、副使各1人持节往封。使节官阶因派往国家不同，其级别有所不同。朝鲜、琉球和越南三国中，派往朝鲜的正使品级最高，大都是一品高官，派往其他两国的正使官阶相对低一些。选派使节时，一般优先选择仪容修伟者。因此，前往属国册封的使节大都仪表不凡，为天朝美男子也。

选派册封朝鲜的正使，在内大臣、散秩大臣、一等侍卫一类的品级内选择；册封副使，则在内阁满洲学士、翰林院满洲掌院学士、礼部满洲侍郎等品级内选派。大清宗室官员不在使节的选择范围之内。

琉球、越南正、副使，一般任用具有内阁典籍、中书、翰林院侍读、侍讲、修撰、编修、检讨、六科给事中、礼部郎中、员外郎、主事等职衔的人员。这些使节的选拔，需要先行奏请，命令各宫门卫推荐外表和仪度均修伟的满汉各官以及任职礼部的满汉司官，恭请简用。

前往册封的使节确定之后，需要行文各衙门和相关督抚，正、副使提前将起行日期上报礼部，并预先知会前往的属国。

册封使节的仪服资护，各有不同规定。使节需从工部领取节、节衣和其他的礼仪器物，包括龙旗1对、黄盖1柄、御仗1对，钦差牌、肃静、回避等牌各2面，前行牌1面。兵部负责护送册使和提供马匹。正、副使起行前，前往工部领取盛放敕书的筒，前往户部领取包裹布匹。

在上述册封使的各种信物中，节代表皇帝和国家，是册封使具有象征意义的礼仪器物。使臣奉命出使时，持节而行，因此被合称为"使节"。关于节的形状，据史书记载，节"以竹为之，柄长八尺，以牦牛尾为其眊，三重"①。因此，节的样式是一根长约1.8米的竹竿，上端系有用牦牛尾巴毛制作的三重旄。节具有尊严、高贵的意义，后比喻一个人的情操、品格，如气节、节操。如果人有堕落，则谓之失节、变节。

册封使的服装也有统一规定。为了显示册封使的权威，清廷特赐一品官服以重其行。前往朝鲜的正、副使，由于本身为一品官员，均用本任顶戴朝服。前往琉球、越南的正、副使，准暂用正一品顶戴，赐正一品蟒缎披领袍各1件，麒麟补褂各1件，均行工部办给，返回时缴还。册封使本为文官，但清廷所赐的服装，既有正一品文官的麒麟服，又有正一品武官的蟒袍服，以表明册封使代表的天朝，文德武功兼备之意。②

册封使的随员规模也有相应规定。前往朝鲜的正、副使的随员与跟役，按照本任品级规格配备名额。前往琉球等国正使配备随员20名，副使配备随员15名，加上医生2名和翻译人员等。册封琉球等国的正、副使，照现有品级，行文户部领支两年的俸银，返回时缴还。

册封使团出发之日册封使首先前往礼部，礼部的仪制司官1人奉节，1人奉诏、敕，授予礼部长官。礼部长官再把它们交给正、副册使，正、副使跪受节、诏、敕，然后起身走出礼部。使节随后换上途中所穿的征衣，乘坐兵部提供的出使专车，在猎猎的旗仗中出发。

使团成员均带有兵部填写的勘合，沿路按站拨兵护送。若封朝鲜，兵部开具出关的证明（路引）。若封琉球，通知福建巡抚预备渡海大舟，船上适量配备修船匠役，并委派军官2名、精兵200名护送前往。

三、册封新王

册封使从中国到达属国国境后，言行举止被纳入了属国迎接使者的各项礼仪中。

为了迎接天朝的册封使节入境，属国的边吏要提前预备册封使的生活起居。册封使所经之处，相关部门官员都要跪地迎接。

---

① 《后汉书》卷一，光武帝纪一注引《汉官仪》。
② 参见李鼎元《使琉球记》的一段记载：册封使出发前先登门拜访纪晓岚，请教册封礼仪。纪晓岚把为何要赐给册封使文、武两套服装做出了解释："文武兼资之意。"

在进入国都时，待封的国王派遣陪臣郊迎。这些官员迎接陈放诏敕的龙亭时，行三跪九叩大礼；见正、副使节，行一跪三叩礼。使节和欢迎队伍浩浩荡荡前往册使的下榻处——天使馆或慕华馆。

册封使到达下榻处后，先把龙亭和颁赐器币安置妥当。属国方面的迎接人员对节、诏、敕等再次行三跪九叩礼，对使者行一跪三叩礼，使者并不还礼。

双方在协定好的册封日期，国王率陪臣前往天使馆拜会使者，行礼完毕后，国王先行回宫。随后，仪仗、鼓乐前导，陈放诏敕的龙亭从使馆中抬出，册封使其后跟随。到了宫门，龙亭放置门的正中，册封使者在门前台阶下马，正使捧节、副使捧诏敕，进入宫殿后陈放案上，退立东旁。国王率众官北面站立，对案上陈放的节、诏、敕行三跪九叩礼。起身后，在册封的位置前跪下。册封副使手捧诏书交给宣读官，宣读官宣读册封命令完毕后，国王再次行三跪九叩礼后，出宫门外等候。不久，正副册封从宫殿内走出，宫门外的国王等率陪臣跪送使节返回天使馆。册封后的国王，祭告于太庙，受该国群臣朝贺，国王亲自前往使馆谢封，并赐宴慰劳正、副使。

若册封王妃、世子，都由国王出面接受册封。册封礼仪与册封国相同。

属国的国王在接受册封前，不能称国王。在册封之后，才能称王。"国王，初嗣位，称权国事；请封、见册使，称中山王世子。受封后，始称王。"①

册封使者完成册封任务后返回中国朝廷。属国国王须修表文，具方物，派遣陪臣到天朝京城谢恩。

此外，行册封礼时，册封使都要向国王等颁赏赐物。凡赏赐国王及王妃、世子等各物，都由使者从京城带往。这些赐物由内务府等各衙门准备，礼物单要通知相关督抚和国王。赐朝鲜国王黑狐裘1袭，三等貂皮100张，鞍马1匹，大蟒缎2匹，小蟒缎、妆缎、锦缎各1匹，大缎2匹，补缎2匹，石青缎1匹。赐王妃大蟒缎、妆缎、锦缎、倭缎、闪缎、帽缎、素缎、石青缎各2匹，大缎、彭缎各3匹，纱4匹，绸4匹。若请封世子世弟世孙，奉旨遣使往封。赐织金缎4匹，缎、纱、罗各4匹，里各4匹。赐琉球国王蟒缎、闪缎、青缎各2匹，彩缎6匹，蓝缎、锦缎各3匹，纱、罗、绸各4匹。赐王妃妆缎、闪缎各1匹，彩缎4匹，蓝缎、青缎、锦缎各2匹，纱、罗各4匹。凡赏赐各物名称，都在册封敕谕内加以说明。

---

① 潘相：《琉球入学见闻》，台湾文献丛刊第299种，台湾银行经济研究室，1972年。

四、谕祭先王

在册封礼举行前,有的还要对故去的前任国王进行谕祭。谕祭的意义在于:"封其生者而又祭其薨者,厚也;所以劝天下之忠也。祭先于封者,尊也;所以劝天下之孝也。"①

谕祭先王的礼仪如下②:在国王的祖庙里,谕祭文陈放在神位前的案上,正、副使者各自左右站立。世子率陪臣对案行三跪九叩礼后,退立左面,宣读官宣读祭文,众官俯伏跪地。宣读完毕后,世子和众官起身,把祭祀物品送往燎炉中焚化③,使者退出。

第三节 遣使敕封举例

清代史料中,有多种遣使册封朝鲜、琉球、越南的事例。这些事例完整地再现了清代在属国举行的各种册封仪式。本节选择了清朝册封琉球、越南两国国王和册封朝鲜王妃的仪式作为案例。

一、册封琉球国王尚穆

清代有关遣使敕封最完整的记录,是对琉球国王的册封。"琉球荷国家招怀柔抚百有余年,其恪共职贡,颇为志敬而节具,自不可与一切羁縻者同论。"④ 清廷在琉球的册封仪式,规范而隆重,是在国外举行册封礼的标本,足为"万国之观瞻"。现根据周煌的《琉球国志略》卷十一"叙典礼"中的记载,再现乾隆二十一年(1756年)清廷遣使敕封琉球国王的完整过程。

1. 琉球请封和清廷遣使

乾隆十九年(1754年),琉球国中山王世子尚穆承袭的第三年,预备了"通国臣民结状",派遣陪臣毛元翼、蔡宏谟等携带请封表文前往北京恭请袭封。

---

① 陈侃:《使琉球录》,使事纪略,台湾文献丛刊287种,台湾银行经济研究室,1971年。
② 《清史稿》卷九十一,志六十六,礼十。
③ 古人认为圣人之神灵系于上天,将祭祀物品焚烧后就能上达于天,为圣人所享,因此每次祭孔大典行礼毕,都由祭祀官员将祭品送往燎炉中焚化,皇帝或主祭官还要亲自查看,以防有人偷拿贡品,这即所谓"送燎""望燎"。
④ 周煌、赵新:《琉球国志略》卷十一,台湾文献丛刊第293种,台湾银行经济研究室编印,1972年。

"通国臣民结状"又称"通国甘结",是琉球世子为了证明自己是合法的王位继承人,由中山王府法司官、长吏、王叔、王舅、紫金大夫、紫金官、耳目官、正议大夫、中议大夫、那霸官、遏达里官、毕那官、乡耆老等出具的证明,以证明自己为嫡长亲男。"通国甘结",由琉球的请封使臣一并带到大清朝廷。琉球使节如果不能缴验此种"甘结",大清朝廷必令补缴之后才批准请封。

琉球国世子的请封奏文如下:

琉球国中山王世子臣尚穆谨奏:为沥恩循例封袭,以光世土,以效忠勤事。窃以敝国蕞尔弹丸,渺兹尺土;沐天朝深仁厚泽,有加无已。臣元祖尚质,于顺治十一年荷蒙天恩颁给王爵印篆为中山王,永奠海邦。臣高祖尚贞,于康熙二十一年恭沐诏敕册封。臣曾祖纯、祖益,未及请封,早已辞世。臣父敬,于康熙五十七年叨蒙册封为中山王。嗣爵以来,夙夜惟寅,矢勤矢慎,虔输忠诚,恪恭匪懈,于乾隆十六年正月二十九日薨逝。念臣小子穆,恭循典例,以嫡继统。谨遣陪臣耳目官毛元翼、正议大夫蔡宏谟等虔赍奏请,伏乞圣恩体循臣父事例,差选天使按临蛟岛,俾臣穆拜纶音于海表,永守藩疆;膺诏命于波区,代供贡职。则顶祝皇恩浩荡,世世不朽矣。伏祈睿鉴,敕部施行。臣穆不胜惶悚待命之至。谨具奏以闻。

琉球国世子的请封表文如下:

球琉国中山王世子臣尚穆,诚惶诚恐,稽首顿首,谨奉表上言:伏以玉版恢图,焕规模于旧制;宝纶沛泽,隆体统于藩臣。率土莫不尊亲,众星拱北;普天咸称神圣,诸水朝宗。欢洽臣民,庆腾宇宙。恭惟皇帝陛下覆育同天,光华匝地。躬桓蒲谷,悉归王会之图;侯甸要荒,尽入职方之府。臣穆世沐帝泽,代守海藩。胙土分茅,自古之帝王大典;请封袭爵,今日之臣子微忱。谨遣陪臣毛元翼、蔡宏谟等仰请纶音,望龙墀而悚栗;叩希天眷,瞻凤诏以遥颁。伏愿至德弥崇,覃恩愈广。制仪制礼,因旧典以广新恩;教孝教忠,由内臣而及外吏。将见川岳效灵,九有觐照光之盛;江河献瑞,万方沾熙皞之隆矣。臣穆无任瞻天仰圣,激切屏营之至。谨奉表恭进以闻。

乾隆十九年十月二十二日,琉球国中山王世子臣尚穆谨上表。

福建巡抚把琉球请封的要求"具题"礼部,礼部在议准之后向皇帝请求恩准册封。

乾隆二十年(1755年)五月初七日,大学士会同翰林院掌院等挑选全魁和周煌为正、副册封使。皇帝亲自召见2人后下旨:"侍讲全魁充正使,编修周煌充副使。钦此。"

礼部上奏册封使节所需服装，皇帝恩赐东珠顶帽和正一品麟、蟒服作为正、副使的官服。

2. 册封使从福建出海抵达琉球

乾隆二十一年（1756年）二月初四日，册封使恭请圣训。

二月初五，赴礼部领取节、诏、敕、谕祭文、新铸清篆驼纽印和缎匹等物。

二月初九日，两位册封使乘车由北京出发。

一路行来，册封使团在四月二十四日到达福建。闽浙总督喀尔吉善、福建巡抚钟音事先已预备了福州民船二座作封舟使用，船长11丈5尺、宽2丈7尺5寸、深1丈4尺，加上栅6尺。前9舱、中8舱、后7舱；水柜2、水桶2，共受水620石）。此次封舟是雇用现有的民船，而没有专门建造封舟。

六月初二日，册封使恭捧诏、敕，将其安放在封舟的官舱正中，册封使节由南台江登上封舟。

六月初五日，封舟到达太平港。

六月初六日，举行祭江仪式并取水。申刻，前往湄洲岛上的怡山院谕祭海神并在天后宫行香。该次谕祭海神文的内容如下：

维乾隆二十一年（岁次丙子）六月丁酉朔，越六日壬寅，皇帝遣册封琉球国正使翰林院侍讲全魁、副使詹事府右春坊右中允周煌致祭于海神曰：惟神显异，风涛效灵。瀛海扶危脱险，每着神功；捍患御灾，允符祀典。兹因册封殊域，取道重溟；爰命使臣，洁将禋祀。尚其默佑津途，安流利涉；克将成命，惟神之庥。谨告。

六月初七日，封舟到金牌门后，转入海道。

六月初九日巳刻，船到五虎门。未时举行了祭海仪式。

六月初十日早潮，驶出五虎门。通过官塘进入士门出洋，风向为单午风，航向乙辰针①。到日落时，封舟共行驶六更远的距离。入夜之后，风向仍为单午风，航向单乙针，封舟行驶五更远的距离，望见鸡笼山头。

六月十一日上午，风向为坤未风，航向单乙针，航行二更远；下午，风向

---

① 前往琉球册封的使节使用我国古代传统的航海定位方法——针位法，记载了往返琉球的航行过程。中国古代的航海罗盘指针之方位，有12支、8干（略去中央戊己2干）及4维组成24个方位，每个方位相隔15度。因有正针、缝针之分，故共有48个方位，每个方位相隔7度30分。古代舟师所用针路，包括地名、针位和距离（更）三部分。更为航程的计量单位，每更约水程60里。

为单西风，航向单乙针。到日落时，航行四更远的距离，望见钓鱼台。两天来，每天都有三四条大鱼夹着封舟左右游动，而宿洋鸟则环绕着樯桅飞翔。入夜后，风向为单丙风，航向单乙针，航行四更远。

六月十二日，风向为单午风，航向单乙针。行驶一更后，看见赤洋；风向转为单丁风，航向单乙针。日落时分，航行五更远。入夜后，风向转为单午风，航向单乙针，航行四更远。是夜，经过海沟时，行了祭海礼仪。

六月十三日，风向为丁午风，航向甲卯针，航行二更远，望见姑米山。风力转轻，航向转为单午、单乙针；日落时，航行一更远。夜晚，风向为丁午风，航向为乙卯针，航行二更远。是夜，琉球姑米人登上山顶，高举火把联络，封舟上的人们也举火回应。

六月十四日，风向单甲风，姑米人头目率数十艘小舟用绳牵拉封舟至姑米山的西面停泊。

六月十五日，风向单卯风，琉球小舟又将封舟拉至姑米山的北面停泊，这里距岸大约有三四里远。北岸礁石狞狰，铁沙激荡，封舟根本无法靠岸。

六月十六日，风停，封舟胶着在海面无法行驶。

六月十七、十八日两天，都刮东北逆风。

六月十九日寅刻，雷雨、风暴天气。

六月二十日卯刻，出现彩虹，刮东北风；辰刻，天又下雨。

六月二十一日卯刻，小雨，刮东北风。

六月二十二日，刮东北大风。琉球接封大夫郑秉和请求册封使下到小船上登岸暂避。册封使担心会动摇船上众人的军心，没有答应这一请求。是夜，大风转为暴风。

六月二十三日，暴风更甚，船身波荡起伏，船上不断有呕吐者、打翻在地者，一片狼藉。郑秉和再请册使登岸避风，但册使坚持"诏、敕在舟，岂容暂离；若奉以行，众将何恃！不如勿动，以安人心"。

六月二十四日，风更加猛烈。碇索屡下屡断。船上的多数人员认为此处多为礁石，不如让船挂起风帆，让其随风漂流。册使最后问笅求神，结果显示停留此地为吉。册使劝说大家说："风势如此暴烈，但船并未撞上礁石，原因在于封舟落下了风帆。一旦挂起风帆，瞬息就会被风吹向礁石而粉身碎骨！而且船上的柴、菜、水、米都已用尽，船开往哪里？"升帆这一动议最后被否决。是夜四鼓时分，风高浪急，碇索10余条一时全部折断，船舵也被冲走，船的龙骨触礁后断裂，船底开始进水。此时天昏地暗，雷击不断，大雨瓢泼，船上的帆叶、厨栅都被吹没殆尽。忽然间，有神火飞向船桅末端，在燃着了悬挂的招风旗后隐没。又从海面浮来一灯，若隐若现，如烟似雾。船上众人惊呼："天妃派遣救兵来了！"刹那间，船身直向岸边冲去，一礁石插入船腹，封舟被固定下来，既不动，也不沉。册使随后命令从封舟上解下杉扳下水，册使捧诏、敕、节、印陆续上岸。封舟上的200多人九死一生，举庆更生，感谢皇上如天之福，群颂天后广庇之德。

从这天开始，琉球人每天送蔬菜、米等食物到天使的公馆中。

六月二十九日，王世子派遣耳目官等来迎候。

七月初四、初五日，王世子连拨琉球国中的海舶迎载册使团。

七月初七日，册使捧诏、敕、节、印以及赐物奉安到琉球派遣的海船上，并把天后神像也带到船上。随后乘西南风开船，夜里驶过马齿山。

七月初八日，船只到达了目的地那霸港。

从册使遭风登岸，再到换琉球海船驶到那霸港，总共经过了23天。

3. 琉球迎诏

封舟七月初八日午刻到达那霸港，其时潮水正满。迎接册使的船只有十几艘，都是琉球国的重要官员，奉琉球世子之命前来迎接。又有数百艘独木舟，无数水中岛民，都施放长绳牵引大船。船到却金亭下①，搭浮桥直通却金亭的台阶。琉球国陪臣排班列队，仪仗、鼓吹也都聚集在却金亭周围，恭迎龙亭到来。

册使等登岸后，琉球国众官作为前导，琉球王世子身着吉服在道旁左边跪迎。王世子随后再到迎恩亭②中所设的香案前，行三跪九叩头礼，恭请"皇上圣躬万安"，册使回答"圣躬万安"。

礼毕，册使被导迎到天使馆，奉安诏、敕、节、印。王世子随后前往天使馆慰问册使，册使与王世子对拜。茶毕，世子回府。

天使馆位于那霸，离迎恩亭有几里远，坐北向南。馆内建筑构造全仿中国的官廨制度，前筑照墙，有东西辕门，外栅四周。栅内东西门房各四楹，以居住琉球的执事人员。左右鼓角亭各一，前有旗杆各一，两根旗杆上飘扬着写有"册封"字样的黄旗。大门书写"天使馆"，门内东、西班房各六楹，供书吏、隶役居住。仪门上写"天泽门"3字，门内甬道至月台的庭院，面积有数亩之广，陪臣拜见册使时行礼于此。进入馆中，正中为大堂前楹，再向里是中楹，最后为中堂，是安奉册封诏敕的地方。左右两边分别为正、副使臣的房间。堂

---

① 却金亭，在那霸港封舟登岸处，为嘉靖七年册使陈给事侃建。

② 迎恩亭，在那霸港堤上，明朝洪武年建造。封舟到港后，琉球陪臣班列亭下迎诏。

后左右有板阁各一间，左右廊房各九楹，供从人居住。东院有一口水井，墙高丈余。天使馆的堂屋顶部都用瓦，地面使用方砖，墙壁则使用厚板。而随员房间，屋顶先铺芦箔后再漫土其上。楼上铺有脚踏棉，其他房间的铺设、桌椅、床帐等都按照中国样式制造，并专设官员进行管理。

册使入住天使馆后，琉球官员分3班拜见册使。第一班是法司王舅、紫金大夫、紫巾官。拜见册使时行一跪三叩头礼，册使站立接受拜见后，作揖回礼。第二班是耳目官、正议大夫、中议大夫。拜见册使时行一跪三叩头礼，册使站立受礼后，拱手回礼。第三班是那霸官、长史、遏闼理官、都通事。拜见册使时行一跪三叩头礼，册使坐着受礼，抗手回礼。行礼后，册使命坐、赐茶，法司官的座位设在毡堂内，耳目官等则坐于廊下，那霸官等则坐在露台下。

册使居住天使馆期间，在每月的初一、初五、初十和十五这4天当中，琉球国王都要派遣陪臣前往使馆相陪，并馈赠食品和拜谒册使。国王馈赠的食品项目如下：生猪、羊各1头，鸡2只，蛋、鱼、海蛇、海蟳、石䲞、车螯、面条、面粉、酱菜、醋蒜、胡椒、甘蔗、蕉果、烧饼、佳苏鱼各1盘，烧酒1埕，炭1包，烛4枝。初一和十五这两天，增加吉果、米肌、银酒、黄酒等物品。对于国王的馈赠，册使要适当回赠，礼物有扇、笔、字画、香、墨等物。

4. 琉球支应册使规格

从册使及使团进驻使馆后，琉球就开始为使团提供充足的后勤供应，使团成员级别不同，供应规格也不相同。

册使每日供应，数量极丰，规格极隆：米1斗，面粉4斤，猪肉5斤，羊肉3斤，鸡2只，蛋10枚，生、干鱼各4斤，蟳2枚，西瓜2颗，蔬菜11斤，米酱、酱油、醋、盐、菜油各4盏，豆腐3斤，酱菜半斤，烛4枝，烧酒2瓶，炭10斤，柴4束。

琉球国王每天提供瑞泉水给册使饮用，泉水用绿水筒贮存，上盖封条后，由红帕察度奴示轮流押送到天使馆，正、副使每人供给2石泉水。

册使的2名随员，每日供应米4升，猪肉3斤，羊肉1斤，生鱼2斤，干鱼3斤，鸡1只，蛋10枚，菜5斤，豆腐1斤，米酱、酱油、菜油、盐、醋各1盏，烧酒6盏，烛2枝，炭5斤，柴2束。

其他随行员役的全额供应，每日米4升，肉2斤，生鱼1斤，干鱼2斤，鸡1只，蛋5枚，蔬菜1斤，豆腐1斤，豆酱、菜油、醋、盐各1盏，烧酒3盏，小烛2枝，柴2束。如果是半额供应，则每日米3升，肉1斤，干鱼1斤，鸡1只，蔬菜1斤，豆腐1斤，豆酱、菜油、醋、盐各1盏，烧酒2盏，柴2束。

5. 琉球支应册使的服务机构

为了提供给册使充分的服务，琉球还在天使馆旁分设供应册使的支应七司，每司有大夫1员、红帕3人、杂差等20人。支应七司名称和职能分别如下：

馆务司，掌馆中应行事务；

承应所，掌馆中修葺物件；

掌牲所，掌羊、豕、鸡、鸭支送等事；

供应所，掌酒、米、小菜支送等事；

理宴司，掌七宴事；

书简司，掌书帖往来等事；

评价司，掌评定物价等事。

七司之上，设总理司，又名长史所。该机构有紫金大夫1人、长史4人、笔者12人，其职能是总理七司大小事务以及上下文移等事宜。

6. 谕祭先王

册封使远涉重洋，沿途劳累，在经过20多天的休整后，在七月二十七日的先王庙中举行谕祭先王的礼仪。

先王庙在真和志安里村。庙前，松冈数重。左右溪涧环绕经过安里桥下，流入大海。涨潮时，海水又回流安里桥下。先王庙外观古朴浑实，墙用石头筑成。天使馆到先王庙之间相距大约有2里。

在行谕祭礼的前一天，即七月二十六日，琉球国的长史等官洒扫寝庙中堂，以便迎请龙亭。事先摆设香案于庙中，布置2人负责司香；摆设开读台于滴水西首，并设开读位，东南向。设立先王神位于露台东首，西向；设世子俯伏位于先王神主位之下，北向；设世子拜位于露台中，北向。众官拜位设在世子后，左右列。设奏乐位于众官拜位之下，也为北向。

谕祭日当天黎明，法司官率领众官、金鼓仪仗齐集天使馆前。天使馆大门打开后，琉球官员首先参见册使，后把后堂中停放的龙亭请入公馆中堂。捧轴官手捧谕祭文将其安放在龙亭内。随后音乐响起，引礼通官唱嗒"排班"，各官向龙亭行三跪九叩礼。礼毕，在琉球官员的导引下，册使前往先王庙前的安里桥。

琉球世子身着素衣角带，率领琉球众官跪在桥头道左。龙亭到达后暂停此处，世子、众官起身，正、副册使走到龙亭左右处分别站立。此时引礼通官唱"排班"，世子率领众官行三跪九叩头礼。礼毕，世子先行前往先王庙门外。

世子由庙的东角门进入，站立在先王神主一侧。龙亭由庙的中门被抬至庙内中堂，册使跟在龙亭后面入庙，分左右站立。宣读官、展轴官由西角门人，至开读台下，东向立。司香者举香案放在龙亭前面并添香。世子走上露台，率领众官向龙亭行三跪九叩头礼后，站在先王神位下。此时捧轴官由庙东边门进，册使把谕祭文授予捧轴官，捧轴官由中门走出，登上开读台；宣读官、展轴官跟着上台。捧轴官立案右，展轴官立案左，两位官员把谕祭文从两个方向展开。宣读官就开读位，世子率领众官俯伏于先王神位下，面向西北。此时，引礼通官唱"主祭官就位"，册使前往先王神位前上香、献爵。引礼官唱"开读"，宣读官开读。读毕，引礼官唱"焚帛"，世子平身，至焚帛所，捧轴官手捧誊录的谕祭文焚烧。焚毕，捧轴官捧谕祭文由正中门入堂，重新放入龙亭内。琉球世子率领众官返回露台，再向龙亭行三跪九叩礼谢恩。册使前往先王神位前，行一跪三叩头礼，世子则率领众官俯伏于先王位旁侧。册使行礼完毕后，退班。世子手捧先王神主从庙的东边门进庙，把神主牌位安置于东偏神座。随后世子谢册使，行一跪三叩头礼；册使答拜。世子出庙，更换衣服。册使同样更换服装。

世子到达前堂后，册使在东，世子在西，相互四拜。拜毕，册使坐下，其中正使东首坐，副使西首坐，二人都面向南。世子则坐在西首，面向东北。坐定后，宴席开始。世子首先亲自向册使献茶、酒，册使辞不敢当，后由紫金大夫代替世子向册使献茶、酒。作为回礼，册使也向世子敬茶、酒，世子同样推辞，最后由引礼通官代册使向世子敬茶、敬酒。宴席结束后，册使坐轿到滴水台前，世子走下台阶与册使作揖告别，众官则出门跪送。

当日，世子还要派遣官员前往使馆道谢。册使第二天派遣随员到王城答谢。

以下是乾隆二十一年（1656年）谕祭琉球故王尚敬文：

维乾隆二十一年（岁次丙子）七月丁卯朔，越二十有七日癸巳，皇帝遣翰林院侍讲全魁、詹事府右春坊右中允周煌谕祭于故琉球国中山王尚敬之灵曰：朕惟恩昭柔远，眷藩服于东瀛；典着饬终，焕纶袤于北阙：奕世之效忠既笃，中朝之赐恤弥殷。尔琉球国中山王尚敬继绪球阳，作屏华峤。纳赆琛乎万里，日求厥章；奉珪瑞者三十年，予嘉乃德。方期保艾，膺带砺以延休。何意奄徂，感春秋之屡易。兹以覃恩于嗣服，益深追轸于重泉。式荐苾芬，用昭优渥。呜呼！衍嘉声于世土，业永河山；贲显宠于天朝，光增窀穸。歆兹奠醊，庶克钦承。

7. 册封

谕祭礼举行后的20多天，八月二十一日在琉球王城首里的中山王府举行册封礼。册封使参酌汪楫、徐葆光上次册封琉球国王的礼仪，对册封国王的仪注进行了更定。

册封的前一日，琉球相关机构在天使馆张幄结彩，并预备了3座龙亭、2座彩亭。册使经过的街道也都结彩。在国王的殿庭中间，建造板阁一楹为阙庭，中间设有殿陛，殿陛左右设有层阶。在阙庭中摆设5张御案，中间御案放置"使节"，左边御案放置诏敕，右边御案放置敕印，最左边的御案放置赏赐给国王的丝织品，最右边的御案放置赏赐给王妃的丝织品。在阙庭前面设置香案，安排司香2人站立香案左右。在香案前设置世子受赐位。宣读台设在大殿的滴水左面。世子拜位设在露台正中。众官拜位处设于世子的拜位后面，左右层列。世子左右站立引礼官2员，众官左右站立赞礼官2员。王殿左右两边陈列仪仗，奏乐位设于众官拜位之下。

册封日黎明，法司官、众官身着吉服等候在天使馆外，金鼓、仪仗准备就绪。册使开门后，法司官参见册使，迎请龙亭放置在公馆中堂。正使捧节，副使捧诏敕，捧印官捧印，分别放置在龙亭中；捧币官①则捧缎匹放置在左右两边的彩亭中。接着奏乐、排班，众官行三跪九叩头礼后，起身走出天使馆，册使跟随其后，一起前往王宫。琉球世子已经率领众官在守礼坊外伏迎册使。龙亭到达后先暂停于此。世子、众官起身，正、副册使走向前分别站立在龙亭左右。引礼官唱"排班"，世子率众官行三跪九叩头礼接诏。礼毕，世子作为前导，进入宫门，站立殿下。龙亭随后进至奉神门，执事者脱节衣，把节授予正使，把诏、敕授予副使，把封印授予捧印官，捧币官分别捧缎匹跟随在后，到阙庭正中时，把这些物品安置在御案之上。正副册使分别站立左右，捧诏官、捧敕官站立在殿陛之下，宣读官站立在开读台下。司香者举香案于御案前添香。音乐响起，引礼官引领世子由东阶升台，众官各就拜位。世子到达香案前，乐止。引礼官唱"跪"，世子、众官在各自的拜位下跪。引礼官唱"上香"，御案右边的司香者捧香跪进于世子之左，世子三上香后起身，奏乐。引礼官引世子出露台，就拜位，率众官行三跪九叩头拜诏。礼毕，平身，乐止。副使走上前，站在正中。捧诏官、捧敕官由东阶升台，奏乐。副使把诏书授予捧诏官、把敕谕授予捧敕官，2人高举诏、敕走下殿陛，与宣读官一起走上宣读台，把诏、敕一同安置在案上。引礼官唱"跪"，世子、众官皆跪。引礼官唱"开读"，乐止。捧诏官、捧敕官把诏、敕分别从两个方向拉开对展。宣读官读毕，引礼官唱"平身"，世子、众官皆平身，奏乐。捧诏官、捧敕官各捧诏敕升上殿陛交回

---

① 捧币官是指专门携带皇帝赐给国王、王妃绸缎的官员。这里的"币"并非"货币"之意，而是"币"的本意"丝织品"之意。

副使，副使仍把诏敕安置在御案之上；捧诏敕官从东阶下。国王率领众官行三跪九叩头谢封。礼毕，平身，乐止。册使再宣皇帝谕旨："皇帝钦使赏赐国王和王妃缎币。"引礼官引国王由东阶升，法司官随行；到受赐位后跪下，奏乐。正使取国王缎匹，副使取王妃缎匹，传授给国王。国王高举赐物，法司官跪着接过后，再传到御案上安放。随后，国王平身。引礼官引国王到原位，率领众官行三跪九叩头谢赐。礼毕，平身，乐止。册使宣谕："清字篆文告成，另铸新式王印。皇帝钦使赐国王领受。"引礼官引国王由东阶升，法司官随行。到了受赐位后下跪，奏乐。册使把王印亲自授给国王，国王高举王印，法司官跪接，传到案上安置。国王平身。引礼官引国王到拜位，率领众官行三跪九叩头谢赐印。礼毕，平身，乐止。引礼官引国王由东阶升殿陛，到香案前跪下，请留诏敕作为传国之宝。法司官捧前代颁发诏敕，呈交册使检验；册使验明后，允许国王所请。副使捧诏敕亲授国王，国王平身，仍将诏敕安置在御案上。法司官捧旧王印给国王，国王跪着缴还册使，册使将旧印仍放置在御案上，奏乐。引礼官引国王回到拜位，率领众官行三跪九叩头谢恩。礼毕，平身。正使取节，执事者加节衣，仍然放置在御案之上。诏书、敕谕、王印、缎币等，由法司官等捧入内殿。安放"使节"、旧印的御案，继续设在阙庭中，分别派官员敬谨守护。国王请册使上殿阁瞻拜皇帝赐给国王的御书牌匾，册使前往。

　　行礼完毕，国王请册使更衣，一同前往北宫。奏乐，互相四拜。礼毕，安排座位坐下，献茶，礼仪就如在谕祭礼时一样。宴席结束后，国王作为前导，引领册使到阙庭中的御案前，正使捧节、副使捧旧王印，将它们放置在龙亭内。册使出奉神门，与国王作揖告别，各自乘舆。国王则又率众官先行，到欢会门外等候。龙亭经过时，国王以下官员均跪送。册使经过时，册使出舆，再次与国王作揖告别，众官则跪送册使。

　　该日，国王派遣官员到天使馆谢恩，册使在第二天派遣官员前往王城答谢。以下是乾隆二十年（1755年）册封琉球王世子尚穆的诏书：

　　奉天承运皇帝诏曰：朕恭膺天眷，统御万方；声教诞敷，遐迩率俾。粤在荒服，悉溥仁恩；奕叶承祧，并加宠锡。尔琉球国地居炎徼，远隔重洋。世列藩封，屡膺朝命；代修职贡，恭顺弥昭。兹以中山王世子尚穆序当缵服，奏请嗣封。朕惟世继为家国之常经，爵命乃朝廷之巨典。特遣正使翰林院侍讲全魁、副使翰林院编修周煌，赍诏往封为琉球国中山王。尔国臣僚以暨士庶，尚其辅乃王慎修德政，益励悃忱；翼戴天家，庆延宗祀。实惟尔海邦无疆之休。故兹诏示，咸使闻知。

乾隆二十年十二月□□日

以下是乾隆二十年（1755年）颁给琉球王世子尚穆的敕谕：

皇帝敕谕琉球国中山王世子尚穆：惟尔远处海隅，虔修职贡；属在家嗣，序应承祧。恪遵典制，奉表请封。朕念尔世守藩服，恭顺可嘉。特遣正使翰林院侍讲全魁、副使翰林院编修周煌，赍敕封尔为琉球国中山王，并赐尔及妃文币等物。尔其祗承宠眷，克懋先猷；和辑臣民，增修德政。永延宗社之嘉庥，长作天家之屏翰。钦哉！毋替朕命。故谕。

颁赐国王：蟒缎二匹、青彩缎三匹、蓝彩缎三匹、蓝素缎三匹、闪缎二匹、衣素缎二匹、绵三匹、纱四匹、罗四匹、绸四匹。

颁赐王妃：妆缎一匹、青彩缎二匹、蓝彩缎二匹、蓝素缎二匹、闪缎一匹、衣素缎二匹、绵二匹、纱四匹、罗四匹。

乾隆二十年十二月□□日

8. 谢册使

琉球国王在册封大典举行后，选择八月二十四日率百官在王府庭中向北行谢恩之礼。

八月二十六日，国王亲自到天使馆拜谢。这天，鼓吹、仪仗，照例全备。国王先到更衣处，派遣长史一员通知册使；国王的坐轿到达使馆头门，巡捕官跪请不必下轿，直接进入。到达仪门时，国王提出下轿步行，巡捕官再次跪请不必下轿。国王坐轿一直到达滴水前下轿，册使走向前迎接国王，作揖。进入大堂内后，国王和使者相互交拜，一跪三叩首。礼毕，册使请国王更衣，揖让登席，宴席礼仪如前。宴席结束，国王告辞返回，作一揖；册使送国王到达滴水处，也向国王作一揖。国王上轿时，向册使作一揖，册使也回一揖。国王的轿子来到仪门时，巡捕官跪送出门。

9. 宴会

册使到达琉球后，琉球国除了在天使馆内殷勤招待册使外，还要举办各种宴会欢迎册使的到来。一般而言，这种宴会有7次。宴会名称不同册使记载不同。清代首位册封使张学礼曾记载，按照旧例，招待册使有七宴："迎风宴、事竣宴、中秋宴、重阳宴、冬至宴、饯别宴、登舟宴。"另一册封使徐葆光则记载有"谕祭，第一宴；册封，第二宴；中秋，第三宴；重阳，第四宴；饯别，第五宴；拜辞，第六宴；望舟，第七宴"。而本次招待册使的七宴名称，与徐葆光记载的相同。

第一宴为谕祭宴。由于属于祭奠场合，宴会时不奏乐、不簪花。册使与世子表情严肃，双方在堂上各有1席。册使的武员在左庑有1席，由琉球的国相陪同；册使的从客在右庑有1席，由琉球紫金大夫陪同。其他人员则分坐两厢及堂左、右，由长史或正议大夫、中议大夫陪同。

第二宴为册封宴。册使在王殿右厢正中设席，武员在左间设席，都面向南。从客在王殿左厢设席，面北。其他人员设席于奉神门左右房和广福门内。该日，奏乐、簪花。

第三宴为中秋宴。在王府庭中，于右厢滴水前造戏台一所，四周挂有帷幕。册使及随封员役都座位如前，只有从客座位移到王殿右序向西，以便观看琉球剧目。演员阵容中，包含乐工10余人，俱着红帕。伶童数十人，身穿彩衣，脚穿红绫袜子，都是戚臣子弟中相貌俊秀者。

表演开始，一老人状的演员首先登场演唱神歌，歌罢退下。随后登场的小童在音乐伴奏下合唱"太平歌"，歌词有些离奇难解。接着，台上出现黄发老人，百拜稽首后发表贺词："恭颂皇上恩德如天，国王江山万代，中外升平，共享福祉。今当中秋佳节，天使遥临，是神人共喜之日。"随后出场的是各种舞蹈表演，有笠舞、花索舞、花篮舞、竹拍舞、武舞、狮球舞、杆舞。舞蹈过后，再表演杂剧，内容都是琉球本国故事。

凡是舞剧，都用提琴、三弦、短笛、小锣鼓伴奏。小童只演科白，唱则乐工。黄昏时分，撤戏台帷幕，庭中设烟火数架。其间又有数人骑着纸马，纸马的头尾烟爆齐发，奔走戏乐。

中秋宴结束后，册使出城，途中火炬夹道，送册使返回使馆。册使对中秋宴上的琉球歌曲、歌词，认为大都低俗浅陋，难登大雅，因此在其"使录"中没有采录。

第四宴是重阳宴。这天，事先设座位于龙潭北面，以便观看竞渡。竞渡表演时，有红色、白色、黑色3只龙舟，船上人员的衣饰、桨帜，都如各船颜色。龙舟分别为久米、那霸、泊村3村置办。舟中执楫者，都是首里城的贵戚子弟唱习者。龙舟竞渡时，金鼓震荡，歌声应节，其歌词云：

> 三龙舟，池中游，
> 彩童歌唱报重恩，凤凰台上凤凰游。
> 天朝仁，如海深，
> 球国歌唱报重恩，"忠敬"两字万世心。
> 一朝表奏九重天，双凤衔书渡碧渊；

> 风送玉音知帝德，云卷旌旗五色悬。
> 炎海藐然隔远洲，南屏北座枕中流；
> 福星临照双呈彩，草木含晖露下稠。
> 气吞云梦压飞尘，恭承圣泽宠赉新；
> 自惭海岳恩难报，"忠诚"两字长书绅。
> 天池挺出双瑞莲，炎帝赠君荷盖钱；
> 金尊未尽莫辞醉，又看秋鸿蹴水仙。
> 太乙星移下泰阶，长安日丽拥三台；
> 归帆自有风神佑，万里长途一瞬哉。
> 锦舸言旋入帝京，车书万里庆升平；
> 大清日月当天照，常有余光到海城。

龙舟竞渡表演完毕，于王府开设宴席，招待册使。座次、演戏，与中秋宴相同。不过没有烟火表演。

第五宴为饯别宴。座次、演戏如前。

第六宴为拜辞宴。座次、演戏如前。宴会结束后，国王作揖送别。

第七宴为望舟宴。国王至天使馆设宴，礼仪如前。当面致送金扇，一握为别。

10. 辞行返国

十月二十六日，册使在宴礼完毕后，恭奉节、印（缴送的旧王印）登舟候风。琉球国王尚穆亲率陪臣以下前往迎恩亭恭送，跪请圣安，礼仪如前。国王派遣法司王舅、紫金大夫等赍表谢恩，与贡物一起登上琉球自备的常年贡船一号，跟随封舟一起出发。

十一月初七日，东风微起，封舟同谢恩、进贡两舟乘潮出港。中午遇飓风，只得返回港中。潮落风狂，船只几乎触礁。

十一月二十日，中山王遣陪臣敦请册使登岸进馆，等候来年春天再出洋。册使只好奉节、印登岸，再入天使馆居住。

十二月十二日，二号船到达。册使命令将原船修补，定于乾隆二十二年（1757年）正月二十八日登舟。

正月三十日卯时，东北风，册使率三舟一同开洋；航向乙卯针，行三更远的距离。午时，至马齿山安护浦，下碇。

二月初一日，西南风；初二日未刻，转西风。

初三日，北风甚壮。

初四日寅时，单癸风，用午针出港。已刻，转丑风，单辛针行三更；午时，过姑米山，单申针行五更。

初五日早，乙辰风，单辛针行五更；夜，辰巽风，单辛针行六更，过沟、祭海。

初六日，单艮风，辛针六更；转辰巽风，单辛针四更。

初七日，风同，辛针三更；申刻，大雾，不见山，寄碇。

初八、初九日，俱大雾，西南风。

初十日早，白虹见，雾暂开，见台州石盘山。午，复大雾，白虹再见，转午风；戌时，东北风，起碇，方向使用未针，看见温州南杞山。亥时，雷电、风雨交作；船倾斜，急落帆叶，只用半篷。

十一日，东北风，单辛针七更；晚，至罗湖，下碇。

十二日，风同，用申针，收入定海所，下碇。

十三日巳刻，进五虎门。午时，至亭头；二号船已于初六日先至。册使至怡山院，再行谕祭海神礼。进贡船同日至，谢恩船是日至定海。

十六日，入城。

十三日返回时谕祭海神文如下：

维乾隆二十二年（岁次丁丑）二月癸亥朔，越十三日乙亥，皇帝遣册封琉球国正使翰林院侍讲全魁、副使詹事府右春坊右中允周煌致祭于海神曰：惟神诞昭灵，贶阴翊昌，图引使节以遐征，越洪波而利济。殊邦往复，成事无愆；克畅国威，实惟神佑。聿申昭报，重荐苾芬；神其鉴歆，永有光烈。谨告。

11. 琉球派使谢恩

册封礼完毕之后，琉球国王须派使节携带谢恩表文和贡物前往天朝谢恩。

琉球国王遣王舅法司官马宣哲、紫金大夫郑秉哲入贡，奉表恭谢天恩，贡物如下：

金鹤 2（鹤踏银岩座全）、盔甲 1 副（护手、护臁全）、金靶鞘腰刀 2、银靶鞘腰刀 2、黑漆靶鞘镀金铜结束腰刀 20、黑漆靶鞘镀金铜结束枪 10、黑漆靶鞘镀金铜结束衮刀 10、黑漆洒金马鞍 1（辔、镫全）、金彩画围屏 4、扇 500、土棉 200、练蕉布 200、纹蕉布 100、土苎布 100、白刚锡 500 斤、红铜 500 斤。

以下是中山王谢恩表：

琉球国中山王臣尚穆诚欢诚忭、稽首顿首，谨奉表上言：伏以帝泽旁流，九边尽播史臣之册；皇仁广被，四海悉归王会之图。恩沛九重之膏，湛露时降；

瑞兆五云之彩，醴泉常生。欢溢臣民，庆腾宇宙。钦惟皇帝陛下，虑周万物，治冠百王。乃圣乃神，焕规模于典礼；允文允武，隆体统于海陬。臣穆嗣守藩封，代供贡职。拜荷凤诏褒封之典，社稷生辉；仰沐龙墀锡予之章，蜗居增色。对天使而九叩，望象阙以三呼。拜命增虔，抚躬益励。谨遣陪臣马宣哲、郑秉哲等赍捧表章，恭陈帝座。伏愿德合坤乾，恩同川岳。感覆冒者万国，莫不尊亲；沾雨露者四方，尽皆顶祝。将见文麟献瑞，调玉烛以无疆；彩凤来仪，巩金瓯于有永矣。臣穆无任瞻天仰圣，踊跃欢忭之至。谨奉表称谢以闻。

乾隆二十一年十月十二日，琉球国中山王臣尚穆谨上表。

奉朱批："览王奏谢，知道了。该部知道。"

以下是琉球国王"谢恩兼陈封舟情形疏"：

琉球国中山王臣尚穆谨奏：为恭谢天恩兼陈封舟情形，仰祈睿鉴事。臣穆弹丸小国，僻处海隅。荷沐皇上鸿慈，允臣嗣封。乾隆二十一年，钦差正使翰林院侍讲全魁、副使翰林院侍讲周煌等持节赍捧诏、敕、币帛、钦颁新印，于本年七月初八日按临臣国。臣穆即率百官臣庶，于迎恩亭恭请皇上圣躬万安，奉诏、敕安于天使馆。择吉于七月二十七日，先蒙谕祭臣父王臣尚敬；随于八月二十七日，荷蒙宣读诏、敕，封臣穆为中山王，钦赐臣并妃蟒缎、彩缎等物。臣穆率领百官拜舞叩头谢恩外，随请于天使恩留诏、敕为传国之宝；蒙天使查验前封卷轴，依听许留，付臣一并珍藏。复蒙颁赐清篆镀金银印一颗，臣穆恭设香案，拜受讫。其顺治十一年所领镀金银印一颗，臣谨亲交天使代送缴销。窃惟圣朝加意抚柔，有同覆载。臣穆忝膺宠命，曷胜感激。惟是臣夙夜歉仄、不能自安者，六月十七日据姑米地方报称册封头号宝船于十四日因风不顺，暂在姑米港口抛下碇索候风，臣随即连遣官问候天使起居。讵意二十四日夜风暴大作，碇索已断，封舟触礁致坏。幸赖皇上之洪福，圣朝之麻恩，天使亲奉诏、敕登岸，随封二百余人皆获安全。臣得报之下，恐惧靡宁。星夜趱备海船，差法司官马宣哲等迎接。七月初八日，转到那霸，得见天使，询无恙，大喜且惊。但护封二号船被风飘回，十二月十二日已抵臣国，始知洋面遭飓经危之事。臣心惴惴，既乃安然。为此特遣陪臣法司王舅马宣哲、紫金大夫郑秉哲、使者向廷瑛、都通事毛如苞、通事郑鸿勋、金宿等赍捧表章、土仪，赴京叩谢天恩。仰冀睿慈俯鉴下悃，臣穆无任激切屏营之至。谨上奏以闻。

乾隆二十一年十二月二十四日，琉球国中山王臣尚穆谨奏。

奉朱批："览王奏谢，具见悃忱；知道了。其进贡方物，念中国加惠外藩，不欲频繁贡献；但航海远来，又不便令其携带回国。着将所进方物，留作下次正贡。该部知道。"

以下是琉球国王"请存旧礼以劳使臣疏":

琉球国中山王臣尚穆谨奏:为颁封事竣,恳存旧礼以劳使臣事。乾隆二十一年,蒙钦差正使翰林院侍讲全魁、副使翰林院侍讲周煌等持节恭奉诏、敕、币帛、篆印,于本年七月初八日按临臣国。二十七日,先蒙谕祭臣父王臣尚敬,续于八月二十一日,荷蒙宣读诏、敕,封臣穆为中山王,钦赐臣并妃蟒缎、彩缎等物。此诚皇上天高地厚之殊恩,而臣穆永代之荣光也。窃惟天使入国以来,抚绥海邦臣民,无不感仰。惟臣穆所深愧者,臣国边海无以将敬,故于宴款之际,代物以金。虽自知乎菲薄,实是缘以为例。乃辱使臣屡辞,往还再三,固却不受。在使臣冰兢自矢,允矣有耻,不辱为天朝使节之光矣。但念使臣间关劳瘁,远涉风涛,实为臣穆之故。藉物表敬,礼不将仪,心已难安。况重以姑米之险,行李损失,辛苦倍常,尤臣所悚惕靡宁者也。臣于临行时,复将屡宴前金特差法司、大夫、长史等官专送恳受,使臣仍复送还。清白之操,可谓始终无间。独是微臣酬德报功,莫展万一。殊惭旧礼有阙,寸志莫伸。谨将送还屡次宴金二封,共计一百九十二两,具本附遣陪臣法司王舅马宣哲、紫金大夫郑秉哲等赍进。恳乞钦赐使臣收受,臣穆不胜惶恐激切之至。谨上奏以闻。

乾隆二十一年十月十二日,琉球国中山王臣尚穆谨奏。

奉朱批:"览王奏,知道了。使臣奉命册封,自应仰体朕意,不欲滋扰外藩。所送宴金,不必收受;着仍令该国使臣带回。该部知道。"

此次册封琉球国王,往、返渡海均不顺利。大多数海程都恶浪滔天。在前往册封的海途中,二号封舟甚至被漂回,并有溺死的人员。到琉球后,随行册封使的中国兵丁竟然因此向琉球国王勒索银两。此事被披露后,返回中国的册封正副使全魁、周煌都受到清廷处分。

二、册封越南国王阮福映

越南(安南)是清廷派遣册使前往册封、谕祭的另外一个朝贡国家。下面主要依照越南史料《大南实录》的记载,将清廷册封阮福映为越南国王的过程叙述于下。

1. 阮朝请封

阮福映占领河内后,基本统一安南全境。为取得政权的合法性以稳固地位,重新与中国建立朝贡关系被提上议事日程。嘉隆元年(嘉庆七年,1802年)十一月，命黎光定为正使，黎正路、阮嘉吉为副使，赍表文方物前往北京请封，并且请改国号为南越。请封使与此前往广东递送消息的使节郑怀德在广西会齐后，一同前往北京。

2. 清廷遣使

清朝在受到阮朝递送的请封和更改国号的表文后，认为"南越"名称与现今东、西粤和中国历史上赵佗的南越国字面意思相近，因而更"南越"为"越南"："至所请以'南越'名国之处。该国先有越裳旧地，后有安南全壤。天朝褒赐国封，著用'越南'二字。以'越'字冠于上，仍其先世疆域；以'南'字列于下，表其新锡藩封，且在百越之南，与古所称'南越'不致混淆。称名既正，字义亦属吉祥，可永承天朝恩泽。"① 阮朝方面，对中国的更名表示满意："定以'越'字冠于上，示我国承旧服而克继前徽。以'南'字冠于下，表我国拓南交而新膺眷命。名称正大，字义吉祥，且与内地两粤旧称迥然有别。"② 国号确定后，清廷选派广西按察使齐布森赍诰、敕、国印以及赏赐国王的彩缎、器皿等物前往宣封。

3. 阮朝建立册封国王的宫殿以及修建驿站、公馆

丁、李、陈、黎安南诸朝，均设都于升龙（河内）。中国历代册封安南国王的仪式也在升龙举行。从镇南关到河内，约560里。西山朝时，阮文惠以升龙城"王气已销"，曾要求清朝册封使节成林前往其新定国都富春（顺化）举行宣封礼，此提议遭清廷拒绝。成林册封西山政权的礼仪依然在升龙（阮文惠改名北城）举行。阮朝新建后，也建都富春。阮福映以国家甫创，为节省费用，曾计划在边界处的凉山关上接待册封使并施行宣封国王礼。但这一设想在越南宫廷内部讨论时就被否决。阮福映最后决定清朝册封礼仍然依照传统在北城举行。阮福映事先从京城富春赶到了北城。③

阮福映以册封事体重大，命令重修凉山的养德台；修建河津接使堂；在河内扩建殿宇：在原敬天殿前五门之内增设勤政殿，门外连构长棚，前设朱雀门；在册封使所经路途，从凉山至珥河（红河），共置驿站公馆七处：枚坡、仁里、和乐、芹营、美梂、梂榢、嘉橘。

---

① 《清仁宗实录》卷一百十一，嘉庆八年四月庚午条。
② 《大南实录》正编第一纪，卷二十三，庆应义塾大学语学研究所，昭和36-56年。
③ 道光二十九年（1849年），越南请求册封使改往京城富春进行册封礼，清廷允其所请。是年，劳崇光一改以往在升龙行册封礼之传统，而直接前往富春行册封礼，这是中国首次在升龙以外的地点对越南国王进行册封。越南方面认为这一改变"于国体有光"。这一次也是清廷最后一次册封越南。

对于越南的这类公馆内部设施，道光二十二年（1842年）另外一位册封使宝清在其《奉使越南国封祭祀略》中为我们作了如下描述："公馆中设床帐铺盖、茶食器皿、庖厨，中有暖阁、安龙亭、香阁于其中。各楹均有对联，皆作颂扬语。如北和宾馆暖阁楹联云：'文献旧邦，信睦一遵王度；册封新宠，绥怀叠荷天恩'。盖此种公馆为越南特设，以供沿途食宿者。"①

嘉庆九年（1804年），册封阮福映的清廷使节齐布森到达越南国境。阮福映命张进宝、邓陈常、阮文礼充任"关上候命使"前往迎接，并派兵丁3500人、象30头跟随；命陈光泰、范如登、黎曰义等充任"京北界首候接使"，并派兵丁1000人；命潘进黄、阮登佑充任嘉橘公馆候接使。此外，嘉橘公馆之外的其他六处公馆也分别遴选人员前往接待。

越南方面在册封使节沿途中举办招待酒席。酒席供应种类，除海味、鸡、鸭、肉之外，还有瓜果糖食一席，共约千百余色。这些菜品多染以五色，剪彩为花，覆于杯盘上。肴馔内多杂以桂屑，色味不同，大多可看而不可食。因此被中国方面的册使戏称为供奉神灵的"供食"。

使者至越，不但受国王及地方官之崇敬，而且一般民众、商贾亦燃放爆竹，焚香，膜拜道旁，在家则设香于门外。男女观瞻者数以万计，就如明朝林弼之诗云"士女添街拨不开，共看天使日边来"。此种观看天使的情形，在明初就已开始。

4. 宣封

齐布森到达河内后不久，便开始施行宣封国王的礼仪。

宣封当日清晨，越南方面在从敬天殿庭一直到朱雀门之间设立大驾卤簿。从朱雀门外到珥河之间，排列兵象仪卫。亲信大臣尊室暲被派前往嘉橘公馆接引使节，而潘文赵、阮文谦、阮廷德等官员前往河津接使堂迎接。

国王阮福映事先前往朱雀门伫立等候。

阮朝的王亲百官护侍册封使齐布森到达敬天殿，执行宣封礼。其间，掌前军阮文诚充任受敕使，掌神武军范文仁充任受印使。

宣封礼完成后，册封使前往勤政殿接受茶饮招待，之后返回嘉橘公馆。

在嘉橘公馆，越南方面设宴招待册封使并赠送物品于使者。齐布森除了接受纨、绢、布、犀角、琦楠等礼物外，其余均拒绝。册封使将清朝所赐物品进贺给国王。越南国王也只接受了其中的一部分。

关于这次宣封礼仪的具体仪注，《大南实录》语焉不详。实际上，越南方面

---

① 张秀民：《安南书目提要九种》，《中国东南亚研究会通讯》1995年第2-3期。

史料对其国王行跪拜礼、跪听诰命这些礼仪都避而不谈。我们只得采用册封其他国王时的中方册使记载的仪注作为参照：

周灿于康熙二十一年（1682年）奉使安南。在其《使交纪事附使交吟》一书中，记载的册封仪注如下：

……维禛已跪下叩头，众夷官乃不敢复言。……久之，始复位，跪听宣读诰命曰："……尔安南国王嗣黎维禛，地宅南交，心悬北阙……特遣翰林院侍读加三级明图、编修孙卓，封尔为安南国王。尔其恪守藩封，长为屏翰，虔共匪懈，庶无敢乎前修，忠孝相承，永绵夫世泽，钦哉。毋替朕命。"宣读毕，正使明图乃将诰命、印、御笔，一一捧授，维禛跪受。①

宝清在道光二十二年（1842年）册封阮福暶。在其《越南纪略》记载了册封仪注如下：

宣封时，王嗣戴盘龙饰金王帽，穿红缎绣金龙袍，围玉带，登皂靴，执玉圭，跪隆天殿中行礼。礼毕，使者宣敕书，谨读诰命，敬捧授于阮王。阮王跪授予亲臣，又行谢恩礼。②

5. 送别册使

册封礼仪完毕后，册使齐布森辞归。越南国王命亲贵大臣尊室暲送使者一站路程。此后再由候命官按站接替护送册使出关。

6. 谢恩使节的派出

越南国王阮福映在接受册封之后不久，便任命黎伯品为正使，陈明义、阮登第2人为副使，赍表文、方物前往北京谢恩致谢。其中方物包括黄金200两，白银1000两，绢、纨各100匹，犀角2座，象牙、肉桂各100斤。

7. 谕祭先王

清廷此次册封阮福映为越南国王，并不是因老王去世而进行的传位册封，而是册封开国之君，因而没有传统册封仪式中的谕祭礼。清廷在道光元年（1821年）、道光二十二年（1842年）、道光二十九年（1849年）对阮福映之后的3位继任国王的册封仪式，都顺带进行谕祭礼仪式。

谕祭仪式以道光二十二年（1842年）为例：

宪祖绍治二年三月，清朝使者宝青谕祭明命帝。丁丑行谕祭礼于视朝殿。

---

① 张秀民：《安南书目九种提要》，《中国东南亚研究会通讯》1995年第2-3期。
② 张秀民：《安南书目九种提要》，《中国东南亚研究会通讯》1995年第2-3期。

清使宝青先以祭帛五十匹、祭品代银百两恭递。复命有司增备礼品。帝御礼服先诣神御前袛告。及清使至，命定远公昞延庆公晋捧酒，东阁大学士武春捧谕，尚书阮忠懋、潘伯达捧香，总督阮登楷、统制尊室闰、参知李文馥、黎伯秀、裴贵、侍郎阮泽捧帛。礼成，宝青拱手叩头而退。帝亦额手答之。①

对于这次的谕祭礼仪，宝清的《越南纪略》也作了记载。谕祭时，祭设勤政殿，阮王与百官均素服，时值大雨，百官皆冒雨跪泥淖中行礼。

8. 越南册封礼仪的特点

对比册封越南与册封琉球国王的礼仪，可以发现它们之间有两处明显不同：

首先，两国册封礼与谕祭礼施行的先后顺序不同。齐布森册封阮福映为越南国王，由于阮福映是创建新朝的开国之君，而非父死子继的嗣君，因此无谕祭礼。阮福映之后，道光元年（1821年）、二十二年（1842年）、二十九年（1849年）清朝派遣使节册封的越南国王，都是嗣君，因而都有祭奠先王的谕祭礼。在越南，是先行册封礼，后进行谕祭礼。在琉球，则次序与之相反。此外，琉球的谕祭礼隆重，清朝使者是主角，而越南的谕祭礼简单，清朝使者仅仅是配角而已。

其次，清朝册封朝鲜、琉球两国国王，颁发诏书1道、敕谕1道。而册封越南则颁发诰命1道、敕谕1道。在册封礼上，朝鲜、琉球宣读诏书；而在越南（安南）则是宣读诰命。诏书与诰命在清朝的文书体裁中的地位是不一样的。一般来说前者的等级高于后者。清廷册封朝鲜王妃时使用的册封文书是诰命与敕谕各一道。当然清廷对暹罗等国的册封文书也与越南一样，使用诰、敕体裁。

从册封越南国王的文书体裁，可以窥见中国与朝鲜、琉球和越南3个朝贡国之间亲疏程度之细微差异。

三、册封朝鲜王妃洪氏

受清朝遣使敕封的另一国家朝鲜，声名文物冠绝中华以外的东方诸国。与中华关系，表贺有经，册封凤定。有清一代，清帝遣使册封朝鲜国王共11位、世子（孙）6位、王妃16位。朝鲜册使，皆以二三品官充选，使团由正、副使各一人，通官2至6人，从人、跟役若干，总数不超过30人。清代的阿克敦（谥号文勤）曾五使朝鲜，其《即事》诗云：

---

① 《大南实录》正编第三纪，卷十八，庆应义塾大学语学研究所，昭和36－56年。

> 宏济院中催晓发，慕华馆外驻征镳。
> 鹓班排立度瞻拜，五色天书下绛霄。
> 丽人武事自矜雄，短剑宽衣衬小弓。
> 驰骤凭他执鞭者，空传果下是朱蒙。
> 结彩高悬崇礼门，肩与云拥一城喧。
> 虎旗清道迎天使，引入藩宫礼更尊。
> 早设重茵便殿中，升阶就位列西东。
> 向臣频问天颜喜，心感中朝异数隆。①

清廷册封朝鲜国王的仪注，内容如下：

> 凡袭封朝鲜，即命正副使。使者将入境，国王遣陪臣祗候，恭迎诏敕龙亭，行三跪九叩礼；见正副使，行一跪三叩礼。至国日，奉诏敕及颁赐器币，安于使馆。行礼讫，其陪臣入谒使者，俱三叩，正副使受之。择日宣读诏敕。国王率陪臣至馆肃迎，奉诏敕于龙亭。行礼毕，国王乘舆马先回。诏敕龙亭及颁赐器币乃舆行，鼓乐、仪仗前导，正副使随行，由中门入。正副使从奉诏敕升殿，置正中黄案上。奉颁赐器币陈于旁案。国王就拜位，率陪臣行三跪九叩礼，兴，诣受诏敕位跪。使者乃宣诏敕，宣毕，奉置于案。国王俯伏，行三跪九叩礼，兴。正副使出，国王率属出送，乃返。如谕祭后再行册封礼，先行事于先王庙，设应祭之神位，于庙中之东西向奉安谕祭文于正中。正副使左右立，列所赐银绢于神位案上。世子率陪臣行三跪九叩礼毕，退立于神位案左，乃宣谕祭文。世子等皆俯伏。宣毕，兴，奉，诣焚帛所焚毕，世子就位，拜，率陪臣行礼。正副使乃退。次行册封礼于正殿，如前仪。世子既受封，始称王，告于庙，受群臣朝，亲诣使馆谢封，宴劳正副使。正副使事竣，即还朝复命。②

这一册封国王仪注，包含了两种类型：一为仅册封新王的礼仪，二为谕祭旧王加册封新王礼仪。

在清代册封朝鲜的各类活动中，花沙纳册封朝鲜王妃就是其中之一。

道光二十五年（1845年），清朝派遣花沙纳前往汉城册封王妃。花沙纳家兄曾与道光十五年（1835年）、十七年（1837年）两次出使朝鲜，前一次以副使前往致祭国王及世子，并封世孙李烉；后一次以正使身份册封其王妃金氏。而花沙纳册封的正是继其兄册封的金氏而后的洪氏："至是金氏卒，立妃洪氏，

---

① 龙顾山人：《十朝诗乘》卷八，朝鲜册使，福建人民出版社，2000年，第313页。
② 《〈同文汇考〉中朝史料》（三），吉林文史出版社，2005年，第90页。

余以户部右侍郎充正使又往册封焉。弟兄十年之内，三使朝鲜，亦佳话云。"①

花沙纳领衔的册封使团，从道光二十五年（1845年）正月下旬奉上谕，到该年五月下旬回京复命，这一过程花沙纳在其日记《东使纪程》中有详细记载，内容大致如下。

1. 朝鲜请封

道光二十四年（1844年），朝鲜王妃金氏卒，继室洪氏立为王妃，朝鲜请求清廷派使册封。

2. 清廷遣使

道光二十五年（1845年）正月二十一日，清廷下达选派花沙纳等为册封使臣的上谕："此次前往朝鲜敕封王妃，着派侍郎花沙纳为正使，副都统德顺为副使。钦此。"②

正月二十八日下达另外一条上谕，规定此次前往朝鲜的通官（译员）为1员："向来派往朝鲜使臣随带通官每至五六员之多，因思朝鲜职贡往来，语言熟悉，通官本可酌减，且恐该通官等至该国或有骚扰需索等事，非所以示体恤。此次册封朝鲜王妃之使臣，着随带通官一员。嗣后凡遇派往朝鲜使臣，俱照此办理，该部即纂入则例，永远遵行。钦此。"③

3. 使臣领取仪服、资护

三月初三，到礼部受节等。随行所带包括诰敕2通、节1柄、黄伞1柄、龙旗1对、御仗1对、钦差牌1对、肃静牌1对、回避牌1对。此外还携带勘合3张、路引2张、兵票3张、车票1张等。

赏赐朝鲜王妃的物品为：蟒缎2匹、妆缎2匹、锦缎2匹、倭缎2匹、闪缎2匹、帽缎2匹、素缎2匹、石青缎2匹、大缎3匹、彭缎3匹、纱4匹、绸4匹。

4. 路途

使团在三月初三出发。从朝阳门出，经通州、三河县、蓟州、玉田、丰润、永平、抚宁、临榆、山海关、锦州、广宁、沈阳、辽阳、凤凰城。行至边境城市凤凰城后，朝鲜遣官询问册封日期，先商定为四月十八日，后改为四月十七日。

四月初一日，使团渡过鸭绿江，入朝鲜境。朝鲜派遣官员来接，并递仪注

---

① 花沙纳：《东使纪程》，中华书局，2007年，第83页。
② 花沙纳：《东使纪程》，中华书局，2007年，第75页。
③ 花沙纳：《东使纪程》，中华书局，2007年，第75页。

三单。登岸后，乘马轿，鼓乐执事导引，龙亭缓行。入义州城。四月初三过西林、东林城。初四入定州城，鼓乐行礼如义州。"义州通引四人迎至江干，乘马前导。此处亦迎至五里程，二人执拂，二人执扇，乘马对引，他处惟伏迎道左，布随至馆。"初九至平壤。十七日至汉城，住入慕华馆。①

5. 册封

四月十七日，使臣穿蟒袍补服进入汉城。先经过迎恩门，朝鲜在牌楼设布棚迎敕。朝鲜国王在此行礼后先行返回王宫。恭放诰敕的龙亭随后在鼓乐伴奏和旗帜的导引下前行，正、副使在龙亭之后随行。行3里许，到达南门崇礼门，再入王宫的敦化门，过进善门，到达正中北门即仁政门停舆。仁政门内的仁政殿为迎敕的宫殿。龙亭抬至宫殿台阶之上，正副使者分别将诰、敕捧入。朝鲜国王来到仁政殿接受敕谕的位置，下跪行礼，使臣将敕谕授予宣敕官，宣敕官出殿站立宣读敕谕，国王率百官3次"山呼万岁"，伴奏的音乐也随之停止，册封礼仪完成。仪式虽为册封王妃，但是整个过程都由国王来代替受封。

使臣随后到殿东稍作休息，朝鲜以小宴款待。二刻之后，国王派遣官员请使臣回到大殿。大殿东西两侧设置3把交椅，国王欲行再拜礼，使臣3次辞受，国王才以揖礼相见。入座前，国王站立问皇帝、皇太后圣安，使臣随答；使臣回问太王太妃、王太妃安好，国王随答。入座后，国王又问诸王贝勒安好，再问使臣安好。国王对皇帝把使团译员减至1人的做法表示了感谢。上述国王与使臣的来往对话，虽均事先拟定，但合情得体。花沙纳对此感叹："往来传语，出言有章，虽属宿构，亦觉雅令得体，可知折冲樽俎非易事也。"

朝鲜接着相继设茶宴、小宴、大宴和七巡酒。其间，有舞童更番迭上。宴会大约持续两时之久。国王随后将使臣送出仁政门，与使臣一样乘坐肩舆，拱手向使臣告别。使臣返回下榻处南别宫。

朝鲜派遣副承旨向使臣请安，并派遣中使持束前来，送食物4大碗，内资寺宴1桌，花1枝，小宴1桌。

册封次日即四月十八日，朝鲜官员和国王相继来馆拜会。国王来时，正副

---

① 这里须对朝鲜的慕华馆的来历作一解释。朝鲜君臣为接待明代使臣，于1407年（太宗七年）模仿松都的迎宾馆，在汉城西大门外，建立迎恩门和慕华楼，并于南边挖了一座水池种植莲花。至1429年（世宗十一年），将规模加以扩大并改修。1430年（世宗十二年），改名为慕华馆。当迎接中国各类性质的使臣时，须王世子亲自在慕华馆恭迎，行再拜礼；当明廷使臣返国时，亦由百官立于慕华馆门外，行庄重之再拜礼。到清代，对于使臣，也以同样规格接待。中日战争发生后，朝鲜废止了慕华馆。1896年（建阳一年）独立协会成立，曾利用迎恩门的旧址，建立了独立门，在慕华馆的旧址，建立了独立馆。朝鲜的这种行为，象征意义不言自明。

使臣在二门内迎接国王,在大厅相见。相见礼就如昨日一样,使臣三让后,国王以揖礼相见。此后设茶宴、小宴、大宴,酒七巡后,国王返回。随后送宴桌、花枝等如昨天。

四月十九日,使臣仍住1日。朝鲜派遣官员问候不断。

清朝册封朝鲜王妃敕谕:

> 皇帝敕谕朝鲜国王李㷩。览王奏陈壶职久旷,念宗祀之重,承祖母妃、母妃之训,纳益丰府院君洪在龙女为继室,陈奏请封。朕以典礼攸关,特允所请,兹遣侍郎花沙纳为正使,副都统德顺为副使,赍捧诰命,封洪氏为国王妃,佐理内治,并赐彩币等物。惟王暨妃共懋肃雍,和瑟琴而衍庆;弥深忠敬,巩带砺以承庥。钦哉! 毋替朕令,特谕。①

清朝册封朝鲜王妃诰命:

> 奉天承运,皇帝制曰:承庥篆服,固惟辟之仔肩;翼用匡猷,实贤媛之助。故芳徽懋着,职无忝于易家;斯纶綍遥,颁典特隆乎正内。尔朝鲜国王李㷩继妻洪氏,秀毓华宗,德娴嫔则。励苹蘩温情之节,肃穆为仪;秉鸡鸣惊儆戒之心,恪恭成性。念尔屏藩累世,罔懈忠贞;矧兹壶德勤修,宜膺宠命。兹特封尔为朝鲜国王妃,襄敬共于无怠,着柔顺于不违。庶增伉俪之光,永笃邦家之庆。钦哉! 毋替朕命。②

6. 辞别

四月二十日,国王在迎恩门恭送使臣。门内设布棚,又设茶宴,国王与使臣揖别,使臣踏上回程。直至五月初三前,使臣均在朝鲜境内行走。

五月初三日渡过鸭绿江,使臣与朝鲜伴送官依依惜别,"今日天阴人散,颇有黯然销魂之色"③。

7. 回国复命

五月初四起,册封使臣便进入了国内行程。"牡丹已过,芍药初肥,渐有家乡风味。"④ 使臣基本沿来路返回,一路迎送宴请不断。到五月二十六日,已回到京城。次日,皇上前往黑龙潭拈香,正副使臣在西北门跪安并递谢恩折。皇上召见使臣,询问往返道里以及朝鲜国王的衣冠服色、天时寒暖、馈赠仪物等,

---

① 花沙纳:《东使纪程》,中华书局,2007年,第114页。
② 花沙纳:《东使纪程》,中华书局,2007年,第114页。
③ 花沙纳:《东使纪程》,中华书局,2007年,第105页。
④ 花沙纳:《东使纪程》,中华书局,2007年,第106页。

使臣一一陈奏。至此，册封朝鲜王妃使命完成。

清代册封朝鲜国王人数见表5-1。

表5-1 清代册封朝鲜国王表

册封时间	朝鲜国王	册封使
崇德二年（1637）	李倧	英俄尔岱 马福塔 达云
顺治六年（1649）	李淏	户部启心郎布丹 侍卫撒尔岱
顺治十六年（1659）	李棩	大学士蒋赫德 礼部侍郎硕博会
康熙十四年（1675）	李焞	内大臣寿西特 侍卫桑厄恩克
康熙五十九年（1720）	李昀	散秩大臣查克亶 礼部右侍郎罗瞻
雍正三年（1725）	李昑	散秩大臣舒鲁 翰林院学士阿克敦
乾隆四十一年（1776）	李祘	散秩大臣万福 内阁学士嵩贵
嘉庆五年（1800）	李玜	署散秩大臣明俊 内阁学士纳清保
道光十五年（1835）	李奂	散秩大臣庆兴 内阁学士倭什纳
道光二十九年（1849）	李昇	兵部左侍郎瑞常 内阁学士和色本
同治三年（1864）	李熙	户部左侍郎皂保 正白旗汉军副都统文谦

第四节 清廷与安南的册封礼仪冲突

礼仪之争，不仅表现在不同文明之间，而且在同一文明之间，也有冲突。实际上，清代最早发生朝贡礼仪之争的，并不是中国与西方之间，而是同一儒家文明国家内部之间的争执。明清易代，安南坚守明代的五拜三叩礼，而清代则实行三跪九叩礼。这一礼仪争执在经历了康熙、雍正两朝之后，两国最终在乾隆朝时期，确立了以三跪九叩之礼作为安南君臣接受清帝诏书的礼仪。

一、三跪九叩礼与五拜三叩礼

清朝统治中原后，在拜天之礼上，清朝改明朝的五拜礼为三跪九叩之礼。在清初中越关系发展演变过程中，这一改变引发了两国间的外交争执。在清朝使臣出使安南进行册封、谕祭之时，安南君臣拜受清帝诏敕，安南主张实行本土的五拜礼，而清朝使节则主张三跪九叩礼。

安南的这种五拜礼仪来源于明代中国。明朝以前的安南，以行"长揖"之礼为敬。洪武二年（1369年），册封使张以宁、牛谅前往安南，安南国王北面跪受诏、印，"顿首稽首，成礼而退"。"交人至是始行拜礼。"明太祖对能在蛮夷之邦推广中国之礼的使臣大加赞赏:"今我臣以宁抱忠真之气,奋古能使之风,执之以大义,守之以法度,使安南复命而后降印,又速能化夷行中国之礼,可谓智哉!"①

关于这种接受诏敕时所行的五拜礼仪,根据《明史》记载的"遣使外国仪注",其内容如下:

> 凡遣使,翰林院官草诏。至期,陈设如常仪。百官入侍,皇帝御奉天殿。礼部官捧诏书,尚宝司奏用宝,以黄销金袱裹置盘中,置于案。使者就拜位四拜,乐作止如仪。承制官至丹陛称有制,使者跪。宣制曰:"皇帝敕使尔某诏谕某国,尔宜恭承朕命。"宣讫,使者俯伏,兴,四拜。礼部官奉诏降自中陛,以授使者。使者捧出午门,置龙亭内。驾兴,百官出。
>
> 使者入蕃国境,先遣人报于王,王遣使远接。前期于国门外公馆设幄结彩,陈龙亭香案,备金鼓仪仗大乐。又于城内街巷结彩,设阙亭于殿上,设香案于其前。设捧诏官位殿陛之东北,宣诏展诏官以次南,俱西向。诏使至,迎入馆。王率国中官及耆老出迎于国门外,行五拜礼。仪仗鼓乐导龙亭入,使者随之。至殿上,置龙亭于正中。使者立香案东,蕃王位殿庭中北向,众官随之。使者南向立,称有制,蕃王以下皆四拜。蕃王升自西阶,诣香案前跪。三上香,俯伏,兴,众官同。蕃王复位。使者诣龙亭前,取诏书授捧诏官。捧诏官捧诣开读案,授宣诏官。宣诏官受诏,展诏官对展,蕃王以下皆跪听。宣讫,仍以诏置龙亭。蕃王以下皆俯伏,兴,四拜,三舞蹈,复四拜。凡拜皆作乐。礼毕,使者以诏书付所司颁行。蕃王与使者分宾主行礼。②

参照《明会典》的记载,"蕃国迎诏仪"的内容如下:

> 使者入蕃国境,先遣官人驰报于王,王遣官远接诏书。……远接官接见诏书,迎至馆中,安奉于龙亭中,遣使驰报王。
>
> 是日,王率国中众官及耆老、僧道出迎于国门外。迎接官迎诏书出馆至国门……迎至宫中,金鼓分列于门外之左右,耆老、僧道分立于庭中之东西。置龙亭于殿上正中,使者立于龙亭之东,引礼引王入就拜位,引班引众官及僧道、耆老各入就拜位。使者诣前南向立,称:"有制。"司赞唱:"鞠躬,拜、兴,拜、兴,拜、兴,拜、兴,平身。"蕃王及众官以下皆鞠躬,乐作,拜,兴,拜,兴,拜,兴,拜,兴,平身,乐止。引礼引蕃王由西阶升诣香案前,北向

---

① 严从简:《殊域周咨录》卷五,中华书局,1993年,第171-172页。
② 《明史》卷五十六,志第三十二,礼十。

立。引礼唱："跪。"蕃王跪。司赞唱"跪",众官皆跪,众官以下皆跪。引礼唱："上香,上香,三上香。"司香捧香跪进于王之左右。王三上香讫,引礼唱："俯伏,兴,平身。"蕃王及众官以下皆俯伏,兴,平身。引礼引蕃王复位,司赞唱："开读。"宣诏官、展读官升案,使者诣龙亭捧诏书授捧诏官,捧诏官前受诏,捧至开读案授宣诏官,宣诏官受诏,展诏官对展。司赞唱："跪。"蕃王及众官以下皆跪。宣诏官宣诏讫,捧诏官于宣诏官前捧诏书,仍置于龙亭。司赞唱："俯伏,兴,平身。"蕃王及众官以下皆俯伏,兴,平身。①

上述两种文献互相参证、补充,清晰地表述了明朝属国迎接中国天子诏书的仪式。在这一过程中,属国的国王及其官员要多次行不同规格之礼,其中在国门外迎诏时行五拜礼。这种五拜礼最终发展成为安南觐见本国国王和敬天的最尊贵之礼。安南从此以跪拜礼作为本国君臣见面礼仪,"拜凡五拜、三叩头"。至清初时,安南以五拜之礼作为拜天之礼,相沿成习为本土"国俗"。

明清交替,清朝改行新的跪拜礼仪,"三跪九叩礼"为拜天和觐见皇帝之礼。这一礼仪改变,导致清朝使节在安南时的迎诏、接诏和颁诏的跪拜"仪注",与安南明代以来实行的"五拜之礼"产生了严重冲突。

二、康熙时期清廷与安南的册封礼仪之争②

康熙六年(1667年)清朝与安南第一次发生了关于三跪九叩与五拜三叩的礼仪之争。清朝以内国史院侍讲学士程芳朝为正使,礼部郎中张易贲为副使,册封安南国王。到达安南后,清朝使臣知照安南方面,定于该年三月十六日颁诏,仪注要求安南君臣拜诏时,要行三跪九叩礼。但安南国王提出要以安南的五拜三叩礼进行拜诏。为此,清朝使臣再次知照安南国王,坚持三跪九叩礼不变。安南则继续坚持以五拜之礼拜诏。清朝使臣第三次给安南国王发出咨文坚持前说,这次安南方面回避了言辞上的争执,未作答复。但在接诏时,以"促期行礼,不复办"为由,行了五拜三叩之礼。

康熙八年(1669年)清朝使臣李仙根出使安南。双方议定接诏时间为二月二十九日。二十七日,清使要求"迎接、开读、交拜皆照《会典》行",又抄

---

① 徐一夔:《明集礼》卷三十二,宾礼·蕃国接诏仪注,四库全书本;《明会典》卷五十八,蕃国迎诏仪,中华书局,1989年。
② 以下康熙、雍正、乾隆时期中国与安南在册封礼仪方面的冲突,其内容和资料主要参考了牛军凯《三跪九叩与五拜三叩:清朝与安南的礼仪之争》,《南洋问题研究》2005年第2期,第46–52页。

录《会典》内容传示。二十八日，安南复文，要求行"旧习五拜礼"。李仙根则回复："三跪九叩头乃本朝议制，尔国既为大清之臣，安敢违越！"安南方面允诺将遵照清使要求。但到拜诏之时，安南国王黎维禧"拜稽不甚了了"，副使杨兆杰"就教之"，维禧"警惧欲避状，左右捉刀者拥至"。李仙根笑曰："何胆怯，乃尔连叩头即是矣！"这一次的安南国王拜诏，口头虽然答应行三跪九叩礼，但实行时却含混马虎，中方使节为纠仪竟然上前拉拉扯扯，以致国王护卫蜂拥而至。照情理推知，安南国王的这次三跪九叩之礼大约实行得甚为勉强。

康熙二十二年（1683年）四月，清廷遣翰林院侍读明图、翰林院编修孙卓前往安南册封黎维正，同时遣翰林院侍读邬黑、礼部郎中周灿谕祭安南故王。安南方面提前向清使提出：由于不熟悉天朝礼制，请允许按照安南本国仪注来进行。清使回复安南说：天朝制度，普天之下，无不遵行。安南既然归命天朝，请求册封、谕祭，就应该恪遵天朝礼仪，以使大典荣光，岂能马虎从事？对清朝册使这一番议论，安南国王提出反驳说：圣人应该秉持因俗而治的原则。此次大典，不仅新国王要受封，故去的两位先王也要受祭。这样的盛典，并不常有。大典需要大规模的调度，本国大小官目多至千百，贤愚不等，如果按照天朝礼仪进行，难免出错，以致国体受损，这才是天大的罪过啊。清使答复说：熟悉天朝礼仪乃小事一桩。安南贡使到北京所行的各项天朝礼仪，都实行得非常规范，安南国内的其他官员难道都不如他们吗？参与交涉的安南官员无言以对。不久安南官员阮公望又与使节谈判，双方从清晨直至午后，逐一辩论，阮公望等屡次词穷，闭口无言。最后安南官员服从了清朝使节的要求：本国并非有意违抗，实在是由于不熟悉天朝礼仪。连日来恳求天使允许行使本国礼仪，既然不允许，我国自然遵行天朝礼仪，不敢再行请求。到了接诏之前，安南官员又来文说："本国王一心恭顺天朝，自然遵行典礼，不敢有违，但小国人愚者多，虽演习，临时未免稍有差错，望天使宽恕。"清使回文说："宽恕，乃我皇上素念，诸外国来觐者有小失，我皇上含笑不问，今尔国行礼，若大差错，本部院必令复行，次则仰体皇仁相谅耳，何苛为。"最后安南方面以三跪九叩之礼拜诏。

康熙五十八年（1719年），清朝派内阁中书邓廷喆、成文等册封安南国王。安南又提出要行五拜三叩礼，双方"辨复数回"后，清使"勉从之"，准许安南方面施行五拜三叩礼。不过为了对出使任务有更好的交代，邓廷喆在向清廷报告的公文中将安南所行之礼记为三跪九叩。

三、雍正时期清廷与安南的册封礼仪之争

对于康熙时期有关拜诏的礼仪之争，清廷并未作出反应，以致拜诏的礼仪之争延续到了雍正朝。

雍正六年（1728年），清朝派遣副都御史杭奕禄、内阁学士任兰枝出使安南以解决边界纠纷。两国就礼仪问题再起争端。这次争执大概是历来最为激烈的一次。

该年六月初八日，清使抵达升龙。九日清使颁发拜诏仪注给安南方面，要求安南于十一日接诏时按照康熙五十八年（1719年）的礼节，行三跪九叩礼。安南国王回复清使，要求按照该国的五拜三叩礼接诏。由于礼仪方面的分歧，本来原定于十一日的颁诏事宜未能实施。当日，清使发给国王咨文：

> 钦差为移知事，都院部堂恭膺简命，宣布恩福。昨经移应，贵国王于本月十一日奉敕宣读，今接来柬所开三次仪注，其中跪拜入门迎送之礼，总与五十八年所行之礼不符。事关典礼，罔敢陨越。今将五十八年钦差邓、成至仪注附上，贵国阅视。此系近年之事，贵国王其忘却之耶。况洪恩远播，尤宜倍加虔敬。何得以身亲行过之礼，忽欲更变，有失恭顺之道。贵国王其敦思之，而它处之。若照五十八年钦使邓、成行过仪注行礼，即于十二日宣读，倘有异议，本都院部堂即当捧回京请旨定夺，不敢有违定之礼，以辱君命也。为此移知，烦即答覆。再简内所用辅政郑者，必贵国辅理国政之陪臣，今辅政之辅字，与恩典之恩字，钦使之钦字，并肩抬头，恐自开辟以来未必有是理也，来柬未便收好，并仪注三册发回。须至咨者，安南国王黎。
>
> 雍正六年六月十一日咨。

在上述咨文中，清使对安南方面的违礼行为进行了严厉指责。

六月十二日早晨，安南国王对清使的指责作了答辩，声称康熙五十八年（1719年）使团前来册封时，安南施行的是五拜三叩礼，而且康熙五十八年之前安南的3次拜诏仪注也同样是五拜三叩礼。"照得本国累蒙恩典，钧奉钦使大人酌从国俗，行五拜三叩头礼，仪注节目具存在案，本国非擅自增损。而五拜三叩，通国之人，少习长行，素所惯熟。且礼容冠服，必要相宜，加以在此衣冠而行跪拜之礼，未免容有失。其抄录三次仪注，乃是亲所履行，非有一毫文饰，妄自更变"。

对于安南国王的来文，清使当即回文，仍然要求按三跪九叩之礼接诏，并以琉球为例来说服安南君臣。"窃思拜跪之节，大典攸关，圣天子抚有万邦，薄

海内外，无不遵行定制，罔敢陨越。即如琉球，僻在海隅，其行礼亦遵三跪九叩，现有明文可稽。况贵国密迩中土，礼教素闲，何得转有推饰耶"，"且三跪九叩，并无繁缛难行之处，即贵国向来未行，合蒙圣天子天覆地载之仁，降恩特沛，亦宜鼓舞力从，以昭感激之意"。

当日中午，安南官员将清使回文带给国王，国王复文再次进行辩驳，对清使把安南与琉球相提并论不以为然。"本国逖居午徼，遥扶宸枢，初逢圣祖章皇帝奄有区夏，本国先诸国以来朝，擒逆废顺，屡蒙恩赏奖。琉球乃海岛化外之国，各有规例，宁忍比而同之，此三跪九叩之仪，未必伊国能行，纵使勉而行之，未免傍儿失笑"。最后希望清朝使节"酌从国俗"，允许施行安南的五拜三叩礼。

六月十三日，清使对国王前日的复文进行答复，指出琉球王国确实严格执行清朝礼仪，并附送1本《琉球纪》作为证据。清使同时指出：安南官员在镇南关昭德台拜龙亭时，行的就是三跪九叩之礼。现在却声称从未行过天朝礼仪，实际上并不是不能，而是不为。安南对清使的这一说法答复说：这些前往中国的安南官员之所以能行三跪九叩礼，是因为他们为了迎接贡使，在国内时就进行了长时间的演练，然而即便这样，他们行的三跪九叩礼也没有达到"举止娴雅"的地步。因此希望清使允许按照安南礼节尽快拜诏。

六月十四日，对于安南的要求，清使并未妥协。清使声称：即使演练天朝礼仪需数月之久，也可以耐心等候。安南方面则继续解释五拜三叩礼为"事天、尊大之礼"，安南君臣对此礼"幼习长行，上下同然"。如果贸然实行"素所不惯"的三跪九叩之仪，恐怕出现闪失而有损礼仪威严。

六月十五日，清使依然不为所动，继续要求安南方面行三跪九叩之礼，并提出可由清朝官员帮助安南官员演练三跪九叩之礼，颁诏时间可以向后推迟。清使将这一建议连同三跪九叩礼的仪注一起交给了安南官员。安南方面没有再提出反对意见，答应次日接诏。不过安南方面还是提出了附加条件。安南书面文字虽使用汉字，但口语却为安南土音。为了保证在行礼过程中不致出现意外，安南方面要求使用安南鸣赞官，用安南土音宣读礼节。清使认为此要求属"情理之言"，同意用安南音鸣唱礼文。

六月十六日，安南最终以三跪九叩礼完成了接诏：

十六日，臣等渡富良江至彼国长安门。国王黎维祹跪迎敕谕。随出迓臣等，致敬尽礼。臣随捧敕谕，由中门入，安置殿上。国王率文武陪臣行三跪九叩首礼。听宣毕，谢恩，臣等复宣示皇上中外一视，并从前不忍加兵之意，种种恩德,亘古所无。嗣后当倍加忠慎,戒饬守边员目,毋得滋事,自取祸阶。国王闻言,以手至额者再四,誓当世世子孙,永矢臣节。复送至长安门,备陈缱绻,兼馈赆仪。臣等仰体圣明柔恤远藩德意,婉辞不受。①

经过这次的礼仪之争,安南方面希望由最高权威清帝裁定颁诏礼仪。杭奕禄使团回国后不久,安南国王便上奏清廷,要求"明定拜诏礼":

臣国拜册、拜诏之仪,向来康熙三年,内院吴光、礼部朱志远钦赐卹;康熙六年学士程芳朝、郎中张易贲钦册封;康熙七年侍读李仙根、郎中杨兆杰钦宣旨谕;康熙二十二年翰林明图、邬黑、周粲钦册封,当日拜受,许行国俗五拜三叩头礼。康熙五十八年,典籍邓廷喆、编修成文钦册封,初欲令行三跪九叩礼,后以演习未谙,勉从国俗。钦使彼此不同,似各出于意见也,于理亦合,陈请为此,臣备以前情,历叙颠末,上叩帝阍,臣伏望天慈垂谅,睿鉴广施,旨下部议,凡臣国奉贡文书规例,酌从臣先祖旧规,庶获于趋王会者,同沐恩光,以及拜受诏册,跪叩之礼,明示一定,俾臣得以世守,钦遵奉行,臣不胜战栗,陨越之至……

上述奏文,把康熙朝安南君臣的历次拜诏之礼都说成是五拜三叩,显然是安南方面为了达到让清朝同意其采用"国俗"而隐瞒部分事实,但其中也透露了由于"钦使彼此不同"导致安南拜诏礼仪标准不一,因而希望清廷同意安南拜诏时酌从"先祖旧规",实行五拜三叩礼。

雍正帝对安南这一要求没有作出回应。雍正十二年(1734年)册封使春山等至安南时,黎王"抄旧录仪注就呈",清使未提出反对意见,安南方面在接诏时行五拜三叩头之礼。

四、乾隆时期册封礼仪之争的最终解决

乾隆二十六年(1761年),安南国王黎维祎薨,嗣子黎维禟讣告清廷,并请袭封。清朝派遣翰林院侍读德保、大理寺少卿顾汝修前往谕祭故王黎维祎,并册封黎维禟为安南国王。安南方面依然要求以五拜事天之礼接受册封,但在册使的坚持下,安南方面只好按照中国方面要求,拜诏时行了三跪九叩礼。

此次安南册封,在礼仪方面虽有争论,但如与前几次相比,过程还算顺利。然而在册封使节返国后却平生波澜。此次册封副使顾汝修在离开安南国境返国

---

① 《清世宗实录》卷七十四,雍正六年十月戊子条。

后，竟然单衔发书安南国王，斥责其在册封大典上不愿遵行天朝之礼，而且在迎、送册使的仪节方面也未得周全。顾汝修指出，册使来往该国途中的驿馆大多修筑于旷野之中，并以兵卫包围，这明显是为了隔绝册封使与外界的联系，是在"蔽人之明，塞人之聪！"不仅如此，安南方面迎接册封使时，在街衢布置大象，为的是加害册封使。

对于副使顾汝修发书给安南国王一事，正使德保曾加以劝阻，但顾汝修执意发给安南国王。这一信件重新挑起了两国的礼仪争端。广西巡抚熊学鹏将此事上奏乾隆皇帝。

了解了事件经过后，乾隆帝评价顾汝修的行为"适足以形见小气怯耳！"①乾隆认为书信内容中的可鄙、可笑之处，不一而足。所言事项更是"支离悠谬，迥出人情之外"②。至于顾汝修所争执的核心内容，又属于枝节而已。乾隆帝要求吏部对顾汝修的行为"严加议处"。吏部遵命议奏："大理寺少卿顾汝修奉使安南，于出境后，擅用单衔移书诘责该国王，有乖大体，应照例革职。"乾隆帝下旨批准"顾汝修著革职"③。德保作为正使，未能履行职责阻止顾汝修，也被降三级调用。

对于两国的礼仪之争，乾隆决定彻底解决。对于安南国王屡犯天朝礼仪的行为，乾隆帝采取既往不咎的政策："该国王于使臣莅境时，先请商五拜之仪，必待使臣驳定，始克如礼，未免狃于鄙俗，实为弗当。但念该国王一经使臣指示，即遵定制，亦可从宽弗论矣。"但对于以后的册封礼仪，乾隆则要求安南绝不可重蹈覆辙，乾隆谕令礼部传谕安南国王："俾知永遵三跪九叩之仪，毋再陨越。"这一谕旨在"该国王谢恩使回之便，令其携往，礼部详悉行文该国王知之"④。对于安南方面应该实行三跪九叩礼，乾隆帝还要求"礼部存记，嗣后遇有安南册封等事，即将应行典礼，并雍正六年（1728年）及此次业已两次遵行三跪九叩首之处，告之派出之正、副使，令其永远遵循，无愆仪节"⑤。

至此之后，双方在册封礼仪上再未出现过争执。长达百年之久、历经康雍乾三代的三跪九叩与五拜三叩的礼仪之争从此解决。

---

① 《清高宗实录》卷六百五十六，乾隆二十七年三月己亥条。
② 《清高宗实录》卷六百五十九，乾隆二十七年四月庚寅条。
③ 《清高宗实录》卷六百五十八，乾隆二十七年四月辛未条。
④ 《清高宗实录》卷六百五十九，乾隆二十七年四月乙酉条。
⑤ 《清高宗实录》卷六百五十六，乾隆二十七年三月己亥条。

第六章

清代朝贡文书制度

朝贡文书分为中国皇帝颁给属国的下行文书、属国上达朝廷的上行文书以及双方之间的平行文书。朝贡文书是清代朝贡过程中中外官方文书交往采用的文体。

第一节 朝贡下行文书

朝贡下行文书包括诏书、诰命、谕祭文、敕谕和檄谕等几种形式，是清廷行文属国的主要文体。朝贡下行文书实际上是皇帝的各种命令形式，其书写格式反映了中国对属国的宗主地位，也是中国国内君臣关系延伸到中外关系的体现。朝贡下行文书在颁发、宣布时，属国贡使要在午门等处按仪领旨，下行文书到达属国时，要备龙亭、设仪仗，就如中国皇帝亲临一般。

一、诏书

诏书是皇帝布告天下臣民的文书。在周代，君臣上下都可以用诏书。秦代改命为制，令为诏，从此诏书便成为皇帝布告臣民的专用文书。汉承秦制，唐、宋废止不用，元、明、清三代又恢复使用。

清代诏书一般由内阁撰拟，诏书的格式起首以"奉天承运，皇帝诏曰"开始，接叙诏告事由，最后以"布告天下，咸使闻知"，或"布告中外，咸使闻知"结束，文尾书明下诏的年、月、日，并加盖"皇帝之宝"。诏书使用硬黄笺，表裏2层。①

清代凡国家有重大的政治事件和隆重庆典，都要用诏书宣告全国。"大政

---

① 《光绪会典》卷五十八，工部。

事，布告臣民，则有诏。"① 这些"大政事"包括即位、遗命、罪己、维新、立宪等。此外"册立皇后"和"加上尊号、徽号"均须颁诏，宣告全国。颁诏是国家大事，需要举行隆重的典礼。清代颁诏仪式在紫禁城太和殿或天安门前举行。在颁诏仪式完成后，将诏书的正本交与礼部进行刊刻、誊黄副本多份，分送内外各衙门。正本则被送往内阁机构存储。各省接到誊黄本的诏书后再次刊印、誊黄，分发所属衙门宣读、张挂。

朝贡诏书是中国皇帝册封属国国王的册封诏书。清廷册封朝鲜和琉球两国的国王都要颁发诏书一道，由册封使带往该国。册封使节完成册封任务后，一般要把诏书带回中国，缴还礼部保存。但琉球国王一般恳请诏书留在国中作为镇国之宝，清廷一般都特例允准。

例文：道光二十九年（1849年）册封朝鲜国王诏书：

奉天承运，皇帝诏曰：绥猷阃外，聿同万国之车书；缵服维新，必重一方之屏翰。况忠贞之世，笃永孚于休；为祗敬之日，严式序在位。爰稽彝典，用沛温纶。故朝鲜国王姓某诒谋克绍，谨度弥恭。八道旬宣，诞振皇风于藩服；三韩保障，宏敷帝泽于海邦。常怀拱极之诚，虔效献琛之节。方期遐寿，遽弃藩封。嗣续维艰，宗祧奚赖。权署国事姓某，行敦孝友，性懋慈仁，本为孝顺之亲，能抚朱蒙之俗。特俞奏请，袭封为朝鲜国王。宠命丕宣，嘉祥伊始。巩河山而延旧德，庶安作息于烝民；明天泽而励瞉忱，长被声灵于上国。特兹诏示，咸使闻知。②

二、诰命

诰命又称诰书，是皇帝封赠官员的专用文书。诰作为王命文书开始于西周，如《尚书·周书》载有《大诰》《汤诰》《康王之诰》等篇，是周王用以告诫臣工的文书。秦废不用，汉代偶用，唐代大除授、大赏罚使用制诰。从宋代开始，凡文武官员的迁改职秩、追赠大臣、贬乏有罪、封赠其祖父妻室，使用诰命。元代时，封赠文书使用宣命和敕牒，一至五品官用宣命，六至九品官用敕牒。明沿宋制，封赠一品至五品官员授以诰命，清代因之。

清代颁赐中外文武官的诰命，首先由吏部和兵部提准被封赠人的职务及姓名，而后翰林院依式撰拟文字。届封典时，中书科缮写，经内阁诰敕房核对无

---

① 《光绪会典》卷二，内阁。
② 《〈同文汇考〉中朝史料》（三），吉林文史出版社，2005年，第110页。

误后，加盖御宝颁发。

清代诰命是用五色或三色纻丝织成的。由于各官员的品级不同，诰命封赠的范围及轴数、图案也各有不同。清朝规定，凡封镇国公以下、奉恩将军以上，用龙边诰命，锦面，玉轴。封蒙古贝子、镇国公、辅国公、札萨克台吉、塔布囊、蒙古王公福晋及封外国王妃、世子、世孙的诰命，为锦面，犀轴。

诰命有固定的程序，用骈体文，按品级高低增减字句，由内阁颁发。起首一般都是"奉天承运，皇帝制曰"，诰命加盖皇帝"制诰之宝"。诰命文式在清代有着严格的限制，顺治十三年（1656年）规定：一品，起始6句，中间事实14句，结尾6句；二品，起始6句，中间2句，结尾6句；三品，起始6句，中间10句，结尾6句；四、五品，起始4句，中间8句，结尾4四句；六、七品，起始4句，中间6句，结尾4句；八、九品，起始2句，中间4句，结尾2句。

在朝贡体制中，清廷册封朝鲜王妃、世子，追封已故的朝鲜国王、琉球国王以及册封暹罗、缅甸和南掌等国国王，都要使用诰命文体。

使用诰命形式册封属国国王，是朝贡制度中的通例，史载：

康熙十二年（1673年）"四月，册封暹罗国王，赐诰命及驼钮银印"①。嘉庆十五年（1810年），"封世子郑佛为国王。照例给与诰命、银印，交该国使臣祇领，恭赍回国"②。

道光二十一年（1841年），清帝下谕内阁："据礼部查明，南掌国承袭王爵，应颁诰、敕等语。着即遵照嘉庆二十四年成案，于敕书外，再行颁给诰命一道，以附定制。"③

康熙二十一年（1682年）十一月三日，礼部尚书沙澄的题本"礼部题明册封安南国王应只给与诰命"中称：

查康熙五年封安南国王黎维禧时给予诰命、印信在案。今封黎维禛为安南国王应照前例给予诰命、印信。但先封国王黎维禧之时，已经给有印信，相应停给印信，只给予诰命往封。其诰命由内阁撰拟。④

这一资料表明，康熙二十一年（1682年）册封安南国王时，由于康熙五年（1666年）册封国王时清廷曾经颁发过印信，礼部尚书请求此次册封只颁发诰

---

① 《清史稿》，列传三百一十五，属国三，暹罗。
② 《海国四说·粤道贡国说》卷二，暹罗国二。
③ 《清宣宗实录》卷三百六十一，道光二十一年十一月癸丑条。
④ 《明清档案》，A39－53。

命，诰命由内阁撰写。嘉庆七年（1802年）清廷册封阮福映，再次颁发册封诰命，"照例给予诰命、敕书，并驼钮金银印，命广西按察使带同来使前往，宣封阮福映为越南国王"①。

如嘉庆十三年（1808年）追封琉球故世子尚成诰命：

奉天承运，皇帝制曰：景风式典，绍封兼阐夫幽光；湛露覃禧，锡类不忘于继序。永孝思而请命，载鉴葵枕；眘忠顺以推恩，允绥茅胙。尔琉球国权署国事故世子尚成，凤孚民望，摄守藩疆。以禀命之不融，致恩纶之未被。燕翼衍瀛壖之泽，日笃不忘；象贤绵带砺之休，毋替厥服。兹特追封尔为琉球国中山王，锡之诰命。于戏！龙光宠赉本支，慰肯构之思；鸿藻荣膺奕叶，奉来庭之职。克膺茂典，永贲遗徽。

嘉庆十三年六月十五日。②

三、谕祭文

谕祭文是皇帝祭祀天地、神祇、太庙、历代帝王、先圣先贤、忠烈名臣的文书。

清代的朝贡谕祭文分三类：一是在对属国故王祭奠时使用，主要针对朝鲜、琉球、越南这些"遣使敕封"国家而言；二是对在华去世的朝贡国正、副使祭奠时使用；三是在天使往返海途中对海神祈祷、报谢时使用，为专门针对琉球的文书。

清代的谕祭文由翰林院或内阁负责撰写。康熙二年（1663年），安南国王黎维禔去世，越南遣使广西告哀。康熙三年（1664年）令中朝官员前往谕祭，"谕祭故安南国王祭文，内阁撰拟。白金百两，绢五十匹。由户部移取。遣内院礼部官各一人赍往，读文致祭"③。

谕祭文以"维某年某月某日皇帝遣某某谕祭某某"开始，按叙谕祭内容，末以"谨告"或"尚其歆格"结束。

1. 祭奠故王谕祭文

清代朝贡体制下，中国册封使在朝贡国册封新王之前，一般先要为薨逝的老国王进行祭奠，以皇帝名义撰拟的谕祭文表达了尊天敬祖、继往开来的意蕴，符合"生有封，死有祭"之古礼。从册封程序而言，谕祭先王，是表示新王的

---

① 《光绪会典事例》卷五百二，礼部。
② 齐鲲：《续琉球国志略》首卷。
③ 《光绪会典事例》卷五百一十三，礼部，朝贡，赗恤。

权力来自先王，这就保证了新王权力的合法性。在儒家伦理体制下，由王系家族之外的人物进行登基，是不可容忍的篡夺行为。

如同治五年（1866年）谕祭琉球故王尚育文：

> 维同治五年丙寅七月丁巳朔，越二十日丙子，皇帝遣正使詹事府右赞善赵新、副使内阁中书于光甲致祭于已故琉球国中山王尚育之灵曰：车书承化，东瀛之声教常通；俎豆升香，北阙之恩施远播。念共球之效顺，设爵罍以饰终。载考彝章，用陈嘉荐。尔琉球国中山王尚育，拓疆碧海，禀朔丹宸。常殷就日之心，梯航修贡；凤仰同风之治，琛瀚来庭。燕誉称贤，槎使屡驰乎龙节；象胥典属，匦章无阻于鲲溟。嗟逝景之难回，沦徂忽告；宜轸怀之倍切，奠酹遥颁。凤诏传宣，谕祭而彤廷宠渥；鹢舟利涉，启行而紫澜波恬。于戏！祚延茅土之封，永盟带砺；荣荷椒筵之锡，爰沛丝纶。徽溯生前，望宸居而拱极；典隆身后，赝申命而贻麻。告尔潜灵，尚其歆格！①

2. 祭奠贡使谕祭文

清代朝贡体制下，朝贡国因进贡、谢恩、进贺等多种情形向中国派遣使者。一些使者在往返途中去世，另外一些使者在京去世。对于在华不幸去世的外国正、副使者，清廷都会以清帝的名义颁发谕祭文。

如康熙四十年（1701年）谕祭琉球国正使毛德范文：

> 维康熙四十年十二月十五日，皇帝谕祭琉球国正使毛德范之灵曰：远人效归化之义，入贡天朝；国家隆恤死之恩，均施外域。尔毛德范因使入贡，跋涉远来，黾勉急公，间关况瘁。方期早竣厥事，不意在途遥殒，朕用悯焉，特颁祭典，以慰幽魂。尔如有知，尚克歆餐。②

3. 祈、报海神谕祭文

在遣使册封国王的3个国家中，朝鲜、越南有陆路与中国相连，中国册封使从陆路进入朝鲜、越南，路途虽然遥远，但一路派兵护送，安全无虞。

琉球是中国唯一派遣册封使节的海外岛国。琉球36岛与大陆相隔大海，双方来往需要跨越这一天然障碍。册封天使从福州出发前往琉球，从闽江口外的五虎山出洋，最后到达那霸口外的马齿岛。中、琉之间的人员往来过程中，常

---

① 赵新：《续琉球国志略》首卷。
② 徐恭生：《福州与那霸关系史初探》，《中日关系史论集》第二辑，吉林人民出版社，1984年，第29页。

有海难发生。《洪北江诗话》记载一则趣闻:

> 本朝册封使至安南、琉球等国,海船中例载漆棺,以备不虞。上必定银牌十数枚,镌曰"天使某人之枢"。盖预防危险时,天使即朝衣、朝冠卧棺内,至船将覆,则棺外施钉,令其随流漂没。海船过而见之,或钩取上船,至内地则告于有司,以还其家。银牌即以犒水手。①

册封天使们在航途中的邪恶处境使民间产生了这种传说。此则材料将安南与琉球并举,但清代册封安南的中国天使从不坐船前往安南,这也显示了这一资料的民间谣传特征。

为保证前往琉球的册封使节在航海途中的绝对安全,中国福建方面制造专门前往琉球的册封舟,或者租用民间最为牢固的商船。这种船体材质坚固,抗风性能良好。但海上航行的风险很高,海途莫测,尽人事后,还须听天意。因此以皇帝名义,由册封使节主持的祭祀海神、天后仪式成为册封琉球国王过程中必不可少的环节。

谕祭海神、天后文一般都有祈、报两道,祈文是在乘船出海时向海神的祈祷,希望海神一路保佑平安,内容大体上是祈求途中平安,希望海神"静摄波涛,稳浮樯楫"一类的内容;报文是册使顺利返回大陆后,向海神作出的感谢与报答,答谢海神、天后的庇佑。册封使在行前和归后的谕祭天后仪式均在怡山院举行。怡山院位于福建莆田湄洲岛上,其中设有天后庙,香火甚盛。

南海海神、天后是流传于福建地区的妈祖信仰内容。关于天后事迹,史料多有记载。天后本名林默,北宋时期诞生于福建莆田贤良港,升天于隔海相望的湄洲岛。后被尊为妈祖,被封为"海神",宋时就已被统治者封为"妃",元、明时被敕封为天妃。康熙十九年(1680年),加封海神天妃为"护国庇民妙灵昭应弘仁普济天妃";康熙二十年(1681年),允福建提臣万正色之请,诏封"昭灵显应仁慈天后"。至此,天妃升格为天后。康熙五十九年(1720年),允准册封使海宝等之请,奉旨:"册封琉球,于怡山院祭天妃;并准地方官春秋致祭,编入'祀典'。"乾隆二年(1737年),允闽督郝玉麟之请,钦定加封"福佑群生"4字。乾隆二十二年(1757年)四月,允册封使全魁的请求,嗣后谕祭天后祈、报文二道,书明天后封号,仍于怡山院天后宫致祭,加封"护国庇民妙灵昭应弘仁普济福佑群生诚感咸孚天后";另外再颁谕祭南海神祈、报文二道,于江岸望祭。此后,加封的神号越来越多,到同治时期,加封天后的封

---

① 《清宫述闻》(上),紫禁城出版社,2009年,第152页。

号已经积至60个字了：护国庇民、妙灵照应、宏仁普济、福佑群生、诚感咸孚、显神赞顺、垂慈笃佑、安澜利运、泽覃海宇、恬波宣惠、导流衍庆、靖洋锡祉、恩周德溥、卫漕保泰、振武绥疆。

如康熙二十二年（1683年）谕祭海神文（祈、报二道）：

祈：维康熙二十二年（岁次癸亥）六月壬申朔，越二十日辛卯，皇帝遣册封琉球国正使翰林院检讨汪楫、副使中书舍人林麟焻致祭于海神曰：惟神显异风涛，效灵瀛海。扶危脱险，每着神功；捍患御灾，允符祀典。兹因册封殊域，取道重溟；爰命使臣，洁将禋祀。尚其默佑津途，安流利涉；克将成命，惟神之休。谨告。

报：维康熙二十二年（岁次癸亥）十二月戊戌朔，越八日乙巳，皇帝遣册封琉球国正使翰林院检讨汪楫、副使中书舍人林麟焻致祭于海神曰：惟神诞昭灵贶，阴翊昌图；引使节以遄征，越洪波而利济。殊邦往复，成事无愆；克畅国威，实惟神佑。聿申昭报，重荐苾芬；神其鉴歆，永有光烈。谨告。①

四、敕谕

敕谕包括两种类型：一种是指谕诰外藩的敕文，另一种是指任命官员的坐名敕与传敕。朝贡文书中的敕谕主要指第一种类型的敕谕。

朝贡敕谕的颁赐对象只限于某一地区、某一个人，与昭告天下的诏书不同，地位略低于诏书。

敕谕文体用骈体文，由内阁撰拟、阅定。敕书分3等：一为金龙香笺，表裹4层；一为画龙笺，表裹3层；一为印边龙笺，表裹2层。

敕谕格式的文首用"皇帝敕谕某某"开始，接敕谕事由。最后以"钦哉！特谕"结束，书明颁发敕书年、月、日，并加盖皇帝"敕命之宝"。

朝贡敕谕主要用于两种情形：一为册封敕谕：清代对朝鲜、琉球、安南、暹罗等属国国王、王妃、世子的册封，在颁发诰命的同时，还要颁发敕谕一道；二为针对国王所提要求，清廷以皇帝名义进行的批复敕谕。早期清廷给西方国家的官方文件，包括荷兰、葡萄牙、英国等，都以敕谕的形式颁发。

如康熙七年（1668年）颁给安南国王黎维禧的敕谕：

皇帝敕谕安南国王黎维禧：据尔奏称：因莫元清之祖莫登庸有逼陷尔先国母、先嗣王，行弑夺国之仇，今兴兵致讨等语。又称：报复尔国前仇，剿除莫

---

① 周煌：《琉球国志略》卷首。

氏，止有莫敬恭、莫敬宽窜居高平，尔又往讨，已经设誓和好等语。据此，则尔仇已复，和好完结，各居异地矣。莫氏作乱之人，既皆丧亡。又系故明嘉靖时已完之事，盖已世远年久。莫元清先经纳贡归诚，朕授为都统使之职。尔后又纳贡归诚，随封为王。尔今生事兴兵，称为复仇，理应于未兴兵之前，将情节陈奏，听候敕旨。乃竟未请旨，遽尔兴兵，残破高平地方，弑戮兵民，殊为不合。今既称遵旨罢兵，著将高平地方人民，俱复还莫元清，各守土安生，以副朕绥义生民之心，尽尔奉藩之义，庶永承宠眷之祉矣。其慎思恪遵而行。毋违！特谕。①

五、檄谕、札谕

檄谕主要用于晓谕、通告、责备下属等场合。清代外交檄谕由中国地方官员发往属国。清代中国与属国或外国在交往过程中，除了使用檄谕向属国通告事项外，在双方出现冲突、误会时，也使用檄谕，晓之以理，动之大义，表明中国的严正立场，要求该国遵守规则，勿得妄行以干天咎。这类檄谕的发文主体是中国的地方长官而非最高统治者，有限制冲突规模、为以后转圜预留余地之意。

与檄谕类似的文体，还有一种名为札谕的文体。

例文一：乾隆三十五年（1770年）阿桂发给缅甸老官屯头目的檄谕（军机处拟）。

檄谕老官屯头目诺尔塔知悉：上年官兵攻围老官屯时，尔阿瓦王子差人至尔砦中，同尔诣军门，赍书恳求解围，情愿奉表纳款送还内地之人。彼时本将军等鉴尔王子情词恭顺，遂与尔立定教约，给尔回书，撤兵停剿。乃迟至数月，杳无信息。本将军等以尔投诚之语，曾经代尔奏闻大皇帝，尔等即敢于欺诈本将军等，如何敢于大皇帝前，蹈欺罔之咎？因檄示尔王子，索取被留之人。此尔王子遣尔诺尔塔等向我军营恳求之事，何竟敢行反悔？今尔王子并无回信，尔诺尔塔何物，辄敢向我索还土司，并拘留我送书之苏尔相，且敢投书与本将军肆行狂吠，实为覆载所不容矣。苏尔相一微末武弁，汝即留彼害彼，于天朝毫无所损。正恐尔负此重罪，莫可逃诛，且尔缅国生灵，又将涂炭矣。尔自思尔一虫蚁不如之人，辄敢违尔王子去年纳款书词，向本将军等抗词蔑礼，尔尚可比于人类乎？本将军总督奉命镇守边境，视尔穷荒匪目，何等幺麽，岂容尔

---

① 《清圣祖实录》卷二十四，康熙七年四月庚寅条。

妄自尊大，出言无状乎？亦岂容尔以尔王子愿受约束之语，擅自反覆乎？为此再檄谕尔诺尔塔，即将我所遣都司苏尔相如礼护送入关，并即寄信尔王子，将从前所留之人，速即查明送还，以全尔王子之礼信。毋稍执迷不悟，自贻后悔。祸福惟尔自取。慎之，凛之。特檄。①

例文二：光绪十六年（1890年）驻藏大臣给布鲁克巴部长的札谕。

为札知事。照得上年藏印交兵，本大臣亲临边境，曾据该部长禀请，奏恳天恩赏颁敕、印。等情。本大臣因该部长倾诚向化，曾经据情代恳大皇帝殊恩。光绪十五年四月二十三日，兵部递回原折，奉旨：该衙门议奏。旋准总理各国事务衙门咨开，会同理藩院衙门议奏，准如所请，奉旨：依议。钦此。惟总理衙门咨明以藏印边事尚未就绪，应俟藏边议有成约，局势大定，再将应颁敕、印由驿递藏，转给该部长祗领。等由。承准此查藏印边事本大臣亲赴印洋，现经立约画押，藏印交兵重案业已完结，所有该部长前恳赏颁敕、印，兹本大臣于光绪十六年四月初一日附片奏恳天恩饬部迅将敕、印由驿递藏。应俟递到之日，本大臣再当派员赍送该部长祗领。合亟粘用汉番合璧先行札知，为此，札仰该部长即便钦遵知照可也。特札。

札布鲁克巴部长

光绪十六年三月□日②

第二节　朝贡上行文书

朝贡上行文书包括表文、奏本、奏折、禀文等几种形式，是属国行文中国的主要文书。其中的表、奏体例，是上行文书中的主体，尤其是表文，它是外国行文中国的"国书"。这些上行文书在用词方面，一般都有"稽首顿首""诚惶诚恐"这些表示臣子身份地位低微的词汇。在缮文中遇有"皇帝""圣上""谕旨"等词汇，必须抬字大写，以表示对皇帝的无比尊崇。文书中还须进行文字避讳。

---

① 《清高宗实录》卷八百五十九，乾隆三十五年五月庚子条。
② 《西藏奏议》，上海古籍出版社，2012年，第84页。

一、表文

1. 表文格式

表文始于汉代，是大臣向皇帝陈述事情的文书。唐宋以来，仅限于陈谢、庆贺、进献所用。元代时，庆贺表文称为表章，每遇皇帝生日、元旦，五品以上官员皆上表章进贺。明代庆贺文书除表文以外，又增加笺文一项，表用于皇帝和皇太后，笺用于皇后。清代的表文制度沿袭明制。

清代表文有两项功能：

一作庆贺之用。遇有庆典，如登极、传位、册立皇后上尊号等，王公百官均上表庆贺。贺表由正表和副表各一，合为一份组成，正表卷而不折，副表折而不卷。庆典结束，贺表送内阁收藏。二作进献修史之用。史书修成，照例须由总裁官具表进呈，如《会典》《方略》编纂告竣时要奉表随进。此外，当年考取的文武进士，也要呈表谢恩。

清代表文格式由内阁统一撰拟定式。各地官员所具贺表，依定式录进。表中文字采用汉字，或满汉合璧书写。表笺的文体大都是骈四俪六。其中贺表以"某官某某等，诚惶诚恐稽首顿首上贺"语句开始，继用"伏以……恭惟皇帝陛下……"等套语分拟文句，末以"臣等无任瞻天仰圣欢忭之至，谨奉表称贺以闻"语句结束。文中出现皇帝、皇太后字样要写在宽1厘米，高29厘米的黄绫上，以示区别。贺表、贺笺文前和文尾均用官印，缮写好以后装入黄色绫质封套之中，封套下方注明贺表、贺笺人的官衔、姓名，盖上官印，然后交官差或驿站递送宫中。

属国表文是清代表文制度中重要组成部分，是朝贡上行文书中的主要体裁。属国表文也有固定格式。朝鲜国王进献清廷的各类表文，基本与国内表文种类的格式相同。其他国家的表文主要属于进贡表文，也须遵循固定格式。同治年间，由于云南地区有回民起义，缅甸贡道断绝，而且云南所存的有关缅甸进贡表文的卷宗因战乱遗失，云贵总督岑毓英特上奏清帝，请求礼部咨发缅甸进贡表文的格式以备查核。以下为岑毓英同治十三年（1874年）八月十五日《请敕部咨发缅甸进贡表式片》的原文：

再，缅甸国地方与滇接壤，向来呈进贡物，取道滇省。军兴以来，道路梗阻，职贡不通，历次颁发该国宝诏共六道，交督臣转发。均系发交藩司暂存司库。上年臣督师攻克大理、顺宁、腾越府厅各城。据永昌府属孟定土知府罕忠邦，带领缅官吗汗坐定这呷懦呷他到省，呈投缅字禀函。翻译汉字，据称：缅王闻滇省军务肃清，今其具禀来滇请示呈贡各事。当经臣谕令照例办理，并饬藩司将寄存宝诏六道发交，请补永昌府知府朱百梅、派委副将衔补用游击杨廷瑞等恭赍前往。兹据该府申报，杨廷瑞等由缅甸旋滇，赍来缅字公文四箱。传通事翻译汉字，系致督抚公文各一件；司道公文共一件；永昌府公文一件。除该府公文留署备案外，其余缅文三件并译出汉文三纸，仍交杨廷瑞等赍至省城，请示核夺等情。臣当即与署藩司沈寿榕等将各缅文拆阅，据译出汉文内开：该国王奉到宝诏，甚为钦感！现在修路选象，即欲进贡。请先为代奏等语。臣查缅甸僻在荒服，自前明嘉靖后即不通职贡，迨我朝乾隆年间始倾心纳款，百余年贡献不绝。前以军兴道梗，未能展其报效之忱。兹蒙圣主恩周遐迩，泽被蛮荒。内地既已肃清，外域尤思效顺。亟应相机招徕，以示朝廷怀柔之至意。惟该国此次来文，虽语极恭顺，无违悖字样，而国王未列姓名称谓，多有不合。将来进贡表文能否合式尚未可知。前据缅官到滇请示，因滇省前有马荣之变，各署文卷遗失，无案可稽。相应请旨，敕部检查旧案，酌定表文款式，咨发到滇，转行遵办，以崇体制。

除将缅文原箱暨照钞译出汉文咨送礼部备查外，谨附片具陈，伏乞圣鉴训示。谨奏。①

2. 属国表文的分类

（1）材质

按照材质分类，清代朝贡表文有以下几种：

纸质表文。纸质是朝贡表文的主要书写材料，各国使用的纸质各有不同。其中朝鲜表文皆用高丽纸，表裹数层，汉字书写，时称"事大文书"。为保证表文使用纸张的质量，朝鲜在承文院置造纸局，专门制造表笺用纸。朝鲜表文正本的尺寸规格，在康熙四十四年（1705年）长7寸9分，宽3尺；乾隆元年（1736年）之后，变为长1尺6寸6分。乾隆皇帝对朝鲜进献的贺表赞赏说："字画整齐，纸品精洁，朝鲜事大之节，敬谨如此，可作他藩之法。"② 琉球表文为白纸折叠形式，其规格高34厘米，宽13厘米。表文为黄色封面，封面上方写"进贡表"或"谢恩表"3字。表文封面、末尾都加盖"琉球国王之印"。

金叶表文。金叶表文使用金箔打制而成。安南、暹罗、缅甸、廓尔喀、荷兰都曾进过金叶表文。"缅甸表用金叶，盛以象牙筒。"③ 暹罗"表用金叶，贮

---

① 李根源：《永昌府文征》（三），文录，卷十五，云南美术出版社，2001年，第2542页。
② 《朝鲜王朝实录》，正宗十四年九月甲辰条。
③ 《光绪会典》卷三十九，礼部主客司。

以金筒、锦袱、锦袋，袋上有金钮、金圈，加盛以螺钿盒一，贴金盒一，并有花缎盒套，套上各有金圈"①。各国所进金叶表文，仅从乾隆十八年（1753 年）至五十一年（1786 年）止，暹罗共 7 次，安南国共 6 次。乾隆五十二年（1787 年）至五十七年（1792 年），暹罗共进 3 次，缅甸共进 5 次。乾隆五十八年（1793 年）、嘉庆元年（1796 年）暹罗分别进一道，嘉庆二年（1797 年）进两道。缅甸在乾隆五十九年（1794 年）、六十年（1795 年）分别进 1 道。② 荷兰在康熙五年（1666 年）也曾以金叶表文进贡中国："国王耀汉连氏、甘勃氏遣陪臣宾先巴芝奉金叶表。"③

银叶表文。银叶表文使用银箔打制而成。乾隆十七年（1752 年），缅甸"贡金叶表文一道、银叶表文一道恭进高宗纯皇帝前"④。嘉庆五年（1800 年）又恭进"高宗纯皇帝银叶表文一道"⑤。台湾故宫博物院收藏一件乾隆时期缅甸进贡的银叶表文，使用银箔打制而成，仿造贝叶书状制成，两端呈渐尖形，纵 10 厘米，横 79 厘米，象牙表筒装。（见图 6 - 1）

图 6 - 1　缅甸银叶表文及象牙筒

蒲叶表文。这一材质的表文主要由南掌进贡。雍正八年（1730 年）、乾隆

---

① 《光绪会典》卷三十九，礼部主客司。
② 《文献丛编全编》第十册，藩属表章票拟式样，北京图书馆出版社，2008 年，第 144 - 145 页。
③ 《海国四说·粤道贡国说》卷三，荷兰国，中华书局，1993 年，第 207 页。
④ 《嘉庆礼部则例》卷一百七十九，主客清吏司。
⑤ 《嘉庆礼部则例》卷一百七十九，主客清吏司。

三十六年（1771年）南掌曾进过"销金缅字蒲编"、蒲叶表文各1道①。南掌进贡的蒲叶正、副表文一同装在1只匣内。云南地方官员曾对南掌进贡的表文材质蒲叶专门询问：来差金字表文为何写在蒲叶上？南掌贡使解释说："小国没有纸，敬天敬佛才用蒲叶写金字。若文书用芭蕉叶写字，其余俱竹片子写字，这蒲叶金字进贡皇帝与敬天敬佛一样。"② 关于蒲叶表文的特征，阮元曾有描述："南掌贡表、呈总督文书，不用纸，皆用蒲叶番字，字横行。蒲似木柿，长尺宽寸而圈之，盛以如塔之漆木器。"③

蒲叶表文的材料完全是因地制宜，缅甸、老挝一带，常用蒲叶作为书写材料，《云南通志》记载："缅和尚，思茅、威远、宁洱有之。以黄布缠头，披黄布为衣，仿佛喇嘛，所诵佛经皆蒲叶缅文。"④ 另有资料记载：缅甸"咨呈内地文件，向用蒲叶缅文"⑤。乾隆年间中缅战争时期，缅方就曾使用蒲叶文书与中国进行交流。

（2）功能

按照功能分类，朝贡表文又可分为进贡、请封、庆贺、谢恩四类表文。

进贡表文。这是属国朝贡中国的正式国书，是朝贡中国的凭证之一。"定外国朝贡，以表文、方物为凭。该督抚查照确实，方准具题入贡。"外藩使臣依规定贡道进入中国后，须先由当地督抚查验该使臣携带的国书——表文，查验无误后才允许进京朝贡。进贡表文是朝贡国来华必不可少的公文，以琉球国表文为例，中国第一历史档案馆现收藏琉球各类表文75件，其中进贡表文就有33件，可见进贡表文所占比例之大。

请封表文。这是朝贡国请求中国皇帝对国王世子、世孙进行册封的表文，是表文中非常重要的种类。这种请封表文体例，使用最为规范的国家是朝鲜、琉球、越南3国。暹罗、缅甸、廓尔喀等国在与清代中国最初建立朝贡关系时，文书也采取了请封表文形式。

庆贺表文。清代凡元旦、冬至、万寿三大节，朝鲜都要例行上表庆贺。其他庆典场合，诸如嗣立、上徽号、平叛等情形，朝贡国也会上表庆贺。道光八年（1828年），清军平定张格尔在南疆发动的叛乱，暹罗政府在道光九年（1829年）遣使"表贺回疆底定"。清宣宗接到两广总督李鸿宾的奏报后说：

---

① 《光绪会典事例》卷五百三，礼部。
② 岑毓英：《云南通志》卷二百六，光绪二十年刊本。
③ 阮元：《研经室续集》卷十，辛卯南掌国贡驯象，原注二，商务印书馆，民国24年。
④ 阮元：《云南通志》卷一百八十六，道光十五年刻本。
⑤ 故宫博物院编：《清代外交史料》，嘉庆朝二，1932年，第17页。

"因擒获张逆,具表叩贺,情词恭顺,甚属可嘉。"① 缅甸国王孟既也"遣使表贺生擒逆裔张格尔、恭上皇太后徽号"②。

谢恩表文。朝贡国对于清廷的赏赐、恩典或救助,都须专门上谢恩表文。以琉球国为例,琉球官派学生在国子监学习肄业归国、清帝遣使册封琉球国王礼成以及清帝赐琉球王特殊物品及御书匾额等几种情形,琉球国王都进奏谢恩表文。谢恩表文或由进贡使节附带,或由国王专门派遣谢恩使节进奏。

3. 对朝贡表文的处理程序

清廷对朝贡表文的处理依照一系列流程。

(1) 督抚审核、翻译

外国的进贡表文,首先要经过入境省份的督抚审查。

朝鲜、安南、琉球的表文,汉字书写,有正副之分。朝鲜、琉球和安南的表文都用汉字书写,格式都非常规范。

暹罗进贡表文,番字书写,有正无副;缅甸进贡表文,番字书写,有正无副;南掌进贡表文,番字书写,有正副之分。这些国家的表文,都由本国语言书写,由入境处督抚派人将其翻译成汉字副本,"有用外国字体者,由督抚译成汉字副本"③。这些汉文副本都被中国翻译成了朝贡表文格式。

欧洲国家写给清廷的外交文书,也都以本国文字书写,内容基本上都是以平等口气写给清帝的国书。在经过中国地方督抚的汉译后,从内容与格式上,变得与中国规定的朝贡表文一致。

(2) 礼部接收

朝贡表文由属国使者赍捧入京,先向礼部递交。为防止将表文擦损,规定包装表文原有的匣、包袱不得换取。

(3) 内阁进行翻译、票拟,添加说帖,并提供节略给中堂。

礼部将表文收讫后,再将表文移送内阁汉本堂翻译:汉字表文,要加译满文;番字表文,在原来督抚的翻译基础上,重新翻译为满、汉文。随后将满文粘贴于汉文之后,送往票签处进行票签并加说帖。

票签是票签处根据表章内容替皇帝所拟的最初处理意见。内阁对朝贡表文的票拟内容根据种类而各有不同:

进贡表文,票拟"览王奏进贡方物,具见悃忱。知道了。该部知道"。

---

① 《清宣宗实录》卷一百五十九,道光九年八月己巳条。
② 《清宣宗实录》卷一百六十三,道光九年十二月甲子条。
③ 《嘉庆礼部则例》卷一百七十一,礼部主客司。

谢恩表文，票拟"览王奏谢。知道了。该部知道"。

请封表文，票拟"览王奏请袭封爵。已有旨了。该部知道"。

庆贺表文，票拟"览王奏贺进献方物，具见悃忱。知道了。该部知道"。

说帖是与票签一同进呈的说明性文字，包括表章的性质、数量等信息等，说帖也有相应的书写样式：

对琉球国王进献表章的说帖样式：

查琉球国王世孙尚温进贡表文一道、谢恩表一道、奏本一件，臣等俱照例拟签进呈，理合声明。谨奏。①

对南掌国王进献表章的说帖：

样式一：查南掌国王召温猛庆贺万寿表文、例贡表文各一道，俱系该国土字，臣等照译出原文兼缮清、汉，并将该国正副表各二道一并进呈。谨奏。②

样式二：查南掌国王召温猛恭谢册封恩表文一道，臣等照译出原文兼缮清、汉，同原表一并进呈，再查原译表文未经填写年月，理合声明。谨奏。③

对安南国王进献表章的说帖：

样式一：查向来安南国贮表金饰镐匣、金锁钥俱交造办处，今此次该国进贮表金饰匣二个、金锁钥二副，俟命下之日仍交造办处。为此谨奏。④

样式二：查越南国王阮福晈恭进辛卯、癸巳两贡表一道，臣等谨拟签进呈，其两贡方物随表一件例不票签，理合声明。谨奏。⑤

在把票拟、说帖预备好之后，还要拟写一份呈送中堂的节略，内容包括呈进皇帝的文件票签、礼单内夹某片以及例不呈进的文件，以备查核把关。以下即为节略样式：

---

① 《文献丛编全编》第十册，第六辑，藩属表章票拟式样，北京图书馆出版社，2008年，第146－147页。
② 《文献丛编全编》第十册，第六辑，藩属表章票拟式样，北京图书馆出版社，2008年，第147页。
③ 《文献丛编全编》第十册，第六辑，藩属表章票拟式样，北京图书馆出版社，2008年，第149页。
④ 《文献丛编全编》第十册，第六辑，藩属表章票拟式样，北京图书馆出版社，2008年，第149页。
⑤ 《文献丛编全编》第十册，第六辑，藩属表章票拟式样，北京图书馆出版社，2008年，第149页。

计开：

朝鲜国王某 庆贺万万寿圣节表一件（票）

览王奏贺进献方物，具见悃忱，知道了，该部知道（签）

随表礼单一件，内夹朝鲜国王庆贺万万寿圣节礼单（汉字片一）

以上　件（有礼单）

长至使臣参宴谢太上皇恩表一件（票）

览王奏谢，知道了，该部知道（签）

以上　件（无礼单）

朝鲜国王庆贺万寿圣节一件（票）

览王奏贺进献方物，具见悃忱，知道了，该部知道（签）

随表礼单一件，内夹朝鲜国王庆贺万寿圣节礼单（汉字片一）

以上　件（有礼单）

长至使臣参宴谢皇帝恩表一件（票）

览王奏谢，知道了，该部知道。（签）

以上　件（无礼单）

说帖即照草底缮写。

以上俱系应行进呈之件。

朝鲜国王又进到庆贺万万寿圣节、万寿圣节谢进、贺使臣参宴恩状各一通。以上例不进呈，俟进呈表出科之日，连某表某项一并交厅贮库。①

（4）进呈皇帝

表章进呈方式分为汇进和随进两种。各国岁贡、谢恩表章在开印后集中汇进皇帝御览，封王、建立世子、国王薨逝、王妃薨逝告赴、请赐谥典、请发列传、请将户口编入中国等类表章，随到随进。

这些进呈皇帝的表章，在由汉票签送到时，由纸匠根据表章数量、尺寸，不论表章、奏本及礼单多寡，每国各做黄匣1个，先期二三日办理妥协，以方便进呈。

---

① 《文献丛编全编》第十册，第六辑，藩属表章票拟式样，北京图书馆出版社，2008年，第141-144页。

（5）皇帝批阅

表章进呈后，皇帝根据票拟内容用朱笔将谕旨写在表文的封面、封底，此即所谓批红谕旨。

（6）执行

皇帝批阅过的表文发回内阁，内阁再将表文下发礼科，由礼科发往礼部。礼部将表文上的皇帝朱批，用咨文反馈给属国国王。

各国进奏表文在正月初一太和殿举办的有外国使节参加的朝见活动中，礼部会把各国表文以案陈设在太和殿中，表示万邦来朝的盛况。

（7）存档

各国表章在经过翻译、票签、进呈、批阅、反馈各环节之后，最后归档保存。所有各国金叶、蒲叶等类表章以及原译表底、印花封套、匣筒等件都贮藏内阁大库，而历年的说帖草底、单片及草签、礼部文移等项则送往五要档第二要十二号保存。

对于入库的金叶表文，清廷有特殊规定："金叶表文内阁收受后，即将上届所进者交出，由礼部送交内务府。"① 另据乾隆五十五年（1790年）二月初二日的一件满票签传抄说："本日奉旨，暹罗、缅甸所进金叶表文，存贮内阁库内，即将内存金叶表文，仍交内务府。嗣后挨次递换，永以为例。"②

以上两则资料表明，从乾隆五十五年（1790年）二月起，各国最新所进的金叶表文保留在内阁库内，此前保留在内阁库内旧的金叶表文要送交内务府造办处进行熔化提炼。由于清廷保留在内阁大库的金叶表文一般只有该国最新的一件，因此留存至今的金叶表文实物数量不多。

如光绪元年（1875年）二月缅甸国王进贡表文。

> 缅甸国王小臣孟顿恭奏天朝大皇帝陛下：伏以圣人御宇，川岳悉披夫怀柔；薄海同风，葵藿亦深其向慕。小臣世居缅甸，服属遐荒。自仰蒙天朝恩准内附以来，隶禹甸则例修职贡，戴尧天而愿切嵩呼。前戒烽火于边陲，久阻梯航于远道。今幸兵戈永息，海宇乂安。小臣属在藩封，亟应纳贡。谨备金叶表文一道，长寿圣佛一尊，驯象五只及土产各物，特遣使头目只也馼纪们甸沮素等代躬恭进阙廷，伏启大皇帝赏收。鉴兹恭顺之忱，俾遂瞻依之愿。小臣临表，不胜感激欢忭之至。谨奏。

---

① 《嘉庆礼部则例》卷一百七十一，礼部主客司。
② 《明清档案》第一册，徐中舒序。

伏愿大皇帝万岁、万万岁！
附呈贡使职名：
正贡使　　直也驮纪们腊们甸沮素
副贡使　　糯也他沮素
副贡使　　糯也他觉工①

二、状文

状与表、笺属于同一种文书体例，区别仅仅在于行文对象的不同。表用于皇帝，笺用于皇太子，状则用于皇太后和皇后。明清时期，朝鲜向皇太后、皇后进呈方物均使用方物状。

朝鲜方物状以"朝鲜国王姓某谨备尊号皇太后陛下（黄签）"或"中宫陛下"（红签）开头，中间接"进献礼物：贡品名称与数目"，再以"右件物等，谨奉进以闻"结束。文末署"年号某年某月某日朝鲜国王臣姓某"。

如乾隆八年（1743年）朝鲜国王进献皇后的方物状。

朝鲜国王臣姓讳，谨备中宫殿下。进献礼物：紫细绵绸二十匹、白细苎布二十匹、浮椒一十斗、全鳆一十贴、大口鱼一百尾、海参一百斤、红蛤一百斤、八带鱼一十五尾、海带菜一百斤、广鱼五十尾、柏子一十斗、榛子一十斗、干柿一十贴。右件物等，谨奉进以闻。

乾隆八年七月初六日，朝鲜国王臣姓讳。②

三、奏本

奏本是明清时期臣工向皇帝上奏的文书之一。明初定制，臣民具疏上于朝廷者为奏本。清代奏本仅局限于官员使用。清初，臣工奏事，凡属公事，用题本形式，须加盖官印；凡属私事用奏本，不用印信。

由于题本、奏本体例因公、私难以分清导致使用混乱，乾隆十三年（1748年）清廷下令废止奏本。但琉球、越南、朝鲜等朝贡国家国王致书清帝时，一直沿用奏本，并加盖国王印信。因此奏本几乎成了朝贡专用文书。朝贡奏本有陈奏、庆贺、谢恩、进贡、请封等种类。奏本一般与表文一起进呈，起着补充说明的作用。这主要由于表文格式用于歌功颂德，无法进行叙事，因此叙事功

---

① 李根源：《永昌府文征》（三），文录，卷十六，云南美术出版社，2001年，第2560－2561页。
② 《〈同文汇考〉中朝史料》（一），吉林文史出版社，2003年，第94页。

能就需奏本这一形式来完成。由于奏本体例的特点，奏本更具实质性内容，它比表文更能体现中国和朝贡国之间的具体内容。

清代奏本定制每幅高26厘米，宽12厘米，篇幅长度以字数多少断幅。首幅开面上方正中写一"奏"字，下押官衙印信关防。自第二幅起为正文，头行书具奏衙门官衔，疏密俱做一行书写。文尾以"谨具奏闻"或"右谨奏闻"4字结束。末幅正中写具奏年、月、日，年、月、日下列具奏者官衔姓名，加盖官衙印信关防。清初规定，奏本文字不得超过300字。奏本正文之后，须注明全文字数及用纸张数。

清廷对朝贡国王奏本的接受方式与朝贡表文不同。对于表文，要求贡使亲自呈送到礼部，再由礼部转交内阁，最后进呈给皇帝。对于奏文，康熙五年（1666年）规定，凡外国奏疏不得由使臣带往北京，必须交由当地督抚转奏。康熙六年（1667年），清廷又出台新规定，命令各省督抚必须先阅读奏文，再根据奏文内容具题上报。后来清廷接收奏文方式有所变通，外国奏本既可以由各省督抚转奏，也可交由礼部呈递。

对于奏文的批复，经由内阁票拟贴黄，清廷根据奏文内容作出不同处理。

一般奏报事物，知道内容即可，不必回复。如进贡奏本、谢恩奏本、庆贺奏本等，属于例行公事的奏报，清帝对这类奏本的批语为："览王奏谢。知道了。该部知道。"

其余奏本，能够直接答复，就将批示直接书写在奏本的首页。清帝无法直接下旨，交有关机构复议再奏。或者将答复意见另外具文下发。朝贡国奏文经皇帝朱批后，交六科抄录一式两份，最后奏文原件和抄件均交给内阁大库保存。

如康熙四十二年（1703年）二月十五日安南国王进贡奏本。

> 安南国王臣黎维禛谨奏：为奉贡事。臣叨司藩复，谨守国规，六年两贡，一惟常度是遵。康熙四十一年正当奉贡之期，臣与臣国辅国政臣郑椿预整岁贡二部仪物，遴委陪臣即随行员名五。臣先具公文投诸左江道台，请至冬节起程。幸蒙转详题达。钦蒙天旨，谕允奉有总督部院公文明报，准部复转行该国，将岁贡二部仪物，冬节令其恭进，即便钦遵等语。臣于此谨差员目阮世橘、范光宅、黎英俊等先诣南关投文叩请，蒙督抚部院列位会疏题报，臣即委差员目搬运仪物，候于关外。康熙四十二年二月十五日，蒙督抚部院委差左江道同南太思府会同验明赐进，今臣谨具奏闻。
>
> 一、奉上进表文一通。
>
> 一、奉贡方物：金香炉花瓶四副，该重二百九两；银盆一十二口，该重六

百九十一两;沉香九百六十两;速香二千三百六十八两;犀角六十座,该重二十七斤八两;象牙二十枝,该重三百八十斤。

一、差遣十四员名。陪臣二员:阮行、阮当褒;行人四名:吴咸重、阮寿祯、阮高、练公廉;随人八名:吴恺、范增光、武廷福、段廷祯、阮光运、阮惟贤、阮世胄、吴有晟。

自为字起至晟字止,该四百五字,字纸一张。

右谨奏闻。

康熙四十二年二月十五日,安南国王臣黎维禛谨奏。①

四、奏折

奏折是清代专有的一种文书。从字面上讲,即是折叠而进的臣子向皇帝报告事件的文书。奏折的使用,始于康熙中期,最初仅限于皇帝指定的少数亲信官员。雍正皇帝即位后,进一步扩大了使用奏折的范围。除了康熙时期有奏事权的地方将军、督抚、提督和中央的大学士、尚书等人外,一些翰林、科道甚至地方上低微之员,亦允许上奏折。乾隆时停止使用奏本后,奏折成为政府的正式公文,一直沿用到清代灭亡。

奏折的格式,折件为纸质折叠形式,一般折长23厘米,宽10厘米。另有一种小密折,高仅14厘米,宽7厘米。奏折每幅6行,左右两幅称为一扣或称一开。每扣12行,每行20字,平写18字。折面正中书一"奏"字,不加盖任何官印。奏文开首写具折人官衔姓名及奏报事由。接叙所奏事情的主要情节及处理意见。文尾总括全案事由,请皇帝裁断。最后以"谨奏"2字结束。文后写具奏年月日。奏折缮后,如另有事上报,可另附片。

奏折所涉内容非常丰富,大致可分为请安、谢恩、缴批和陈事四类。前三类比较简单,陈事折则非常繁杂,涉及内政、军务、外交,上至国家政务,下至百姓琐事,无一不包,大多不盖印章,直接报告于皇帝,因而保密的程度很高。在当时,奏折是皇帝控制政权,了解和掌握内外官员动向的有效途径。

奏折的处理制度,不同于题本、奏本。具折官员缮好折子后,或装折匣,或用夹板密封后,派遣专差或通过驿递,直接送到宫内的奏事处,由奏事太监呈皇帝拆阅。皇帝亲用朱笔将批答之词写于折上,即朱批奏折。朱批奏折由奏事处交军机处封发,或径直交原递折官员领回施行。雍正帝时,命令将前朝朱批奏折缴还,此后成为定制。雍正七年(1729年)下令实行副本制度。凡奉朱

---

① 《明清史料》庚编上册,中华书局,1987年,第81页。

批的奏折，都由军机处誊录一份备查，即为"录副奏折"。极少数奏折事涉机密，被皇帝留在宫中，称为"留中"。留中奏折，不朱批、不录副、不抄发，过后以原折交军机处归档。

奏折用纸多用榜纸、本纸和毛边纸，通称素纸，均为竹纸。当时宣纸名贵，臣僚缮写奏折不用宣纸。

奏折制度是一种密折制度。本不该用于程序和形式主义很高的朝贡文书。但清廷为显现对朝贡国的优容，允许某些朝贡国的朝贡文书以奏折形式进奏。清廷特别允许朝鲜和琉球国王可以采用奏折形式，可见中国和两国的亲密关系。

如道光元年（1821年）八月十六日琉球国中山王尚灏奏折。

琉球国中山王臣尚灏谨奏：为钦颁宝诏，恭谢天恩事。窃臣灏蚁蛭藩封，蜗居荒服，世蒙圣恩，毫无报称。嘉庆二十五年，谨遣陪臣耳目官向邦正、正议大夫蔡肇基等，恭进表文方物，前诣福建，乃际皇上登极大典，颁赐臣灏宝诏。时该使臣向邦正等由闽起程，未到京师，礼部将特颁宝诏颁发福建巡抚，转交都通事蔡濂。道光元年五月二十四日，蔡濂恭捧宝诏到国。臣灏感激无涯，举国忭跃。谨择良辰，躬率臣僚迎接，望阙嵩呼拜领讫，跪请宝诏。普天沐德，穷岛沾恩。灏抚躬增励，中夜图报，不能仰酬万一，惟有顶祝圣寿与乾坤悠久，皇图偕日月升恒耳。兹值庆贺之便，恭缮奏折，谨附陪臣王舅向廷谋等，顺赍赴京，叩谢天恩，仰冀圣慈俯鉴下悃。谨奏谢以闻。

道光元年八月十六日，琉球国中山王臣尚灏谨奏。

朱批：览。①

五、奏书

奏书，也叫奏疏或唐古特奏书，是西藏上层贵族上书皇帝，呈报政务，陈情言事所用的公文。清代西藏边外的尼泊尔、布丹等国向清廷行文也使用奏书这一文体。

如雍正十一年（1733年）巴尔布布颜汗奏书。

大主明鉴，微末布颜杂杂噶麻见合掌谨奏：大主圣体冲和，微末布颜汗不胜庆幸，蒙大主仁恩赏以敕书缎匹、琉璃、磁器等类，仰瞻圣明，不胜欣庆。向闻大主仁化，即欲遣使请安，拉藏汗不为转奏，计无所出。今蒙贝勒奏请，得瞻大主，天恩又得遣使奏书，诚大幸也。伏愿温旨时颁边鄙，小罕普沾天惠

---

① 秦国经："清代中琉关系文书研究"，《历史档案》1994年第4期。

矣。鉴之鉴之。奏书微仪哈达一个，珊瑚树一株，珊瑚一串五十五个，小珊瑚一串一百零八个，琥珀一串四十六个，金丝织成卡契带三条，金丝织成卡契小带五条，各色卡契缎三匹，白卡契布四匹，犀角一筒，孔雀尾扇二柄，孔雀尾一束，黑香一包，各色药一包。

癸丑年十一月二十八日奏。①

六、祭文

清代皇室重要成员有丧，朝贡国须派遣使节往京吊唁，此即所谓进香。使节进香时携带的吊唁文书称为进香祭文。

进香祭文的格式以朝鲜祭皇帝文为例：以年月日"维年号几年岁次某年某月干支某日干支"开头，后接文书的发送主体"朝鲜国王臣姓某"，再接"谨遣陪臣职姓名，以清酌大牢之奠，敢昭告于大行皇帝陛下灵筵"句，中间是以"伏以"起头的正文，文末以"尚飨"结束。

如嘉庆二十五年（1820 年）朝鲜国王祭皇帝文。

维嘉庆二十五年岁次庚辰十一月甲寅朔初八日辛酉，朝鲜国王臣姓讳谨遣陪臣判中枢府事韩致应，以清酌大牢之奠，敢昭告于大行皇帝灵筵（黄签）：伏以先膺禅授，垂廿五年。有典有谟，缉熙仔肩。于不有光，天命作对。耆定图功，昌炽未艾。执竞维武，整我神器。舟车所至，霜露所降。大共小共，靡不辐辏。化溢膏烛，咸圉飞走。荷天之宠，何福不除。巍勋盛德，史不胜书。顾兹小邦，偏承优渥。宠赉颁珍，陪臣锡爵。囊警潢池，雄师临境。天威是藉，式获捷音。厚往薄来，无愿不遂。同我臣庶，祝以万祀。天何降割，讳音倏承。鼎湖苍茫，虹堕龙升。百姓如丧，万邦无禄。深山穷谷，罔不奔哭。邈矣海陆，奄失覆焘。使节遥临，忍读遗诰。十行谆谆，涣音如昨。化育神功，敻却无迹。眷被上京，感涕增伤，柔远之德。于戏！不忘迩阴屦卫，封疆有守。何以伸诚，瞻依北斗。一价遥驰，摄荐不腆。洋洋在上，庶歆明藏。尚飨！②

七、禀文

禀文又称禀帖，是清代官府间使用的一种便函，是下级向上级正式行文前先向上了解意向、疏通关系的一种文书。清代书吏、衙役及乡绅、官商、乡约、

---

① 《西藏志考》，中央民族大学出版社，2010 年，第 80 - 82 页。
② 《〈同文汇考〉中朝史料》（三），吉林文史出版社，2005 年，第 245 页。

里长、甲长、有身份的百姓，甚至外洋商人，向地方主管请示问题时，都可以采用禀帖形式。这种禀帖多采用简便的白折，折面标一"禀"字，外国商人要标"禀明"。这里需要注意的是，朝贡上行文书中的禀文体裁与表奏体裁的区别。它们虽同为上行文书，但禀文不能用于臣子向皇帝进奏，只用于等级不同的臣子们之间的交流，即只用于低级大臣向高级大臣的请示。

禀文的书写格式，较为灵活多样。一般而言，首写具禀人的身份和姓名，接写事由，结束时书写"伏乞大老爷台前批示遵行""叩请大老爷查核""伏乞县台查核"之类的词句。

在朝贡体制下，禀文是朝贡国向中国地方官员的行文方式。暹罗国王郑信采用过禀文形式与中国官方联络，安南等朝贡国与中国地方官员书信来往有时也采用禀文形式。

在广州体制下，西方国家的贸易代表向中国官员行文主要采取禀文形式。西方国家的这些禀文不书中国年号，只书公元纪年。广州体制下西方的禀文呈递方式比较特殊。西方国家上交中国地方政府的禀文首先要交给行商，再由行商这一中介上达中国官员。如果西方国家直接递送禀帖给中国官员，中国官员则会拒收。道光十一年（1831年）中国政府曾在禀文递交方式上作出一定让步：如果行商截留禀文，不予转呈，可以允许两三个外商到城门口将禀文递交城门的守卫①。在鸦片战争之前，东印度公司垄断对华贸易的时代，驻广州的公司大班比较安于通过中国行商这一渠道转交禀文给中国官员。但道光十三年（1833年）东印度公司垄断制度结束后，英国驻华代表改为英国政府正式派遣的商务监督。由行商转交禀文这一方式与英国外交体制严重不符。英国为争得直接递送信件的权利，与清廷爆发了激烈的冲突，后来以英国失败告终。

禀文体裁虽然也用在中国与传统属国之间的文书交往中，但中国与传统属国关系密切，行文渠道多样化，禀文体裁并不是二者文书交往的大宗。禀文的使用主要用于中国与朝贡体系外围的国家。清代禀文运用最为广泛的是中国与俄罗斯、英国之间的文书来往。

如乾隆五十五年（1790年）正月安南国王给福康安禀文。

安南国王阮光平，肃禀天朝御前大臣、经筵讲官、太子太保、内大臣、议政大臣、协办大学士、吏部尚书兼兵部尚书、兼都察院右都御史、总督广东广

---

① [美]马士著、张汇文译：《中华帝国对外关系史》第一卷，上海书店出版社，2000年，第80页。

西军务兼理粮饷盐课、一等嘉勇公台前曦瞩。

兹者接奉宪札，内开，钦奉上谕：令故黎君维祁率同伊属下人户，全行来京，归入汉军旗下，编一佐领。又黎维祁穷蹙内投，亦着一并送京安置，俾小番抚有安南全境，永无后患。仰维大皇帝兴灭继绝之意，不忍黎氏故主齿于齐民，且不欲其翱翔粤西，使黎氏支庶及旧日臣民藉此为名，讹言煽惑。余光爝火，未绝星星。故特令全行进京，归旗受职。盖其防微杜渐，所以仁于黎氏者，乃所以厚于小番。圣恩体恤新邦，实属无微不至，其为欢忻感激，何可限量。而亲侄阮光显，陪臣阮有晭、武辉瑨等回国，钦奉颁赐诰命、敕、印，并彩币珍品，祗领带回。再奉御赐亲书诗章，稠叠宠荣，实踰常格。盖自本国丁、李、陈、黎觊幸之难，而今日蒙霶之易，岂敢自谓恭顺之至有加于前人？实蒙大皇帝至仁洪慈，将遐远偏方，悉归覆载。飧和沐泽，报答何阶。虽罄土地所有以旅阙庭，曷足以对扬休命？况海岭之尺土寸民，皆天朝之赐。不腆筐包，讵堪尘渎！惟是恪恭奉上之诚，不能自已。奉有谢恩表文一道，谨遣陪臣黎伯珰、吴为贵等随表进京，并赍递贡品上进，岜望尊大人收表转奏。今年八月祝釐大礼，小番谨已点检行装，先期诣关，匍匐稽拜，区区之衷，不遑启居。请以今年四月上浣赴阙，候尊大人带随进京展觐。窃思小番生于布衣，赖天朝宠灵，以克有国。鄙陋荒远，礼制多所未娴。且小番深山缔构以来，主臣相聚，有所跋涉，咸执羁鞚以从。今万里程途，个个愿带随偕往。且此次瞻觐丹墀，献万万岁寿，受臣子旷闻之异渥，睹生平未见之大观，鼓舞趋跄，乃众情之同然者，难为峻却。如呈请多带员役，又恐于体制未合。将来行时，当得带随几许员弁，多少部曲；从陆道起若干人马，或从水道作何储顿；又冠带衣服用何品色，统祈早赐开示，庶得预先备办入觐，以合礼仪。且天朝讳避条禁，下邦始奉内属，未得一一详知。窃愿俯赐明教，庶不致冥行径造，以取重庋。又本国自李、陈、黎氏都于升隆城，天朝恩命于此赍临。迩来地气衰歇，今本国富春以南，疆界较前代稍广，设都建国，惟义安为土中，已于其地之凤凰山前置为本国中都，业经陈达左江汤道官知照。向后一切公文往复，比升隆城日期又多一倍。仰维体照，幸免稽延之咎。家儿光垂方当学礼，玉树生庭之誉，未敢披襟。蒙贶吉祥如意、锦缎多珍，一家父子，均沐恩波，拜领之荣，实深感佩。至如家将吴文楚先后趋赴，乃其职分内事，并蒙彩币之赐，爱屋及乌，顶戴又何如也。再奉钧谕，本国初立，事事草创，一切服用，有缺欠须备用之处，列折呈达，当为采买送来。窃惟衣服所以华躬，中州服色彩章之美，深所景慕。所有龙蛟袍样，谨奉别折开列，希下织坊，照样织造，工竣之后，发付奉领，为小邦朝宴之服。陈请为渎，万望鉴原。临纸向辕翘瞻肫切。肃禀。

乾隆五十五年正月十日①

八、呈文

呈文是下级报告上级所用文件，传统朝贡国与西方国家都有使用呈文体例的情形。呈文一般不是以机构名义而是以个人名义向礼部等衙门呈交。呈文不使用印章，故又被称为"无印呈""白头呈文"。

如道光元年（1821年）朝鲜使臣给礼部呈文。

朝鲜国差来年贡陪臣李羲甲等谨呈：为仰暴微悃，冀蒙恩准事。小邦偏荷大朝字小之恩，区区微诚粗效于不腆土仪者为屡百年矣。此次呈进大行皇帝前圣节、冬至二份礼物，今有交该使带还之命，其在分义固当奉承之不暇。第伏念康熙六十一年壬寅圣祖仁皇帝圣节、冬至礼物，雍正十三年乙卯世宗宪皇帝圣节、冬至礼物俱为领纳于升遐之后。故小邦谨遵成例，三节礼物一体封进，良以此也。今若烦渎是惧，终至带回，则窃念大行皇帝二十五年覆焘之泽，无以仰答于万一，而小邦君臣之情礼悲缺有不可胜言。职等职在承办尤枥（土字旁）闷隘之忱，兹不避猥屑，敢此陈恳。伏乞大部特垂体谅，亟赐裁处，千万伏企。为此谨呈。

道光元年正月②

九、申文

申文是下级机构发给上级机构的一种下行文书。朝贡文书中，主要由朝鲜相关机构行文中国礼部。

如康熙十三年（1674年）朝鲜国议政府发给礼部的请历申文。

朝鲜国议政府议政许积等谨申：为请历日事。照得颁降历日，先期冬至咨请受来，已有定例。不期小邦无禄，先国王本年八月十八日薨逝。卑府敬奉庄穆王赵妃教令，康熙十四年时宪历日拟合申请。为此专差司译院正李仁凯赍申前去。伏乞贵部查照转奏，颁降施行。须至申者。

右申礼部。

康熙十三年八月二十五日③

---

① 陈其元：《庸闲斋笔记》，中华书局，1989年，第276-278页。
② 《〈同文汇考〉中朝史料》（三），吉林文史出版社，2005年，第348页。
③ 转引自李善洪《朝鲜对明清外交文书研究》，吉林人民出版社，2009年，第128-129页。

十、结状

结状是一种司法保证文书,又称"具结""执结""甘结""保结""检结""切结"等,表示负责或承认了解的经过签押的字据,很大程度上包含着担保的意思,并且也可以看作是古代愿意承担连带责任的一种普遍的意思表示形式。出具结状,是由传统社会中注重信用的心理和文化因素而演化的传统管理方式。

"结"在古代中国主要有两种存在形式:一是"甘结",由具结者为保证自己的身份、行为而出具的结,又称自具甘结、具结;二是"保结",由具结者为担保他人的身份、行为而出具的结,亦即为他人担保。结状的格式一般包括具结人,因何案而具,最后是"所结是实"等套语。

清代朝贡体制下,清廷册封琉球国王时要先由该国的元勋、耆老联名出具保结——通国结状,为请求册封的世子在身份、品德等方面进行担保。通国结状是王位继承人获得册封合法性的前提之一,清廷在对通国结状审核无误后,确定即批准琉球政府的册封请求。另外,光绪十二年(1886年)布鲁克巴政府也曾向清朝驻藏大臣递交了3份甘结。

如乾隆十九年(1754年)琉球国通国结状。

琉球国中山王府法司官向俭德、马元烈、向杰,长史郑秉和、毛如苞等为请袭王爵以重封典、永固海疆事。该俭德等遵照旧例,结得先国王于乾隆十六年正月二十九日婴疾薨逝。今嗣君王世子穆诚系嫡长,端重谨厚,纯孝笃实,臣庶归心,宜嗣王位,以光藩服。相应连金确具甘结,亲画花押,呈缴查考。伏乞大部大人俯鉴舆情,照例奏请敕赐荣封,永固海疆。俭德等遵将继统缘由禀明。所结是实,不敢冒结,致干虚诞之咎。须至结状者。

乾隆十九年十月二十二日具结状①

第三节 朝贡平行文书

朝贡平行文书大多为清朝部院、督抚、布政使、按察使与朝贡国之间的文书来往。这些文书包括咨文、照会等形式。在朝贡体制下,平行文书虽曰平行,

---

① 《历代宝案》(校订本),第五册,第二辑,卷三十六,冲绳县教育委员会,1996年,第191页。

但并不平等。属国国王只能与皇帝的臣子进行文书的平行交往。朝贡平行文书由于格式比较简单,文体也不是骈体文,文字朴实无华,较少涉及歌功颂德内容,因而是一种实用文体,反而更多地反映了中国与朝贡国之间最为实质的交往内容。中国与朝贡国之间的边界事务以及中国与俄罗斯、英国两国的来往文件中大量使用平行文书。

一、咨文

清代咨文是官署之间的平行文书,用于平行或不相隶属的司、道以上的高级官署之间的文移。咨文的种类有咨行、咨会、咨请、咨复、咨送、咨商、咨明、咨解等。

咨文的格式为白纸折叠形式,封面上方写一"咨"字。折中每扣 4 行、5 行不等,每行 20 字不等。咨文以"某某为咨会事"或"某某为何事"开始,接叙咨会的事由,末尾以"右咨某某"结束,文后写明具文年月日,并加盖官印。

属国国王与中国地方督抚、布政使、中央部院堂官之间的行文使用咨文体例。清朝礼部与外国往来文书皆用咨文:"礼部行文外裔各国,均用咨,来文亦用咨。"①

清朝政府与俄罗斯来往的外交文书中,大部分属于咨文体裁。清初中俄之间因为来往国书发生过严重冲突,因此在其后的中俄《恰克图条约》第六款,专门规定了双方文书来往的规则:双方来往公文,不再由皇帝具名,只以清廷理藩院和帝俄萨那特衙门的印信为凭,库仑办事大臣行文萨那特衙门皆用库仑办事大臣印文。对于中俄之间文书交往的这种惯例,陈康祺《郎潜纪闻初笔》记载:"国初与俄罗斯立约往来,不强之修表纳贡;彼此关会,不用诏旨。惟理藩院行文于其'玛玉斯衙门',如有司咨牒状。盖早恐日后梗化,不至有伤国体也。"②"咨牒状"者,实际上属于咨文一类。中俄双方都在力图回避不同外交体制引起的冲突,双方对以这种不涉及国体的文书交流都是默认的。《故宫俄文史料》收集了中、俄交往文移中的咨文,汉译者统统将这种咨文翻译作函件。

如道光六年(1826 年)俄罗斯萨那特衙门复理藩院咨文。

道光五年十二月准大清国理藩院来文,内称为在哈萨克界内建盖土房一事,当即呈明本国王,奉谕:理藩院来文言词和睦,实为两国通好,所称筑房等事

---

① 《光绪会典》卷三十,礼部。
② 陈康祺:《郎潜纪闻初笔》卷十,中华书局,1984 年,第 222 页。

尔等自当查明妥协办理，奉此。查哈萨克部落人数众多，应归何国统属从前定立条约并未议及，后哈萨克等因结仇争斗，往返贸易，前来我国求兵相助。我国王伊疋叶喇托尔因其出于至诚，允其所请，晓谕驻扎西比尔地方大臣，嗣后哈萨克等如再有所求，即酌量办理，务使哈萨克永享太平，两国贸易民人均有照应，等谕在案。

上年哈萨克等复又遣人前来求兵资助，是以本国驻边大臣曾经遵谕派兵前赴该处，后因应办事件完毕旋即撤回。至该兵丁等有无在哈萨克界内建盖房间，并未呈明国王。及兵丁等建盖土房数间，自系因当时暂避风雨起见，谅不日亦必坍塌，现已札知驻边大臣令其详加察看，俟咨复到日如有可疑之处，即行停止。

今大清国既因两国和好遵守约条，我国守护边界即与贵大臣无异，此言实系万真。且奉我国王伊疋叶喇托尔谕，曾奉祖父遗命两国和好，遵守约条以图永久，何敢违悖？祈将此情转奏大皇帝。

道光六年四月初四日①

二、照会

照会作为公文名称，始于明代。照会有会同照阅之意，大都是不相隶属的文武衙门之间行文时使用。明代凡五军都督府行文六部用照会。清制，总兵行文非所辖的副将，副将行文非所辖的千总，总督行文总兵，提督行文司、道、运司，总兵行文府、厅、州、县，副将行文各州、县，驻防副都统行文非所属之副将，经略行文将军、督抚等，均用照会。

照会的格式文首以"某官署为照会事"开始，接着用"案照"2字引叙事由缘起，结尾以"须至照会者"结束，末书"右照会某某官署"，具照年、月、日，加盖官印。如果行文双方官阶平等，照会日期处通常以墨笔标注，称墨笔照会；如果官阶相悬者，发文者官阶高于收文者的照会，一般用朱笔标注日期，称朱笔照会。

中国地方大员给属国国王的文书，也以照会为主，内容大致都是传达指令或通报情况。鸦片战争之后，中外官方交流开始广泛使用照会。《南京条约》规定，中英两国官员相互往来使用照会，这种照会性质已经发生了重大变化，成为近代国家关系来往的平等文书。

如道光二年（1822年）云贵总督、云南巡抚照会缅甸国王。

---

① 《文献丛编全编》第七册，第二十七辑，俄罗斯档，第284－285页。

天朝云贵总督、云南巡抚为照会事。照得云南边界车里地方与贵国孟艮等处接壤，该土司刀绳武袭职以来，与孟艮头目召布素等向敦邻封之谊，和好无嫌。从前其叔刀太康代办土司时，正值夏于腊与贵国连年争斗。刀太康恪遵内地法度，从不稍有偏护。嗣后刀绳武亦遵循无异，此贵国所深知者。

兹闻召布素差遣瑞令底瓦等来至九龙江外，适刀绳武在彼查边，瑞令底瓦等将刀绳武诱赴孟艮，声称系因拿获老挝，搜出宣慰司印信缅文，内有刀绳武约令南掌谋害刀太康，并有同攻孟艮之语，欲令刀绳武与老挝质对等情。查老挝等六人本系刀太康拿获，其搜出缅文一张虽有宣慰印信，据刀太康查系奸夷召土鼎将收存钤印空白捏写刀绳武之言，欲图倾陷，以泄私愤。且据刀绳武以伊与刀太康并无深怨，何肯招令外域来攻，先扰自己疆土，至与孟艮更无嫌隙，实在非其所为，剖辩甚力。今此项缅文既为召布素所得，自应移询宣慰辨明真伪。即使事在可疑，亦当禀请内地文武各官查究确实，治以应得之罪。召布素等何得辄将刀绳武诱赴孟艮？况车里与孟艮中外攸分，该缅目擅遣其属入内，亦大冒昧矣。本应饬行文武率领兵练声问其罪，但念贵国服事天朝，素称恭顺，且贵国王远居阿瓦，恐不能知此情形。其咎止在召布素等不知轻重所致。为此，照会贵国王，速即转饬孟艮召布素等将车里土司刀绳武立即送回，务令嗣后边境辑睦，不可怀疑构怨，致堕奸夷召土鼎术中。倘召布素等将刀绳武淹留不遣，则是不遵贵国王之谕，获罪天朝，本部堂、院必当奏明大皇帝严行惩办，致使贵国王素日恭顺之忱因此而失，谅非所愿。且前项印文是否系召土鼎捏造，内地正须验明查究，当一并交与刀绳武带回，以凭彻底根究，分别办理。至本年春间夏于腊被莽练击败，必图报复。彼时内地断不许刀绳武稍有偏助。但此时睦邻修好，亦召布素等所当先务，其即转谕孟艮等各缅目遵照是为至要。须至照会者。①

三、柬文

柬文是信函、信札和名帖等的统称。

如雍正六年（1728年）安南发给广西巡抚的柬文。

安南国王黎肃柬于天朝巡抚广西等处地方、提督军务兵部右侍郎兼都察院右副都御使加一级在任守制韩台座下电炤。雍正六年四月初七日接奉云贵总督部院公文，内开：为钦遵圣旨事。照得天冠地履为上下之常经，君令臣共乃乾

---

① 故宫博物院编：《清代外交史料》，道光朝一，1932年版，第24－27页。

坤之大义，诚奉君命而不违，自识天颜之有喜，宜乎恩纶之下逮而庆赏之必行也。前据本国于雍正五年十二月初二日恭迎敕谕，随具奏章，用申感谢之忱，备极恪恭之意，本部院展阅来柬，知情词恳切，即为驰达天听，上洽圣心，甚为嘉悦，念本国既能感恩悔过，踊跃钦从，着将四十里地仍行锡赉，特简大臣都察院副都御使杭、内阁学士兼礼部侍郎任赍奉敕谕，由粤省前来，本国可即委大员抵关敬谨迎导，再一面委大员赴开化受地，并同滇省委员将分界处逐一勘清，画定界限，以便设关立碑，俾本国永远世守可也。为此合咨本国烦为查照，仍冀见复施行等情。本国感戴天恩，喜逾望外，随即委差员目范谦益、范廷镜、丁文贡、阮有用、裴仕遥、马伯奇等迎接天使，并委阮辉润、阮公寀等受地，并同委员定界。事属欢庆，理合亟行，第今溽暑薰灼，蛮烟蜑雨，跋涉最难，恳迨初秋灏气晴明，瘴岚消霁，一面往凉山界首迎接大人龙节，一面往宣光界首领地并候上宪委员，并于七月中旬起程，已投文于云贵总督部院，请订指天使临关日子并委官临界日期。为此具由明报，希惟照详事理，力为主张，明指天使抵省确信与临关日期，俾本国得以钦遵奉行。今肃柬。

雍正六年四月初九日①

四、证件

清代前期的中外交往过程中，出现了各种证件类文书，大体分为以下几类：

1. 符文

中琉朝贡文书往来中，琉球方面会颁发符文给前往中国的进贡使团。符文是进贡船随附的证明书，记载船字号、乘船者、装载货物等，并记载赴北京的官员、人员、货物等。符文大都由上京的官员（一般是都通事）付送。

如嘉庆二十三年（1818年）八月初六日琉球国中山王给都通事梁光地等人的符文。

琉球国中山王尚为进贡事。照得本爵世沐天朝洪恩，遵依会典，二年一贡，钦遵在案。兹当嘉庆二十三年进贡之期，特遣耳目官毛惟新、正议大夫郑克新、都通事梁光地等赍捧表章，率领梢役，共不过二百员名，坐驾海船二只，装运常贡煎熟硫磺一万二千六百斤、红铜三千斤、炼熟白刚锡一千斤。分载两船，一船礼字第二百十八号，装载煎熟硫磺六千三百斤、红铜一千五百斤、炼熟白刚锡五百斤；一船礼字第二百十九号，装载煎熟硫磺六千三百斤、红铜一千五

---

① 《史料旬刊》（一），北京图书馆出版社，2008年，第150-151页。

百斤、炼熟白刚锡五百斤，前至福建等处承宣布政使司，投纳起送，赴祝圣禧。所有差去员役，恐无文凭，各处官军阻留不便。为此，理合给发王府礼字第二百十七号半印勘合符文一道，付都通事梁光地等收执前去。如遇经过关津及沿海巡哨官军，验实即便放行，毋得留难迟误。须至符文者。

计开：正使耳目官一员毛惟新，人伴一十二名；副使正议大夫一员郑克新，人伴一十二名；朝京都通事一员梁光地，人伴七名；在船都通事二员，魏思聪、梁文献，人伴八名；在船使者四员，向廷宪、傅国屏、麻崇基、翁文秀，人伴一十六名；在留通事一员王秉谦，人伴六名；在船通事一员魏永昌，人伴四名；管船火长直库四名，王兆杜、善得福、陈喜继、保肇基，水梢共一百二十名。

右符文付都通事梁光地等。准此。

嘉庆二十三年八月初六日①

2. 执照

执照是琉球政府付与所有渡航船只的证明书，内容除了记载与符文相同的事项之外，还记载留滞于福州的通事等官员或其他人员的名字。在执照上盖有字号的半印，称为某字某号半印勘合执照。

如道光七年（1827年）四月初四日琉球国中山王给都通事魏永昌等人的执照。

琉球国中山王尚为给发护照，以凭关津，以送难人事。照得道光六年十二月二十三日，有江南省松江府上海县难人舵工王郡芳等十四名，坐驾海船一只，到永泰沙装载货物，要到山东贸易。洋中陡遭飓风，飘到本国属奇界岛，冲礁击碎。该地方官收养，送到中山泊村，业经发馆安插，照例给与廪饩、衣服等项，钦遵部文内奉旨事理，收养解送。兹特遣都通事魏永昌等，坐驾海船一只，率领梢役共六十七员名，护送难人王群芳等十四名前至闽省。所有差去员役，恐无文凭以致各处官军阻留不便。为此，给发王府礼字第二百四十三号半印勘合执照一通，付都通事魏永昌等收执前去。如遇经过关津及沿海巡哨官军，验实即便放行，毋得留难迟滞。须至执照者。

计开难商名数：舵工王郡芳，耆民周庚，副舵袁同江，水手王文源、王浩林、王宝林、朱明标、韩有才、董芳明、徐廷标、王有贵、金有林、周金如、张余富，以上共计十四名。

护送都通事一员魏永昌，人伴四名；司养赡大使一员向德康，人伴四名；

---

① 转引自秦国经《清代中琉关系文书研究》，《历史档案》1994年第4期。

管船伙长直库二名陈若还、柳逢春；水梢共五十五名。

右执照附都通事魏永昌等，准此。

道光七年四月初四日①

3. 俄国执照

俄国在与中国交往过程中，曾为早期来华的商人签发过执照。此种执照实际上是一种外交护照。中俄签订的条约中，规定俄国人来华，须持有执照。

如康熙六十一年（1722年）俄国发给俄罗斯来华商务专员的执照。

兹奉俄罗斯察罕汗谕旨，由我处派遣商务专员斯捷潘·特列蒂雅科夫等，携带我官货貂皮等物，前往贵国销售，并购买我所需之贵国物品。既然我两国修好有年，请仍按前例，准我所派商务专员等经过贵国喀尔喀等地，并请沿途护送至京城。到达后，希拨给栈院，准我商务专员将所带货物自由销售，并购买贵国货物，相互交易。交易完毕，携带货物返回时，望仍准伊等经贵国所属蒙古塔拉、喀尔喀等地方，并望派员协助，沿途照看货物，妥送至我边界。同时，我察罕汗业已指令我属人员，若尔方有事，亦将妥善办理。惟恐无据，特由莫斯科签发执照，盖我国印，交付商务专员带去。天主降世一七二二年七月二十日即建国四十一年，掌管国印大臣赫洛夫金。②

4. 船牌

清代广州体制下，清廷为西方国家出入广州颁发了各种船牌。

如乾隆五十七年（1792年）澳门同知发给洋商前往广州的牌照。

特授广州澳门海防军民府加一级又随带加一级纪录五次韦，为乞恩给照上省有凭事。乾隆五十七年七月初六日，据该夷目禀称：现据瑞国夷商故颠等数称：上年十二月内遵例来澳居住，兹欲携带写字、小厮等上省料理贸易事务，恳乞转恩给照前往。理合恳乞俯准给照，俾沿途盘诘有凭。连开：夷商故颠一名、板林一名、写字吐蔑宾一名、小厮乙文一名、看忌连一名，防身鸟枪六枝、剑刀四口、衣箱行李、厨房家伙什物全，等情。到府。据此，合行填照发给。为此，俾仰该夷目，立将发来牌照一纸转发该夷商收执，前往省城料理贸易事务，毋得夹带违禁货物，并饬令该夷商事竣来澳，将照票缴察销。毋违。须牌。

右牌仰夷目委黎多准此。

---

① 转引自秦国经《清代中琉关系文书研究》，《历史档案》1994年第4期。
② 范振水：《中国护照》，世界知识出版社，2003年，第148-149页。

乾隆五十七年七月初七日，府行。

限即日缴。①

5. 永居票

康熙末年因基督教在华传教发生"礼仪之争"，清廷开始对传教士的活动进行限制，康熙四十五年（1706年）首先实行了在中国的传教士必须领永居票制度，其中规定凡是在中国境内的传教士必须进京申请，宣誓永远留居中国，不再返回西方，并交上自己的履历，经内务府批准方准留居。"凡不回去的西洋人等，写票用内务府印给发。票写西洋某国人，年若干，在某会，来中国若干年，永不复回西洋，已经来京朝觐陛见，为此给票，兼满汉字，将千字文编成号数，挨次存记。"② 据中国第一历史档案馆所保存的永居票来看，一般都写有传教士的姓名、年龄、会别、现在中国所居省份、宣誓永不返回的证据、发票的日期等。一般均用满、汉两种文字并写，按千字文顺序编号，并盖有总管内务府印记。如无永居票者，一概驱逐到澳门。

如康熙四十五年（1706年）签发的意大利传教士永居票副本。

西洋意大理亚国人康和子，年三十四岁，系方济各会人，来中国已经七年，兹赴京都陛见，永不复回西洋，为此给予信票。康熙四十五年十二月二十五日。③

---

① 范振水：《中国护照》，世界知识出版社，2003年，第155-156页。
② 《清宫廷画家郎世宁年谱——兼在华耶稣会士史事编年》，《故宫博物院刊》1988年第2期。
③ 阎宗临：《中西交通史》，广西师范大学出版社，2007年，第143页。

第七章

清代朝贡伴送制度

清代属国贡使从中国边境前往北京朝贡事毕后从北京返回边境，往返路途既需要中国官方派员护送，也需要沿途地方政府提供给养，此即伴送贡使制度。史载："将入境，所在长吏给邮符，遴文武官数人伴送。有司供馆饩，遣兵护之。按途更代，以达京畿。"① 伴送制度既体现了中国怀柔远人的精神，也有监控外国人在华行程之意。

第一节 清代朝贡伴送人员选派制度的演变

伴送人员选派制度是伴送制度中的重要内容，包括对往程（边境—北京）和回程（北京—边境）两类伴送官员的选派。清代伴送人员选派制度经历了三个发展阶段。

一、乾隆三十五年（1770年）之前伴送官员选派制度

1. 往程伴送官员的选拔

这一时期往程伴送官员的选拔，据成书于乾隆二十一年（1756年）的《大清通礼》记载：

> 贡使将入境，朝鲜以礼部通官二人迎于盛京凤凰城。安南、琉球、缅甸、暹罗、荷兰、苏禄、南掌诸国，贡道所经之省，督抚遣佐贰杂职官一人迎于边界。西洋以内务府司官及西洋人供职钦天监者各一人，应迎于广东。皆给以邮符。经过地方，有司供其次舍、廪饩、车、舟、夫、马。沿途营汛，递遣官军

---

① 《清史稿》卷九十一，志六十六，礼十。

防护，以达于京畿。①

依据上述资料，清廷针对不同国家而有不同规定。对于朝鲜贡使，由两名礼部通官负责迎接护送。对于安南、琉球、缅甸、暹罗、荷兰、苏禄、南掌诸国贡使，由入境省份选派"佐贰杂职"官员1人伴送贡使入京。西洋②贡使在入境处派出地方官员护送外，再由北京派出内务府司官及西洋人供职钦天监者各1人，前往边境迎接并伴送来京。雍正四年（1726年），博尔都噶尔使臣麦德乐进贡，北京派遣内务府郎中兼佐领常保柱和西洋人张安多前往广州迎接。

2. 回程伴送官员的选拔

对于这一时期回程伴送官员的选拔，《大清通礼》记载：

> 朝鲜、南掌仍以迎接官伴送出境，安南、琉球、缅甸、暹罗，遣司官一人伴送。西洋以原迎官二人。给邮符，沿途供馆舍、车、舟、饮食。官军防护如初。③

朝鲜、南掌两国贡使返国继续由伴送来京的官员伴送。安南、琉球、缅甸、暹罗四国贡使，其回程则加派礼部司官1人伴送。顺治十八年（1661年），安南请封贡使由京返国时，清廷"遣安南馆通事序班一员，伴送至广西境上"④。这些由中央礼部派出的司官完成伴送任务后，返京复命："自京伴送官一事竣，复命于朝。"⑤ 西洋贡使返国也由护送贡使来京的"原迎官二人"继续伴送："至回国时，仍遣前往迎之人伴送，由水路至广东，交该省督抚护送出境。"⑥

选派礼部官员作为伴送安南、琉球、缅甸、暹罗等国贡使返国官员的办法，一般先由礼部呈报满、汉司官各2人引见给皇帝，再由皇帝择优钦点其中1人。这一制度有研究者认为起始于雍正四年（1726年）⑦，"查雍正四年，琉球国来使回国，经大学士马齐等议，派臣部司官伴送，其应派之员由臣部带领引见，恭候钦点一员"⑧。雍正七年（1729年），清廷批准了这项建议，"嗣后遇有差

---

① 《大清通礼》卷四十三，宾礼。
② 清代"西洋"概念没有确指。有时泛指信仰天主教的欧洲国家，有时又指葡萄牙一国。
③ 《大清通礼》卷四十三，宾礼。
④ 《清圣祖实录》卷二，顺治十八年四月癸卯条。
⑤ 《大清通礼》卷四十三，宾礼。
⑥ 梁廷枏：《海国四说·粤道贡国说》卷四，博尔都噶尔雅国，中华书局，1993年，第229页。
⑦ 丁春梅：《清代中琉关系档案研究》，中国档案出版社，2007年，第329页。
⑧ 《清代中琉关系档案三编》，中华书局，1996年。

送使臣等事，令礼部堂官将行人司与本部司官一同拣选引见，听候差往"①。乾隆十六年（1751年）选派伴送缅甸贡使希里觉填回国，礼部先把主事苏敏、主事孙庆槐、额外主事郗通额、额外主事朱丕烈等4人引见给乾隆帝，乾隆帝最终钦点了郗通额作为缅甸贡使回程的伴送司官。② 乾隆前期礼部选派伴送琉球贡使回国的司官如表7-1所示。

表7-1 乾隆前期礼部选派伴送琉球贡使回国的司官表③

年代	候选人	选中者	资料来源
乾隆十三年（1748）	员外郎长禄生 主事多隆武 主事李玉鸣 行人胡亦昌	长禄生	《清代中琉关系档案三编》，第40页
乾隆十七年（1752）	员外郎福常 员外郎孙庆槐 主事苏敏 主事李植惠	福常	《清代中琉关系档案三编》，第52页
乾隆十九年（1754）	郎中高亮 员外郎永柱 员外郎孙庆槐 主事钟琬	孙庆槐	《清代中琉关系档案三编》，第53页
乾隆二十九年（1764）	满郎中海晏 汉郎中查善长 郎中赵春福 满主事职衔图桑阿	海晏	《清代中琉关系档案三编》，第125页

因此，综合以上选派往、返伴送官员的规定，乾隆三十五年（1770年）前清廷依据不同类型国家，实行了3种不同的选用伴送官员制度。

对于朝鲜、南掌，往程、回程的伴送官员都由地方派出的伴送官员担任。

对于安南、琉球、缅甸、暹罗、苏禄、荷兰等大多数国家，往程的伴送官员由地方派出，回程的伴送官员除了原来护送来京的伴送官外，礼部还要加派中央司官。

对于葡萄牙、教廷，往程、回程的伴送官员在当地派出的同时，礼部还要

---

① 《光绪会典事例》卷五百十，礼部。
② 《明清史料》庚编第七本，中华书局，1987年，第604页。
③ 丁春梅：《清代中琉关系档案研究》，中国档案出版社，2007年，第330页。

加派中央伴送官员迎送。清廷之所以对葡萄牙和教廷贡使给予特别待遇，主要是由于清初在华耶稣会士在京拥有的影响力所致。在华耶稣会士与葡萄牙关系十分密切。16—18世纪天主教在远东地区的传播是在葡萄牙远东保教权的制度架构内实现的，澳门是传教士在远东活动的基地。在这一背景之下，中国对到达边境的葡萄牙等西洋国家贡使，由北京派出的内务府司官和供职钦天监的西洋人到广东迎接，贡使由京返回时也由他们继续护送。康熙和雍正年间，葡萄牙国王、罗马教廷都曾多次通使中国，这些贡使都被规定从广东出、入境，北京都曾派出内务府司官和任钦天监监正的西洋人进行迎、送。"在过去几次外国使节访问中国的时候，一个被中国雇佣的外国传教士常常被派出去迎接使节并陪同一道进京。"① 与此相对照，欧洲的另一个国家荷兰虽然在清初是派遣贡使前往北京进贡最多的国家，但荷兰从未获得像葡萄牙贡使这样的特权。

对于往、返程伴送官员的品级和数量，这一时期并没有作明确规定。贡使途经各省时，也没有形成以后执行的严格的地方接护制度。

表7-2　乾隆三十五年（1770年）之前选拔伴送官员制度表

国家	往程伴送官员	回程伴送官员
安南、暹罗、缅甸、苏禄、荷兰	地方官员	地方官员，再加派中央礼部司官一人。
朝鲜、南掌	地方官员	地方官员
葡萄牙、教廷	地方官员、两名中央官员	地方官员、两名中央官员

清廷这种根据不同国家而采用不同伴送官员的选拔制度，在乾隆十七年（1752年）葡萄牙和暹罗进京朝贡时得到了充分说明。

乾隆十七年（1752年）葡萄牙贡使巴哲格来华，清廷由内务府选派郎中官柱与在京西洋人钦天监监正刘松龄驰驿前往广东接引。② 葡萄牙使节在七月初七日到达澳门。然而就在同时，暹罗进贡使臣也到达了广东。对于两国贡使同时到达入境省份的情形，清廷要求在伴送制度方面要分别对待，乾隆帝给广东方面下达了以下谕旨：

现今西洋波尔都噶尔亚国使臣到粤，已循照旧例派员会同西洋人前往接取，而暹罗等国贡使则向无自京差官接取之例。恐该使臣等同时入境，相形之下似

---

① ［英］斯当东著，叶笃义译：《英使谒见乾隆纪实》，上海书店出版社，2005年，第181页。
② 中国第一历史档案馆：《中葡关系档案史料汇编》上册，中国档案出版社，2000年，第64页。

觉有所区别者，可并传谕该督抚等令将二国使臣酌量先后，分起护送，其抵省进京，总不必令在一处可也。①

　　这道谕旨说明了选派伴送暹罗与葡萄牙贡使的官员在制度方面的不同。葡萄牙贡使由朝廷从京城派遣西洋人迎接，而暹罗贡使由地方委派当地官员伴送。不过乾隆担心在同一时间之内，按照不同的制度伴送两国贡使入京，会使暹罗贡使感觉到厚此薄彼。乾隆因此命令广东督抚对待同时到达广东的两国使臣，在伴送贡使入京的出发时间方面尽量前后错开。

　　随后，两广总督阿里衮、广东巡抚苏昌按照乾隆谕旨精神，一方面在该年十月二十六日派人伴送暹罗贡使入京，另一方面又命令葡萄牙贡使继续居留在澳门原地，等待北京派来的钦差到达广东后，再将使臣接到广州，选择日期护送进京。这一措施的目的在于让暹罗和葡萄牙两国贡使"在省、在途先后相隔多日，两不面睹，自不致彼此相形"②。

　　在确保暹罗贡使与葡萄牙贡使"两不相见"之后，广东方面开始着手迎接和护送葡萄牙使节。广东委派广州府佛山同知毛维锜、抚标右营把总陈贵显作为伴送委员。从北京派来迎接贡使的钦差在该年十一月初四到达广州并前往澳门"接取贡使"。葡萄牙贡使到达广州后，广东督抚在十一月二十二日率司道官员设宴款待钦差和贡使，二十三日护送钦差、贡使等人登船，二十四日开船，起程赴京③。暹罗贡使和葡萄牙使臣从广州出发的时间整整相差了近1个月。

　　关于葡使进京路途情形，有罗马传信部档案记载："钦差（指葡使）从广东起身进京，一路地方官都接送，送下程，请酒，酒席中唱戏，看各样玩耍，各样技艺。到了张家湾，离京五十里，万岁差了官接他，四堂的西洋人都去接他，九门提督差兵收拾路，给排对子护送进京，他的公馆很大很好的，礼部给他预备的。"④

　　暹罗贡使在乾隆十八年（1753年）二月十八日到达北京。考虑到在京对待暹罗与葡萄牙两国贡使的规格不同，清帝希望在葡萄牙贡使到京之前，尽快将暹罗贡使打发回国。二月二十一日清帝发表上谕：

---

① 《清高宗实录》卷四百二十二，乾隆十七年九月癸亥条。
② 《史料旬刊》第二册，第十四期，暹罗国入贡案，北京图书馆出版社，2008年，第285页。
③ 中国第一历史档案馆：《中葡关系档案史料汇编》，上册，中国档案出版社，2000年，第72页。
④ 阎宗临：《乾隆十八年葡使来华纪实》，《中西交通史》，广西师范大学出版社，2007年，第173页。

暹罗国进贡使臣现在已经到京，但西洋贡使计由粤起程，亦将次可到。两处使臣，同时在京，一切料理赏赉事宜，或稍有参差，转属未便。着传谕大学士来保会同该部，俟朕于二十四日至南红门时，带领该使臣在彼接驾，令即于路旁瞻仰。其一应加恩赏赉之处，一面即行酌量办理，俾得迅速起程回国。①

乾隆要求尽快接见暹罗贡使后，使其迅速回国。这一目的依然是要使到达北京的两国使臣"两不相见"，避免引起"厚此薄彼"的争议。

葡萄牙贡使在乾隆十八年（1753年）三月二十八日到达北京。此时的暹罗贡使早已在返回的途中了。四月初二巳时，葡萄牙国使臣巴哲格在乾清宫觐见乾隆。葡萄牙使臣巴哲格进贡事竣后于五月初七日由水路经江浙等省返回。清廷依然委派迎接贡使的官柱和刘松龄共同护送。乾隆十八年（1753年）八月十九日，葡使一行渡岭由江西进入广东境内的南雄府，九月初二日到达广州。署两广总督班第在九月初三日筵宴护送钦差与贡使。九月初四日贡使开船赴澳门。伴送官员毛维锜与钦差郎中官柱、监正刘松龄继续护送贡使到达香山县的澳门边界。九月初十日，贡使到达澳门，等待风信起程回国。② 十二月十一日，葡使从澳门开船扬帆回国。③

二、乾隆三十五年（1770年）伴送官员选派制度

乾隆三十五年（1770年），选派伴送官员的制度发生了变化。该年清廷取消由入境省份派出长程专使伴送贡使制度，而改为沿途各省选派官员接替伴送。

变更选派往程伴送官员制度，事出有因。乾隆三十五年（1770年），琉球派遣贡使前往北京。福建巡抚选派的伴送官员为试用举人王绍曾。在其护送下的琉球贡使，经过了长途跋涉四个月之后才到达北京，延误了朝廷举办的元旦朝贺。对这一误期事件，礼部认为这是由于选派伴送人员制度中的弊病所致。因为由出发省份派出的护送专使，在经过沿途省份时，由于官职卑微，缺乏威望，当地官员不予配合，以致途中的供应、交接任意稽延。为避免伴送官员出省之后呼应不灵的弊端，乾隆帝命令礼部对伴送制度进行改革，"所有外国贡使来京及由京归国派员伴送及各省添员护送之例，着该部另行定议具奏"④。礼部

---

① 《清高宗实录》卷四百三十三，乾隆十八年二月丁未条。
② 中国第一历史档案馆：《中葡关系档案史料汇编》上册，中国档案出版社，2000年，第80页。
③ 中国第一历史档案馆：《中葡关系档案史料汇编》上册，中国档案出版社，2000年，第87页。
④ 《光绪会典事例》卷五百十，礼部。

提出改革选派伴送人员的新方案:"乾隆三十五年部议,嗣后外国入贡,俱令按省派员伴送,更换交代,毋许一人长送。"①

这一方案取消了原来由出发省份选派专人全程伴送贡使前往北京的制度,而由沿途各省分别派出伴送官员,按省份更换伴送官员。为提高伴送官员权威,这次改革还确定了伴送官员的级别应该是与"同知、通判"相同的品级。②

三、乾隆三十六年（1771 年）之后伴送官员选派制度

乾隆三十六年（1771 年），刚开始执行的新伴送制度就受到挑战。该年，南掌入贡中国，入境处的云南巡抚诺穆亲依然按照旧例派出了专使全程伴送贡使前往北京。礼部对这一违反新规定的做法奏请朝廷加以处分，"乃并未详查新例，仍照上届办理，实属错误，请交部严加议处"③。乾隆起先同意礼部对诺穆亲进行处分，但随后的谕旨中又改变态度，"诺穆亲虽未照礼部新例，而办理未为错误，毋庸交部议处"④。要求取消对诺穆亲的处分。乾隆认为新的伴送制度同样有弊端，因为按省接替护送官员，虽然会提高效率，但却会造成护送官员与贡使不相熟识，贡使与护送官员不能建立起长久的友谊，与怀柔远人之道相悖。废除长送伴送使节制度是因噎废食。⑤ 乾隆指示礼部重新制定政策。礼部随后再次制定伴送制度：

嗣后各省贡使到境，该抚即于同知通判中遴委一员，应用武弁者，并酌派守备一员，伴行长送至京，俾沿途足资照料弹压。并一面知照经过各省，预定添派妥员护送趱行，按省更替，庶不致委员逾省呼应不灵。其回国时，仍令原派委员长送，经过各省，亦仍遴委妥员护送出境。如此，则既有长伴熟习之人照看经理，复有沿途添派之员护送趱行，自不至稽延贻误，而于柔远之道，益昭周密矣。至琉球、苏禄、安南等贡使回国，向例臣部拣选司员引见，派出伴送。嗣后应请停止，以归画一。⑥

重新制定的选派伴送官员制度，折中了此前两种方案的内容，既有入境省份派出长程伴送官员专门护送贡使的往返，又在贡使经过各省时加派当地官员

---

① 《海国四说·粤道贡国说》卷一，暹罗一，中华书局，1993 年，第 166 页。
② 《海国四说·粤道贡国说》卷一，暹罗一，中华书局，1993 年，第 167 页。
③ 《海国四说·粤道贡国说》卷一，暹罗一，中华书局，1993 年，第 166 页。
④ 《清高宗实录》卷八百八十五，乾隆三十六年五月丙寅条。
⑤ 《清高宗实录》卷八百八十五，乾隆三十六年五月丙寅条。
⑥ 《海国四说·粤道贡国说》卷一，暹罗一，中华书局，1993 年，第 167-168 页。

接替护送。在越南等国的资料中，把长程伴送官员形象地称为"长送"，省内接护的伴送人员称为"短送"。随着新的选拔伴送官员制度的建立，其他方面的伴送制度也相继完善起来。

1. 长程伴送官员的选派

（1）统一选派伴送官员的标准

关于长程伴送官员的选派，该次改革规定往程与回程的伴送官员一律由入境省份督抚选派的地方官员担任，取消了返程由礼部加派京官护送贡使回国的制度，"贡使回国，由各该省原伴送官护送"①。此外还确定了伴送官员的品级：文官为知府、通判，武官为副将、参将。广东方面为此专门对伴送暹罗贡使的官员品级作出规定："贡使入京伴送官，文职应委道、府大员，武职应委参、副大员，并委丞倅一员随往。"②

对于朝鲜贡使的伴送，乾隆三十六年（1771年）议准："凤凰城守尉所属，有防御七员，与迎送官品级相同。嗣后朝鲜国人进京，将至凤凰城时，令城守尉即于防御内酌派明白干练者一员作为迎送官，所有原设迎送官三缺，俱行裁汰。又奏准：嗣后朝鲜国人至凤凰城时，办理供给食物搜查等事，令于防御内派出一员承办，所有原设主客官一缺，即行裁汰。"③"朝鲜国贡使回，现派凤凰城防御一员伴送，毋庸更换。"④ 这一改革措施，裁汰了原来设置的专门迎送朝鲜使节的礼部通官，朝鲜贡使的往返皆由凤凰城城守尉派遣防御一员伴送。

乾隆三十六年（1771年）改革选派长程伴送官员制度的意义在于：取消了以往针对不同类型国家而采取不同的选拔伴送官员的制度。此后所有国家贡使的往、返伴送官员，都统一由地方边境选派的官员担任，而不再加派中央官员迎送。

（2）伴送官员能力的规定

乾隆四十一年（1776年）规定：嗣后伴送外国贡使，务选派谙练人员，不得以甫经出仕到任未久者，檄委伴送。⑤

嘉庆元年（1796年）正月二十七日，清帝召见伴送安南贡使来京的广西泗城知府朱礼时，问及贡使情形，朱礼昏庸无能，竟然不能清晰作答。清廷为此作出决定，命令入境地方，以后在选拔伴送外藩贡使官员时，必须选择那些才

---

① 《嘉庆礼部则例》卷一百七十一，礼部主客司。
② 《海国四说·粤道贡国说》卷二，暹罗国二，中华书局，1993年，第200页。
③ 《光绪会典事例》卷五百十，礼部。
④ 《清高宗实录》卷八百八十五，乾隆三十六年五月丙寅条。
⑤ 《光绪会典事例》卷五百十，礼部。

力强干的人员，绝不能"以衰庸充数"，以致有碍"观瞻"①。

道光十七年（1837年）伴送越南贡使的官员那龄阿年逾七旬，"精力衰颓，难期振作"，道光帝下令两广总督邓廷桢重新选派能干官员接替。②

道光三十年（1850年），清廷规定："所有派员伴送，节经奉旨，不准以衰庸之员充数。各该督抚懔遵圣训，慎加遴选，不得以衰迈庸员率行派委。如仍积习相沿，致失怀柔之意，必将中外司事各员重惩，以恤藩封而肃体制。"③

（3）伴送官员数量的规定

按照以往惯例，伴送官员人数应该在两三名之间。但地方政府在选派伴送人员时，出于经费考虑，有时只选派1人作为伴送官员（见表7-3）。

表7-3 乾隆三十九年（1774年）至嘉庆十六年（1811年）
福建伴送琉球贡使的官员简表

年代	伴送人员	资料来源
乾隆三十九年（1774）	同知张思振	《清代中琉关系档案三编》，第160页
乾隆四十一年（1776）	通判杨朝柄	《清代中琉关系档案三编》，第163页
乾隆四十三年（1778）	同知罗庚	《清代中琉关系档案三编》，第170页
乾隆五十二年（1787）	邵武府同知樊晋	《清代中琉关系档案三编》，第197页
乾隆五十四年（1789）	邵武府同知谢泰宸	《清代中琉关系档案三编》，第211页
乾隆五十六年（1791）	福州府同知多隆阿	《清代中琉关系档案三编》，第228页
乾隆五十八年（1793）	厦门海防同知黄奠邦	《清代中琉关系档案三编》，第243页
嘉庆二年（1797）	漳州府同知嵩安	《清代中琉关系档案三编》，第291页
嘉庆四年（1801）	邵武府同知曾中立	《清代中琉关系档案三编》，第312页
嘉庆六年（1801）二月	台湾府同知吉寿	《清代中琉关系档案三编》，第317页
嘉庆六年（1801）四月	福州府张采五	《清代中琉关系档案三编》，第322页
嘉庆十二年（1807）	福州府同知那绂	《清代中琉关系档案三编》，第352页
嘉庆十四年（1809）	漳州府同知刘迁	《清代中琉关系档案三编》，第365页
嘉庆十六年（1811）	福州府同知那绂	《清代中琉关系档案三编》，第381页

但一次偶然事件，导致清廷对伴送官员的人数作了硬性规定。

嘉庆十六年（1811年），琉球国使臣赴京入贡，福建按照以往惯例委派理事同知那绂伴送贡使至京。那绂到京后不幸病故，以致无人伴送贡使从京城返

---

① 《清仁宗实录》卷一，嘉庆元年正月甲戌条。
② 《清宣宗实录》卷三百，道光十七年八月辛未条。
③ 《光绪会典事例》卷五百十，礼部。

回福建。清廷只得临时命令顺天府尹选拔伴送官员,伴送琉球国贡使起程回国。为此,清廷对福建巡抚张师诚加以处分,"至向例贡使来京,由入境省分派员护送,原应遴派二三员沿途妥为照料;此次琉球国贡使来京,张师诚仅派同知一员,以致该员病故,无人伴送回闽,办理殊属不合。张师诚着交部察议"①。

在这一事件之后,为避免上述意外发生,清廷以上谕形式重申了伴送官员不得少于两人。"嗣后福建、广东、广西、云南等省,遇有外藩使臣入贡,着该督抚均于文武员弁内拣派明干者两三员伴送来京,以昭慎重。毋得只委一员,致有贻误。"②福建方面也相应改变原先只派出1名官员作为伴送官员的做法,而是改为文、武各1员,"凡遇琉球国使臣进京,或进贡、或谢恩,闽省除照旧例于明干丞倅中拣派一员外,再于武职都、守员弁内,再行拣派一员,令其协同照料,长途伴送赴京。事竣仍令由京长送回闽。俾昭慎重"③。到道光时期,清廷把伴送贡使的官员人数又调整为两文一武。表7-4为嘉庆十六年之后福建选拔的伴送人员名单简表。

表7-4 嘉庆十六年(1811年)之后福建选拔的伴送人员名单简表④

年代	伴送官员	资料来源
嘉庆十九年(1814)	建宁府知府邹翰 长福营参将塔清阿	《清代中琉关系档案三编》,第395页
嘉庆二十一年(1816)	延建邵道张汝骧 福州府同知明恒 罗源营游击冯德	《清代中琉关系档案三编》,第409页
嘉庆二十三年(1818)	福州府知府雷维霈 福州府同知明恒 督标左营参将范建懋	《清代中琉关系档案三编》,第415页
道光三年(1823)	延平府知府锡霖 泉州府通判黄懋修 云霄营游击保福	《清代中琉关系档案三编》,第438页
道光六年(1826)	延平府知府徐正青 福州府通判文灿 福州城守营副将汪道诚	《清代中琉关系档案三编》,第450页

---

① 《福建省例》下册,台湾文献丛刊第199种,台湾银行经济研究室编印,1971年,第1087页。
② 《福建省例》下册,第1087-1088页。
③ 《福建省例》下册,第1088页。
④ 丁春梅:《清代中琉关系档案研究》,中国档案出版社,2007年,第327-328页。

续表

年代	伴送官员	资料来源
道光八年（1828）	建宁府知府桂芬 石码通判塔清额 兴化城守营副将佟枢	《清代中琉关系档案三编》，第471页
道光十年（1830）	兴化府知府黄绥诰 福州府通判文灿 浙江台州协副将杨联尊	《清代中琉关系档案三编》，第478页
道光十二年（1832）	邵武府知府刘学厚 永春直隶州知州陈铣 台湾协水师副将黄贵	《清代中琉关系档案三编》，第484页
道光十四年（1834）	泉州府知府崇福龙 知州彭衍堂 长福营参将博明	《清代中琉关系档案三编》，第494页
道光十八年（1838）	建宁府知府嘉恒 平潭同知志奎 左营参将富尔逊布	《清代中琉关系档案三编》，第512页
道光十九年（1839）	延平府知府沈汝翰 福州府海防同知文灿 建宁镇标中营游击福禄	《清代中琉关系档案三编》，第534页
道光二十一年（1841）	邵武府知府中佑 延平府上洋通判张效高 龙岩营游击林庆长	《清代中琉关系档案三编》，第537页
道光二十二年（1842）	建宁府知府嘉恒 试用同知书智 中军副将徐捷	《清代中琉关系档案三编》，第557页
道光二十四年（1844）	汀州府同知瑞玉 候补同知章熙 署福州城守营副将事抚标中军参将庆顺	《清代中琉关系档案三编》，第591页
道光二十六年（1846）	汀州府同知觉罗克保 延平游击马从凯 福宁府知府庄受祺	《清代中琉关系档案三编》，第593页

(4) 伴送官护送贡使入京期限的规定

长程伴送官员担负着按期护送贡使入京的任务。进贡使团一般都须在年底前赶到北京。按照惯例，伴送官员必须在十二月下旬前把贡使护送到京城。道光十一年（1831年），清廷专门发布上谕："传谕闽浙、两广、云贵各总督，嗣后如遇外藩使臣遣使进贡入关后，即饬该使臣赶紧起程，并饬伴送官沿途照料，妥速行走，务于十二月二十日以前到京，以符定制，毋稍迟误。"①

执行这一制度原因有二：一是京城官员在每年的十二月二十日前后几天内开始"封印"放假②，贡使须在官员"封印"前到达北京，以便正常的手续交接；二是贡使年底前到达北京，可以提前安排他们参加新年的朝贺大典，获得随班瞻仰皇帝圣容的机会。

由于对贡使有入京期限的要求，长程伴送官员的重要职责之一就是随时将贡使途中行走情况通报有关衙门和途径各省，并且对贡使行程督促、"催趱"，以免误期。如未能如期到达京城，负责护送的伴送官将受到兵部、吏部的议处。推荐伴送官员的督抚也要受到用人不当的指责。

乾隆五十八年（1793年），琉球贡使紫金官毛国栋、副使正议大夫毛廷柱、都通事郑文英等来华朝贡，厦门海防同知黄奠邦等官员负责伴送。进京途中，都通事郑文英及从人一名重病，虽经黄奠邦等人悉心照料，但最终病故。使团行程虽因此耽误了一些时日，但黄奠邦一行依然在十二月初五日到京，不辱使命。

道光二年（1822年），琉球贡使再一次到京误期。其原因是在经过江苏宝应县时耽搁了时间：

道光三年正月初五日内阁奉上谕：孙玉庭等奏，琉球贡使过境护送耽延之知县一折。上年十二月初闻琉球国贡使行抵江苏宝应县境，河水冻结，水路难行，即应赶备夫马，改由陆路前进。乃该县许知机并不躬亲照料，耽延时日，实属玩视，许知机着交部严加议处钦此。③

---

① 《清宣宗实录》卷二百三，道光十一年十二月乙巳条。
② "封印"指将该部官印封存。这是京城各部在春节前后停止办公期间。每年十二月，于十九、二十、二十一、二十二四日之内，由钦天监选择吉期，照例封印，颁示天下，一体遵行。开印之期，大约于正月十九、二十、二十一三日之内，由钦天监选择吉日吉时，先行知照，朝服行礼。开印之后，则可以照常办事。由此可见，清代官员大约有一个月的国家公休假期。
③ 《道光朝上谕档》，广西师范大学出版社，2008年，第6页。

宝应县境内水道结冰，县令许知机没有即时预备改由陆路行走的人员、马匹，导致延误时日。清廷最后对宝应县令许知机作了处分。

道光十二年（1832年），琉球国王尚灏遣使进贡。在琉球正使耳目官向永昌、副使正议大夫郑泽中抵闽后，福建巡抚委派邵武知府刘学厚、永春直隶州知府陈铣及台湾协水师副将黄贵为伴送官，在道光十二年（1832年）十月初七从福建起程，最后在十二月二十三日赶到京城，已经超过了期限三天。礼部尚书耆英为此请旨"饬下吏、兵二部将文武伴送各官查取职名照例议处"：

> 道光十二年十二月二十四日内阁奉上谕：耆英等奏，琉球贡使未能如限到京，请将伴送官议处一折。外藩遣使进贡，前经降旨，饬令伴送官沿途照料，妥速行走，务于十二月二十日以前到京，以符定制。今琉球贡使于本月二十三日到京，该伴送官等未能妥速照料，依限赶到，实属迟延。着吏兵二部将文武伴送官各员查取职名，照例议处，钦此。①

同治九年（1871年），琉球国王派贡使耳目官杨光裕、副使正议大夫蔡呈桢、都通事蔡呈祚等来华进贡。当时由三品衔候选道泉州府知府章倬、同知衔准升惠安县知吴同盛等人负责伴送。由于起程较迟，再加之几遭风雪，路冻难行，伴送官虽然尽力催趱，但进京日期依然延迟。礼部请旨是否议处伴送官员，同治帝最后下旨"免其议处"。

（5）长程伴送官员的报酬

长程伴送官员一路护送贡使，有相应的物质报偿。长程伴送官员一般先由地方政府发给盘费。广东的伴送官员由地方一次性每人贴给往返盘费50两。②福建的伴送官员，赴京前可预支本职的一半薪俸，返回后领取另外一半的薪俸，"例准支食本任半廉，以为路费"；"饬伴琉球贡使进京，回任例支全廉"③。

伴送官员到达京城后，清廷对伴送官也有所赏赐，"查向来伴送外藩贡使官员，差竣时俱酌量赏给缎匹"④。

乾隆六年（1741年）清廷赏赐伴送南掌贡使来京的官员彭彩缎袍1件。乾隆三十六年（1771年），赏赐伴送南掌贡使的官员每人五丝缎1匹。乾隆六十年（1795年）八月初三，赏伴送官大缎、绉绸各一。八月初十，又赏伴送官缎各一。乾隆五十八年（1793年）清廷赏赐护送英国马嘎尔尼使团的两名官员大缎

---

① 《道光朝上谕档》，广西师范大学出版社，2008年，第2123页。
② 梁廷枏：《粤海关志》卷二十一，贡舶一，广东人民出版社，2002年，第428页。
③ 《福建省例》，下册，第318页。
④ 《文献丛编全编》第三册，荷兰国交聘案，北京图书馆出版社，2008年，第382页。

各2匹。① 清廷对伴送琉球贡使的官员，也一般赏赐彭彩缎袍1件。

乾隆六十年（1795年），军机处给乾隆的奏片中记载了赏赐该年伴送荷兰贡使入京的人员和物品单：

> 查向来伴送外藩贡使官员差竣时，俱酌量赏给缎匹。此次伴送荷兰国贡使官员共九员。臣等谨照例分别酌拟赏单进呈，谨奏拟赏伴送荷兰国贡使人员名单：
>
> 道员王仕基、参将名善大缎各一匹，知州赵鸿文、守备张永成大缎各一匹，经历、把总等五员，小卷五丝缎各一匹。②

（6）伴送官员的引见制度

由地方选派的长程伴送官前往北京，按照惯例，本职任满3年的伴送官员，由督抚出具考核之语，由礼部"引见"皇上。③ 嘉庆二十五年（1820年）又规定，伴送官员中文职知府以上、武职总兵"俱令于事竣时自行递折请训"④。这些伴送官品级主要为知县、知府，其中有实任，也有候补。地方督抚选派这些伴送官员，实有提携重用之意，这当然是选派伴送官员制度的附加功能了。

2. 地方接护制度

清廷在确立选派长程伴送官员制度的同时，该次改革又进一步确立了沿省接护制度："经过各省，预行添派妥员，护送趱行，按省更替。"⑤ 贡使在长程伴送官员的护送下，经过沿途各省时，当地要加派本地省份官员护送。这种由沿途省份加派官员护送，逐渐形成了一整套省际交接制度。

贡使从入境地起程之时，该地督、抚将贡使起程日期奏报皇帝的同时，还要"飞咨沿途各省"，通知贡使已经出发的消息，希望途经各省提前做好接护贡使的准备。沿途伴送贡使的全程接力赛至此拉开序幕。当贡使到达邻省边境时，该省派出当地伴送官员前往边界首站迎接。在当地官员护送贡使完整穿过该省地界之后，在与下一省的交界处，两省的伴送官员举行交接手续，伴送贡使任务的接力棒就交到了另外一省。这种同样的交接程序在沿途各省的接壤地界反复进行，直至贡使安全到达京城。

---

① 《文献丛编全编》第二册，马嘎尔尼来聘案，北京图书馆出版社，2008年，第110页。
② 《文献丛编全编》第三册，荷兰国交聘案，北京图书馆出版社，2008年，第382－383页。
③ 一般官员的"引见"，文官由吏部负责，武官由兵部负责。
④ 《嘉庆礼部则例》卷一百七十一，礼部主客司，海南出版社，2001年。
⑤ 《海国四说·粤道贡国说》卷一，暹罗一，中华书局，1993年，第167页。

贡使完成朝贡任务从京城返国时，这种按省交接伴送的程序再重新进行一次，只不过这种交接顺序正好与来时的方向相反而已。

下面以乾隆四十六年（1781年）暹罗贡使入京、乾隆五十六年（1791年）琉球贡使入京和嘉庆二十一年（1816年）英国阿美士德使团返回广州为例具体说明这种按省交接护送贡使的制度。

乾隆四十六年（1781年），暹罗贡使到达广州。九月初三日，两广总督巴延三委派署广州府佛山同知王煦、督标后营守备武英为伴送官员，护送暹罗贡使赍表文、方物从广州出发。九月二十八日，暹罗贡使进入江西大庾县境。江西巡抚郝硕接到广东巡抚李湖的知会后，即行知江西南安府，按贡使的行李需要，预备人员、船只伺应，并委派署南安府同知张辉、南安营守备高琔在广东和江西边境迎候。在贡使到达省境后，伴送人员进行了交接手续，江西方面的伴送官员开始了在江西省境的护送弹压。十月二十三日，贡使由陆路至九江府德化县后，出江西省境，由湖北接护前进。十月二十五日，出湖北省境，至安徽宿松县枫香驿交替护送。贡使在安徽省境由安徽伴送官员护送下出安徽省，途经江苏、山东两省，各有当地官员伴送出境。十二月初暹罗贡使进入直隶景州，由天津府通判陆尔炽接替护送。十二月十五日，行至新城县时，暹罗正使病故。十二月十六日，暹罗副使接替进贡使命继续前行，最终在十二月二十一日到达京城。

乾隆五十六年（1791年）八月二十日、二十一日，琉球两艘贡船先后到达福州。十月初二日，由福州府同知多隆阿担任长程伴送官的进贡使团从福州起程。福建巡抚浦霖飞咨沿途地方官，通知预备接待。十月十九日，使团由福建浦城县进入浙江省境。浙江巡抚福崧在接到福建巡抚的咨文后，当即委任金衢严道玉德前往闽浙交界处所接护，并于十一月初十日护送出浙江省境。十一月十一日使团抵达苏州，两江总督书麟、江苏巡抚长麟设宴款待。十一月十二日，江苏方面委任苏州府同知方鹤皋为伴送官，负责本省境内的护送任务。与此同时，两江总督又发咨山东、直隶两省，通报贡使行走日程。使团在十一月二十五日由江苏省到达山东省朝城，接护任务改由山东方面负责。在山东伴送官员接护下，贡使团在十二月初七日由德州进入了直隶省境。直隶总督梁肯堂早已委派天津道乔人杰在直隶首站景州与山东官员进行交接。随后，在直隶官员的护送下，使团最终穿越直隶全境，在该年十二月十三日到达北京。

嘉庆二十一年（1816年）英国阿美士德使团回国时，途中也同样遵循了沿省接护制度。嘉庆帝发下谕旨：

著由通州乘船，由运河行走，经过山东、江苏、浙江而上，由安徽、江西过大庾岭，至广东澳门放洋。已派苏楞额、广慧沿途照料，所有经过各省，直隶著派臬司盛泰、山东著派藩司和舜武、江苏著派藩司陈桂生、安徽著派臬司郭良、江西著派臬司玉辂，各于入境接护。至出境交替，并著该督抚于副参将内酌派一员，带领弁兵，随同派出之藩臬，按程护送弹压。该贡使出境后，该藩臬各将行走照料情形，自行具奏一次。广东著派臬司明山并著蒋攸铦派委总兵一员，带领弁兵于交界处接护送至澳门。该贡使登舶后，该督抚专折奏闻。①

阿美士德使团沿水路返回广州。长程伴送官员为苏楞额、广慧。经过直隶、山东、江苏、安徽、江西时，分别有当地的布政使或按察使护送，同时有副将各率弁兵弹压。这些当地的布政使、按察使在完成任务后都要各自上奏，报告贡使在本省境内行走的情形。到达广东后，由广东布政使和一名总兵接替护送到澳门。在贡使登舟开船后，两广总督具折上奏朝廷。

总之，经过以上几个阶段发展，选拔伴送官员制度到道光时期基本完善，成书于晚清时期的《光绪会典》对清代选派伴送贡使官员的制度有如下记载：

外裔入贡，由部复准，行文该督抚填给勘合，于该省同知通判中委派一员，伴送来京。应用武弁者，添派收备一员。经过各省，仍豫派干员护送趱行，按省更替。各营汛递遣官兵防护。至伴送之同知、通判等官，该督抚出具考语，由部带领引见。如引见未满三年者，该督抚于咨内声明，毋庸带领。至贡使回国，令该省原伴送官护送，行兵部换给勘合。经过各省，仍遴委干员更替护送。由部将起程日期知照各该督抚，仍令该督抚将贡使处境日期题明报部。②

第二节　沿途接待贡使制度

沿途地方政府接待贡使是伴送制度的另一重要组成部分，包括向贡使提供后勤保障、地方官拜会贡使以及安置病故贡使等项内容。

一、后勤保障

贡使在往返途中，地方政府要对贡使的食、宿、行各方面提供保障。顺治

---

① 《光绪会典事例》卷五百十，礼部。
② 《光绪会典》卷三十九，礼部主客司。

八年（1651年）规定："凡外国贡使及定额从人来京，沿途口粮、驿递夫马、舟车，该督抚照例给发，差官伴送及兵丁护送来京。回日沿途口粮、驿递夫船，兵部给予勘合。"①

1. 提供食宿

贡使途径地区，地方官要对贡使提供食宿保障。关于贡使在沿途的具体食宿标准，朝鲜史料记载：

正、副使：每日各水稻米二升，鱼一尾，豆腐二斤，腌菜二斤，白盐二两，茶叶三两，柴十九斤。若宗班为正使，则水稻米二升，鹅一首，鸡三首，鱼三尾，猪肉五斤，豆腐三斤，腌菜三斤，牛乳一盆，红柿十五介，黄蜡烛三枝，苹果十五斤，生梨十五介，大枣一斤，奶酥三两，水粉一斤，醋四两，蒜十头，清酱四两，盘酱八两，生姜五两，白盐二两，香油三钟，柴三十斤。

书状官：水稻米二升，鱼二尾，豆腐二斤，腌菜一斤，白盐二两，茶叶二两，柴十五斤。

大通官：白米一升，黄肉一斤，半鸡一首，腌菜半斤，盘酱三两，白盐八两，灯油一两，茶叶一两，黄酒一瓶，柴十斤。

押物官：皆白米一升，黄肉一斤，腌菜半斤，盘酱二两，盐二两，灯油二钟，茶叶一两，柴十斤。

从人三十名：各白米一升，黄肉半斤，腌菜四两，油一钟，盐二两，柴四斤。

马每匹每日大豆四升，草二束，柴二斤。②

以上对于朝鲜贡使团的供应标准，分为六级：宗室正使、一般正副使、书状官、大通官、押物官、从人等。连担任运送任务的马匹也规定了相应的供应标准。

乾隆六十年（1795年）陕西巡抚的1份题本奏销报告③，透露了缅甸和南掌两国贡使从宁羌州的黄坝驿到潼关厅的陕西境内的食物供应标准：贡使每天的供应种类与规格为：京升粳米8合3勺，羊肉2斤，白面2斤，烧柴5斤，清油3两。一般跟役每天的供应种类与规格为京升粟米8合3勺，羊肉1斤，白面

---

① 《嘉庆会典事例》卷三百九十八，"礼部迎送条"。
② 金景善：《燕辕直指》，转引自左江《清代朝鲜燕行使团食宿考》，《域外汉籍研究集刊》第三辑。
③ 《明清史料》庚编第七本，陕西巡抚残题本，中华书局，1987年，第700页。

1斤，烧柴3斤，清油2两。①

对比清廷对朝鲜使团与缅甸、南掌使团的供应规格，不论数量，还是种类，朝鲜使团更为高级。

贡使经过贡道所在地省会时，还需对其进行宴请，"贡道所经省会赐宴，司道一人主之"②。省会城市的筵宴1次的费用在广州为白银17两5钱③。其他地方，当地官员则备办酒席，送往贡使住宿处。

此外，来华的进贡使团，有一部分人员须留在边境，并不进京。这部分"留边人役，地方官照例给以口粮"④。以暹罗留守广州看守贡船的人员为例，自贡使从省城出发的那一天起，发咨文给粮道，按照每人每天大米8合3勺标准进行供应，直到贡使从北京返回广州⑤。

以下是1793年英国马嘎尔尼使团来华船队抵达白河口时，清廷提供的食品供应数量：牛20头，羊120头，猪120头，鸡100只，鸭100只，160袋面粉，14箱面包，160包大米，10箱红米、10箱白米，10箱小米，10箱茶叶，22大篓桃脯，22大篓蜜钱，22箱李子和苹果，22大篓蔬菜，40篮黄瓜，1000个南瓜，40大包莴笋，40大包豌豆，1000个西瓜，3000千个甜瓜，还有许多瓶酒。此外还送来10箱蜡烛和3大篓瓷器。⑥

2. 交通护送

地方政府除了要对贡使在饮食、住宿方面提供保障外，还要向贡使提供车、马、船、夫等交通、护送方面的服务，"贡使往来乘传所需舟车、夫马、次舍、瓮饩，有司官凭邮符供备"。一则记载地方衙役职责的文献为我们提供了当时地方供应过境差事的具体情形：

凡驿马差事过境，前站溜单一到，随即呈官阅看，转溜前途，并知会厨房酒席、水脚若干，照前溜理，一面着人前途探听迎接，一面预备船只，由陆路

---

① 宁羌州属于汉中府，黄坝驿位于从四川入陕西的第一个驿站。潼关厅属于同州府，是陕西与山西的交界地区。从黄坝驿到潼关厅，是从陕西西南到陕西东部的一条通道。缅甸、南掌贡道一般走云南、贵州、湖南、湖北、河南、直隶这一路线，但此次进贡当时因有战乱而改走四川、陕西、山西、直隶这一线路入京。
② 《大清通礼》卷四十三，宾礼。
③ 《海国四说·粤道贡国说》卷二，暹罗国二，中华书局，1993年，第201页。
④ 《嘉庆礼部则例》卷一百七十一，礼部主客司。
⑤ 《海国四说·粤道贡国说》卷二，暹罗二，中华书局，1993年，第199页。
⑥ [英]斯当东著，叶笃义译：《英使谒见乾隆纪实》，上海书店出版社，2005年，第223页。

预备夫马。①

凡有差事即将过境，均有前站发出的"溜单"②通知本地长官。本地官员此后又将"溜单"转递到下一站。"溜单"就如"击鼓传花"游戏中的花朵，被沿途地方一站站传递下去。地方官员一面预备招待过境人员的酒席、费用，一面按照"溜单"所填要求，预备差使所需的水陆交通工具和服务人员。贡使到达驿馆之后，地方官员须派遣马快前去巡更，守护贡使安全。贡使起程时，地方官拨出兵丁并派遣幕友、差役进行护送。贡使被护送到下一站时，护送人员完成任务，返回销差。不论派遣幕友、差役，还是移营拨兵，地方政府都要向护送人员按照标准发放薪酬。

清代地方政府为贡使团进京提供的服役人员数量非常庞大。道光十七年（1837年）给事中陈功奏称："上届越南贡使入关经过广西、广东、湖南、湖北各省，每站人夫用至四五千名，并有搭差、搭贡等弊。"③护送越南贡使入京在广西等省经过每个驿站时所需的后勤服务人员竟然多达四五千名。奏事者声称的这种四五千的规模，后被证明有所夸张，但地方为贡使提供众多人员服务应该为实情。

另据西方资料记载，顺治十三年（1656年）三月十四日荷兰使节进京途中翻越大庾岭时，不仅有150名清军护送使节和一部分朝贡礼品先行，随后还有900名马夫在搬运剩余的物品。而乾隆六十年（1795年）荷兰使团前往北京时，地方为使团同样提供了繁重的劳役，其中随使团一同前行的运送行李人员有几百人，走在使团前面运送贡物劳役人员数量竟达1000人：

输运行李之苦力几百人，而此百人因劳资为贪官所克扣有时不愿行动。此种工作，非常沉重，中途困乏而死者，已有八人。补充苦力，实不容易。盖输运贡品之队，已在前头，所雇苦力，不下千人也。圣诞之前夕，大使已追击一运输队，抬着进贡皇帝之镜凡四，每镜用二十四人抬，后随二十四人以备轮替。④

乾隆六十年（1795年）这次为荷兰贡使服务的劳役人员，不仅有途中死亡

---

① 《近代史资料文库》第十卷《衙役职事》，上海书店出版社，2009年，第335页。
② 旧时官员出巡时逐站传索供应的一种文件。
③ 《清宣宗实录》卷二百九十五，道光十七年三月癸巳条。
④ C. R. Boxer 著，朱杰勤译：《乾隆时代荷兰使节来华记》，《南洋学报》第三卷，第一辑。

者，而且在冬季南方的贡道上，"泥泞尽没其膝"①。我们可以想见这些劳作的普通民众的辛酸、悲惨境地。

英国马嘎尔尼使团也为我们提供了沿途地方为英国贡使团服役的人员数量也约1000人，"彼等言：现在贵使自北京前往珠山，所用各项船只大小凡四十艘，执事之人自大员至苦力船户为数约可一千"②。

以下是乾隆五十四年（1789年）暹罗贡使从广州出发时，经办官员上报在广州需要为使团预备的服役人员、马匹、船只的数量：

表亭上架用夫八名。
表亭下架用夫四名。
龙涎香、沉香、冰片、金刚钻、犀角用大箱二个，夫四名。
西洋毡三领，用大箱一个，夫二名。
孔雀尾十五屏，翠皮九百张，用小箱一个，夫一名。
象牙四百五十斤，用大箱四个、小箱一个，夫九名。
西洋红布十五匹，用大箱一个，夫二名。
降真香四百五十斤，用大箱四个，小箱一个，夫九名。
檀香一百五十斤，用大箱一个，小箱一个，夫三名。
樟脑一百五十斤，用大箱一个，小箱一个，夫三名。
白胶香一百五十斤，用大箱一个，小箱一个，夫三名。
大枫子四百五十斤，用大箱四个，小箱一个，夫九名。
白豆蔻四百五十斤，用大箱四个，小箱一个，夫九名。
荜拨一百五十斤，用大箱一个，小箱一个，夫三名。
甘蜜皮一百五十斤，用大箱一个，小箱一个，夫三名。
土桂皮一百五十斤，用大箱一个，小箱一个，夫三名。
藤黄四百五十斤，用大箱四个，小箱一个，夫九名。
乌木四百五十斤，用大箱四个，小箱一个，夫九名。
苏木四千五百斤，每百斤用夫二名，共享夫九十名。
寿烛二百斤，用大箱二个，夫四名。
沉香十斤、冰片、犀角九个，用小箱一个，夫一名。

---

① C. R. Boxer 著，朱杰勤译：《乾隆时代荷兰使节来华记》，《南洋学报》第三卷，第一辑。
② ［英］马嘎尔尼著，刘半农译：《1793 乾隆英使觐见记》，天津人民出版社，2006 年，第 167 页。

燕窝十斤、哆罗呢四匹，用小箱一个，夫一名。

紫胶香五十斤，用小箱一个，夫一名。

象牙二百斤，用大箱二个，夫四名。

通大海一百斤，用大箱一个，夫二名。

以上共计用夫一百九十六名。

贡使、通事行李，需用二十人运送。

进京员役二十一名，需用二十一骑。

水路需用河船七只，每船需要水手四名，夫八名，共用水手二十八名，夫五十六名。

广东伴送官二员，需用马四匹，夫十六名。①

以上合计，广州需用为该次暹罗使团在广东的行程提供服役的各类人员共有316名，马25匹，内河船7只。

朝鲜使团在华路途，其贡物的运送动用驿站的车辆拉运。而随行的货物则在中国境内自雇车辆行走，中国方面不负责这部分物资的护送。

3. 接待费用

清廷对于沿途省份接待贡使的费用一般都有规定，"向来驿递供给差遣，多有骚扰。曾降谕旨：定例外不许溢额"②。例如接待南掌的沿途费用为2500两。乾隆十三年（1748年）南掌进贡，沿途接待费用达4957两。地方官员只得请示清廷如何核销。乾隆对此批示："用之于外夷，不可言樽节。但不可令不屑属员冒销侵没，而外夷仍不得实惠，则汝之咎矣。"③

关于每省为贡使团通过提供的食宿、人员护送、交通服务的具体花费，各地根据路况和里程有不同规定。刊入《福建省例》的护送琉球贡使在福建的费用，就反映了这方面的情形。

福建省在同治六年（1868年），对护送琉球贡使在福建各县的往返费用标准作了以下规定④：

（1）侯官县

往程：由福州办船护送贡使至水口站交替，计水路170里，应贴给银54两。

返程：从水口站接回福州，计水路170里，该贴给银54两。

---

① 《明清史料》庚编第七本，中华书局，1987年，第549－550页。
② 《光绪会典事例》卷五百二，礼部，朝贡。
③ 《朱批奏折》，外交类337号，第5号。
④ 《福建省例》，第1097－1098页。

(2) 古田县

往程：由水口送至清风站交替，计陆路 90 里，应贴给银 280 两。

返程：至黄田站接回水口站交替，计水陆 51 里，应贴给银 16 两。

(3) 南平县

往程：由清风站送至太平站交替，计陆路 190 里，应贴给银 590 两。

返程：至大横站接回黄田站交替，计水路 170 里，应贴给银 54 两。

(4) 建安县

往程：由太平站送至城西站交替，计陆路 40 里，应贴给银 124 两。

返程：至太平站接回大横站交替，计水路 50 里，应贴给银 15 两。

(5) 瓯宁县

往程：由城西站送至建溪站交替，计陆路 120 里，应贴给银 373 两。

返程：至叶坊站接回太平站交替，计水路 80 里，应贴给银 25 两。

(6) 建阳县

往程：由建溪站送至人和站交替，计陆路 140 里，应贴给银 435 两。

返程：至水吉站接回叶坊站交替，计水路 80 里，应贴给银 25 两。

(7) 浦城县

往程：由人和站送至江山二十八都交替，计陆路 200 里，应贴给银 620 两。

返程：至二十八都接回浦邑住宿，计陆路 130 里，应贴给银 400 两。从浦邑备船送至建阳的水吉站交替，计水路 190 里，应贴给银 54 两。

综合接待琉球贡使往来所花费用，在福建一省贡使往返一次，接待费用为 3069 两①。如果以福建接待费用标准推理，再把琉球贡使途经浙江、江苏、山东、直隶沿途的往返费用加在一起，琉球贡使来回的全程接待费用不会少于 10000 两。

不过，以上费用只是对于传统朝贡使节来说的。如果是特别的使团，沿途费用就无法用惯常的方法计算了。

乾隆五十五年（1790 年）越南国王阮光平进京朝贡，沿途接待费用数额巨大。清代官方资料记载，在阮光平即将到达热河时，热河道、府接到沿途传来的供应单，其中仅供应国王使团的尖宿费用每天就需 4000 两白银。热河官员向正在热河的军机大臣请示，是否以沿途提供的这种规格招待使团？乾隆帝获悉这一情形后，十分愤怒。他认为，仅每日的尖宿费用就达 4000 两，如果加上宴

---

① 《福建省例》中，将上述费用计算为 3119 两："以上往来共应贴给银三千一百十九两"，有误，应为 3069 两。

请、赏赐、舟车、夫马等费用，招待费用总数"更无所底止矣"！乾隆帝指出，安南国王在水路的食用，只提供给原料，由其"自为烹饪"；在陆路时，也不过供应肉、菜而已，费用岂能高达4000两？即使加上省城的宴请费用，也到不了如此高的费用。皇帝宫廷正月宴请蒙古王公、大臣和各国使臣，开席100桌，所用白银也至多1000两。地方招待安南国王的费用能超过宫廷御宴吗？进一步而论，以每日花费4000两计算，该国王在中国境内往来需要200多天，需花费80万两白银。朝廷不继续用兵安南转而招抚阮光平，本意出于惜帑爱民，但招待一项费用就达如此巨额数字。这笔巨款还不如充作军费，进军安南，为在安南阵亡的提督许世亨复仇，这样来的岂不更简单、实在？乾隆帝对于供应安南国王巨额费用一案，认定有舞弊行为，要不"总办之员借端冒销"，要不"系护送阮光平员弁沿途勒索"，二者必居其一。① 乾隆谕令彻查此案，"飞咨河南、湖广、江西逐站挨查，务使根究到底，水落石出，不可存颟顸了事之见，致干咎戾"②。最终查彻结果，该供应单所列4000两费用的规格来自直隶总督梁肯堂。乾隆帝认为，梁肯堂"以阮藩情殷瞻就，万里来庭，酌定条款。过事靡费，尚为要好起见"，非"任听蠹吏之侵冒钱粮者可比"，因此"不值再加追究"③。

虽然这一案件表明招待安南国王使团每天尖宿费用4000两的行为只是个别，但沿途地方对这种特殊使团的招待耗费巨大却是事实。这可由乾隆五十八年（1793年）英国马嘎尔尼使团在北京以及返程时沿途地方的招待费用证明。按照一位使团人员的回忆，使团在沿途时，清廷要从所经过的各省银库每天提取5000两白银用于接待；在北京时，则每天从户部领取1500两用于接待。英国使团的这位成员还对清廷的接待费用作过一次大致估算：

使团从8月6日进入白河到21日到达北京的16天时间内，花费8万两；

使团从8月22日到10月6日的北京和热河的46天时间内，花费6万9千两；

使团从10月7日离京到12月19日到达广州的74天时间内，花费37万两。④

英国使团在华136天的时间内，共花清廷51万9千两白银。

---

① 《清高宗实录》卷一千三百五十六，乾隆五十五年六月己未条。
② 《清高宗实录》卷一千三百五十七，乾隆五十五年六月甲戌条。
③ 《清高宗实录》卷一千三百五十八，乾隆五十五年七月甲申条。
④ ［英］约翰·巴罗著，李国庆等译：《我看乾隆盛世》，北京图书馆出版社，2007年，第451页。

4. 供应原则

对于地方沿途供应贡使的规格,清廷一般要求遵循所谓"丰俭适中"的原则。

雍正五年(1727年),苏禄贡使路过苏州。当地政府设宴款待贡使。但事后有人弹劾江苏巡抚陈时夏对路过的苏禄贡使招待过优,"迎接贡使,款待失体"。该年陈时夏上奏辩解:"有吴县、长洲、元和三县,于公所备满汉席并寻常果点各二桌,邀请贡使,请臣与布政司相陪,贡使因病不来赴席,即将所备之席送去,并未设有看二之席,臣亦无亲请赴筵之事。"① 可见,对于招待贡使的宴席,清廷上下还是非常在意的。如果越格招待,是会受到责难的。

乾隆五十三年(1788年)乾隆帝也曾指责湖广总督毕沅对路过的缅甸贡使供应过于优厚。乾隆指出,沿途对贡使"供支烦费",不仅会使贡使产生轻视天朝之心,而且如果开此先例,以后皆须例外供应,这将"伊于何底?"乾隆最后指示毕沅等各省督抚,在缅甸贡使过境时,只需按照规定供应,"不使缺乏,毋庸踵事增华,以示限制"即可,毕竟贡使只是属国陪臣,"经过地方只需照例宽为供应,派员护送,不必过涉张皇"②。

乾隆五十四年(1789年),乾隆帝对巴勒布(尼泊尔)贡使的接待事宜作出指示,要求所经地方从简接待:

上年缅甸贡使,及本年安南贡使前抵热河瞻觐,经过沿途地方,俱令叩见各督抚、演剧、筵宴,并优加犒赏绸缎等物。巴勒布远处西陲,从前并未通职贡,且不娴中国礼仪,非如缅甸、安南近届南服,久慕华风者可比。着传谕各督抚,于该贡使过境时,止须照每年达赖喇嘛、班禅所遣呈递丹书堪布过境之例,酌给居处、饮食,或演戏与看,并计算日期,务令于岁底到京。不必如缅甸、安南贡使令其叩见又加犒赏,以致烦费也。③

因此,清廷对于地方接待贡使一般都要求供应不要过分奢华。但是在某些情况下,却又要求对贡使的供应规格不要过于简略。

雍正二年(1724年),安南进贡,清帝下旨:"今安南庆贺大礼,遣使远来,应加恩恤。其经过地方,供给食物,酌量增加,令其充足。"④ 乾隆帝在获悉爱乌罕(阿富汗)国王爱哈默特沙初次遣使入贡后,在乾隆二十七年(1762

---

① 《雍正朱批谕旨》卷十一下,朱批陈时夏奏折,北京图书馆出版社,2008年。
② 《清高宗实录》卷一千三百十三,乾隆五十三年九月庚辰条。
③ 《钦定巴勒布纪略》卷二十五,中国藏学出版社,2006年,第356页。
④ 《清世宗实录》卷二十,雍正二年五月辛亥条。

年）十月十四日下令：使臣所经各省会预备筵宴，陈设戏具，"以示富丽严肃"。对于英国使团，乾隆也要求接待规格不得过简。当英国马嘎尔尼使团即将到达天津时，他在乾隆五十八年（1793年）六月十七日对天津地方接待马嘎尔尼使团的规格作了如下指示："应付外夷事宜，必须丰俭适中，方足以符体制。外省习气，非失之太过，即失之不及。此次英咭利贡使到后，一切款待固不可踵事增华。但该贡使航海远来，初次观光上国，非缅甸、安南等处频年入贡者可比。梁肯堂（直隶总督）、征瑞（长芦盐政）务宜妥为照料，不可过于简略，致为远人所轻。"①

因此，对贡使的供应既不能过分铺张，又不能过分简略，要做到"丰俭适中""适度"。但有时又要求接待规格不能"适中"，需要超过"度"。何时供应要丰厚一些，何时供应又要简略一些，何时又要"适度"，全凭帝王的情绪。甚至对马嘎尔尼一个使团，乾隆也根据其高兴与否，前后发出多次矛盾的指示，有时要求破格优待，有时又下令"不得踵事增华，徒兹烦费，此等无知外夷亦不值加以优礼"②。乾隆其间的反反复复，让接待贡使的地方官员，实在难以把握供应分寸。

总之，清代中国沿途对贡使的供应和接待所费巨大。护送贡使，牵涉清代中国由中央到地方的整个行政系统，涵盖了政治、军事、礼仪各个方面。对往、返的各国进贡使团（20多人）在五、六个月内进行周详的接待、护送，而且还要同时对留在边境的留守人员提供住、食服务，其中从陆路进贡的留边人数在100人左右，从海路进贡的留边人数在二、三百左右。清代中国是一个以农立国的国家，接待和护送贡使的费用是一笔巨大的财政消费。各朝贡国进贡虽然有贡期规定，但除了这种例贡之外，其他诸如谢恩、进贺、吊丧使节不绝于贡道。这使沿途省份不胜其烦，甚至成为负担。康熙五十五年（1716年），清帝下令安南免进犀角、象牙等贡物，"安南国年例进贡犀角、象牙等物，物既沉重，道复遥远，运送未免劳苦，非所以柔远之意。嗣后着将犀角象牙、免其进贡"③。一些别有用心的朝贡国也看到了这一点。乾隆五十五年（1790年），安南西山朝阮光平入觐，"例外贡雄象二匹，驿递劳顿，沿途苦之"④。安南在例贡外有

---

① 《文献丛编全编》第一册，英使马嘎尔尼来聘案，北京图书馆出版社，2008年，第137－138页。
② 《文献丛编全编》第二册，英使马嘎尔尼来聘案，第135页。
③ 《清圣祖实录》卷二百六十七，乾隆五十五年二月丙子条。
④ 《大南实录》正编列传初集，卷三十，"阮文惠传"，庆应义塾大学语学研究所，昭和36—56年。

意多进贡两头大象，使一路的接待费用飙升，以达到损耗中国国力的目的。

朝贡使团沿途在中国各省份的供应和消耗，从经济成本核算，中国早已大大"入超"。晚清新疆巡抚饶应祺曾对坎巨提贡使的接待费用评论说："坎部岁进砂金一两五钱，例赏缎匹费银八十两。喀什噶尔道给予来使随从犒赏银、物，亦另花银二百余两。而沿途支应，尚不与焉。"① 朝贡国在经济上获得诸多好处，这也是一些国家不断请求中国方面缩短进贡期限的重要原因。贡使们及其随员在中国境内被一路护送，吃、喝、住、行的费用一概由中国政府开支，对于那些仅仅出于贸易目的而朝贡的国家，几乎是一种无本生意。

二、沿途地方官拜会贡使

贡使在经过地方时，当地官员会前往拜会，"贡使过境，请官去拜"②。

清代规定，"外国贡使抵境，州县不为预备或不亲往迎送以致行走迟滞者，降一级调用"③。这一规定要求贡使经过的州县，地方官员需要迎送贡使。关于贡使沿途所受的接待礼仪，一则史料叙述了地方官员迎接过境的琉球贡使的情形：

> 同治乙丑，有琉球贡使过常州，使舟泊西门外接官亭下。久之，二役舁一方箱至，一骑持名帖随之，立岸上，高呼曰："使臣接供应！"即见使舟有二人出，跪船首，向岸叩头，亦高呼曰："谢天朝赏！"于是二役即舁箱入舟中。须臾，舁空箱，随骑者匆匆去。久之，武、阳两县令呵殿来，舆立河干，两令端坐不动，执帖者以名帖两手高举，高呼使臣接帖，于是正副二使臣出，向岸长跪，以两手各捧一令名帖，戴于顶。口中自述职名焉。两令但于舆中拱手，令人传免而已，不下舆也。礼毕，使者入舱，两令亦呵殿归署矣。郡守位尊，不往拜也。两令名帖，以红纸为之，长二尺，宽八寸，双折，居中一行，大书"天朝文林郎知常州府某某县某某顿首拜"，字大径二寸许。④

上述材料中，透露出同治四年（1865年）琉球贡使经过沿途地方时，地方政府不仅向贡使提供物品供应，而且地方官要前往贡船停靠地点迎接贡使。贡使在中国境内穿行，有"水路"与"旱路"之分。此次贡使经"水路"乘船到达常州，船只停泊在位于西门外的接官厅下。过了好久，才有二名员役抬一方

---

① 《新疆图志·国界志》卷五。
② 《近代史资料文库》第十卷，《衙役职事》，上海书店出版社，2009年，第335页。
③ 中国第一历史档案馆：《清代中琉关系档案选编》，中华书局，1993年，第841页。
④ 徐珂：《清稗类钞》第一册，中华书局，2010年，第427页。

形箱子到达贡船停泊的岸边。与员役随来的，还有一位拿有名帖的骑马者站立岸边向船中高喊："使臣接供应。"船上有两人应声而出，跪在船头向岸上方向叩头，口中高呼："谢天朝赏。"二名员役随后抬箱登船，卸下箱中所装物品。二人随即抬空箱下船，跟随骑者匆匆离去。又过了好久，常州府所属的武、阳两县的县令"呵殿"到达岸边。"呵殿"者，谓官员出行，仪卫前呵后殿，喝令行人让道之意。到达岸边后，县令端坐轿中，只将各自名帖交由下属两手高举，并向船中高呼："使臣接帖。"两位县令的名帖由红纸做成，上写官员姓名和官职。船中的正、副贡使出舱跪接名帖，两位贡使各自将所接名帖双手举过头顶，叙述自己的职务、姓名。岸上的县令只在轿中向贡使拱手，令人向贡使传话表示礼让。随后贡使回舱。两县令依然乘轿"呵殿"返回。拜会贡使的礼仪宣告结束。贡使经过常州时，常州知府由于"郡守位尊，不往拜也"。

中国地方官员拜会贡使的程序和礼仪，在乾隆五十三年（1793年）前往北京的英国使者马嘎尔尼所写的在华日记中得到印证。在该年 8 月 7 日的日记中，记述了中国官员在河口拜会船上的英国使节的礼仪，其细节与上面材料惊人的一致：

总督果来，仪仗之盛足令观者炫目。总督一至岸头，即命停轿，轿口与木桥相对，其随从之厮役立即下跪，向大人行礼。兵士及属官之骑马者亦下马而跪。其尊严殆非吾西方之帝王所能及也。于是，总督乃命一属官持一名片过木桥至吾船，口称恭候钦使大人钧安。吾部下译员受其名片，以华语语之曰：请代候贵总督大人钧安。属官遂行礼而去。吾视总督之名片，红色，大逾吾西人所用名片可数倍。上用大字刊其官衔名字，殊大方可爱。属官一至岸头，向总督大千，禀白数语而后，总督以公事已毕，立即传命回轿。于是跪地者纷纷起，依来时之仪仗，整列而去。①

同样是在使节船只停靠的岸边，直隶总督梁肯堂专程从其驻节地保定前来拜访英国使节。总督到达岸边的仪仗比上述的小小县令更加煊赫。总督命属官把名片送达贡使船上，并慰问使节。英国使节的译者接受名片并代问总督钧安。属官随即下船，回到岸边向总督交差。总督随后依来时仪仗整队而回。马嘎尔尼同样注意到了总督名帖的特点：红色，尺寸数倍于西人名片。

上述两则史料共同验证了中国地方官员拜会过境外国使者的礼仪情形，并

---

① ［英］马嘎尔尼著，刘半农译：《1793 乾隆英使觐见记》，天津人民出版社，2006 年，第 29 页。

提到了清代特有的名片制度。清人汪启淑在《水曹清暇录》中记录,明代进士初及第者,只是在元旦或贺寿时用红色的名片。而地位尊贵者在平时即可以采用红色名片。但到了清朝,只要是生员以上身份者,都可以使用红色名片。名片又称"名帖",名字尺寸书写的大表示谦恭,名字写的小会被视为狂傲。官小使用较大的名片以示谦恭,官大使用较小的名片以示地位。

光绪三十二年(1906年)十二月吴趼人主编的《月月小说》第四号"俏皮话栏目",转述了晚清时代西方人对中国这种"名片"的观感:

外国人之名片,大仅一二寸许。中国人之名片,大至五六寸。而官场中与外国人交涉往来之名片,则又加大,且字大如拳,不知是何命意?上海各歌妓之名片,亦崇尚大字,几满纸束。有西友至某妓处小坐,谈笑之顷,观见其名片。不禁诧曰:"汝等之名片,何以亦是大字?"妓曰:"此备以请客人之用者。"西友叹曰:"原来汝等待客人,就如同官场待我辈一般。"①

上述材料虽为小说家言,但还是较为真实地反映了中、西名片制作方面的差异。至于中国官员和妓女是否专门针对西方人而制作了在尺寸上更大、更醒目的名片以示谦恭,待考。

三、安置病故的贡使

贡使在往、返途中,如有病故,清廷有以下规定:

外国贡使在途病故,礼部具题,令内院撰祭文,所在布政司备祭品,遣堂官致祭一次,仍置地茔,立石封识。若同来使臣自愿带回骸骨者听。若到京病故,给棺木红缎,遣祠祭司官谕祭,兵部应付车辆、人夫。其应赏衣服、缎疋等物,仍付同来使臣领回颁给。若进贡从人在京病故者,给棺木红绸;在途病故者,听其自行埋葬。②

漫长的旅途劳顿,异国的水土,使许多国家的贡使在出使中国的途中去世。中国政府对死者按照"在途"和"在京"两种场合,贡使和从人两种规格,按照不同种类,给予相应的棺木。时人对清廷这种政策评价说:"柔远之仁,并及枯骼矣!"③ 这些死者,有的在使团回国时,将其遗骨带回家乡;有的则就地埋

---

① 此则关于"名片"资料,转引自王敦《晚清的"支那旅游记"》,《读书》2007 年第 7 期。
② 《海国四说·粤道贡国说》卷一,暹罗一,中华书局,1993 年,第 165 页。
③ 龙顾山人:《十朝诗乘》卷十一,福建人民出版社,2000 年,第 418 页。

葬，埋骨他乡。表7-5为外国在华病故人员安葬规格表。

表7-5 外国人员在华病故规格表

类别	京城身故	途中身故
贡使	给棺木、红缎，派遣祠祭司官谕祭。兵部派出车辆、人夫运回本国国界。赏银、衣服等。	内院撰祭文，当地布政司备祭品并派堂官致祭。尸骨两便：可以埋葬当地，也可带回本国。一般来说，朝鲜、安南贡使的尸骨都带回了本国，而琉球、暹罗则埋葬当地。
从人	给棺木、红绸。	自行埋葬。

1. 朝鲜

康熙七年（1668年）朝鲜进贡使臣李翊汉在京病故，康熙四十二年（1703年）朝鲜进贡正使李光夏病故。二人去世后，由礼部具题，遣官致祭，其棺木由兵部拨付车辆、人夫，送到朝鲜边界。乾隆二十七年（1762年）三月，朝鲜进贡正使海兴君李橲在回国途中的辽阳地界病故，礼部行文盛京将军，要求护送官兵沿途经过住宿之处时晓谕传知：不得生事以致贻累远人。① 道光九年（1829年），朝鲜副使吕东植在榆关去世，清廷赐银300两。道光三十年（1850年），朝鲜副使洪义钧在回国途中病逝，赐银300两。同治十一年（1872年）正月十三日，朝鲜押物官玄益瑞在京病故，礼部行文户部、工部，给予死者棺木、红绸等。

2. 越南

康熙二十五年（1686年），安南进贡使臣阮廷滚中途病故，清廷命地方官按例致祭。康熙五十七年（1717年），安南国贡使阮伯宗在广西南宁府病故。地方官按照惯例遣官致祭1次。清廷下令，死者"如欲留葬广西，令置地营葬"②。乾隆四十三年（1778年）闰六月十一日亥时，安南正使武陈绍在湖南巴陵县因为安南国内的权力斗争而自杀，"行至洞庭湖，托病，夜对使部将表焚之，因仰药"③。对于安南贡使的去世，湖广总督、湖南巡抚派遣当地府、县长官，备办猪羊祭品代为致祭，并遴选僧、道念经④。嘉庆元年（1796年），安南国使臣患病身故，清廷赏银300两经理丧事。在灵柩返回安南时，命令伴送官员一路妥为照料。道光元年（1821年），越南告哀使臣吴时位在广西永淳县病

---

① 《〈同文汇考〉中朝史料》（三），吉林文史出版社，2005年，第81页。
② 《清圣祖实录》卷二百八十一，康熙五十七年九月癸未条。
③ 《钦定越史通鉴纲目》正编，卷四五，台北中越文化经济协会，1969年。
④ 《史料旬刊》（二），安南进贡案，北京图书馆出版社，2008年。

故，清廷赐银300两。咸丰五年（1855年）越南贡使阮有绚回国途中在广西病逝，清廷赐银300两。

3. 琉球

琉球贡使在华去世者最多。据载，仅在福州一地亡故的琉球人前后就有578人，大多数就地埋葬。现福州地区的琉球墓除墓园内8座外，还有白泉庵周围4座，高盖山2座，福建建筑学校和上渡塔仔村、连江镇海镇各1座。此外还征集得出土琉球墓墓碑10多方。琉球墓多为单人葬，靠背椅形式，由供案、碑牌、侧屏、宝顶（龟甲形）、山墙等5部分组成，形制简朴。碑牌书汉文，内容包括国籍、姓名、职务、住址、生卒年月及墓地尺寸等，是反映中琉历史交往的珍贵实物资料。

现存的福建琉球墓以白泉庵的琉球国正议大夫郑国桢坟茔保存较为完整。郑国桢在乾隆十六年（1751年）琉球国王尚敬逝世后，受世子尚穆派遣，捧咨赴闽取道入京，讣告于中国朝廷，可是他刚刚到闽就病卒，遂被葬在此。其墓碑上书："琉球国，正议大夫屋宜亲云上郑公讳国桢墓，乾隆十七年壬申六月吉旦逝。"

琉球贡使也有在福建以外地方去世者。康熙十四年（1675年），琉球贡使程泰祚逝世于苏州，江苏地方官捐资80余两，将其殡葬。康熙三十年（1691年），琉球使臣舆力向病逝于兰溪，就地安葬，墓碑刻"首里府舆力向氏毛滨亲云上之墓"14字。"首里府"为籍贯，"毛滨"为地址，"亲云上"为地方官职，"三品以下黄帽官，皆称某地亲云上"①。此碑于抗日战争期间遗失。康熙四十年（1701年），琉球贡使毛得范前往北京途中在杭州病卒。② 康熙五十八年（1719年），琉球使臣杨联桂在张家湾去世并安葬当地。③ 道光九年（1829年），其后人杨德昌作为琉球副使前往北京时，曾被清廷批准前往张家湾祭扫其高祖坟墓。④ 乾隆五十三年（1788年），琉球国副使阮廷宝在山东去世，清廷令地方官赐银500两作为葬费，运往福建埋葬。同治三年（1864年）琉球国贡使马文英在福建病故，同治六年（1867年）琉球国贡使魏掌治在福建病故，光绪元年（1875年）琉球贡使蔡呈祚回国时在山东病故，光绪十一年（1885年）琉球贡

---

① 徐葆光：《中山传信录》卷五，台湾文献丛刊第306种，台湾银行经济研究室，1972年。
② 周煌：《琉球国志略》卷三，台湾文献丛刊第293种，台湾银行经济研究室，1972年。
③ 《清圣祖实录》卷二百八十六，康熙五十八年十二月癸巳条。
④ 中国第一历史档案馆：《清代中琉关系档案三编》，中华书局，1996年，第472－473页。

使毛精长在福建病故。以上贡使病故，清廷都依例赐银。

4. 暹罗

康熙三年（1664年）暹罗国王森列拍腊马呼陆坤司由提呀菩埃派遣的进贡使团里的三贡使博瓦绨，在前往北京途中①，于该年十二月途经江西时病逝，康熙令江西布政使"祭暹罗国在路病故使臣敕博瓦绨，置地营葬，立石封识"②。坟墓设在江西南昌的宫亭湖上③。乾隆五十二年（1787年），治中徐碧塘对该墓重修。诗人樊骏曾作诗咏之：

<blockquote>
占波勤贡使，海外到中原。
故国迷归路，他乡寄旅魂。
一坏无树表，九字有诗存。
风雨湖亭夜，青磷黯墓门。④
</blockquote>

乾隆四十二年（1777年）十二月十五日，暹罗贡使丕雅逊吞亚排那突在直隶新城县病逝。嘉庆六年（1801年）九月初四日，暹罗国第二贡使窝们孙年多呵叭突，在广州南海患病身故，清廷赏银300两给其家属。道光十年（1830年），暹罗副使郎窝们孙哗霞呵勃突在安徽病逝，赐银300两。

5. 缅甸

道光十四年（1834年），缅甸贡使聂纽耶公那牙他在北京病故，清廷赐银300两。

6. 廓尔喀

咸丰三年（1853年），廓尔喀正、副贡使均在回国途中病故，清廷"赏故廓尔喀贡使噶箕更别热庆银三百两，达他人巴达、拉兴噶罗恰第热银各二百两"⑤。光绪二十年（1894年），廓尔喀使团副使在京病故，清廷"以廓尔喀副使萨达尔尊达毕热齐雅扎罕齐叶第热在京病故，予恤银二百两"⑥。

7. 葡萄牙

康熙九年（1670年）十月，西洋国（葡萄牙）贡使玛讷撒尔达聂在北京进贡完毕，返回广州途中，在江南山阳（淮安府山阳县，今淮安市）地方病故。

---

① 在《十朝诗乘》中，把往京途中去世记载成"归京途中"去世，有误，第417页。
② 《清圣祖实录》卷十三，康熙三年十二月甲戌条。
③ 宫亭湖，今江西鄱阳湖蟹子口以南。
④ 龙顾山人：《十朝诗乘》卷十一，福建人民出版社，2000年，第417-418页。
⑤ 《清文宗实录》卷八十八，咸丰三年三月甲子条。
⑥ 《清代藏事辑要续编》，《西藏研究》编辑部，1984年，第113页。

礼部命令当地布政司遣官致祭，允许贡使置地营葬，立石封识①。最后，葡萄牙贡使的灵柩还是被运回了澳门。关于清廷有关部门对中途去世的使节的政策，葡萄牙使团成员有如下记载：

大使先生的死讯传至京廷后，东堂的安文思神甫写信告诉我说，皇帝为此深感悲切并对第二天就数学问题向其面呈一奏折的南怀仁神甫深致吊唁。皇帝下诏，无论我们行至何处，接旨即刻吊唁。我们行至广州时，圣旨驾到，于是进行了如下的吊唁。首先，皇帝下令要当地一大吏县正堂以他本人的名义向大使先生的遗体磕头告别。正堂在一片鼓乐齐鸣中驾到。摆起了5张桌子，供上了猪、羊、各式糕点、酒和一些干果并在棺木前点燃了大柱的香。正堂磕了三次头，用一镀金银碗斟了三次酒，然后洒在地上。他还带来了一些金银纸糊的城堡、塔楼。其中有一对儿以大字书写的皇帝送的挽联。上多对大使先生溢美之词。当众高声宣读了这一挽联。因我无此挽联，便向一听到宣读的华人问道皇帝在挽联上写了些甚么，他回答说皇帝对大使先生的赞扬简括如下："葡萄牙国王大使玛讷撒尔达聂令朕感痛。君远涉重洋，历尽艰辛，前来恭贺，朕心欣慰。不知君现处何处，特令送上此等祭物，以示悼念。钦此。"皇帝还说，若我们愿意的话，大使先生的遗体可留在中国，赐地安葬之。当天下午，广东王爷派遣其一部下前来以他的名义向大使先生的遗体磕头，其场面及排场同上。第二天，总督、抚院、布政使及按察使前来吊唁。这些仪式、祭品及香既非牺牲，亦非某种宗教活动。未请和尚，未请任何神灵。这一切仪式纯属民政及政治活动，用来纪念华人敬重的逝者。②

四、沿途的违法和意外事件

清代对伴送贡使往返京城的制度相当完善。从伴送官员的选拔，再到沿途地方的供应和接待，几乎无微不至。然而无论制度规定得如何完美，依然难以避免大量违法和意外事件的发生。乾隆年间安南使臣黎贵惇进贡途中，伴送官员的管家勾结船主沿途贩卖私盐，导致贡使行程延滞。这些违法事件是整个清代政治生态的反应。

1. 伴送官员沿途滥索供应

乾隆三十一年（1766年），清廷曾选派礼部员外郎汤永祚伴送暹罗贡使回

---

① 《海国四说·粤道贡国说》卷四，西洋诸国，中华书局，1993年，第219页。
② 弗郎西斯科·皮门特尔著，金国平译注："葡萄牙国王遣中华及鞑靼皇帝特使玛讷撒尔达聂使京廷简记"，《中葡关系史地考证》，澳门基金会出版，2000年。

国。汤永祚出发时携带其子,经过各省时横行滋扰。乾隆对此曾评论说:"奉差人员经过驿站滋事,地方官往往不敢与较。"① 这些奉差出行的京官狐假虎威,常有勒索滋扰地方供应的事情发生。清廷最后对其作出革职查办的处理。

同治三年(1864年),福建派出的伴送官员私带眷属,扰累驿站。为此,闽浙总督左宗棠参奏伴送官员,请旨"交部议处"。同治四年(1865年),左宗棠上奏对伴送官员沿途滥索地方供应进行指责:

查闽浙中途各州县差务殷繁,疲于奔命,而琉球贡差来往次数又为勤密,州县供应贡使向有定章,尚属简省。至伴送委员索取酒席夫马等项较之贡使尤为繁多,稍不遂意则节节逗留,开销更重。地方官惟求其安静行走,无误即为幸事,不敢与之计较。而委员即以此隐相挟制,需索无厌,州县亏累之源亦由于此。②

2. 伴送官员拐带人口

伴送官员除了私带家人和滥索供应外,还有其他违法事件发生。最为典型的是道光三年(1823年),伴送暹罗贡使的3位官员允许暹罗贡使在沿途买带8名男女幼孩,在安徽被截查。而其中1位伴送委员雷州知府王文苑,原籍安徽,在途经安徽境内时,竟然私自潜回老家太平县省亲。

湖北巡抚杨道光三年三月三十日奉上谕:本日据陶澍奏称,"暹罗国入安徽境时,携有幼稚子女,询系前途所买奴婢,当饬将子女八名截留核办。至委员王文苑,由舒城回伊原籍太平县省亲,未入桐城地界"。等语。雷州府知府王文苑系粤省派委护送夷使之员,理应沿途小心照料,乃任听通事家人等购买人口,毫无觉察。倘使臣俱各效尤,竟将内地人民远携外夷役使,尚复成何体制!该委员行至本省,又未呈明,辄迳私回原籍,不可不示以惩戒。现在使臣等已于三月十二日由安徽入湖北境,着杨懋恬于接奉此旨后,即传王文苑详加查问,因何潜回本籍之处,询究明确,据实具奏。③

清帝下旨将署高廉道候补知府百顺、雷州知府王文苑、陆路提标前营游击文泰等3位伴送官员革职查办。

道光三年五月十九日内阁奉上谕:阮元等奏参伴送暹罗贡使委员在途买带

---

① 《清高宗实录》卷七百六十九,乾隆三十一年九月丙戌条。
② 中国第一历史档案馆:《清代中琉关系档案选编》,中华书局,1993年,第1043页。
③ 《清宣宗实录》卷五十,道光三年三月己亥条。

幼孩请革审一折,前署高廉道事候补知府百顺、雷州府知府王文苑、陆路提标前营游击文泰俱着革职,交该督等提同家人、通事人等,详细讯究,按律定拟具奏。①

后来清廷又开恩把3位伴送官员的处分从"革职"改为"降职调用","惟所带幼孩,讯明实系家人等私买,该委员等失于查禁,究与自行买带者有间,尚可量从末减。百顺、王文苑、文泰俱著加恩改为降五级调用"②。

3. 贡物中途遗失、被抢劫以及贡使被刺伤

贡物在中途遗失事件,朝鲜最多。其中最为恶性案件的当属光绪七年(1881年)朝鲜大通官被劫案。该年闰七月二十九日,朝鲜进贡使团中的大通官卞春植等人因有事落于其后。由于大道泥泞难行,卞春植等人乘坐1辆小车绕道而行。走到关外小黑山胡家窝铺地方,被步贼2人用枪戳伤,抢去随带银两逃逸。最后地方官员被摘去顶戴,勒限缉贼③。

4. 途中贡物被焚烧、淋湿

往京途中,对贡物的妥善保管、押送也是伴送官员的重要任务。但由于人为和自然原因,途中的贡物有时被损坏:或被烧,或被淋湿腐坏。史料记载:

康熙十二年四月十日礼部为安南贡物被焚失职人员议处事:题覆安南国所进贡物,船行至江南,因护送家丁李印烤火焚烧应交送刑部。来使陈光华等相应免议,其广西省护送贡物之官州同王全昌等分别议处。④

安南贡使的贡物行至江苏时,由于一个护送家丁在烤火取暖时,不慎引发火灾,烧毁贡物。该家丁被送交刑部处分,而来自广西的伴送官则被议处。

同治十一年(1872年),押物官广泰和依兰泰从盛京押送朝鲜进贺贡物至京时,途中遇暴风骤雨,押运的贡物被淋湿。到达北京后,礼部查验贡包,其中"杂彩花席二十二张、黄花席二张、白棉纸一百二十束,腐败透湿之迹尚未干燥"⑤。礼部将2人依例议处。光绪二年(1876年),朝鲜进贺兼谢恩贡物到京交卸时,同样因为路途遇雨和山水陡发,被查出有潮湿腐败白棉纸359卷,清廷以"未能加意防护"而将佐领文曾、庆云议处。

---

① 《清宣宗实录》卷五十二,道光三年五月丁亥条。
② 《清宣宗实录》卷五十八,道光三年九月丙寅朔条。
③ 《〈同文汇考〉中朝史料》(四),吉林文史出版社,2005年,第511页。
④ "中央研究院"历史语言研究所藏档案,编号058807-001。
⑤ 《〈同文汇考〉中朝史料》(三),吉林文史出版社,2005年,第210页。

5. 伴送官员自杀

与贡使死亡相比，中国伴送官员死亡概率相当低。但在道光十四年（1834年）竟然发生了一件伴送官员自杀的事件。

谕军机大臣等：裕泰奏，护送贡使之滇省知府在黔自尽一折。云南普洱府知府成斌护送缅甸贡使自京回滇，行至贵州省城，在住歇之恩荣店内自缢身死。据该抚派员验讯并率同在省司道亲往看视，据该故员之家人李升呈出遗笔一纸，系"谤污过甚，欺辱难堪，不孝不孝，此颠倒车里土司之报应也"二十三字。又讯据该家人李升及陈魁、张兴供称，伊主自京转回，行至黔省黄平州地方，忽称胸膈闷胀，不能饮食，此后精神瞀乱，言语恍惚，常称有人辱骂，并称在思茅厅做官多年，不能办理妥当，以至车里土司闹事，扰累百姓，必有恶报。又思念老母在滇不能及时见面，时常叹气，称欲早死。连日忽明忽昧，伊等时加防守。四月二十四日到省住歇恩荣店内，又称店内有鬼，二十六日伊主服药后，声称困倦欲睡，令伊等出房，即在房内用麻绳拴系床架上自缢。伊等进房惊见，解救无及，当在怀内捡出遗笔一纸。伊主在路上并无与人口角等情。复传同护贡使之武征直隶州知州金澈查询，亦称该故员在途时有瘈迷形状，并无别故等语。案闻知府大员在途自戕，必应彻底查讯。着阮元、伊里布即亲提该故员随行家人李升、陈魁、张兴等并案内应讯人证，确切根究，务将该故员遗笔内所称"谤污过甚、欺辱艰堪"各情究明，系何人谤污，何人欺辱，至该员在思茅厅任内办理车里土司如何颠倒，关系夷务，尤须逐一确查。该督等务当秉公审讯，认真办理，不得因该员业经身故，稍存讳饰之见，致有不实不尽，将此谕令知之。寻奏：传问护送贡使同行文武各员，俱称成斌因瘈引邪，昏迷自尽，并无别情。至车里土司事务，系由该镇道公同商办，非一同知所能颠倒。

得旨：既无别情，无庸置议。①

护送缅甸贡使回国的伴送官员，云南普洱府知府成斌在返程途中，路经贵州省城时，在住宿的恩荣旅店，用麻绳系于床架之上自缢身亡。这一材料中谈到死者生前精神恍惚，不思茶饭，胸膈闷胀，还思念老母。加之对做官时期所作所为一路愧疚不已，导致自杀。如果上述材料属实，漫长的旅途，对中国伴送官员也同样有挑战性。

---

① 《清宣宗实录》卷二百五十二，道光十四年五月癸巳条。

第三节　东、西方使节在华旅途的不同观感

清代贡使往、返北京过程中，要在中国境内作长达几个月的旅途。充满异国情调的自然与人文无疑会对贡使们产生影响。不过，由于贡使的国别和文化背景不同，沿途中国文化在其心目中的反响也不尽相同，特别是东方贡使与西方使节在旅程中对中国的观感，差距巨大。

一、朝圣之旅：东方贡使在华观感

对于中国传统的东方朝贡国，漫长的路途是学习和观摩中华文明的重要途径，是名副其实的朝圣之旅。

就琉球贡使而言，他们甚至要请伴送官代为奏请朝廷，允许他们在途中拜谒各地的"文庙"，而中国朝廷都"准其所请"。琉球贡使一路游览名山大川、古迹名胜，还不时向中国的伴送官请教儒家学问，无时不在汲取中华文明的营养。琉球前往清廷国子监留学的林世忠在途经钱塘江时曾作"过钱塘江有感"：

> 钱塘江水吴山月，月影江声不会歇。
> 古往今来霸业徂，江潮尚卷波如雪。
> 忆昔前王霸海东，天人绣籞倚雕弓。
> 强弩射江潮水落，至今贝阙不闻喧蛟龙。
> 与君夜泊钱塘浒，狂歌击剑同怀古。
> 玉树犹飞夜裏磷，宝衣忽变南来雨。
> 明发挂席此经过，壮士绿发勿蹉跎。
> 钱王已去不可问，但闻吴姬子夜歌。①

琉球学子的这一诗歌，充分展现了对中国历史、典故的熟知。对这一诗歌，中国士人点评说："怀古情深。"②

朝鲜贡使更是对朝贡沿途的人情风物留心备至。有清一代，朝鲜贡使记录在华行程的《燕行录》系列，留下了宝贵的资料。朝鲜贡使，一路行来，中国

---

① 徐斡：《琉球诗录二卷》卷二，清同治间刻本。
② 徐斡：《琉球诗录二卷》卷二，清同治间刻本。

沿途风情处处引人入胜，小到商铺的一副对联，都会在贡使的心中激起涟漪。朝鲜使臣金正中某日"出门过市肆，见店门贴春帖子云：'鸡既鸣矣，可以行则行；日之夕矣，可以止则止。'作此诗者其高手乎！自北京至此，春榜祝语都是卑俚，惟此一句，节取古人诗文，逊而不迫，马上讽咏，恨不与作者谈吐也"①。朴趾源在《热河日记》中也记录了当铺门柱上的对联："《洪范》九畴先言富，《大学》十章半论财。"② 朝鲜使者对中国的通俗小说也了然于胸。金昌业《老稼斋燕行日记》卷三记载蓟州有一山"是为翠屏山，不甚高大，《水浒传》所谓杨雄杀潘巧云处也。山下有两石人，世传以为杨雄、石秀之像也，斯未必信然，而亦古物也"。卷四中则提到有人诵读《三国演义》"博望烧屯"一段，因为燕都地近张飞故里涿郡，使作者甚感亲切。卷七记载观看《风波亭》戏时，秦桧丑恶的舞台形象也令作者觉得"仿佛《三国演义》所画曹操状也"。至于沿途中国的民俗，朝鲜使节也不惜笔墨进行记述。朝鲜使节还交接中国文人，就学术、风俗、科举、时政、历史等问题进行交流探讨。

安南（越南）贡使在朝贡途中也有同样的情怀。安南朝贡使节在使途中写下大量诗歌，这些诗歌创作被称为"北使诗文"，其内容往往是对中国山川名胜的题咏，描绘山水之秀美，抒发怀古之幽思，风格清淡典雅。乾隆五十五年（1790年）安南西山朝国王阮光平的朝贡使节、著名诗人潘辉益在北上热河的途中，留下了大量感怀诗歌。在途经张九龄祠③时，感叹张的事迹，写下了"曲江风度高千古，思绎碑铭销绿苔"之句。登滕王阁时，叹息才高命薄的王勃，作《题滕王阁诗》：

> 巍业层檐瞰碧流，序文璀璨斗光浮。
> 江山尽属神童笔，今古犹传帝子楼。
> 万里舟车穿南浦，四时烟树贮花洲。
> 星槎不佳熏风便，偶续鸣鸾佩玉游。④

在浔阳江时，他又对白居易的"天涯沦落"感慨万端，而作《渡寻阳江望

---

① 金正中：《燕行日记》，《国译〈燕行录〉选集》第六册，汉城民族文化促进会，1976年。
② 朴趾源：《热河日记》卷一，渡江录，上海书店出版社，1997年。
③ 张九龄的祠、墓位于今广东韶关市。张九龄，号曲江，韶关人，唐代诗人，开元年间的宰相，为官清廉，耿直敢言，后因得罪唐玄宗被贬，开元二十八年（740年）卒于曲江私第，葬于今韶关市武江区。安史之乱后，唐德宗派使臣来韶祭墓，下诏赠司徒。
④ 陈忠喜：《越南汉语诗与李白、杜甫诗歌》，复旦大学硕士研究生毕业论文，1998年，第30页。

琵琶亭》：

> 名娃珠滴送银筝，评寄青衫倚棹声。
> 沦落天涯同感慨，徘徊月夜有歌行。
> 九江烟水多迁客，千古风流独短亭，
> 芳草渡头征思渺，舟人挑拨二弦声。①

经过湘滩时，写《湘滩夜泊》，登黄鹤楼而作《游黄鹤楼》②。这位贡使一路吟诗作赋，兴致盎然。

越南贡使途中与中国文人联欢，有的竟成为文坛掌故："道光癸巳，越南国王差官阮焕平（文章）、李邻芝（文馥）、黄健斋（炯）、黎受益（文谦）、汝元立（伯仕）等。……钱塘缪莲仙茂才（艮）因招五人集珠江，作中外群英会。即席联吟，极欢而散。黄有句云：'也知文士以文会，不意此生来此州。'中外唱酬，诚一时佳话也。"③

对于琉球、朝鲜、安南等国的贡使来说，前往北京的旅程，实际上是一次名副其实的"朝圣之旅"。他们看山不是山，看水不是水，途中的山水早已超越了客观地理的特征，而转化为蕴涵着深厚中华人文内涵的镜像。这些儒家文明高度发达的属国使者，以有机会观光上国为荣，他们的最大愿望竟然是来生能出生在中华。正如朝鲜使节李民宬在明代万历壬寅年（1602年）以奏请使书状官的身份出使明朝，他回来后给自己的《朝天录》作跋时说：

> 古人云："一乐生中国。"岂以涵育于仁义之教，礼乐之化为足乐欤！我辈生长于海东，徊翔于弹丸之地，真所谓坎井之蛙，不可以语海者也。由被仁贤之化，笃习《诗》《书》之教，见称以礼义之邦，殆庶几于生中国者。今又获备末价，预于观光之列，斯岂非幸欤！④

安南贡使阮公沆在康熙五十七年（1718年）出使北京，与朝鲜冬至正使俞集一、副使李世瑾、书状官郑锡三一行相遇，作《答朝鲜国使俞集一、李世

---

① 陈忠喜：《越南汉语诗与李白、杜甫诗歌》，复旦大学硕士研究生毕业论文，1998年，第30页。
② 陈忠喜：《越南汉语诗与李白、杜甫诗歌》，复旦大学硕士研究生毕业论文，1998年，第30页。
③ 倪鸿：《桐阴清话》卷六，扫叶山房，1924年。
④ 韩国民族文化推进会：《韩国文集丛刊·敬亭集·敬亭先生续集》，景仁文化社，1996年。

瑾》诗：

> 地各东南海际居，计程一万又零余。
> 威仪共秉周家礼，学问同尊孔氏书。
> 好把文章通肯綮，休论温饱度居诸。
> 使轺云返重相忆，在子安知不我如。①

"威仪共秉周家礼，学问同尊孔氏书。"朝鲜、越南与中国共享儒家价值体系、礼仪制度。这种共有的身份认同就是周边国家把朝贡中国作为朝圣之旅的奥秘。

二、人在窘途：西方使节在华观感

如与中国传统朝贡国的贡使们在中国的"朝圣之旅"相比，同样是前往北京，西方国家的使节在旅途中则有另外一番感受，他们更多地感受到了一种不适应与窘迫。

乾隆五十八年（1793年）马嘎尔尼进京使团成员们愤愤不平："我们像要饭的一样进入北京，像囚犯一样被监禁在那里，而离开时简直像盗贼。"② "我们进入北京时，好像是穷极无依的人，居留在北京的时候好像是囚犯，离开时好像是流浪者。"③

从马嘎尔尼使团成员写下的旅途日记，我们可以了解西方人对中国文明的看法。

对于中国的戏剧音乐，他们这样认为：

有几个演员扮成女角，这时候有人告诉我，他们是阉人；因为中国人从不让妇女在公众面前登台演戏。演剧中配合着的音乐都用丝弦乐器，其中有几种形状很长，有些像喇叭，其它有些形似法国的号角，有些像单簧管，后一种乐器的声音使我回忆起苏格兰人的风笛音响。至于合奏，则无论在旋律或和声方面两都拙劣；这在我们久习于优美乐律的人是很不顺耳的。④

---

① ［越］裴挥璧：《皇越诗选》卷五，皇朝明命六年希文堂，越南国家图书馆藏本。
② ［法］佩雷菲特著，王国卿等译：《停滞的帝国》，生活·读书·新知三联书店，2008年第三版，第429页。
③ ［英］爱尼斯·安德逊著，费振东译：《英使访华录》，商务印书馆，1963年，第156页。
④ ［英］爱尼斯·安德逊著，费振东译：《英使访华录》，商务印书馆，1963年，第76页。

对于中国的餐饮,英国人评论:

我们收到经常供应我们的粮食。这些东西需要我们自己来烹调。因为中国人的烹调是如此地龌龊,使习于清洁炊事的国家的人难于下咽,除非是在万不得已的饥饿时。①

对于普通的中国人民,他们的观察同样是独特的视角,"在我们船上的两个中国人裸着身体从他们的衣服里拣出无数虫虱,而且急切地满意就把它们吃掉了,好像是一种美味的食品"②。西方人对中国文明各方面的描述基本上都是负面的。

我们再分析一段马嘎尔尼对中国民众身体特征的描述:

身体亦异常坚硕,足应其劳动之所需。虽肩背多曲,作圆球形,然绝非病象,乃做工时俯首屈背之所致。面色以久暴日中,作紫铜之色。初见之者,以为面色既黑,体干必笨重,不能为灵巧之事。然吾观彼辈投身河中,洗冷水之浴,出没于波浪之间,其活泼敏捷,固未尝以面黑而减色也。彼辈一至夏季,即裸其上体,故自腰以上,肤色之黑与面若,腰以下则甚白也。③

马嘎尔尼的这种观察就如进入动物园观察园内动物的游客一样,对旅途中所见到的中国劳动群众作出这种居高临下的生物性的"白描式"描绘。我们也可以从马嘎尔尼的视角想见当初欧洲殖民者在出售从世界各地掳掠来的奴隶的市场里,选购奴隶时的一种观察视角:强健而敏捷。马嘎尔尼也的确是这样认为的:"中国之普通人民与俄国之普通人民,同系半开化的民族。"④

与马嘎尔尼接踵而至的乾隆六十年(1795年)以德胜为大使的荷兰进贡使团,也以同样的方式观察中国。

荷兰使团虽然处处遵循朝贡礼仪,在广州的海幢寺就开始向北京的皇帝"望阙行礼",在北京觐见皇帝时也行了三跪九叩礼仪,但多数是被强迫执行的。

荷兰使团在从广东出发前往北京的途中,一路上抱怨恶劣的居住环境和食物条件,路途中的文华典物难以在荷兰使者心中激起文化共鸣。对他们来说,

---

① [英]爱尼斯·安德逊著,费振东译:《英使访华录》,商务印书馆,1963年,第78页。
② [英]爱尼斯·安德逊著,费振东译:《英使访华录》,商务印书馆,1963年,第79页。
③ [英]马嘎尔尼著,刘半农译:《1793乾隆英使觐见记》,天津人民出版社,2006年,第37页。
④ [英]马嘎尔尼著,刘半农译:《1793乾隆英使觐见记》,天津人民出版社,2006年,第192页。

这趟旅程"跟强行军没有什么两样"①。荷兰贡使写的回忆录,连在北京觐见皇帝的宫殿地点等都搞不明白,荷兰使者是这样描写紫禁城宫殿的:"一所并不庄严的建筑物前,其旁有一大厦,其门甚高";"吾人出现于一四方大廷,其末端有一美丽之砖舍,有紧闭门之凡三……路在中央,高出数寸,阔约三十尺,铺以长方形之大蓝扁石";"进一花园""进一旁门";"从一简陋之房"换到"一较好之房"②。荷兰人的笔下,中国京城这些有名有姓的标志性建筑被笼统地记载为"大房子""大花园""小平房""一个大门""一个旁门",后人很难从荷兰人的记载中复原他们在北京的行程。我们可以对比朝鲜使节,他们连普通的中国民居都描述得细致入微:

> 凡室屋之制,必除地数百步,长广相适,铲划平正,可以测土圭、安针盘,然后筑台。台皆石址,或一级,或二级、三级,皆砖筑而磨石为梵。台上建屋皆一字,更无曲折附丽。第一屋为内室,第二屋为中堂,第三屋为前堂,第四屋为外室。外室前临大道。为店房,为市廛。每堂前有左右翼室,是为廊庑寮厢。大约一屋长必六楹、八楹、十楹、十二楹,两楹之间甚广,几我国平屋二间。未尝随材短长,亦不任意阔狭,必准尺度为间架。屋皆五梁或七梁。从地至屋脊测其高下,檐为居中,故瓦沟如建瓴。屋左右及后面无冗檐。以砖筑墙,直埋椽头,尽屋之高,东西两墙各穿圆窗。面南皆户,正中一间为出入之门,必前后直对。屋三重四重,则门为六重八重,洞开则自内室门至外室门一望贯通,其直如矢。所谓洞开重门、我心如此者,以哈其正直也。③

实际上,荷兰使臣在北京停留期间,清廷已经引导他们前往紫禁城内的宫殿、圆明园的"山高水长"大校场、天坛以及清漪园(晚清改名为颐和园)等处参观,并带领他们观看了在西苑南海每年举行的冰嬉。特别是在新年正月,乾隆在保和殿赐宴包括荷兰使节在内的各国宾客。

荷兰使节对北京的描述,就如刘姥姥初进大观园,方向、位置、建筑名称等一概模糊不清,其记述较为粗陋,无中华文化之底蕴。

乾隆六十年(1795年),在京的荷兰使节与朝鲜贡使在京相遇后各自对对方的观察也体现了一种东西方之间的文化鸿沟。朝鲜使臣洪良浩对贡使队伍中这二位荷兰新客非常好奇,与其交谈并特别以诗纪之:"保和殿参宴见荷兰贡

---

① C. R. Boxer 著,朱杰勤译:《乾隆时代荷兰使节来华记》,《南洋学报》第三卷,第一辑。
② C. R. Boxer 著,朱杰勤译:《乾隆时代荷兰使节来华记》,《南洋学报》第三卷,第一辑。
③ 朴趾源:《热河日记》卷一,渡江录,上海书店出版社,1997年。

使,亦与斯乃前牒所无也,诗以识之。"

> 冀野星分近斗杓,皇王定鼎自唐尧。
> 长城万里连沧海,金阙九重抗碧霄。
> 日下容光皆遍照,寰中寸地毕来朝。
> 西溟又有荷兰国,六纪重来献璧瑶。①

朝鲜贡使将荷兰使臣来华事件纳入了"寰中寸地毕来朝"这种朝贡理论思维之中。除此而外,朝鲜贡使对荷兰使臣外貌、服饰也有详细的观察:

其人头发皆涂粉,不编不髻,而盘曲于脑后,以缎条束其端而垂之。所戴则以黑毡为荷叶状,前后皆卷,而遍插白羽于其上。以白软皮为掌匣,裹其两手。衣服皆红色或黑色,金线缎为之,而上衣下裤不线缝,而悬团纽勾结之,甚狭窄,至不能屈曲四肢。又以红毡作我国油衫样,拥覆全身,以手自内执之,着于胸前。及候迎皇驾时,则脱去焉。始知其为裹服,而内着甚单薄,故以是为御寒之具。尔盖其深目、突鼻,形貌诡怪。所至,人皆环立喧笑。②

朝鲜人对荷兰使节的初次观感显然印象不佳。荷兰人的缎带打结的后披发式、前后皆卷的插羽毡帽（有点像拿破仑双角帽）、白皮手套、上衣与裤子分离、红色披风,这些构成现代人印象中欧洲贵族形象的装扮,在传统东方人的眼里,却是非常的不合文明标准。加之荷兰人的深目、大鼻,让人们感到"形貌诡怪",所到之处都是人们围观喧笑的对象。

有趣的是,荷兰使者也在众多的贡使中注意到了朝鲜使节。在此后的一次道旁观瞻乾隆帝过程中,荷兰使节发现朝鲜使节共有4人,其中2人专为贺寿而来,另外2人为年贡使。荷兰使者观察朝鲜使者衣服,"头戴棕色细致之皮冠,身穿粗料之深青袍,其下配以一件白长内套,但颇污。腰缠一有节之阔边金带。其随员无数,服装不伦,有戴一种两旁有翼之黑冠,然一般之衣服均简朴而污秽"③。荷兰人同样对朝鲜使节的衣着服饰品头论足。

从西方使节记述中国文明的冰冷的笔触中,我们可以发现,西方使节无法像朝鲜、琉球、安南等使节一样,以参与者的身份嵌入中国文明之中,他们对中国的观察是旁观式的。对儒家文明缺乏理解的西方"异教徒",从一种表面的

---

① 徐世昌:《晚晴簃诗汇》卷二百,中华书局,1990年,第1583页。
② 《〈同文汇考〉中朝史料》(四),吉林文史出版社,2005年,第549页。
③ C. R. Boxer著,朱杰勤译:《乾隆时代荷兰使节来华记》,《南洋学报》第三卷,第一辑。

观察来理解"中国文明",他们对中国的礼仪文明缺乏深刻的共鸣,因此很难产生类似东方朝贡使节在朝觐路途中所发的神圣感受。

进入中国的西方使节以一种启蒙时代欧洲人特有的方式看待中国文明。到18世纪末期,西方国家生产的"中国知识"已经改变了启蒙时代初期中国的"正面"形象,开始利用其在征服殖民地时发展出来的"科学方法和技术",对中国进行种族和文化类型学上的再编码,科学已成为西方殖民帝国在全世界范围内建立新秩序的有效工具①。西方使节"有着当时的人——启蒙时期的人——的目光"②,不仅对"他者"傲慢,而且把"他者"客体化。"这就是中国人,昔日他们还是人类无与伦比的精英,今天已降为人类学研究的奇物了。"③ 中国人生活"在最为卑鄙的暴政之下,生活在怕挨竹板的恐怖之中",他们把妇女关闭起来,并给她们裹脚,他们残杀婴儿,并犯有其他违情悖理的罪行。他们无法接受精密科学和自然哲学,并对最必不可少的工艺技术一窍不通。他们的社会关系建立在一种愚蠢的形式主义的基础之上。他们"胆怯、肮脏并残酷"。最后,中国人"不从事体育,缺乏有益的消遣",所以"没命地赌博"。他们的语言呢?"几千年以来,中国人像家禽那样叽叽喳喳地叫着,而不会像人那样说话。"④ 在他们眼里,中国不仅不是文明之邦,而且是彻头彻尾的野蛮国度。乾隆六十年(1895年)荷兰正使返回广州后写下了给上级的报告书,书末有如下结论:

Nous voila dèlivrè detous Ies mandarins, favente deo, illi robur et aes triplex circa pectus erat qui le premier dans ces pais sauvages eut le desir de voir de stupides visages. ⑤

上文大意是:谁先入野蛮之国,谁就能一睹满大人蠢蠢之容颜。

对东、西方使节而言,虽然是同样的在华旅程,但由于他们各自对情境不同的理解最终导致对中国文明的感受大相径庭。

---

① [美]范发迪著,袁剑译:《清代在华的英国博物学家:科学、帝国与文化遭遇》,中国人民大学出版社,2011年。
② [法]佩雷菲特著,王国卿等译:《停滞的帝国》,生活·读书·新知三联书店,2008年第三版,第470页。
③ [法]佩雷菲特著,王国卿等译:《停滞的帝国》,生活·读书·新知三联书店,2008年第三版,第428页。
④ [法]佩雷菲特著,王国卿等译:《停滞的帝国》,生活·读书·新知三联书店,2008年第三版,第427页。
⑤ C. R. Boxer著,朱杰勤译:《乾隆时代荷兰使节来华记》,《南洋学报》第三卷,第一辑。

第八章

清代贡使馆舍制度

清代贡使停留京城期间居住在清廷设置的特别馆舍之中并受到严格管理。这一制度包括馆舍的设置、管理和供应三部分。资料记载："凡外国贡使来京，设立宾馆，日给廪饩，至周且渥。嗣是服属外臣，无远弗届，岁时职贡，万国攸同，馆舍饔饩，日益增备。"① 清代贡使馆舍制度的发展与整个朝贡制度的兴衰相对应，到光绪末年，贡使馆舍制度最终消亡。

第一节 贡使馆舍设置演变

贡使馆舍是属国贡使来京的居所，一般称为会同馆。清代文献中的"会同馆"一词既指会同馆官衙，又指贡使居住的会同馆馆舍。为了区别二者，本文将贡使居所一律称为馆舍。

一、常设馆舍

清代贡使的常设馆舍，并非一蹴而就，而是经历了一个演变过程。顺治时期，清廷只设置了1处贡使馆舍，"顺治初年，设会同馆，以待外国贡使"②。到乾隆时期，清廷最终发展出常设馆舍三处，"凡馆舍，一在玉河桥，一在宣武门内，一在正阳门外"③。这3处馆舍即为玉河朝鲜馆、宣武门内京畿道馆舍和正阳门外横街馆舍。

1. 玉河朝鲜馆

清代的玉河朝鲜馆实际上在不同时期是两处位置不同的馆舍。

---

① 《清朝通典》卷六十，礼二十，宾，馆饩。
② 《清朝通典》卷六十，礼二十，宾，馆饩。
③ 《乾隆会典》卷五十六，礼部主客司。

清初设置的贡使馆舍位于东江米巷（即东交民巷）玉河西岸。玉河是从什刹海沿紫禁城东流再向南流到内城南部的1条人工河。与东长安街交汇处有玉河北桥，在东城根与南城墙交汇处有玉河南桥，在东江米巷处为玉河中桥。清初设置的贡使馆舍位于东江米巷处的玉河中桥西岸。该馆是清廷当时唯一的招待属国贡使的馆舍，由于地理位置缘故，被称为玉河馆。又因在清初基本上是招待朝鲜使团的住所，也被称为高丽馆。

关于玉河馆位置及其内部情形，曾有朝鲜使节对其记载：

过玉河桥数百步许，至馆。馆在路旁北边。通官辈皆在大门内以迎。使臣举手为礼，而过中门。门内有东西廊屋，皆崩塌，此员译辈所处也。又入一小门，始有正堂及左右月廊，而庭宇荒凉，尘土满屋。向夕风不止，日极寒，一行无依着，栖遑无定，愁痛可知。伯氏入正堂东偏室，室有南北二炕，伯氏处南炕，余处北炕。窗无片纸，外面遮以纸袋及黍干后，用纸涂之，糊冻不粘，风辄振之，旋付旋坠，艰难弥缝，仅仅经夜。①

玉河馆专门为招待朝鲜使团的局面由于中俄关系的发展而发生了变化。康熙三十二年（1693年），俄国获准前往北京与中国通商，清廷开始把玉河馆不定期地作为俄国来华使团入住的馆舍，"康熙三十三年立俄罗斯馆于京中玉河桥西"②。而朝鲜贡使则被安置他处。雍正二年（1724年）清廷又规定："会同馆舍，仍令外国先到者居住，别拨干鱼胡同官房一所，交礼部管理。如俄罗斯人先入会同馆，即令朝鲜人居住此处。再拨玉河桥官房一所，亦交礼部，以备他国使臣同时至京者居住。"③ 这一规定导致先到北京的外国贡使，具有优先居住玉河馆舍的权利，玉河馆不再是朝鲜的专属馆舍了。

雍正五年（1727年）中俄《恰克图条约》签订之后，俄国开始向北京派遣定期换班的"喇嘛"和"学生"常驻北京，这一局面导致了俄罗斯人在事实上常驻玉河馆。乾隆二年（1737年）礼部奏："俄罗斯人到京居住会同馆，设有彼俗庙宇，他国使臣不得栖止。朝鲜人役众多，干鱼胡同官房多有不便，应将此房缴还工部，别择安定门大街官房一所，以待朝鲜。每年贡使至，玉河桥官房仍留，以备他国来使之用。"④ 由于俄罗斯人在玉河馆设置了教堂，清廷肯定

---

① [韩]金昌业：《老稼斋燕行日记》，《国译燕行录选集》第四册，汉城民族文化推进会，1976年，第70页。
② 何秋涛：《朔方备乘》卷十二，俄罗斯馆。
③ 《清朝通典》卷六十，礼二十，宾，馆饩。
④ 《清朝通典》卷六十，礼二十，宾，馆饩。

了俄罗斯人长期占有玉河会同馆的权利，玉河会同馆舍至此从"法律"上转变成了俄罗斯馆。此后，玉河会同馆被俗称为"鞑子馆""骚鞑子馆"，"鞑子馆，俄罗斯馆也，会同馆俗称鞑子馆"①。

随着俄罗斯人的"鸠占鹊巢"，从雍正二年（1724年）开始，朝鲜贡使就不时被安排在原玉河馆附近的干鱼胡同居住。设在干鱼胡同的馆舍为籍没都统满丕的宅院，"丕之被戮，家人多自裁，故馆多鬼魅"②。

乾隆二年（1737年），清廷废止了干鱼胡同的朝鲜馆舍，将其改在了北城的安定门会馆，此处馆舍被称为北馆。安定门馆舍规模较大，但位置较偏，远离南城的行政办公区域，这对于每年都来京城的朝鲜贡使多有不便。乾隆十三年（1748年），清廷又将新辟的玉河中桥略靠西南的馆舍专门留给朝鲜年贡使团居住③，此后不久便形成了新的朝鲜馆即南馆。该馆舍位于正阳门内之右，由于依然位于玉河沿岸，故仍沿袭"玉河馆"旧名。清代文献中的"正阳门内东城根会同馆""玉河桥官房""东城根官房""东江米巷馆舍"等皆指此处。对于玉河馆舍的这一变迁，来华的朝鲜使者都有记录。

乾隆三十年（1765年）访华的洪大荣记载："至崇文门内，西渡玉河桥，至朝鲜馆，前对南城，号曰南馆。屋凡四重，正堂安咨文及文物，上房在其后，副房次之，三房在副房后"④。

乾隆四十二年（1777年）访华的朝鲜使者记载："近来大鼻鞑子连为来，留于此不肯往他所，清人亦不敢拂其意，遂移我使馆所于桥南。行一里许，遵城底而西行少许，曰南小馆。"⑤

道光八年（1828年）访华的朝鲜使者也记载："南馆在内城南城下，即所谓玉河馆。而朝鲜馆前在玉河桥边，今移入为南馆，而玉河之名今蒙冒于旧门上，匾以'会同四译馆'。"⑥

以上3则资料均表明，新的玉河馆位于原馆的西南方向，形制大约是四进的四合院。新馆大门依然悬挂着原馆的"会同四译馆"匾额。新馆依然被朝鲜人称作"玉河馆"，有时又称为"南馆"或"南小馆"。对于新的玉河馆规模，

---

① 《光绪顺天府志》，志十三，坊巷上。
② 朴趾源:《热河日记》卷五，朝鲜馆，上海书店出版社，1997年。
③ 《清朝通典》卷六十，礼二十，宾，馆饩。
④ [韩]洪大荣:《湛轩书·燕记》，平壤社会科学院出版社，1965年，第385–386页。
⑤ [韩]李岬:《燕行记事》，《国译〈燕行录〉选集》第六册，汉城民族文化推进会，1976年，第36页。
⑥ [韩]佚名:《赴燕日记》，《国译燕行录选集》第九册，汉城民族文化推进会，1976年，第102页。

嘉庆八年（1803年）朝鲜使团成员有如下记述：

> 馆凡百余间，皆纵横为一字制。馆门内有中门。中门内有东西廊屋，此员译辈所处也。又于小门内有正堂，正使处焉。左右月廊上房，裨幕所处也。又北而第二、第三行，则副使、书状分处焉。裨幕则亦分入本房夹廊。后边有北炕十数间，员译及下辈人马，匿匿于其中。构秦干，涂燕纸，各自为防塞之具。又多有靠墙设幕者。馆壁贴红纸，书曰"十二月二十日吉时封印，正月二十日吉时开印"。①

乾隆十五年（1750年）的《京城全图》中，东江米巷路南有一处标明"高丽馆"的建筑，在"骚鞑子馆"（俄罗斯馆）西南方向，正反映了这一变化。

朝鲜馆固定下来之后，其周边逐渐形成了一条以交易朝鲜货物特别是人参为主的贸易街，并兴起了许多专门从事朝鲜商品的商人集团——"东商"。北京的"东商"多以"参局"为店铺名称。咸丰五年（1855年），朝鲜使节徐庆淳描写道："馆门外左右几百家门楣板揭天泰人参局、广盛人参局等号，皆是交易我国物货之所。而物货中人参最为彼人所贵重，故举重以包轻云。"② 对于这一情形，咸丰十一年（1861年）随英国使团入北京的医生芮尼曾在该年九月五日亲眼看见：

> 下午我沿着和南城墙平行的那条街道，在高粱河和正阳门之间行走。我留意到了所有的房子都在门前挂起一个招牌，其上的文字似乎都差不多，但却看不见有什么贸易在进行的迹象。我后来知道这是售卖人参的地方。人参在中国是非常重要的药材，其性质和龙胆最近似。中国人对人参特别看重，认为它具有特殊的强身健体的功能。但为什么这条街这么独特，全都经营人参呢？原来人参从朝鲜大量输入中国，而朝鲜人每年来北京所居住的旅馆都集中在这条街上，因此才形成这个特殊的景象。③

鸦片战争以后，随着朝贡制度的衰落，清代其他馆舍均废止，只保留朝鲜馆作为正式的馆舍，称为"会同四译馆"或"四译馆"。由于到京的各国贡使减少，其他国家的朝贡使节也被安排到该馆居住。咸丰二年（1852年），暹罗

---

① 刘顺利：《朝鲜文人李海应〈蓟山纪程〉细读》，学苑出版社，2010年，第203页。
② ［韩］徐熹淳：《梦经堂日史》，《国译〈燕行录〉选集》第十一册，第141页。
③ ［英］芮尼著，李绍明译：《北京与北京人》，国家图书馆出版社，2008年，第309页。

使节到京，内务府下令在四译馆居住①。

综合以上材料，由于玉河馆的复杂变迁，清代资料中出现的"玉河馆"有不同的含义：有时指清代前期用作朝鲜馆的玉河馆，有时又指改作俄罗斯馆的玉河馆，有时又指新开辟的朝鲜玉河馆。这三种不同含义，时间纵横，空间交错，常常引起后人理解的歧义。

2. 宣武门内京畿道馆舍

宣武门内京畿道馆舍是清代另外一所常设馆舍。这一馆舍由安定门内馆舍、地安门正一真人公馆馆舍相继发展而来。

安定门内馆舍的建立，最初是由于原玉河会同馆舍改为俄罗斯馆后，清廷为庞大的朝鲜贡使团所准备，"乾隆二年，拨安定门大街内务府官房为会同馆，有房七十四间"②。乾隆八年（1743年）六月十七日礼部的一份咨文中称："北馆房产一所，计七十四间半。"③ 这一馆舍在一些资料中被称为"会同馆北馆"。但不久之后，朝鲜贡使"以（此处）住宿不便，改馆玉河桥"后，安定门馆舍因经久不住而失修。

乾隆十三年（1748年），由于南掌、暹罗两国贡使即将进京朝贡，清廷为了安排两国贡使，对安定门会同馆舍作了调整，"安定门一馆，房宇虽多，皆系奇零凑合，又久未修理，于观瞻未肃"④。安定门馆舍因荒废而无法居住，清廷撤销了安定门内馆舍，而以地安门外的正一真人公馆为馆舍，"地安门外有原建正一真人公馆一所，计八十一间，整齐完固，已属闲旷，将此处充设贡使馆舍。其安定门旧馆，仍缴还内务府"⑤。

正一真人公馆是明代道教正一派首领在京的府第。乾隆十二年（1747年），"真人"降为五品，真人府也收为官房闲置。

不过，正一真人馆舍在乾隆二十一年（1756年），又与宣武门内京畿道胡同的步军统领（又称九门提督）衙门互换地址⑥，地安门外的会同馆舍迁徙到了京畿道胡同。对于这次搬迁，《日下旧闻考》记载：

---

① 《文献丛编全编》第六册，光绪元年朝鲜进贡案，北京图书馆出版社，2008年，第515页。
② 《光绪会典事例》卷五百一十四，礼部。
③ 中国第一历史档案馆：《清代中国与东南亚各国关系档案史料汇编》第二册，菲律宾卷，国际文化出版公司，2004年，第455页。
④ 《清朝通典》卷六十，礼二十，宾，馆饩。
⑤ 《清朝通典》卷六十，礼二十，宾，馆饩。
⑥ 《光绪会典事例》卷八百九十六，工部。

步军统领衙门在地安门外显佑宫之右，廨舍共一百四十二楹。步军统领，康熙十三年始行设立，无专署。雍正十二年，以宣武门内京畿道胡同内务府官房为之。乾隆二十一年，管步军统领事傅恒以衙署偏在西南，奏请与地安门外帽儿胡同礼部会同馆互易。奉旨允行。

该会同馆位于清代的刑部街以北，西单北大街以西，被称为"西城会同四译馆"，"乾隆五十三年，缅甸贡使到京时，在西城会同四译馆居住"①。又因两街相交处有牌楼名"瞻云坊"（俗称西单牌楼），因此清代文献中常把此馆地址写为"宣武门内瞻云坊"。

朝鲜使者将该馆舍称之为"西馆"。乾隆四十一年（1776年）朴明源率三节年贡使兼谢恩使团与李溆带领的进贺兼谢恩使团同时在北京，最后李溆使团住进了干鱼胡同的馆舍，朴明源则住进"西馆"。随行的朴趾源在《热河日记》中有这样的记述："西馆在瞻云牌楼内，大街之西，白庙之左。在正阳门之右者称南馆，皆我国使馆也。"②

3. 正阳门外南横街馆舍

清代第三个常设馆舍位于外城的南横街。乾隆八年（1743年）奏准："内务府将正阳门外官房一所三十七间半，添作馆舍。"③ 这就是正阳门外南横街会同馆舍的起源。南横街在《京城全图》中标为"中横街"，官方文献名南横街或横街。南横街在《京城全图》中的方向有一段是由东南斜向西北的。由于南横街同时在正阳门与宣武门之南，正阳门外横街馆舍有时又被称为宣武门外横街馆舍。

贡使馆舍一般设于内城，以便监督稽查。横街馆舍位于正阳门外，其选址虽与"设立内城之例不符"，但由于距离内城南部的清廷行政中心不远，依然发展为正式的馆舍。从道光二十四年（1844年）《礼部则例》对横街会同馆"贡使供具"的记录来看，这所会同馆的建筑布局是："第一层临街。第二层正房五间，东厢房三间。第三层正房五间，东西厢房二间。第四层群房十间。"④ 此馆第一个进驻的是琉球使团，以后是琉球和安南两国贡使常住的馆舍。琉球最后一次朝贡是在光绪元年（1875年），当时安排住在东江米巷馆舍，可能当时的南横街馆已废。

---

① 《清高宗实录》卷一千三百十二，乾隆五十三年九月癸酉条。
② 朴趾源：《热河日记》卷五，西馆。
③ 《清朝通典》卷六十，礼二十，宾，馆饩。
④ 《钦定礼部则例》卷一百七十八。

清代常设的 3 处贡使馆舍最终集中在内城南部及其附近，目的在于集中管理和控制，"从前会同馆设立内城，原以便监督、稽察，周其日用，官兵看守，严其出入"①。

宣武门内瞻云坊和正阳门外横街两处贡使馆舍在嘉庆五年（1800 年）时交由内务府收管。② 这并非意味着废除这两处馆舍，而主要与乾隆五十五年（1790 年）后内务府代替礼部主客清吏司成为管理朝鲜之外国家的朝贡事务有关，因为这两处馆舍主要用来招待朝鲜以外的其他朝贡国家贡使，由内务府接管其事务就顺理成章了。

二、临时馆舍

安排贡使在京的住所，除了使用常设馆舍外，清廷还发展出了临时馆舍制度。常设馆舍，只能应付平常时期的贡使入贡。但在多国贡使同时到达京城的情形下，这些常设馆舍就会不敷使用。在多国贡使同时到达京城时，清廷设置临时馆舍来接待贡使，这些临时馆舍包括京城内的寺庙和官房。

雍正十三年（1735 年），朝鲜进香贡使和暹罗进贡使臣来京，清廷把两国使臣分别安排在当时的玉河馆（南馆）和安定门内馆舍（北馆）。不久朝鲜的年贡使团到达北京，因无处安插，只好暂借智化寺作为朝鲜年贡使团的住所。

乾隆元年（1736 年）朝鲜派使庆贺乾隆帝登基，乾隆二年（1737 年）安南国进贡使臣也随后入京。两国使臣被分别安排在会同馆的南、北两馆。但同一时期，朝鲜派出的赍送咨文的使节到达京城，清廷只好将后者安排在毕庐庵居住。

乾隆三年（1738 年），朝鲜的谢恩使、安南的庆贺皇上登基使节到达北京后，分别居住在南、北两馆。朝鲜同年派出的领取时宪书的使节到达北京后，被安排在观音庵居住。

对于这种两国以上贡使同时来华，而常设的会同馆舍不敷居住的局面，清朝官员认为，"若令其在寺庙居住，则兵丁之看守既属不便，而使臣之出入颇不相宜，且与天朝之规制亦觉非体"③。乾隆八年（1743 年），苏禄进贡使臣、朝鲜赍咨员役来京后分住会同馆的南、北馆。而之后安南、琉球两国使臣即将来

---

① 《清朝通典》卷六十，礼二十，宾，馆饩。
② 《光绪会典事例》卷五百五十四，礼部，馆舍。
③ 中国第一历史档案馆：《清代中国与东南亚各国关系档案史料汇编》第二册，菲律宾卷，国际文化出版公司，2004 年，第 457 页。

京，两国使臣再次面临无固定的官方馆舍居住的局面。如果按照以往惯例，把其安插在京内的寺庙、尼姑庵，有乖体制，有失大国体面。清廷最后决定在别处另外寻找馆舍并添盖房屋建造新的贡使馆舍。

为解决贡使居住庙宇的问题，清廷建造、改建、整合了几处"官房"作为接待贡使的临时馆舍。

乾隆七年（1742年）清廷将"内务府官房内石大人胡同官房一所，四层共计五十六间……移交礼部会同馆监督"①。此官房即明代石亨旧宅，以后改为鼓铸公署，清代沿用为工部宝源局。原石亨宅占地很大，石大人胡同即因石宅而得名。宝源局只占其中一部分，其他都是内务府的"官房"。此会同馆作为临时馆舍一直使用到清末，光绪二十九年（1903年）裁撤会同馆，宣统二年（1910年）在原址改建成了全部欧式的迎宾馆。民国时为外交部，石大人胡同也改名为外交部街。宾馆主体在20世纪60年代被拆除，原址建造了宿舍，只有一座穹顶欧式大门遗存至今。

清廷将原来的会同馆舍改为俄罗斯馆之后，在干鱼胡同"别拨"官房1所作为朝鲜使者到达后临时之用。干鱼胡同的会同馆规模较小，"朝鲜人役到京，每令住干鱼胡同，人马多有不便"，到乾隆二年（1737年）被裁撤，房屋缴还工部②。但在多国贡使到达京城后，干鱼胡同仍然不时作为临时馆舍使用。

清代文献中还有1所"公议胡同四译馆"，据道光八年（1828年）《内务府档来文》："查公议胡同四译馆房间均经坍塌，不堪居住，现移于正阳门内东城根官房，作为四译馆。"③《京师坊巷志稿》，西安门外有"公仪胡同"④，或许即公议胡同。

马嘎尔尼使团来华访问期间，居住的馆舍也是临时住所，"使节团在北京的馆舍宽阔华美，厅房甚多。据说这个产业属于前任粤海关监督，他从对英贸易中贪污大宗款项修建这所住宅，以后调任北京附近，继续贪污，最后被处分抄家，产业没收归公"⑤。这里的粤海关监督为穆腾额。据照料英国使团的中国官员透露，当要求将这座府邸作为英国特使在京住所的奏报呈交皇帝后，乾隆马上批复说："当然可以啦。那个国家对建造该府贡献良多，你怎么能够拒绝她的

---

① 中国第一历史档案馆：《清代中琉关系档案续编》，中华书局，1994年版。
② 《光绪会典事例》卷五百一十四，礼部。
③ 中国第一历史档案馆藏：《内务府档来文》。
④ 朱一新：《京师坊巷志稿》卷上。
⑤ ［英］斯当东著，叶笃义译：《英使谒见乾隆纪实》，上海书店出版社，2005年，第301页。

特使临时用一下呢!"① 这是一个中国式的幽默。英国使团下榻的这一宅邸的情形,使团成员记载如下:

其面积是 300 乘 400 英尺,隔成 10 到 12 个院落。每个院落有两间、三间或四间帐篷式屋子,建在庭院里约 3 英尺高的石基之上。庭院铺砖。红色的木柱构成的游廊连接着每一座房屋、每一个庭院,所以整座宅邸的每个部分都可以不必遭受日晒雨淋地走到。游廊的木柱约有 900 根。大多数屋子都露着椽子,有些加了一层轻巧的以竹片加灰泥做成的天花板。女子的闺阁是两层楼,不过上层不见天日,比我们普通的阁楼差。地面或砖或泥。窗户没有玻璃,代替的是油纸、绸纱、贝壳或牛角。有些房间的角落里有坑,上盖石片或木块,用作火炉,像古罗马的屋子一样,产生的热气经由地下或墙身中的烟道流通。②

关于马嘎尔尼使团在北京城内的这一住所,咸丰十一年(1861 年)英国驻华公使的随行医生芮尼等人曾两次寻访,但均无结果。③

三、贡使馆舍的消亡

清代贡使馆舍制度的发展与朝贡制度密切相关,贡使馆舍制度最为发达时期是在乾隆时代。但到晚清时期,随着朝贡制度的没落,馆舍也随之倾废。编于晚清时期的《光绪会典》,对贡使馆舍的记载只有位于正阳门内东江米巷馆舍 1 处,此即一般由朝鲜贡使居住的玉河馆或曰会同馆南馆。《光绪会典》成书时,馆舍早已物去人非,繁华不复,贡使也已经绝迹中国,所有贡使馆舍都已废止。编撰者在此只记 1 处大概聊作象征罢了。现将其摘录如下:

贡使馆舍在正阳门内东江米巷。屋七十二间。馆外城根空地阔一丈八尺,径三丈。小屋十五间,为畜养马匹之所。遇有应行修理添设之处,由馆卿报部查复,移咨工部办理。其馆内堂厅房间顶、窗棂、山檐坎墙等处,及扇、屏架俱加糊饰。……馆内第二层东西厢房六间,炕四。第五层群房三间,炕四。官厅三间,炕二,木床一。东厢房四间,炕二。土炕木床各铺白毡一条。土炕加

---

① [英] 约翰·巴罗著,李国庆等译:《我看乾隆盛世》,北京图书馆出版社,2007 年,第 77 页。
② [英] 约翰·巴罗著,李国庆等译:《我看乾隆盛世》,北京图书馆出版社,2007 年,第 238 页。
③ [英] 芮尼著,李绍明译:《北京与北京人》,国家图书馆出版社,2008 年,第 294、400 页。

席一领。①

光绪二十七年（1901年）《辛丑条约》后，原来的四译馆划归外国使馆区。光绪二十九年（1903年），礼部所属的会同四译馆废省。存在了有千年历史的"会同馆"及其馆舍制度从此消亡。

光绪三十三年（1907年），廓尔喀贡使来京，由于常设馆舍已废，内务府只得另拨国祥胡同1所官房作为临时馆舍供贡使居住。

光绪三十年（1904年），有国内的土司来京朝贡，内务府向光绪递呈的一份奏折中，论及了"四译馆"不复存在的局面：

总管内务府谨奏：为奏闻事。窃准理藩院文称：土司、土舍人等来京朝觐，向于四译馆居住。今该土司、土舍人等将届到京，应于何处居住，由内务府查照办理等因前来。臣等伏查四译馆现已划入使馆界内，尚未择地建盖。此次进贡之土司、土舍人等将次到京，且人数众多，非有宽敞房间不敷分住。臣等公同商酌，查有宣武门内东铁匠胡同空闲一所，尚属宽敞，稍加修葺，即堪栖止。拟将此项房间，按月酌给银两，暂行租用。一俟该土司等起程后，即交还业主接收，以归简易。谨恭折奏闻，伏乞皇太后、皇上圣鉴。谨奏。

光绪三十年六月二十四日②

第二节 馆舍管理制度

清代对会同馆馆舍的管理也有相应的一整套制度，包括看管馆舍、修葺馆舍和闲时管理三部分。

一、看管馆舍

贡使入京，大都在腊月二十四五日间，回程在二月二三日间，贡使在馆停留四十日。清廷对于馆舍的管理相当严格。

明代，外国贡使至京师入住会同馆后，明廷有严格的防禁制度。外国贡使5

---

① 以上馆舍内容主要参考了以下论文：祈庆富、金城南《清代北京的朝鲜使馆》，《清史研究》2004年第3期；戈斌《清代琉球贡使居京馆舍研究》，《历史档案》1994年第3期；王世仁《北京会同馆考略》，《北京文博》2005年第3期。
② 《文献丛编全编》第七册，内务府奏租赁房间预备土司居住折，北京图书馆出版社，2008年第213页。

天才允许出馆1次，其他时间只能停留在馆舍之内。这一规定对朝鲜、琉球两国的贡使较松，他们可以突破这一限制。后来，明朝政府对朝鲜、琉球也与其他国家统一对待。对此，朝鲜国王李怿向明廷上诉，认为朝廷的"五日之禁"只是对待"虏使"的做法，朝鲜不属此例。朝鲜作为冠裳之国，现在被待之以与虏使同样的待遇，实为耻辱。嘉靖十三年（1534年）十一月己巳，明廷下诏取消了对朝鲜贡使活动的限制。

清代对于住入贡使的馆舍同样有严格的管理。一般都要由礼部行文兵部派拨官兵看守。看管官兵包括章京两名，骁骑校4名，兵丁20名，负责贡使入居馆舍的安全保卫工作，同时严禁其与官民私自交往。此为著名的馆舍门禁制度。外国使臣回国后，礼部仍行文知照兵部，将看守馆舍官兵撤回。

不过，由兵部派遣兵丁对贡使入住的馆舍进行看管的制度后来发生了变化。乾隆五十三年（1788年），当缅甸贡使到达京城后，乾隆皇帝乘机下令取消这一制度。在该年九月十五日的上谕中，乾隆对废除这一制度的前因后果作了详细说明：

> 自因外藩陪臣来京朝贡，未习天朝体制，其跟随人众，或恐外出滋事，是以派令官员、兵丁于该馆，为之照应稽查。然实有名无实之事耳！今缅甸贡使来京，本有道员、游击等官护送，即其在馆居住时，尽可令护送之员妥为照料，又何必多派官员、兵丁住宿该馆，巡查弹压，徒为沿习具文耶。此外，如安南、琉球、暹罗、南掌、苏禄等国按期入贡，俱有伴送之员，亦不藉官兵等查察，若朝鲜无异。该国入贡，向不由盛京派兵护送，其使臣人等频至京师，亦久习朝廷体制，更无须另派官兵为之守视。嗣后会同四驿馆咨取官兵，虚应故事之处，著永行停止，以示朕绥辑怀柔、遐迩一体至意。钦此。①

乾隆提出3个废除派遣官兵看管的理由：其一，贡使来京途中、在京居住，都由出发省份的道员和游击伴送、照料，兵部派兵另外看管纯属多此一举；其二，朝鲜贡使频繁来京，早已熟悉天朝体制，更无须加派官兵看守；其三，这种制度不能体现怀柔远人、遐迩一体之意。乾隆最后下令，永远废除了这一制度。

清廷虽然撤销了兵丁把守馆舍的制度，但对于居住馆舍的外国人员管理依然严格，如违反制度，一般都严加处理。道光三年（1823年）十月二十一日，朝鲜前往中国的时宪书赍咨官的3名从人在申刻（下午3时到5时）出馆，在

---

① 《清高宗实录》卷一千三百十二，乾隆五十三年九月癸酉条。

外逗留一夜后在次日的巳刻（上午9时到11时）才返回馆舍。礼部以擅离馆舍罪知会朝鲜国王，最终赍咨官以失察之罪被革职，3名从人则被"严刑重绳"①。

二、修葺馆舍

对贡使居住馆舍进行不时修葺也是馆舍管理制度中的重要内容。馆舍如有需修葺之处，礼部堂官行文工部按照规定进行办理，后由内务府派遣匠役进行修缮。

乾隆四十五年（1780年）十二月，由于馆舍房屋颓塌，以致朝鲜贡使团1名成员被压伤毙。乾隆上谕指出："会同四译馆系给朝贡外藩居住之所，虽派委郎中大使通官等专管，而礼部堂官实有统辖之责，自应缮葺整齐。如塌损即当早为修理，俾得宁居，以副柔远之意。"② 为了惩戒相关人员，乾隆命令礼部堂官自出经费修理馆舍，抚恤死者的200两白银也由该堂司官罚出。

道光二十一年（1841年），内务府派人修理馆舍房间的工程，花费白银1489两1钱，经费从广储司银库领取。③

三、闲时管理

清廷还规定了对空闲馆舍进行管理的制度。在馆舍没有外国来使居住之时，礼部需要派遣馆夫在馆舍临街的房内居住，对馆舍进行长期看守，严禁闲人出入，同时还肩负对馆舍进行打扫之责。④

第三节 馆舍供应制度

贡使入住馆舍之后，有关部门须向贡使供应生活所需。四译馆的馆卿"稽察而均调之"，即按照贡使使团规模、人数，通知各部门安排饮食和其他开销。相关部门，各司其职，其中工部负责装饰房宇，准备生活器具，供给取暖的炭薪；户部负责供给粟米、刍豆；光禄寺每天给贡使准备饮食。贡使回国时，将

---

① 《〈同文汇考〉中朝史料》（四），吉林文史出版社，2005年，第488－489页。
② 《〈同文汇考〉中朝史料》（三），吉林文史出版社，2005年，第81页。
③ 中国第一历史档案馆：《清代中琉关系档案六编》，中国档案出版社，2005年，第681页。
④ 中国第一历史档案馆：《清代中国与东南亚各国关系档案史料汇编》（第二册），菲律宾卷，国际文化出版公司，2004年，第456页。

供应物品的核算成册上报。贡使的生活用具，按月支取，越月再给。回国之日，知照扣支。每年领过料豆及采买草束价银，造册送司，咨户部复销；木柴、煤炭则咨工部复销。

按照供应内容，供应制度主要包括伙食、取暖两部分。

一、伙食供应

在贡使伙食方面，清廷规定了较为严格的规格与标准。贡使在京期间，即使遇到禁止屠宰时期，都要按照标准提供。贡使的伙食内容，一般包含了主食米、面，各种肉类、菜、菽乳（豆腐）、水果、酒、茶等种类。依据贡使团内从高到低的等级，供应种类和数量相应递减。

使团在京期间清廷提供的伙食种类和数量，以朝鲜乾隆三十年至三十一年（1765—1766年）朝贡使团为例。根据《通文馆志》卷三记载[①]，该使团在京60天时间里，清廷总共提供了34项物品，其中肉为14640斤，鸡为1920只，豆腐为2040斤，白面为2880斤，腌菜为6495斤，黄酒为3600壶，盘酱为2535斤，苹果3300个，盐1256斤4两，米2022斤。以下为根据《光绪会典事例》相关内容整理出的各国来华使团的伙食供应标准[②]。

1. 朝鲜

崇德二年（1637年）制定：朝鲜国王子弟来朝，每日给鹅1、鸡2、鱼4、猪肉8斤、粳米2升、酒1瓶、细粉3斤、葱2斤、韭菜及酱各1斤、清酱8两、醋3两2钱、灯油6两。随从每人日各给猪肉1斤、并给盐米。

崇德三年（1638年）制定：朝鲜国进表来朝，都经历、大通官各日给猪肉1斤8两，盐、酱各2两，菜8两，每5日各给酒1瓶。小通事猪肉1斤、菜1斤，酱2两。回日，都经历、大通官各给猪肉30斤，小通事猪肉20斤，以为旅次之供。

崇德四年（1639年）制定：朝鲜国庆贺、万寿、元旦、长至进表，正使、副使、书状官各日给鹅2、鸡3、鱼2、菽乳1斤、菜3斤，每5日给羊1，酒1瓶，油、醋各10两，清酱15两、酱1斤。大通官给猪肉1斤8两。押物官猪肉1斤，盐、酱各2两，菜8两，每5日酒2瓶。从人2人共给猪肉1斤并给盐，每5日20人共酒1瓶。回日，正使、副使各给羊2，书状官羊1，大通官猪肉30

[①] ［美］费正清著，杜继东译：《中国的世界秩序》，中国社会科学出版社，2010年，第88页注释6。

[②] 《光绪会典事例》卷五百二十，礼部，饩廪。

斤，押物官猪肉20斤，从人得赏者各猪肉10斤并给盐，以为旅次之供。

顺治四年（1647年）制定：朝鲜国庆贺、万寿、元旦、长至进表，正使日给鱼3、菽乳2斤、菜1斤、盐1两、茶3两，每5日羊1、鹅3、鸡2、酒1瓶、香油1斤、酱瓜10两、清酱与酱各1斤4两、醋10两。副使、书状官日给鱼2、菽乳1斤、菜1斤、盐1两、茶2两，每5日羊1、鹅2、鸡3、酒1瓶、香油10两、酱瓜8两、酱1斤、清酱15两、醋10两。大通官每人日给猪肉1斤8两、鸡1、酒1瓶、菜8两、酱3两、盐1两、茶1两。押物官每人日给猪肉1斤、菜8两、酱2两、盐1两，每5日酒4瓶。从人各日给猪肉8两、菜4两、酱2两、盐1两。应赏者每5日6人共酒1瓶。回日，正使给羊3，副使、书状官各羊2，大通官给猪肉折银1两8钱，押物官折银1两2钱，应赏从人各折银6钱并给盐。正使以下均给米，以为旅次之供。

补充规定：朝鲜国进表来京，都经历日给鹅1、鸡1、猪肉3斤、菽乳1斤、菜8两、酒1瓶，清酱、醋、香油各2两，酱3两、盐1两、茶2两、灯油2两。大通官日给鸡1、猪肉1斤8两、菜8两、酒1瓶、酱2两、盐1两、茶1两、灯油2两。小通事日给猪肉1斤、菜8两、酒1瓶、酱2两、盐1两、茶1两、灯油2两，从人各日给猪肉8两、盐1两，共菜3斤、灯油4两，每5日酒2瓶。回日，都经历给猪肉折银1两8钱，小通事折银9钱，从人各折银6钱并给盐。都经历以下均给米，以为旅次之供。

顺治十三年（1656年）制定：朝鲜国王弟代公来朝，日给鹅1、鸡3、鱼3、猪肉5斤、菽乳3斤、菜3斤、牛乳1镟、酥油3两、细粉1斤8两，清酱、醋各4两，酱8两、姜5两、蒜10本、茶4两、黄蜡烛3枝、灯油6两，苹果、柿、梨各15枚，枣1斤，每3日羊1、酒1瓶。副使、内监、书状官各日给鱼2、菽乳1斤、菜3斤、茶2两，每5日各羊1、鹅2、鸡3、酒1瓶，香油、醋各10两、清酱15两、酱1斤。大通官各日给鸡1、猪肉1斤8两、菜2斤、酒1瓶、酱2两、茶1两、灯油2两。小通事日给猪肉1斤、菜8两、酒1瓶、酱2两、盐1两、茶1两、灯油2两。小吏各日给猪肉1斤、菜1斤、酱1两、茶1两、灯油2两，每5日6人共酒1瓶。从人各日给猪肉8两、菜8两、酱1两。自王弟以下均给盐。回日，旅次之供，代公牛1、羊7、酥饼300、条饼400、饼饵300、白糖10斤、白盐60两。自山海关以内，于代公来朝时，每站给羊1、鹅2、鸡2、酒10斤，副使并内监各鹅1、猪肉3斤，书状官鸡1、猪肉2斤，大通官猪肉1斤8两，小吏各猪肉1斤，从人各猪肉8两。以上共酒3瓶。回日，自牛庄至凤凰城，亦照此例给发。自凤凰城给代公羊2，副使并内监、书状官羊各1。

顺治十八年（1661年）制定：朝鲜国遣领时宪书等事之赍咨官，日给鸡1、猪肉2斤、菽乳1斤、菜1斤、酒1瓶、面1斤、香油4钱、椒5分、清酱2两、酱4两、盐1两、茶5钱、灯油4两。小通事日给猪肉1斤、菜8两、酒1瓶、酱2两、灯油2两。应赏从人各日给猪肉1斤8两、菜2两、面8两、盐1两、共给黄酒2瓶、灯油4两。五品迎送官日给猪肉2斤、盐5钱。从役各日给盐5钱。回日，赍咨官给猪肉折银1两8钱，小通事折银9钱，应赏从人各折银6钱，各给盐1两，以为旅次之供。其沿途口粮，移咨户部给发。

康熙十一年（1672年）制定：朝鲜国差陪臣至京，日给鹅1、鸡2、鱼3、猪肉5斤、牛乳1镟、菽乳3斤、菜3斤、酥油3两、细粉1斤8两、酱8两，清酱、醋各4两，盐2两、姜5两、蒜10本、茶4两、黄蜡烛3枝、灯油6两，苹果、梨、柿各15枚，枣1斤。每3日羊1，酒1瓶。副使、书状官、大通官、徽员从役均照顺治十三年（1656年）例支给。

雍正五年（1727年）制定：朝鲜国差进年贡并谢恩等事，正使有君号者，日给鹅1、鸡3、鱼3、猪肉5斤、菽乳2斤、酱瓜4两、菜3斤、酒7瓶、面2斤、清酱6两、酱8两、醋10两、香油1两、盐3两、茶4两、烛3枝、灯油6两、乳油3两、牛乳1镟、椒1钱、姜5两、蒜10本、细粉1斤8两，苹果、花红、梨、柿各15枚，葡萄、枣各1斤，每3日给蒙古羊1。副使、书状官每人共羊1、猪肉3斤、牛乳1镟，各鹅1、鸡1、鱼1、菽乳2斤、酒6瓶、酱6两、灯油2两、茶1两、盐1两，余物面、菜、清酱、醋、香油、酱瓜、椒与正使同，每5日共苹果50枚、梨50枚、花红75枚、葡萄5斤、枣5斤。大通官、押物官各日给鸡1、猪肉2斤、菽乳1斤、菜1斤、酒1瓶、面1斤、香油4钱、椒5分、清酱2两、酱4两、盐1两、茶5钱、灯油2两。应赏从人各日给猪肉1斤8两、菜2两、面8两、盐1两、共酒6瓶、灯油12两。无赏从人各日给猪肉8两、菜4两、酱2两、盐1两。五品迎送官日给猪肉2斤。通事及从役各日给盐5钱。如非兼君号者，正使、副使、书状官日共猪肉4斤8两、牛乳1镟半，各鹅1、鸡1、鱼1、面各2斤、黄酒各6瓶、菽乳各2斤、菜各3斤、清酱各6两、酱瓜各4两、醋各10两、香油各1两、灯油各2两、茶各1两、椒各1钱、盐各1两，每5日共苹果75枚、梨75枚、花红112枚、葡萄7斤8两、枣7斤8两，两日共给羊3。正副使、书状官给白米，以下人员均给好米，移咨户部给发。回日，正使给羊3，副使、书状官各羊2，每羊1折银5钱。大通官等各给猪肉折银1两8钱，押物官等各折银1两2钱，应赏从人各折银6钱，无赏从人各给1月食盐。札行光禄寺给发，以为旅次之供。

道光二十四年（1844年）制定：朝鲜国差来告讣正副使等口粮食物与年贡

例同。

光绪八年（1882年）制定：朝鲜国差来问议官等到京，应给口粮食物，照大通官之例办理。又定，朝鲜国差来陈奏、谢恩正副使等到京，带有从事官、随员、书记等名目，应给口粮食物。从事官照赍咨官例，随员照押物官例，书记照小通事例办理。

2. 琉球

顺治七年（1650年）制定：琉球国入贡陪臣王舅日给鹅1、鸡1、猪肉3斤、菽乳2斤、各种菜3斤、酒2瓶，清酱、酱各6两、香油6钱、花椒1钱、盐1两、茶1两。正议大夫日给鸡1、猪肉3斤、菽乳1斤8两、菜2斤、酒1瓶，清酱、酱各4两、香油4钱、花椒8分、盐1两、茶6钱。四节官、都通事官各日给鸡1、猪肉2斤、菽乳1斤、菜1斤、酒1瓶，清酱、酱各4两，香油4钱、花椒5分、盐1两、茶5钱。王舅以下通事日给猪肉3斤、菽乳1斤、花椒5分。从役日给猪肉1斤、菜10两、盐1两。送来通事日给猪肉2斤、盐1两。札行光禄寺给发。正副使、各官、从役均给米。移咨户部支发。

康熙二十七年（1688年）制定：琉球国陪臣子弟入监读书者，照都通事例每日支发。

雍正五年（1727年）定，琉球国入贡，正副使每日共给羊1、猪肉3斤、牛乳1罐，各鹅1、鸡1、鱼1、菽乳2斤、酒6瓶，清酱、酱各6两，灯油2两、茶1两、盐1两、面2斤、菜3斤、酱瓜4两、醋10两、香油1两、椒1钱，每5日苹果、梨共50枚，花红75枚，葡萄、枣各5斤。使者都通事每日各鸡1、猪肉2斤、面1斤、菜1斤、酒1瓶、菽乳1斤、清酱2两、酱4两、香油4钱、灯油2两、茶5钱、椒5分、盐1两。从人各日给猪肉1斤8两，菜各2两、盐1两，共给酒6瓶、灯油12两。王舅以下通事日给猪肉3斤、菽乳1斤、椒5分、盐1两。通事护送官各日给猪肉1斤，从役各日给盐5钱。札光禄寺给发，其给米与朝鲜同。

3. 越南

顺治十八年（1661年）制定：安南国入贡使臣鸡1、猪肉2斤、菽乳1斤8两、菜1斤、酒1瓶、香油1两、椒1钱，清酱、酱各2两、盐2两、酱瓜4两、茶1两、灯油4两。通事各给猪肉1斤、菜1斤、盐1两、共酒1瓶。札行光禄寺给发。正使、各官、从人均给米，移咨户部支发。

雍正五年（1727年）制定：安南国入贡陪臣或1人或2人或3人各日给鹅1、鸡1、鱼1、菽乳2斤、菜3斤、酒6瓶、面2斤、香油1两、椒1钱、酱瓜4两，清酱、酱各6两，醋10两、盐1两、茶1两、灯油2两、共羊1、猪肉3

斤、牛乳1镟,每5日苹果、梨各50枚,花红75枚,葡萄、枣各5斤。行人照大通官之例,各日给鸡1、猪肉2斤、菽乳1斤、酒1瓶、面1斤、香油4钱、椒5分、清酱2两、酱4两、盐1两、茶5钱、灯油2两。通事照暹罗国通事例,各日给猪肉2斤8两、菽乳1斤、菜1斤、酒1瓶、面1斤、香油4钱、椒5分,清酱、酱各4两,茶5钱、灯油2两。应赏从人各日给猪肉1斤8两、菜2两、面8两、盐1两,共酒6瓶、灯油12两。伴送官各日给猪肉1斤、菜1斤,清酱、酱各2两,盐1两。从役兵丁等各日给盐5钱。札行光禄寺给发。其陪臣白米,其余人员给予好米,移咨户部支发。

4. 暹罗

康熙三年(1664年)制定:暹罗国入贡,正使、副使、办事干事官每日共牛乳1镟,每2日羊1,每5日苹果、梨各50枚,花红75枚,葡萄、枣各5斤。正使、副使每日共鹅1、鸡1、鱼1、菽乳2斤、各种菜3斤、酒10瓶、面2斤,清酱、酱各6两,香油6钱、椒1钱、灯油2两、茶1两。办事干事官每日给菽乳1斤、菜1斤、酒1瓶、面1斤,清酱、酱各4两,香油4钱、椒5分、灯油2两、茶5钱。通事官日给猪肉2斤8两、菽乳1斤、菜1斤、酒1瓶、面1斤,清酱、酱各4两,香油4钱、椒5分、灯油2两、茶5钱。从人各日给猪肉1斤8两。札行光禄寺给发。正副使以下各官、从役均给米,移咨户部支发。

雍正五年(1727年)制定:暹罗国入贡,大贡使每3日给蒙古羊1,每日给鹅1、鸡3、鱼3、猪肉5斤、菽乳3斤、酱瓜4两、菜3斤、酒7瓶、面2斤,清酱6两、酱8两、醋10两、香油1两、盐3两、茶4两、黄蜡烛3枝、灯油6两、酥油3两、牛乳1镟、椒1钱、蒜10本、姜5两、细粉1斤8两,苹果、花红、梨、柿各15枚,葡萄、枣各1斤。左右贡使每日共羊1、猪肉3斤、牛乳1镟,各鹅1、鸡1、鱼1、菽乳3斤、酒6瓶、酱6两、灯油2两、茶1两、盐1两、面2斤,清酱6两、醋10两、香油1两、酱瓜4两、椒1钱,每5日共苹果、梨各50枚,花红75枚,葡萄、枣各1斤。四贡使日给鸡1、猪肉5斤、菽乳1斤、菜1斤、酒1瓶、面1斤、香油4钱、椒5分、清酱2两、酱4两、盐1两、茶5钱、灯油2两。通事日给猪肉2斤8两、菽乳1斤、菜1斤、酒1瓶、面1斤、香油4钱、椒5分,清酱、酱各4两。应赏从人各日给猪肉1斤8两、菜2两、盐1两,共酒10瓶、灯油10两。伴送官日给猪肉1斤、盐1两。从役等各日给盐5钱。札光禄寺给发。其给米与朝鲜同。

5. 苏禄

雍正五年(1727年)制定:苏禄国入贡,正使、副使各日给鹅1、鸡1、鱼1、牛乳1镟、菜3斤、酒6瓶、面2斤、菽乳2斤、香油1两、椒1钱,清酱、酱各6两、盐1两、茶1两、灯油2两，共给羊1。每5日共苹果、梨各50枚、花红75枚，葡萄、枣各5斤。通事番目日给菝乳1斤、菜1斤、酒1瓶、面1斤、香油4钱、椒5分、清酱2两、酱4两、茶5钱，共灯油4两，每2日给羊1、鸡1。从人各给猪肉1斤8两、菜10两、面8两、盐1两，共酒6瓶、灯油4两。护送官日给猪肉1斤、盐1两。跟役各日给盐5钱。正副使、通事、护送官、从人给米，均照西洋国例支发。

6. 南掌

雍正五年（1727年）制定：南掌国入贡，贡使或1人或2人或3人，每人给羊1、猪肉3斤、牛乳1镟、鹅1、鸡1、鱼1、菝乳2斤、酒6瓶、酱6两、灯油2两、茶1两、盐1两、面2斤、清酱6两、酱瓜4两、醋10两、香油1两、椒1钱，每5日苹果、梨各50枚，花红75枚，葡萄、枣各1斤。先目各日给鸡1、猪肉2斤、菝乳1斤、菜1斤、酒1瓶、面1斤、香油4钱、椒5分、清酱2两、酱4两、盐1两、茶5钱、灯油2两。先刚彩衣各日给猪肉1斤8两、面8两、菜2两、盐1两，共给酒6瓶、灯油12两。通事伴送各官各日给猪肉1斤、盐1两。从役兵丁各日给盐5钱。贡使、先目给白米，其余人员给好米。均照各国例给发。

7. 缅甸

乾隆十六年（1751年）制定：缅甸国入贡，贡使照南掌国贡使例，缅目照先目例，缅役照先刚彩衣例，通事伴送官课长照南掌通事伴送官例，从人照南掌从役例，象奴各日给猪肉8两、盐1两。贡使白米，其余官役给好米，均照各国例给发。

8. 荷兰

顺治十三年（1656年）制定：荷兰国入贡，正使、副使、次等官每日共给牛乳1镟，每2日羊1，每5日苹果、梨各50枚，花红75枚，葡萄、枣各5斤。正使、副使每日共给鹅1、鸡1、鱼1、菝乳2斤、各种菜3斤、酒10瓶、面2斤、清酱、酱各6两、香油6钱、椒1钱、茶1两。次等官日给菝乳1斤、菜1斤、酒1瓶、面1斤、清酱、酱各4两、香油4钱、椒5分、茶5钱。通事日给猪肉2斤8两，其茶及菜蔬与次官同。从人各日给猪肉1斤8两、菜2两、面8两，共酒5瓶。伴送通事各日给猪肉1斤、菜1斤、清酱、酱各2两。以上每人盐1两，札行光禄寺给发。正副使、各官、从役均给米，移咨户部支发。

9. 西洋国

康熙九年（1670年）制定：西洋国入贡，正使日给蒙古羊1只、鹅1、鸡1、鱼1、菝乳2斤、菜3斤、酒6瓶、牛乳1镟、面2斤、香油1两、椒1钱、清酱、酱各6两,茶1两、灯油2两、盐1两,每5日苹果、梨各50枚,花红75枚,葡萄、枣各5斤。护送官日给菽乳1斤、菜1斤、酒1瓶、面1斤、香油4钱、椒5分、清酱2两、酱4两、茶5钱、灯油4两,每2日羊1、鸡1。从人各日给猪肉1斤8两、菜2两、面8两,共酒6瓶、灯油4两。伴送等官各日给猪肉1斤,清酱、酱各2两,菜1斤、盐1两。兵丁、从役等各日给盐5钱,札行光禄寺给发。正使官、护送官、通事、书办、从人均给好米,移咨户部给发。

二、取暖供应

馆舍供应除了饮食之外,还有取暖一项的供应。

贡使到京日期,大都是京城的寒冬腊月,贡使在馆舍居住的取暖问题特别重要。嘉庆元年(1796年)正月初十,天寒地冻,安南使臣阮光裕因寒冷冻死在寓所。① 此虽为个案,但足证严冬对于那些来自南方地带的贡使是一个不小的考验。以下是朝鲜贡使在京期间的薪炭和马匹草料的供给标准。

刍秣、薪炭的供给由主客司负责咨行工部支取,刍豆(喂养马匹料豆)咨行户部支取。其中正使每天供给木柴20斤,若是朝鲜王室成员则供给30斤。副使20斤,书状官15斤,大通官、押物官人各10斤,从人各4斤。马1匹,每天供给煮料柴2斤,草14斤,料豆4升。每年自十一月初一日始,至次年正月三十日止,正副使、书状官各日给木炭10斤,大通官7斤,押物官5斤,从人等不给。领时宪书赍咨官每天供给木柴7斤,小通事4斤。根据《燕行录》记载,一个朝鲜使团在京期间,清廷要向使团提供92880斤的木材供应②。

当然,也有贡使在夏季到达京城的。为了预防贡使在酷暑中患疾,清廷还会采取消暑降温的措施。乾隆七年(1742年),苏禄贡使在炎热的夏季到达京城,为此乾隆帝专门下谕:"今年天气炎热,苏禄国使臣在京,著礼部委官加以照看,外给冰水及解暑汤药,并遣医人时往看视。"③

---

① 吴晗:《朝鲜李朝实录中的中国史料》下编,卷十二。
② [美]费正清著,杜继东译:《中国的世界秩序》,中国社会科学出版社,2010年,第99页注释1。
③ 《嘉庆会典事例》卷四百,礼部·朝贡·赒恤。

第九章

清代属国王印制度

清代与周边一些国家建立正式的朝贡关系时，一般都要向该国的国王颁赐印信，印信的制作、颁发、收缴都遵循特定制度，形成了清代特有的属国王印制度。这一制度是清代整个官印制度的一部分，也是清代对外朝贡制度的重要内容。

第一节 清代官印制度

我国的印章制度源远流长而且内容丰富。印章按照使用功能分类，大体可以分为民间印章和官方印章两类。官方印章由皇家颁发，代表权力，以区别官阶和显示爵秩。历代官印制度各有不同。清代"凡印之别有五，一曰宝、二曰印、三曰关防、四曰图记、五曰条记"[①]。不同的规格，反映了不同的等级尊卑。清代官印制度经历了从初创到成熟的发展阶段。乾隆十三年（1748年），改革后的清代官印制度材料、钮式、印文体式、尺寸等各方面最终成形。

一、材质

清代官印制作材料的质地序列依次为玉、金、银镀金、银、铜、木。

玉质是制作印玺的最高等级材料，主要用于制作御宝。

玉质以下为金质，主要用于制作太后、皇后、皇贵妃、妃以及皇太子、亲王、亲王世子的册封印。

金质以下为银质镀金，主要用于多罗郡王的册封印。

银质镀金以下为银质，主要用于一、二品官员用印，亦包括个别三品官员的用印。

---

① 《光绪会典》卷三十四，礼部。

银质以下是铜质,清代职官中三品至九品官印,不论其称为"印""关防",抑或"图记""条记",均采用铜质。

铜质以下为木质,主要用于未入流官的用印,包括文职佐杂人员,不兼管兵、马、钱、粮之武职官以及各府县僧道阴阳医官。

二、钮式

钮式是长期以来用以体现官印等级的重要表征。

清代官印中级别最高的御宝,其钮式采用龙钮,有交龙钮、盘龙钮、蹲龙钮3种形式,而以交龙钮为普遍。

龟钮是仅次于龙钮的等级。龟作为中国官印印钮有着悠久的历史,而且使用非常广泛。汉代官印制度中,公侯皆佩紫绶龟纽金印。《汉官旧仪补遗》卷上:"列侯印黄金龟纽,文曰印;丞相、大将军黄金印龟纽,文曰章。"《汉旧仪》曰:"银印皆龟纽,其文刻曰'某官之章'。"宋人编撰的《汉晋印章图谱·钮制》一书中归纳了汉晋时期的8种印钮,其中有4种为龟钮,"二曰金印龟钮……四曰涂金龟钮,五曰铜印龟钮,六曰涂银龟钮"。大约在宋代之后,龟钮才不再成为主要钮制,而仅仅为等级较高的官印专用。清代的妃金印、和硕亲王宝、亲王世子宝采用龟钮。清代龟钮形制与古印中的龟钮不同。从清宫遗存的各种妃子印可知,龟的造型首、尾均作龙形,只有身躯似龟而已。这种钮式体现了持有此类宝印之人的特殊身份。

麒麟钮是比龟钮又次一级的钮式,为多罗郡王印的钮式。麒麟钮用于官印是清代的独创。

云钮为清王朝颁赐喇嘛上层统治者的印钮形式。清代统治者尊崇喇嘛教领袖,赋予达赖、班禅等特别尊崇的地位,对其所持印信钮式镌以云形。

虎钮是公、侯、伯及一、二品高级武官和边政大臣的银质官印所采用的钮式。虎为兽中阳类之长,取其凶猛之意。

直钮是一般官印的钮式。直钮分为三台、二台与平台的不同等次,在形状上有细微区别。直钮三台官印用于"袭封衍圣公印"以及宗人府、各部、都察院、理藩院等机构;二台官印用于军机处、盛京五部、户部总理三库事务、翰林院、内务府、銮仪卫、各省承宣布政使司等机构;平台官印用于通政使司、大理寺、太常寺、顺天府、奉天府等机构以及其他级别较低的官职。

三、文字和体式

清代为我国少数民族满族所建,其官印的文字与明代不同。入关前,印文只有满文文字。入关后，官印变为满汉双文。清朝系满族建立的政权，汉族是其统治的主体民族，因而官印文字首先排列满文，汉文居其次。左满右汉，一般均为两行。此外，根据管理不同民族地区的需要，清代官印的印文也有3种、4种文字的，包括蒙古、回回、托忒和唐古特等文字。清代官印不但把统治民族文字入印，而且把被统治民族文字也一体入印，较之同样是少数民族政权的元朝仅以统治民族的文字八思巴文入印是一种进步。

乾隆十一年（1746年），乾隆皇帝整理保存在皇宫的39方玉宝，钦定25宝，以符天数，并制成《宝谱》，注明满汉释文。乾隆十三年（1748年），清帝决定要给满文创制出系统的篆体形式，目的在于"崇典章、昭法守"。虽然满字在初创时就有了篆体，但并不完备，应用也较少，"清篆传自太宗，与国书先后并出。惟各体未备，传习尚稀"①。乾隆命令儒臣为满文创作篆体，结果仅用半年时间便完成创制，乾隆最终钦定32种满文篆体，名称沿用汉文篆体称谓。②乾隆十三年（1748年）九月，乾隆帝谕称："朕稽古之暇，指授臣工，肇为各体篆文。儒臣广搜载籍，援据古法，成三十二类。"③ 同日，协办大学士傅恒奏请以清、汉文篆体各自缮写《御制盛京赋》，作为新创满字篆体的样书，得旨允准。至此清文篆体已臻完善。

随着满文篆体创制的完成，乾隆随即将这种满文篆体应用到了随后的官印改革中，规定清代官印篆体分10个等级，分别如下：

1. 玉箸篆

小篆的一种，线条丰腴圆润，韧挺似箸。

2. 芝英篆

体用小篆，惟点划之首尾开叉以像灵芝初生状。

---

① 吴振棫：《养吉斋丛录》卷二十一，中华书局，2005年。
② 黄锡惠："满文小篆研究"（上、下），《满语研究》1998年第1期、1999年第2期；金毅："清代满文篆字应用情况的再调研"（上、下），《满语研究》1999年第2期、2000年第2期。
③ 《清高宗实录》卷三百二十四，乾隆十三年九月癸亥条。

3. 尚方大篆

又称九叠篆，体用汉谬篆，点划多叠曲平满，以九横为度，因称"九叠"，取"乾元用九"之意。

4. 柳叶篆

传为晋卫瓘仿上古蝌蚪文而细其头如尾，点划腹粗端尖，飘摇若柳叶，因名。

5. 尚方小篆

即小篆，字体长方整齐圆润，结构严谨，精简固定，笔画匀称，紧凑美观。被奉为两千年来中国古代文字书法传统之圭臬。满文小篆则在满文楷书基础上化圆为方，化曲为直，化点为线，方整匀齐，成为满文篆书之基准。

6. 殳篆

"秦书"八体之一。殳为兵器，因以刻兵器上之文书为"殳书"，点划多圆曲。

7. 钟鼎篆

又称"金文"，因铭铸于古代钟鼎等金属青铜器而得名，是介于甲骨文与大篆之间的文字。

8. 悬针篆

传为曹喜所创，体用小篆，底部竖笔拉长，所有竖笔末端下垂如针之悬，因名。

9. 垂露篆

垂露篆传为曹喜所创，体用小篆，底部竖笔拉长，所有竖笔末端下垂圆点如露珠，因名。

10. 转宿篆

传宋景公时仿火星出入退缩之象而制。在字顶缀以一高两低三星之篆字。转宿篆应用范围极窄，仅限于管理京师、盛京喇嘛班第印及灌顶普善广慈大国师、慧悟禅师印。

10 种不同种类的篆体对应不同品秩的印文，其中玉箸篆体只有"二十五宝"及后妃、皇太子的宝印方可使用，亲王、亲王世子宝，郡王印则使用芝英篆，其余篆体分别对应其他各级品官。对印文篆体划分等级的意旨，《皇朝文献通考》指出："御宝用玉箸篆，诸王则芝英篆，文臣则有尚方大篆、小篆、钟鼎篆、垂露篆，武臣则有柳叶篆、殳篆、悬针篆，皆以位之崇卑为等，视汉唐以来官印专用一体者，等威益辨矣。"① 乾隆对入印的满文字体，虽然与汉字一样规定了篆体形式，但对入印的蒙古、回回、唐古特、托忒文字并不要求加篆。

在规定出各级官印印文的篆体之后不久，清廷下令对各级印信的印文重新改镌。改镌首先从皇帝的御宝开始。乾隆在《御题交泰殿宝谱序后》曰："今既定为篆法，当施之宝印，以昭画一。"② 乾隆十三年（1748 年）九月，完成改镌的 21 方御宝，其印文左为满篆，右为汉篆。随后御宝以下的宝、印也开始改镌，"诸王各将宝印赍送礼部，照式改镌"；"内、外文武衙门印信、关防、条记，应令内、外文武各衙门赍送印模到部，依次铸造"③。乾隆十七年（1752 年），各级印信的改镌工作全部完成。

从排定御宝的《宝谱》开始，再到创制满文的 32 种篆体和入印的 10 种篆体，再到改镌现有印信的印文，乾隆帝经完成了清代印文加篆的制度。

---

① 《清朝文献通考》卷一百四十三，王礼考。
② 《清史稿》卷一百三，志七十九，舆服三。
③ 《清史稿》卷一百三，志七十九，舆服三。

四、尺寸

清代官印分为正方形与长方形两种，称"宝""印""图记"者均为正方形，称"关防""条记"者为长方形。"关防"大体上长与宽比例为3比2。百官印信，以宗人府、衍圣公为最，均为方3寸3分，厚1寸，而公、侯、伯印，经略大臣、大将军、将军、领侍卫内大臣印，各部、都察院、理藩院等一批银质印规格也是方3寸3分，但厚9分。依次而下，边长、印厚呈递减之势。各级官印尺寸，《光绪会典·铸印局》三十四卷记载颇详。

五、制作

清代印信，凡篆写印文，都由仪制司依据规定之字样，将满汉、篆字发交铸印局书写，蒙古、唐古特等文各具印模送内阁书写。

印文的满汉本字镌于印背，年月日镌于印侧。倘添设衙门应铸印信，由各该处奏准，依指定书体铸给。唯钤记不铸，由布政司发交官匠刻制木质钤记颁给。

铸印之物料有赤金、若干成之金、银、铜等金属，均至户、工二部支取，并依原料、样式及篆书之不同，而限定工期不等。

印铸成后，交由仪制司知照各该处派员赍文请领。并规定于新铸印信、关防、图记、条记之四角无字处各留一柱，用重纸密封，在印面骑缝处钤盖司印，该官收到后，去柱启封。

同时，对因故改铸、换铸、封固及销毁印信均有明确的规定。

每至岁末都要封印，及至来年正月，再由钦天监择吉日启印。

第二节 清代属国王印规格

清代官印制度延伸到了属国王印制作领域。清代属国王印规格基本沿袭明代，明清两代只在属国王印的尺寸和文字种类上略有不同，清代尺寸稍大于明代：前者方3寸5分，后者方3寸。清代的印文文字也变成了满汉合璧，而明代为汉字。在其他方面，两代所铸的属国王印的规格基本相同。

一、材质

从材质而言，清代的属国王印多为镀金银质，只有朝鲜国王印是金质。明代的属国王印材质有三等:"曰金、曰镀金、曰银。"① 金、银材质的不同,显示了等级区分,资料记载:"四方诸藩国王之章,上藩用金,下藩用银。"② 在清朝的爵位等级序列中,金印为亲王、亲王世子级别,而镀金银印属于郡王级别。朝鲜国王金印规格与亲王世子相同,其他属国国王的镀金银印则与清代郡王同级。

按照清代铸印规定,亲王与亲王世子的宝印,需要五成金 300 两。如果参照这一标准,一颗朝鲜国王金印,应该含五成金 300 两,按照当代 1 市斤等于清代 16 两的标准计算,朝鲜王印重量大约为 9.4 公斤。

铸造镀金银印,需要纹银 180 两,十成金叶 1 两 2 钱。因此一颗镀金银印的重量,大约为 5.7 公斤重。缅甸史料记载,乾隆五十五年(1790 年)乾隆朝赏赐给缅甸的属国王印为 3 缅斤(10 磅)。"使臣携归华文大印,其状如驼,缅王恐受制于清,初不愿接受,顾又不愿舍此重达三缅斤(十磅)之真金,乃决意接受而使史官免志其事。"③ 缅甸史料中清廷颁发的王印重量达 3 缅斤,大约相当于当代 5 公斤。不过缅甸史料把镀金银印当作了真金。清代赐给南掌国王的王印,据史料记载,其重量为 5.9 公斤④,这与我国文献记载的镀金银印重量为 5.7 公斤基本相当。

二、钮式

从钮式而言,清代属国国王印主要采取驼钮形制,朝鲜国王印的钮式则采用龟形。驼形、龟形,象征属国恭顺教化与臣服。

驼钮印最早产生于汉代,颁予内附的北方边疆少数民族或部落首领。宋代王厚之《汉晋印章图·纽制》:"一曰黄金橐驼钮……三曰铜印驼钮。"清代,驼钮退出了国内官印钮形的序列,仅仅用于属国王印之上。骆驼性格温顺,故选此种形象作为恭顺中央王朝的象征。

龟钮形制很早就已产生。龟属于人们崇拜的麟、凤、龟、龙"四灵"之一⑤。龟长寿,龟的发音同贵,因而龟形成为吉祥的象征。龟又为玄武的象征,代表阴性、臣属等特征,《续三十五举》称:"李日华《紫桃轩杂缀》云:禹治

---

① 《明史》卷四十八,职官志一。
② 《文献通考》卷一百十五,《王礼考十》。
③ [英]哈维著,姚楠译:《缅甸史》下册,商务印书馆,1973 年,第 479 页。
④ P. Boudet et A. Masson: Iconographie historique de l'Indochine française, documents sur l'histoire de l'intervention francaise en indochine, Paris, G. Van Oest, 1931, pp53.
⑤ 《礼记·礼运》。

水,有玄龟负青泥于后额,下有印文皆古篆字。禹穿凿处皆以青泥封记。今印作龟钮是其遗也。"① 龟钮从汉代开始被广泛使用,文臣、武将的印信都可采用。在清代,龟钮演变为高等专用印钮,为亲王、亲王世子、妃等金印所采用。

《东华录》记载:崇德二年(1637年)"十月庚申,遣户部承政英俄岱尔、马福塔率从官、通事封李倧仍为朝鲜国王,赍赐玉钮金印、诰命"②。这则资料中,清廷首次册封朝鲜国王的王印钮式为玉钮,疑此处"玉钮"为"龟钮"之讹。

三、尺寸

从方厚而言,清代和硕亲王金宝的尺寸方3寸6分(11.5厘米),厚1寸(3.2厘米)。亲王世子金宝方3寸5分(11.2厘米),厚1寸(3.2厘米)。多罗郡王镀金银印方3寸4分(10.9厘米),厚1寸(3.2厘米)③。

清代属国王印的方厚尺寸与亲王世子的规格相同,方3寸5分(11.2厘米),厚1寸(3.2厘米)。这一规格与法国史料记载的南掌王印的印面大小约11.5厘米基本相似。④

四、文字与体式

从印文文字使用来说,清代入关前颁发的属国王印,只有朝鲜一国,其文字也只采用满文。入关后,所有属国王印的文字种类均改用左满右汉双体文。

就印文的篆体而言,清廷入关前颁赐给朝鲜国王的满文王印,字体仿造汉篆印文加篆。入关后,属国王印的文字改为满汉双体,其中满文字体不加篆,汉字加篆。顺治初年的汉字印文篆法并不严格,朝鲜国王印中的汉字都可使用玉箸篆体。一般外藩国王印的汉字篆体均为尚方大篆(即九叠篆)。乾隆十三年(1748年)改革印制后,满、汉文都变成篆体。朝鲜国王印的印文采用芝英篆,越南、琉球、暹罗为尚方大篆。朝鲜国王印采用芝英篆,与国内的亲王、郡王印相同;其他属国的王印采用尚方大篆,与国内文臣相当。外国与国内印章规格比较见表9-1。

---

① 桂馥:《续三十五举》卷一。
② 王先谦:《东华录》,崇德二,崇德二年十月庚申条。
③ 《清史稿》卷一百四,志七十九,舆服三。
④ P. Boudet et A. Masson: *Iconographie historique de l'Indochine française*, documents sur l'histoire de l'intervention francaise en indochine, Paris, G. Van Oest, 1931, pp53.

表9-1　外国王印与国内印章规格比较表

爵位	材质	钮式	尺寸	印文及篆式
和硕亲王	金印	龟钮	平台，3.6×1	满、汉芝英篆
亲王世子	金印	龟钮	平台，3.5×1	满、汉芝英篆
朝鲜国王	金印	龟钮	平台，3.5×1	满、汉芝英篆
多罗郡王	镀金银印	麒麟钮	平台，3.4×1	满、汉芝英篆
其他外国国王	镀金银印	驼钮	平台，3.5×1	满、汉尚方大篆

关于印文内容，一般都是"某某国王之印"。具体而言，朝鲜为"朝鲜国王之印"，琉球为"琉球国王之印"，越南为"安南国王之印"（阮朝之前）和"越南国王之印"（阮朝时期），暹罗为"暹罗国王之印"，缅甸为"阿瓦缅甸国王之印"，南掌为"南掌国王之印"。图9-1到9-5为清代各国王印的印面文字图片：

1. 清代琉球王印的印面

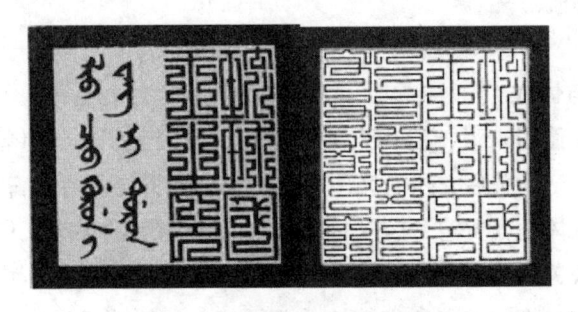

图9-1　琉球王印的2种印面

2. 清代朝鲜王印的印面

图9-2　朝鲜王印的3种印面

3. 清代安南、越南王印的印面

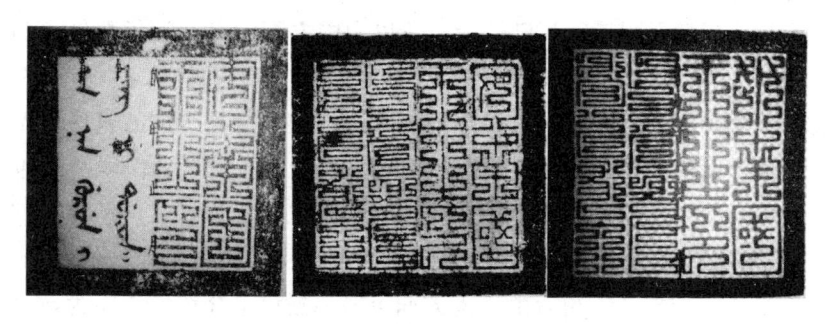

图 9-3 越南王印的 3 种印面

4. 清代暹罗王印的印面

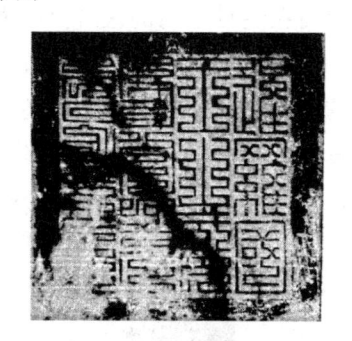

图 9-4 暹罗王印的 1 种印面

5. 清代南掌国王印的印面

图 9-5 南掌王印的 1 种印面

五、属国王印实物

清代属国王印除了王印本身之外，还包含存放王印的印匣以及包裹印匣的黄绢，这些都由工部供应。关于清代外国王印的实物，由于清代官印的缴销制度，上缴到清廷的属国王印都已销毁，所以中国方面没有一颗货真价实的属国王印。

在清代属国方面，有资料称，在当代老挝的琅勃拉邦宫的右宫中，至今保存着中国明清两朝册封南掌国王的金印。① 另外，据法国学者保罗·布维及安德鲁·马松所著《法属印度支那的历史图像》一书中披露，在法国外交部图书馆中，保存一颗清廷册封南掌国王的王印（见图9-6），在光绪十年（1884年）五月十四日法、越签订条约后由越南方面上缴。据该书介绍，该印为黄金与白银的合金，驼钮，重量为5.9公斤，印面大小为11.5厘米。② 法国在光绪十年（1884年）五月十三日与越南阮朝皇帝阮福明签订《法越第二次顺化条约》，越南成为法国的保护国。但为何在签订条约的次日由越南交出南掌国王印，南掌国王印为何落入越南手中，该书没有详细说明。不过，该书将这颗王印以相片形式公布，这是目前发现的唯一有关清代属国王印的图像资料，为研究清代属国王印提供了弥足珍贵的资料。图9-6为该书披露的南掌国王王印图片：

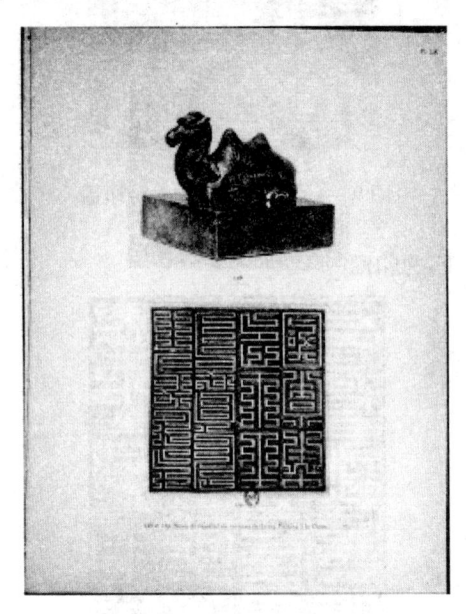

图9-6　南掌国王王印

---

① 李达：《老挝历史名城——琅勃拉邦》，《印度支那》，1986年第2期。
② P. Boudet et A. Masson：*Iconographie historique de l'Indochine française*, documents sur l'histoire de l'intervention francaise en indochine, Paris, G. Van Oest, 1931, pp53.

韩国汉城的故宫博物馆曾保存着用于朝鲜王朝遗诏和外交的王印13枚，但其中10枚现在下落不明。这13枚王印中专门用于外交用途的金印应该就是中国颁发的属国王印。

清代琉球王印也未保留下来，但1998年6月中国第一历史档案馆为日本冲绳县首里城公园的琉球国王宫仿制了两枚琉球国王印。① 第一枚是顺治十一年（1654年）清廷首次册封琉球国王所颁赐的驼钮镀金银印，纵9.7厘米，横10厘米，台厚3.3厘米，钮高6.7厘米，重6.5公斤，印文为"琉球国王之印"，右为汉字尚方大篆，左为满字本字。这与史料记载的"印文六字，琉球国王之印，左满右篆，不称中山"相符合。② 第二枚是乾隆二十一年（1756年）册封琉球国王时换颁的王印，纵11.7厘米，横11.9厘米，台厚4厘米，钮高6.7厘米，重6.5厘米，印文为"琉球国王之印"，右为汉字尚方大篆，左为满字尚方大篆。这两枚仿制的琉球国王印，其规格基本上反映了清代颁赐外国王印的规定。从规格来看，二者有一些细微区别。第一枚国王印的平台尺寸大约是方3寸，厚1寸，印文是满汉双文，但汉字是尚方大篆，满字却是本字，反映的是乾隆十三年（1748年）以前的印制；第二枚的平台尺寸大约方3.5寸，厚1.2寸，印文是满汉双文，满汉字都变成了尚方大篆，反映了乾隆十三年（1748年）改革之后的印制。

至于其他大部分属国王印的实体，在19世纪晚期这些国家被西方国家相继占领之后，殖民者把王印作为中国统治的证据加以毁灭。这些地方即使偶有遗留，在当代民族主义盛行的时代，作为中国属国的象征物也很难留存下来。

第三节　清代颁赐属国王印制度

历代中国统治者都有向边疆附属民族和周边国家赐印的惯例。中国朝廷颁给属国王印是双方建立朝贡关系的重要标志之一。清代继承了历代中国向属国颁赐王印这一传统。清朝向属国颁发王印，依从以下定制。

一、中国改朝换代

中国发生重大的政治变动，新政权都需向外部发出建立新的华夏世界秩序

---

① 《琉球国王印仿制品移交纪实》，《历史档案》1998年第4期。
② 徐葆光：《中山传信录》卷二，台湾文献丛刊第306种，台湾银行经济研究室，1972年。

的信号。周边国家需对中国政权的这种变动作出回应，重新调整并获得在华夏世界新秩序中的位置。这种象征性的行为莫过于属国的换印行动。明清之际，与明朝有朝贡关系的国家要与清朝建立关系，需要上缴前朝所颁王印，换取新朝所颁印信。朝鲜、琉球、安南、暹罗等国家初次接受清朝册封时，清政府都要求把明朝所颁王印缴回之后才能领受清政府新铸的国王印。如果属国有特殊理由不能缴回前朝旧印，需作出特别说明并得到清朝认可方可颁发新印。

1. 朝鲜

朝鲜在崇德二年（1637年）正月与大清建立臣属关系时，"帝敕令去明年号，纳明所赐诰命册印，质二子，奉大清国正朔"①。朝鲜国王不得不将明朝敕、印上交清廷。《清史稿》记载此事曰："二年春正月庚午，朝鲜国王李倧率其子及群臣朝服出降于汉江东岸三田渡，献明所给敕、印。上慰谕赐坐，还其妻子及群臣家属，仍厚赐之。"②《东华录》对此也记载："庚午，李倧以汉江口滨海之地及江华岛城既失，妻子、群臣尽被俘获，身困重围，旦夕且陷，八道援兵俱绝，屡奉敕谕，赦过宥罪，许其归降。于是，弃兵械，服朝服，献上明国所给敕、印，自南汉城来朝见。"③《朝鲜实录》也记载：仁祖十五年（清崇德二年，1637年）正月庚午，"使都承旨李景稷奉国宝已进，龙胡受之而去"④。

崇德二年（1637年）十月，清廷派遣册封使英俄尔岱、马福塔等赍诏、诰、敕、印往封李倧为朝鲜国王。册封诏书称："从兹创始，嘉汝维新，既定藩封，宜申新命。爰烧传国之印，用颁同文之宝。特遣使臣赍捧印、诰，仍封尔姓为朝鲜国王，嘉乃恭顺，金章宝册，重新作我藩屏，带砺山河不改，立一时之名分，定万载之纲常，天地无移，冠冕不易。"⑤

2. 琉球

琉球在与清朝建立朝贡册封关系时，经历了较为复杂的过程。从顺治三年（1646年）十二月清军把滞留在福建为南明唐王政权庆贺的琉球使节带往北京，直到顺治十一年（1654年）清朝正式颁印给琉球国王，中间经历了近8年的时间。其间琉球不断派遣使者向清政府请封，但清廷坚持琉球不缴送明朝敕、印，就绝不颁赐新印的原则，"前朝敕、印未缴，未便授封"⑥。而琉球也以各种理

---

① 《清史稿》卷五百二十六，列传三百一十三，属国一。
② 《清史稿》卷三，本纪三，太宗本纪二。
③ 王先谦：《东华录》，崇德二，崇德二年正月庚午条。
④ 《朝鲜仁祖实录》卷三十四，十五年正月庚午条。
⑤ 《朝鲜仁祖实录》卷三十四，十五年十一月甲申条。
⑥ 周煌：《琉球国志略》卷三，台湾文献丛刊第306种，台湾银行经济研究室，1972年。

由拖延缴印。琉球所持的一个重要理由是在明朝时期，只有洪武帝时期颁发过国王印，因此琉球国内只有一颗王印，琉球国王凡行事均用此印，如果上缴明朝颁发的国王印，琉球在送缴旧印与颁发新印期间，将无印可用，恐误行事。琉球世子尚质在后来请求清朝颁发印、敕的奏书内称："本国有三十六岛，一切行事，必需印信，难以久旷。"① 此一原因，并非虚捏，《中山世鉴》也明确记载明代琉球使用中国颁发金印的情况，"镀金银印者，尔来历代国王之宝物，对大明、日本等往来表文所押之金印是也"②。为此，清廷两次派使者前往琉球催促琉球缴送明朝颁发敕、印。顺治九年（1652 年）七月到达琉球的清朝使者谢必振以"钦差赍敕招抚使"身份，咨文琉球国长史司内称：

目今太平有象，底定永清，百物盛熙，探船差使贸易悉行自便，评价事情，乘时亟举，若仍前泄泄，是相耽误矣。刻此番部限紧急，冬汛将至，复命之期，决在十月。所有入贺事宜，并故闽印、敕，作速呈缴料理。更各员役随带湖丝、毡条、绸布等价值，虽不盈万，亦当早为预之。自丙戌迄今，屈指七载，梯山航海，家破人离。本使虽奉王命差遣，实为贵国奔驰，一片苦心，不知贵国鉴谅否。本船刻欲进〔那〕霸港安插，奈差使周国盛、郑孟德谆谆恳留，姑暂少待。天威咫尺，稽延陨越，获罪是惧不已。先行咨会贵司，烦即转达三法司，启奏贵国主，悉照来咨内事理，遵奉施行。③

"屈指七载，梯山航海，家破人离"，清政府的使者为迫使琉球交出明朝敕印而交涉 7 年之久。顺治十年（1653 年），琉球最终决定遣使上表庆贺、进贡方物，送缴故明敕、印，请求敕封，以此向清廷表达从此"去旧从新，耳目改达，舍明事清，心志惟一"之意④。顺治十年（1653 年）二月，携带着表奏和故明敕、印的琉球使团启程，顺治十一年（1654 年）初琉球国王舅马宗毅等一行 13 人行抵京城，住进会同馆。二月十七日，礼部呈进琉球国世子尚质奏书。三月十六日奉圣旨："览世子奏，知道了。远国归诚，宜加体恤。至所请给发敕、印，并一应禁约安插事宜，着作速详议具奏。该部知道。钦此。"四月二十日，顺治下旨："琉球远国归化，忠诚可嘉，著照例特遣官员赍捧敕、印前往册封。"⑤ 清朝终于在琉球缴回明朝颁发的国王印之后，颁给了琉球国王新印。

---

① 《历代宝案》第一册，卷十四，日本冲绳县教育委员会，1992 年，第 454－455 页。
② 米庆余：《琉球历史研究》，天津人民出版社，1998 年，第 35 页。
③ 《历代宝案》第一册，卷九，日本冲绳县教育委员会，1992 年，第 295－296 页。
④ 《历代宝案》第一册，卷九，日本冲绳县教育委员会，1992 年，第 112 页。
⑤ 《历代宝案》第一册，卷五，日本冲绳县教育委员会，1992 年，第 157 页。

3. 安南

安南在清朝前期属于后黎朝统治时期。安南国王黎维祺于顺治十七年（1660年）七月奉表进贡。清朝要求安南缴出前明旧印，安南回复："前代旧制，原不缴换敕、印，惟待奉准贡例，依限上进。"① 安南虽答应"依限上进"，但实际却依然拖延缴印。康熙三年（1664年），安南国世子黎维禧请封，清帝下旨："俟该国缴送明季敕、印，再行议奏。"② 康熙五年（1666年）二月，"礼部题，今岁安南国黎维禧例当进贡。所受伪永历敕、印屡谕缴送，迟久未至。始称无缴送之例，今复欲委官临关，当面销毁，殊非尊奉天朝之礼。请敕广西督抚，移文再行晓谕，速将伪敕、印送京，准其入贡，否则绝其来使。从之"③。在清廷的压力和安南国内形势双重考虑之下，安南只好接受清朝要求。在康熙五年（1666年）五月，两广总督卢兴祖向清廷疏报："安南国黎维禧缴送伪永历敕命一道、金印一颗，上嘉之。"④ 康熙遣内国史馆翰林学士程芳朝、礼部郎中张易贲册封黎维禧为安南国王，赐镀金驼钮银印，清廷与安南之间建立起了正式的宗藩关系。

4. 暹罗

暹罗与清朝建立正式官方关系是在顺治年间。顺治九年（1652年）十二月，暹罗遣使前往广州"探贡"。康熙四年（1665年），暹罗首次派使进入北京。随后清廷规定暹罗贡期为三年一次，贡道由广东进入。清朝依照惯例要求暹罗缴送明朝旧印。康熙七年（1668年），暹罗派遣使者前往北京，暹罗以握耶大库的名义向清廷发来咨文，内称："明季旧颁敕、印，因天降火灾，供奉敕、印宫殿尽为火煨烬，以致敕、印无存。"并希望"钦赏敕、印、文凭，以便入京朝贡"。对于暹罗要求颁发敕印的请求，礼部认为："不便据伊国陪臣之言遽议，应俟该国王题请之日再议。"⑤ 此次暹罗以大库名义向清廷请求颁发敕、印，不合礼仪程序，清廷要求要以暹罗国王具表请封的形式向清廷申请。康熙十二年（1673年）正月，暹罗派遣贡使到达北京，呈递国王的请封表文。清廷在该年"四月，册封暹罗国王，领镀金驼钮银印，赐诰命，令使臣赍回"⑥。暹罗最终获得了清廷颁发的王印。

---

① 《清圣祖实录》卷四，顺治十八年闰七月庚子条。
② 《光绪会典事例》卷五百二，礼部。
③ 《清圣祖实录》卷十八，康熙五年二月己卯条。
④ 《清圣祖实录》卷十九，康熙五年五月壬寅条。
⑤ 《明清史料》庚编第七本，中华书局，1987年，第501页。
⑥ 《清圣祖实录》卷四十二，康熙十二年四月丁巳条。

5. 缅甸、南掌和苏禄

缅甸与清朝建立正式关系是在乾隆中期，这一时期已经不存在上缴明朝旧印问题了。乾隆五十五年（1790年），清廷直接颁赐驼钮镀金银印给缅甸国王孟陨。清朝另外两个属国苏禄和南掌，与清廷建立官方关系时，已到了18世纪，"雍正四年苏禄、七年南掌先后入贡"①。乾隆六十年（1795年），清廷颁给南掌国王一颗驼钮镀金银印。苏禄在清代虽多次派遣使节前往中国，但并没有请求清廷册封国王，因而清廷并未颁赐王印给苏禄。

二、属国改朝换代

属国王印，代表属国王命所系，因此天朝所颁王印，"印世传授"②，属国一般不会随便请求颁赐。只有属国政权的王朝统系发生变化时，新政权才向中国政府请求敕封，要求颁发新的王印，以此证明王命发生更替。中国政府在充分估量新政权的稳定性之后，也会顺水推舟，颁发王印给新政权。"若外夷归诚，初奉朝命者，礼部奏请命正副使持节赍敕、印往封。"③ 有清一代，朝鲜、琉球国内政局稳定，没有因朝代交替而更换过王印。而安南、暹罗、南掌在清代前期和中期，都曾出现过改朝换代式的政权交替，中国政府因此都曾重新颁发王印给这些国家的新政权。

1. 安南

安南在清代时期，经历了后黎朝后期、西山朝和阮朝3代。清朝曾经6次颁发属国王印给安南，其中有4次是因安南国内政局动荡和不同政权之间交替而颁印。

清朝初年，安南内乱，政权林立。与清朝建立关系的政权虽然不断变换，但清廷依然给代表安南的后黎朝颁发了王印。这是后黎朝第一次接受清朝颁发的王印。乾隆时期，后黎朝政权发生危机，西山阮文惠在乾隆五十一年（1786年）六月二十六日进犯黎城，七月二十九日阮岳继至，八月初七日西山军队退走。经此动乱，安南国王黎维禟遗失了王印。不久，国王黎维禟去世，其孙黎维祁继位。乾隆五十二年（1787年），黎维祁向中国发出咨文，叙述由于兵燹而丢印的情由，请求重新颁发王印④。清廷告知这种直接申请补发王印的做法

---

① 《清史稿》卷五百二十六，列传三百一十三，属国一。
② 《大清通礼》卷四十三，宾礼。
③ 《大清通礼》卷四十三，宾礼。
④ 《清高宗实录》卷一千二百八十一，乾隆五十二年五月己丑条。

不合体例。安南政府只好按照惯例派官赍表向清廷告哀，请求册封新王室并敕给王印。清廷最后批准安南国王黎维祁的请求。但由于担心遗失的旧印被不法之徒利用，以致真伪混淆，两广总督孙士毅建议发给安南新印的印篆内加刻"补给"字样，以示与遗失旧印的区别。乾隆帝认为印文内加刻"补给"字样，与印信制度不合。乾隆最后谕令："查明该国印篆文内，如系篆刻'安南国王之印'字样，则新铸印篆即应删去'之'字；若系篆刻'安南国王印'字样，则新铸印篆即应加刊'之'字。如此示以区别，既可以杜阮姓假冒之弊，而粤省地方官与该国递送咨呈事件，不难立辨真假，且于体制相符。"① 乾隆帝通过在新颁印文内加"之"或删"之"来区别旧印。不料该年十二月初一日，西山将领攻破黎京，国王出逃，王眷避难至中国。乾隆五十三年（1788年）十月，清政府以维护正统为由，出师安南，扶植后黎朝的国王复位。乾隆"帝虑事成后，册封往返稽时，致王师久暴露于外"②，因此事先命礼部"即速铸印"，并将其邮寄到孙士毅军前。乾隆五十三年（1788年）十一月二十二日孙士毅攻破黎城后册封黎维祁，重颁王印。这是清廷因安南内部动乱而第二次颁发王印给后黎朝王室。但不久之后，随着安南黎朝政权的再次倾覆，这枚历尽千辛的王印再次不知所踪。

  清廷扶持的后黎朝政权被西山阮氏倾覆后，清军被迫撤出安南，清廷不得不承认统一安南全国的西山政权。乾隆五十四年（1789年），西山阮光平上表请求册封并要求赐印，其中谈及清廷赐给黎朝的两枚国印下落不明，"至安南国旧印及上年补给印信，俱系赏给黎氏，但兵火侄偬之中，未知下落。臣已遍行搜查，一俟寻获，即当缴进，候奉换给吉祥新印，以昭世守，实臣之大愿也"③。乾隆五十四年（1789年）六月二十二日，乾隆发下谕旨："阮光平着即封为安南国王，所有应有颁给印信、敕书等项，著各衙门照例撰、铸，俟伊侄归国时恭捧赍回。"④ 随后册封阮光平的新铸印信由前来朝觐的阮光平侄子阮光显返国时带回。对于此次颁发敕、印的礼仪，中方资料记载："著留京办事大臣择日颁发，令该贡使在太和门内丹墀下行礼祗领。阿桂捧印，嵇璜捧敕，并派赞礼郎照例赞礼。"⑤ 乾隆五十四年（1789年）八月二十二日，在京的安南使臣

---

① 《清高宗实录》卷一千二百九十一，乾隆五十二年十月庚申条。
② 《清史稿》卷五百二十七，列传三百一十四，属国二，越南。
③ 中国社会科学院历史研究所：《古代中越关系史资料选编》，中国社会科学出版社，1982年，第472页。
④ 《清高宗实录》卷一千三百三十三，乾隆五十四年六月丙子条。
⑤ 《清高宗实录》卷一千三百三十六，乾隆五十四年八月戊午条。

阮光显依礼接受了敕、印。该年十二月十二日，阮光显携带敕、印从北京返抵镇南关，阮光平派遣阮文明、吴文楚率卫士在昭德台下祗领。① 这次清廷颁发王印给西山政权，是安南改朝换代的结果。

西山政权历二世而亡。阮福映以广南为基地，攻灭西山政权。嘉庆七年（1802年）八月，阮福映攻升隆城，阮光缵败走被擒。同年八月，阮福映派遣郑怀德缚送清朝通缉的海匪莫观扶等三名来粤，并献其攻克富春时所获"伪西册印"，奉表投诚。② 帝以"从前阮光平款阙内附，恩礼有加，阮光缵嗣服南交，复颁敕命，俾其世守勿替。乃薮奸窝盗，肆毒海洋，负恩反噬，莫此为甚！且印信名器至重，辄行舍弃潜逃，罪无可逭！其命两广总督吉庆赴镇南关备边，俟阮福映攻复安南全境以闻"③。

嘉庆七年（1802年）十二月，阮福映遣使入贡，备陈构兵始末，为先世黎氏复仇；并言其国本古越裳之地，今兼并安南，不忘世守。乞以"南越"名国。帝谕以"南越"所包甚广，今两广地皆在其内，阮福映全有安南，亦不过交趾故地，不得以"南越"名国④。嘉庆八年（1803年），清帝下谕改名"越南"，封阮福映为"越南国王"，所有颁给该国王的印信、敕书等，由礼部查照定例，先行预备。嘉庆八年（1803年）底，命广西按察使齐布森赍敕、印往封阮福映为越南国王。清廷颁发"越南国王之印"给阮福映，这次同样是由于安南（越南）政局发生的戏剧性变化。

越南被法国占领后，越南国王嗣子退居北部的广治，于光绪十一年（1885年）八月二十七日遣使阮光碧到达云南新街递送国书，请求敕封并颁发王印。"现在迁居广治，扼险驻扎，再图后举，惟念集事必先正名，嗣子阮福明未受赐封，又因国印被法销毁，无从表达下忱，不获已间关遣使赍递国书二函，一投云贵总督，一求转递广西巡抚，乞请据情代奏，吁恳天恩俯准赐封。"⑤ 此时已是中法两国和议之后，清廷承认法国对越南占领已成定局，越南国王嗣子请求颁印册封行为只是中越宗藩关系的回响而已。

2. 暹罗

暹罗在清代经历了大城王朝（阿谕陀耶王朝）的后期（1643—1767年）、吞武里王朝（1767—1782年）和曼谷王朝前期（1782—1911年）3个时期。清

---

① 《清高宗实录》卷一千三百四十六，乾隆五十五年正月丙午条。
② 《清仁宗实录》卷一百二，嘉庆七年八月甲辰条。
③ 《清史稿》卷五百二十七，列传三百一十四，属国二，越南。
④ 《清仁宗实录》卷一百六，嘉庆七年十二月丁巳条。
⑤ 《清德宗实录》卷二百十六，光绪十一年九月壬午条。

政府给暹罗的大城王朝和曼谷王朝分别颁发过新印。

清朝首次颁发王印给暹罗国王是在康熙十二年（1673年），如前所述。乾隆三十二年（1767年），由于缅甸入侵，暹罗灭国。郑昭领导暹罗人民收复国土，建立起了吞武里王朝。乾隆三十三年（1768年）八月，郑昭遣使广东，首次请封。清廷以兴灭继绝为由拒绝。① 乾隆三十六年（1771年），郑昭遣使广东，擒献缅甸俘虏，还请求颁发朝贡凭证——王印。"暹罗国王印凭符籍，尽被花肚番焚毁，乞恩赐凭，许照旧例朝贡。"② 清廷对于郑昭的颁印请求再次拒绝。但经过两月之后，随着清廷对暹罗国内局势的了解，清廷表示愿意承认郑昭的新政权，"易姓争据，事所常有。如安南国陈、莫、黎诸姓，亦以屡更其主，非独暹罗为然"；"丕雅新（郑昭）初立势孤，欲求依附"，如绝之太甚，恐非善策。如果郑昭再遣使禀请加封，不必如前拒绝，应该上奏朝廷，予以加封。③ 乾隆四十二年（1777年），清廷以两广总督李侍尧的名义发给暹罗公文："至尔从前禀恳，欲邀天朝封号，彼时以尔妄冀恩泽，未为正理。且诏氏虽已无人，而天朝原颁敕、印或存或失，未经声明，不便入告，因而驳回。原欲俟尔稍有出力之处，及查明原颁敕、印下落，陈请有名，再行代尔奏恳加恩。"④ 但直到郑昭在乾隆四十六年（1781年）最后一次派遣使节来华都没有向清廷提出请封要求。不久郑昭就被杀害，暹罗国内政权再次更迭，暹罗进入了曼谷王朝时代。乾隆四十九年（1784年），暹罗国王郑华（拉玛一世）遣使进贡请封。由于没有国王的请封表文，清廷未对郑华敕封。乾隆五十一年（1786年），郑华遣使入贡御前方物，具表请封，并声明乾隆二十二年（1757年）清廷颁发给暹罗的王印因缅甸侵略而遗失，请求颁发新印。该年十二月十九日，清廷批准暹罗请求，封郑华为暹罗国王，赐给诰命、王印。⑤ 为防止乾隆二十二年（1757年）颁发的王印重新出现后造成混乱而无从辨识，清廷制作的新印篆文的篆法与旧印有所区别。

清廷最终颁发给新朝国王郑华驼纽镀金银印，"于午门前交该国贡使祗领"⑥。曼谷王朝时期的暹罗新国王继续以郑昭继承人的名义遣使中国，从拉玛一世到拉玛四世，暹罗国王汉名都冠以郑氏，曰郑华、郑佛、郑福、郑明等。

---

① 《清高宗实录》卷八百十七，乾隆三十三年八月甲戌条。
② 《朱批奏折》，外交类，第346-8号，乾隆三十六年七月二十八日，李侍尧、德保奏折。
③ 《清高宗实录》卷八百九十五，乾隆三十六年十月乙酉条。
④ 《清高宗实录》卷一千三十一，乾隆四十二年四月戊午条。
⑤ 《清高宗实录》卷一千二百七十一，乾隆五十一年十二月戊午条。
⑥ 《光绪会典事例》卷五百二，礼部，朝贡。

史料记载：嘉庆十五年（1810年），清廷又颁给郑佛一颗镀金银印①，《清史稿》"暹罗传"也记载清廷曾重新赐给郑佛一颗王印。但根据内阁大库档案中嘉庆十五年（1810年）十月二十四日内阁抄出两广总督百龄、广东巡抚韩崶奏折，内有："伏查乾隆五十二年该国王郑华受封时，因郑华声明伊父郑昭将印遗失，故蒙重颁敕、印，交该国使臣领赍回国。今郑佛既表称郑华已将天朝宝瑞受领，恭候圣旨应否特颁敕谕一道，查照敕封郑华之例，交此次使臣赍回，以彰天宠而惠藩封，伏候圣裁。"②据此可知，郑佛在嘉庆十五年（1810年）接受册封时，清廷只颁发敕谕一道而没有颁发王印。这符合清廷的颁印制度，郑佛继承王位属于父业子继，而非正式的改换朝代。因此，李光涛认为："原非每一敕封之役都有一次赐印的。"史料记载清廷颁给郑佛王印，"系出于修史者之错误"③。

3. 南掌

南掌在雍正七年（1729年）与清代中国建立朝贡关系。关于南掌王系，越南《大南实录》有详尽记载。根据越方史料，乾隆年间，南掌王系已传至召印，召印生四子。召印死，王位传至第四子召枫。召枫死，其子召温猛继位，时年3岁，召印长子、温猛伯父怒乍摄政。不久万象国攻破南掌，温猛、怒乍一同被掳至万象。万象后来释放怒乍回南掌，但继续羁留温猛。之后，安南西山政权崛起，攻打万象，温猛乘乱逃回南掌，重与怒乍团聚。然而，随着温猛年龄增长，伯侄之间矛盾加深，乾隆五十九年（1794年）温猛怀疑怒乍加害于己，遂遣使内投云南，向清廷求封。乾隆六十年（1795年），清政府特颁诰、敕和驼钮镀金银印，交南掌使臣赍回。不过，清廷却不知不觉中卷入了南掌王权的内讧之中。温猛获得清廷敕、印后，信心大增，招兵攻击伯父怒乍，但行动未获成功。温猛兵败后怀揣清廷王印，流亡阮朝统治下的越南兴化昭晋州10多年。这一时期，南掌政权实际由温猛的伯父怒乍执掌。嘉庆五年（1800年）、十年（1805年），怒乍仍然假托温猛名义两次向中国朝贡。由于清廷所赐王印被温猛携带出逃，乾隆六十年（1795年）之后南掌向清廷递交的蒲叶表文都未按规定在文末钤盖王印。直到嘉庆十二年（1807年），这一真相才被逐渐揭出。该年召温猛在兴化向越南国王申诉冤屈。嘉庆十四年（1809年），越南嘉隆帝阮福

---

① 《海国四说·粤道贡国说》卷二，暹罗二，中华书局，1993年，第196页。
② 李光涛：《记清代的暹罗国表文》，《明清档案论文集》，台北联经出版事业公司，1986年，第1034页。
③ 同上。

映"以温猛曾受清敕、印,送之北去,使自为之谋。乃命移书于清,送温猛于凉山关伫候。清人以温猛不能自立却之而收其敕、印"①。中国史料也记载:嘉庆十四年(1809年),"阮福映遣员至谅山,赍送乾隆六十年锡封南掌国王敕、印,帝嘉奖之"。帝谕曰:"南掌国王召温猛懦懦不振,流徙越南,遗弃敕、印,朕念其流离,不加声责,岂能复掌国事!听其在越南居住可也。其国事以其伯召蛇荣代办。"②召蛇荣即越南史料中的怒乍。清廷对于流亡越南的这位前南掌国王召温猛不仅没有支持,而且令其继续流亡越南,并将之前册封其为南掌国王的敕、印收回,任其自生自灭。

在南掌国内,据《大南实录》记载,怒乍击败温猛之后,自据其国。怒乍去世后,嘉庆二十四年(1819年),其子芦芒(中国史料翻译为"蟒塔度腊")继位,并派遣使者蛇木前往中国求封,清朝"遣人赍敕、印赐封焉"③。中国史料对南掌求封一事,也有记载:"召蛇荣之子召蟒塔度腊虔修职贡,吁恳再颁敕、印。着加恩俯允所请,再行颁给,以示怀柔。"④ 清廷批准南掌新国王颁印求封的请求后,礼部大臣覆称:前缴印信,字画完好,毋庸另铸。⑤ 清廷将这枚从南掌前国王温猛手中收回的王印再次颁给了南掌新国王。因此清廷第二次颁给南掌的王印是旧印新颁。

三、中国官印制度变革

如前所述,清代的官印制度本身经历了清廷入关前后、顺治十年(1653年)到乾隆十三年(1748年)以及乾隆十三年(1748年)改革后的3个发展阶段。在不同的印制背景下,清廷曾经3次颁发不同规制的属国王印。

清廷入关前后,满洲官印的印文只有满文。崇德二年(1637年),清廷颁给朝鲜国王满文金印篆一颗。金印的印文只有满文一种,且为篆体。这一情形延续到顺治十年(1653年)。

清廷入关不久,清代官印制度即发生变化,印文加入了满文之外的汉文。这一时期颁发的属国王印的印文变成满、汉双体。顺治十年(1653年)清廷收回崇德二年(1637年)颁给朝鲜国王的旧印,礼部重新铸造满、汉双体的新印颁给朝鲜。"朝鲜国王所进表疏,印篆只有清文无汉字,著礼部即行改铸兼清、

---

① 《清仁宗实录》卷二百十四,嘉庆十四年六月丁未条。
② 《光绪会典事例》卷五百二,礼部主客司。
③ 《大南实录》大南正编列传初集,卷三十三,外国列传三,南掌。
④ 《清仁宗实录》卷三百五十九,嘉庆二十四年六月丁未条。
⑤ 《清史稿》卷五百二十八,列传三百一十五,属国三。

汉篆文，给赐该国王。"① 改铸后的新式金印由在华朝鲜国王之弟麟坪大君李㴭带回朝鲜，原颁旧印缴回。朝鲜之外的安南、琉球、暹罗等国与清代中国建立朝贡关系都是在清廷入关之后，清廷颁给这些国家王印的印文从一开始就都采用满、汉双体，其中汉字加篆，满字为本字。

乾隆十三年（1648年）再次进行印制改革，规定印文须"满汉文兼具且篆"，即原有印章中的满汉两种文本字都要改成篆体。乾隆十七年（1652年），国内百官印信的改铸工作全部完成。而属国王印的改铸换发为慎重起见，规定在各国的新王袭封时进行。

乾隆二十一年（1756年），全魁、周煌前往琉球册封新王，二人携带清廷颁发的新印。在册封任务完成后，册封使将旧印带回礼部核销。琉球国王当年的谢恩表文对此事曾有记述："复蒙颁赐清篆镀金银印一颗，臣穆恭设香案，拜受讫。其顺治十一年（1654年）所领镀金银印一颗，臣谨亲交天使代送缴销。"②

乾隆二十一年（1756年），暹罗国王派遣贡使前往北京。礼部奏请："该国王之印，系康熙十二年铸给。今将旧印缴销，臣部铸给清篆新印。"③ 清帝允准另铸新式王印给暹罗国王。乾隆二十二年（1757年），新式王印由暹罗贡使带回。对于清廷新颁王印，暹罗国王在乾隆二十六年（1761年）写给清帝的表文中称：丙子年（乾隆二十一年，1756年）暹罗派遣使者送"原颁旧篆赴部缴销"；清廷新颁王印，"龙文凤彩，无异云汉天章"④。

乾隆二十六年（1761年），清廷遣使敕封安南国王嫡侄黎维禠为安南国王，改铸清篆镀金驼钮银印一颗，交封使赍往，旧印带回销镕。⑤

乾隆十三年（1748年）十一月上谕："朝鲜国王金印，应袭封时，另换铸给。"⑥ 乾隆四十二年（1777年），清廷改铸的满、汉篆字金印颁给了新继任的朝鲜国王。

除了中国和属国改朝换代、中国官印制度变革等三种情形之外，清廷在一些特殊情况下也颁发王印。康熙二十二年（1683年），册封安南世子黎维正为安南国王时，由于旧的国王印模糊，清政府重新铸造了镀金驼钮银印给新国王。

---

① 《清世祖实录》卷七十三，顺治十年三月辛卯条。
② 周煌：《琉球志略》卷十一。
③ 《清高宗实录》卷五百二十一，乾隆二十一年九月乙未条。
④ 《明清史料》庚编第七本，中华书局，1987年，第527页。
⑤ 《光绪会典事例》卷五百二，礼部。
⑥ 《清高宗实录》卷三百二十九，乾隆十三年十一月戊寅条。

"二十二年敕封安南国世子黎维正为安南国王，以旧印模糊并换给新铸驼纽镀金银印"①。清代这种以旧换新制度沿袭明代的属国王印制度，"刓敝则换给之"②。不过，这种情形下的颁印非常罕见，就目前所见资料，仅此一例。

第四节　颁受属国王印的意义

一、属国接受王印的意义

对于属国而言，接受王印有三大意义：

1. 王印是属国获得"天朝符命"的象征和属国政权合法性的来源。

中国颁发的王印到达属国时，国王亲身出城恭迎。越南国王对属国王印的意义曾有评论："国印，示征信也。在清国则为赐封，在本国则为传世。"③ 国王印对于属国的功用在于"传世"，在于政权绵延传递的合法与正统。朝鲜、琉球在清代时，国内政局相对稳定，在争取中国所颁王印来获得国内政治合法性方面并不太明显。而中国另两个属国安南和南掌，国内政局相对动荡不安。安南由于境内存在多个互相称雄的政权，为获得统治安南的正统性，这些政权把争相把从清朝获得册封印信作为建立和巩固政权的重要手段。乾隆五十四年（1789 年），安南西山王朝阮光平在请求中国颁印册封的表文中称："造邦伊始，必须仰赖天朝宠荣，锡之封号，方足以资驾驭。"④ 而南掌国与其南部的万象国相互对峙，南掌国为获得中国支持，从雍正七年（1729 年）起向中国进贡，国王温猛把从中国获得的册封王印作为对抗其国内政敌的重要手段。此外，属国王印在一些国家中还是实用印。琉球国内的文书用印，都使用中国颁发给琉球的王印。

2. 王印是属国获得国际生存合法性的主要来源。

获得从中国颁发的国王印是与中国建立正式朝贡关系的开始，是该国臣属中国的标志。在朝贡体系下，属国接受中国颁赐的国王印不仅不是屈辱的象征，而且是外国政权竭力获取的政治资源，因为获得中国的承认，不仅是该国国内

---

① 《光绪会典事例》卷五百二，礼部。
② 《明史》卷四十八，职官志一。
③ 《大南实录》正编第三纪，宪祖绍治元年正月。
④ 《清高宗实录》卷一千三百三十五，乾隆五十四年六月丙子条。

政权合法性的来源，而且也是取得在周边国家间交往合法性的标志。与中国建立朝贡关系是东方国家获取本区域内国际承认的特殊方式。以琉球为例，琉球国王与其他国家交往的外交文书使用汉字、中国纪年，加盖中国赐给的王印。

中国颁发给属国的印信，在特殊情形下，也是属国与外来侵略势力做斗争的有力工具。19世纪下半叶，英国加紧了对我国西藏邻部布丹的入侵步伐。为抵御英国的入侵，光绪十五年（1889年），布丹首领请求清廷向其颁发印信，在奏书中声称：该部本系大皇帝属下边藩，只是"布属部长及办事之人向未得蒙赏有印信，不能见重于人"；"今求驻藏大臣邀恳圣恩，赏给部长及东西两路办理部务之人敕书各一道，并办事印信各一颗"；如果"俯赐允准，小的布属官民自应仰体鸿恩，诚心顾念黄教，力守边疆，可无他患。如外洋人之心但有不法，即当力为堵御"①。清廷在光绪十七年（1891年）十二月向布丹颁赐了"布坦部长诺们罕印""办理布鲁克巴事务东路奔洛正扎萨克印""帮办布鲁克巴事务西路奔洛副扎萨克印"等三种印信。

3. 王印还是属国进入中国朝贡的凭证之一。

任何属国递交中国皇帝的各种朝贡文书都要钤上清朝颁赐的王印。有一则史料记载，咸丰十年（1860年），江都蒋超伯观察使在京师琉璃厂书市购买的旧书里，发现了其中夹带的两页公移函件，竟是安南国王阮光平写给当时两广总督福康安与粤西中丞（广西巡抚）的禀文，"其末皆钤'安南国王之印'，朱色烂然"②。

朝贡文书加盖王印之处以朝鲜发往中国的表、奏、咨文为例，如表9-2所列③：

表9-2　王印在各种朝贡文书的盖印处

朝贡文书种类	表、笺、状正本	表、笺、状副本	奏本	咨文
加盖王印处	年月	年月	年月	年月
加盖王印处	皮封面	衣面	衣面	
加盖王印处	文书连接处	文书连接处	文书连接处	文书连接处
加盖王印处	封纸	封纸	封纸	封纸

朝鲜政府在发往中国的朝贡文书上加盖王印，有的并非使用真印钤盖。为了使文书中的印迹清晰、美观，朝鲜方面宁可由承文院、校书馆的篆文书写官

---

① 《西藏奏议》，上海古籍出版社，2012年，第76页。
② 陈其元：《庸闲斋笔记》卷十一，中华书局，1989年，第276页。
③ 李善洪：《朝鲜对明清外交文书研究》，吉林人民出版社，2009年，第160页。

摹写或由图画署画员摹画王印。

朝贡国在发往中国的文书上加盖王印的颜色，分为红色和蓝色两种。在平常时期加盖朱印，在中国皇帝去世时加盖蓝印。越南明命元年（嘉庆二十五年，1820年）十一月，越南如清使到达中越边境，并与中方约于十月十九日开关。正值嘉庆帝讣闻，越南使臣请示越南方面将递送清朝表文上的朱印改为蓝印。越南国王认为，"约于前，国恤报于后，清人不以朱印为碍，使臣何乃多此一番辗转为邪！即谕令报关以朱表行"①。

属国的朝贡文书如果没有加盖王印，文书的合法性将受到中国政府的怀疑。乾隆四十六年（1781年）暹罗郑昭进贡中国，由于前朝的王印遗失，表文没有加盖属国王印，在文末不得不作了特别说明："昔勘合例盖驼钮印，此番觅该驼钮印不得，暂盖象首印为凭。"② 南掌从嘉庆元年（1796年）到嘉庆十年（1805年）之间，进贡清廷的蒲叶表文没有钤盖王印，引起了清廷的关注③。清廷还对南掌以前文书加盖的王印真伪产生怀疑。嘉庆十四年（1809年），为了查对南掌国王王印的真伪，云贵总督伯麟将乾隆六十年（1795年）南掌国发给云南的两份咨文上所盖的印样呈交，以便与礼部所藏印模核对④。

二、清廷颁赐王印的意义

对于中国而言，颁发国王印给属国，同样也有重要意义。

一个正统中国王朝的空间合法性不仅体现在国内地理疆界方面，在外部世界拥有属国，也是中国王朝在空间方面的合法性标志。拥有颁发王印给其他国家的权力是中国拥有天下的标志之一，是中国统治世界其他国家的象征。无远弗届，普天之下莫非王土。统治世界，做天下之宗主，为万国之君王，是中国皇帝的追求。

清朝在向世界宣示拥有宗主权时，也以清政府颁给的国王印作为证明。在中、英就缅甸问题进行交涉时，庆亲王奕劻的奏折中曾言："臣等亦以此说与英国署使臣欧格讷力为辩论，并将乾隆年间颁赐印文及缅王历届进贡表文、方物等年份、数目抄录寄交曾纪泽转交英国外部阅看，谓此即缅甸为我属国之据，万不能任令外人灭绝。"⑤ 曾纪泽于光绪十一年（1885年）十一月十六日致电向

---

① 《大南实录》正编第二纪，卷六。
② 《南洋学报》第七卷，第一辑，第15页。
③ 《清仁宗实录》卷二百十七，嘉庆十四年八月乙卯条。
④ 《清仁宗实录》卷二百十七，嘉庆十四年八月乙卯条。
⑤ 王彦威：《清季外交史料》卷六十七，书目文献出版社，1987年，第24-27页。

总理衙门索要中国赐给缅甸国王的王印详情,"乾隆间赐缅王金印,乞将式样、年月、印文查示"①。光绪十一年(1885年)十一月二十日总理衙门致电曾纪泽,把清政府颁给缅甸国王封印的尺寸、封印上的字体及内容作了回复,"缅王印,乾隆五十五年颁给,系清、汉文尚方大篆,银质、饰金、驼纽、平台、方三寸五分、厚一寸,其文曰'阿瓦缅甸国王之印'。特电"②。在曾纪泽的日记中,记录了这位中国外交官为争得中国的权益,按照王印的原始尺寸、原始样式进行临摹的工作,"十二年正月二十日。描摹乾隆年间颁赐阿瓦缅甸国王之印"③。

属国王印制度,还代表着中国王朝的"王化"政策。《汉书》记载:"严助云:'陛下以方寸之印、丈二之组,镇抚外方,不劳一卒,不烦一戟'。"④通过颁发王印而非武力征伐,以达到教化远人的目标。

三、越南、琉球、朝鲜等国王印的消失

近代殖民国家对中国颁印给属国的含义也有深刻的认识,因此,殖民国家在吞并中国的属国后,首先要销毁中国颁发的属国王印。

越南王印销毁于中法战争之后。"1884年6月6日,第二次《顺化条约》(《甲申条约》)签订完毕,法国代表巴德诺召集全体官员开会,强令将中国册封越南国王的金印熔化销毁,意即从此后南国属于法国保护,不再臣服中国。"⑤《大南实录》中有关于此事的更为详尽的细节:

> 是日即会同将原清国封印销铸。辰法全权与钦使巴商叙:大南旧守清国封印,只有国书达清国者,方用之,余无所用。兹南国既认该法国保助,非为清国藩服,其这清印应以互交日交该国。经再三辩说,均要必如此。阮文祥乃再商,谓不已则销铸而已,该亦顺听。仍再要立办,及与互交同日,否则该必交武官照办,而约中斟酌各理亦停致。准祗告世庙并和谦殿。令(范)慎遹、(尊室)游燔会同,与该押取留式,俟递回该国知之。即将这印于使馆销铸。⑥

法国征服者要求越南政府把清朝颁发的封印交给法国。对于法国的要求,

---

① 王彦威:《清季外交史料》卷六十二,书目文献出版社,1987年,第29页。
② 王彦威:《清季外交史料》卷六十二,书目文献出版社,1987年,第30页。
③ 《曾纪泽日记》下册,岳麓书社,1998年,第1478页。
④ 《汉书》卷六十四上,严助传。
⑤ [越]陈重金著,戴可来译:《越南通史》,商务印书馆,1992年,第400页。
⑥ 《大南实录》,正编第五纪,卷四。

越南建议销铸。法国官员最后同意，但提出必须在条约互换时销毁，否则条约规定内容作废。越南方面只得在祭告世庙后，把封印交于法方，与法国官员一起在法国使馆销毁了此印。销毁过程中，法国驻华公使、巴黎外交全权大臣巴德诺（Jules Patenotre）在顺化公使大堂当着阮文祥、范慎遹等诸签字大臣的面融毁，越南兵部尚书尊室说深受刺激，号泣大呼想离开现场，被法兵阻挡，强令他看完整个过程。销毁国王印标志着越南作为中国属国身份的丧失。

另一个属国琉球的王印，也大致以同样的方式被处理掉了。光绪五年（1879年），日本向琉球秘密派出军警人员，采取突然行动，在首里城命令琉球王代理今归仁王子交出政权。三月十三日，日本悍然宣布"废琉置县"，即将琉球国改为冲绳县。六月十四日，大肆抢掠中琉往来的文书、文物和宝印，以及琉球国的政府档案：

> 讵意日人于六月十四日（阳历八月一日）率领巡查兵役，突入世子宫，先将各门紧闭，迫索历朝颁赐诏敕。此乃小邦镇国之宝，虔诚供奉，岂敢轻以示人。当即再三恳说，日人不听；各官与之据理争论，日人大怒，立召巡查数十名，毒打各官，直行胁去。至天朝钦赐御书匾额、宝印，亦恐被其夺掠，百方谨护，忧虑滋深。①

欲亡其国，必先亡其史，日本侵略者除了通过销毁和隐匿明清两朝颁发给琉球的诏敕，并且还企图寻找清廷颁发的御书匾额、宝印这些物证，泯灭琉球王国作为一个独立国家的历史记忆。

中国最后一个属国朝鲜的属国王印，被日本在朝鲜的占领军没收。光绪二十年（1894年）日军占领汉城之后，朝鲜国王派遣闵尚镐化装穿西服搭轮船前往中国天津，向北洋大臣李鸿章控诉日本："五百余年中朝御赐印物，日尽收去。"② 日本人没收的500余年中国皇帝赐给朝鲜的"印物"，应该包括朝鲜拥有的中国明清两代所赐。随着中国最后一个属国被日本控制，中国朝贡体系的象征——属国王印，最终进入了历史。

---

① 《清光绪朝中日交涉史料》卷一，"琉球国耳目官毛精长等人给清礼部的禀文"，故宫博物院，1932年，第35-36页。
② 《李鸿章全集》第十册，时代文艺出版社，1998年，第6033页。

第十章

清代属国御匾制度

有清一代，皇帝长期以来有向属国国王颁赐御笔匾额的惯例，且颁发、制作、运送各个环节都形成了相应的制度。这是清代中国将诸多传统文化扩展到与属国的交往过程中的体现。

第一节 中国传统匾额文化

匾额，又称扁额、扁牍、牌额，简称为扁、匾或额，凡是宫室、殿堂、亭榭、书斋、商铺等以大字题于门额上，均可称匾额。

匾额中的"匾"字古也作"扁"字，《说文解字》对"扁"作了如下解释："扁，署也，从户册。户册者，署门户之文也。"而"额"字，《说文解字》作"额"字，即是悬于门屏上的牌匾。另外有一种说法认为，横着的叫匾，竖着的叫额。

匾额是古建筑的必然组成部分，相当于古建筑的眼睛。匾额一般挂在门上方、屋檐下。当建筑四面都有门时，四面都可以挂匾，但正面的门上是必须要有匾的，如皇家园林、殿宇以及一些名人府宅莫不如此。在历史长河中，匾额以其多变的式样、高超的书法艺术，与雄伟壮观的建筑相互辉映，成为中国传统建筑中不可分割的部分。

匾身一般含有题词和款识，款识中包括题匾者、受匾者、立匾者及立匾时间，有时还有身处高位的题匾者的印章。许多匾额的四周边框上，雕饰各种龙凤、花卉、图案花纹。匾额的制作形制纷繁，包括雕刻、堆灰、泥金、榜书等，色彩丰富，装饰灵活，且能如实表现题匾者的书法功力，因而匾额多立于建筑物之上以起到画龙点睛的作用。

在中国古代，匾额的种类很多，按照外形而言，可分为横匾和竖匾，按材质可分为木质、石质与金属。

一般而言，匾额有标识名称、宣扬教化和装饰美化的三大功用。

标识名称是匾额的基本功能。历代政府为了治理广大的地理区域，利用题写匾额的形式为一些重要地点标出名称。在皇家宫殿、城池、关隘、河桥、街道、里坊、牌楼等地悬挂匾额，如同在现代地图上标出的各种地名，是人们出行的地理指南。

宣扬教化是匾额的文化功能。匾额不仅用来识别万物、指示方域，而且还以"名"来区分贵贱尊卑，用"名"来褒扬良善。作为匾额中最重要的组成部分，匾额的题字，根据匾额的类别有所不同。不同类型的匾额，其在文字上的遣词造句往往要与匾额发挥的功能相互呼应。园林中的匾额，它的题字就要与它周围的风景相呼应，做到情景交融，以景抒情。官府颁给贞节烈女、孝子义士的表彰匾额，因为统治者要宣扬伦理道德，匾额题字使用大量诸如"德""义""和""仁""正"等传统儒家色彩的字眼，促进了整个社会的礼仪教化、文明传播。

装饰美化是匾额的艺术功能。匾额的制作技艺经长期的积累与演变，形成了融词赋、诗文、书法、雕刻、绘画、篆印等多种艺术形式于一身的特点，是中国文辞之美与工艺之美的集大成者。一块优秀的匾额不仅可以令人欣赏到凝练而传神的题词，而且完美地再现了书法家俊逸的书法，同时还雕琢出细致精美的系列图案，是语言艺术、书法艺术、绘画雕刻艺术的三度审美，具有极高的艺术价值。

第二节　清代御匾制度

匾额起源于秦汉时代，经过历代的发展，明清时期，匾额制度已经日臻完备。在清代，从斋堂雅号到官府门第，从修身立志到旌表贺颂，匾额已经渗透到人们生活的各个方面。清代匾额一般分为官方和民间两大系统。在官方匾额等级系列中，御书匾额为最高等级。

一、御匾形制

御书匾额是皇帝颁赐的亲笔题字的匾额。中国皇帝的御笔匾额除了赐给国内的建筑、臣民外，还有赐给外国的。

清朝皇帝御笔匾额形制与其他类型匾额相比，具有特别之处。在御匾的落款中，一般没有上款和下款，因而既无年代岁次，也无授、受人名。皇帝御笔匾额中，仅有中款的正文题字，通常为4个大字。御匾正中央上方加有1方御印，御印刻有6字，前两个字是该皇帝的年号，后四个字为"御笔之宝"，如光绪皇帝所赐"乐寿堂"匾额就在正中钤有"光绪御笔之宝"一方。御匾形式看似简洁，但却尽显皇家唯我独尊气派。

二、御匾用途

清代御匾的用途，主要分为两类：

一为宫中用匾，主要为北京城内各衙署、各处皇家宫苑的宫殿门楼、馆室所用。雍正四年（1726年）二月壬申，清帝颁赐在京各衙门御书匾额：宗人府曰"敦崇孝弟"，内务府曰"职思总理"，吏部曰"公正持衡"，户部曰"九式经邦"，礼部曰"寅清赞化"，兵部曰"整肃中枢"，刑部曰"明刑弼教"，工部曰"敬饬百工"，銮仪卫曰"恪恭舆卫"，通政司曰"慎司喉舌"，大理寺曰"执法持平"，理藩院曰"宣化遐方"，提督九门步军统领衙门曰"风清辇毂"，太常寺曰"祗肃明禋"，太仆寺曰"勤字天育"，光禄寺曰"敬慎有节"，国子监曰"文行忠信"，鸿胪寺曰"肃赞朝仪"，钦天监曰"奉时敬授"，顺天府曰"肃清畿甸"，仓场总督衙门曰"慎储九谷"。

表10-1是故宫部分匾额文字及图像：

表10-1 故宫匾额文字及图像①

	质地	文字	图像	款识	悬挂场所
长方形	黑漆金字玉匾	"古华轩"		无款	花园、戏楼
	双灯草线锦边壁子匾	"颐神养寿"		"端康皇贵妃御笔之宝"	室内
	浮雕九龙边木匾	"调和元气"		"乾隆御笔"	宁寿宫区域
	贴金云龙浮雕黑字木匾	"五福五代堂"		"古稀天子之宝"	宁寿宫区景福宫内

---

① 徐超英：《浅谈故宫藏匾联的形制特色与文物价值》，《故宫博物院院刊》2010年第4期。

续表

质地		文字	图像	款识	悬挂场所
异形	椭圆形木匾	"长春书屋"		"乾隆御笔"	养心殿
	三页型手卷册页式匾	"乐道堂"		"数点梅花天地心""慈禧皇太后御笔之宝""和平仁厚与天地同意"	体元殿西配殿
	四页手卷册页式匾	"照天曜日"		"慈禧太后御笔之宝""和平仁厚与天地同意"	储秀宫东配殿
	凸字形木匾	"高云情"		"乾隆御笔"	漱芳斋后殿东侧
	三环形木匾	"道德堂"		"数点梅花天地心""慈禧皇太后御笔之宝""和平仁厚与天地同意"	翊坤宫西配殿
	锦边壁子波浪形纸匾	"安处善"		无款	燕喜堂西围房北三间北间隔扇门上

二为赐给各地城工、庙宇、书院等建筑的名匾及词匾。

康熙皇帝在《圣祖仁皇帝庭训格言》中说道:"朕自幼嗜书法,凡见古人墨迹,必临一过,所临之条幅手卷将万余,赏赐人者不下数千。天下有名庙宇禅林,无一处无朕御书匾额,约计其数,亦有千余。"雍正三年(1725年),清帝颁御书匾额悬于先师庙,并赐颜、曾、思、孟、闵、仲六贤庙及七姓后裔匾额,以示尊崇奖励。至圣斋曰"钦承圣绪",颜子庙曰"德冠四科",曾子庙曰"道传一贯",子思庙曰"性天述祖",孟子庙曰"守先待后",闵子庙曰"躬行至孝"，仲子庙曰"圣道干城"，复圣裔曰"四箴常序"，宗圣裔曰"省身念祖"，述圣裔曰"六艺世家"，亚圣裔曰"七为贻矩"，闵贤裔曰"门宗孝行"，仲贤裔曰"勇行诒范"①。

三为赐给个人的斋馆名匾及词匾等。

清帝常为宠臣题写御匾以作笼络、奖赏的手段。康熙时代的名臣王士祯曾3次获得皇帝的御匾：康熙十七年（1678年）获"存诚""格物"两匾，康熙三十九年（1700年）获"带经堂"匾额，康熙四十一年（1702年）获"信古宅"匾额。王士祯对此感叹说："二十五年中，三蒙御笔题赐堂额，荣宠逾涯。"王士祯将康熙御题"恭为摹刻，悬于蓬荜之居，而什袭御墨于宝楼，谨纪颁赐年月，以示世世子孙勿忘报称云"②。王士祯对康熙帝御赐匾额的感恩戴德之心跃然纸上。

康熙三十八年（1699年），清帝南巡驻跸于江宁织造曹寅之署，受到曹寅母亲孙氏朝谒，正适庭院中萱花盛开，遂御赐"萱瑞堂"匾额。③乾隆二十四年（1759年），清帝赐军机大臣裘曰修继母郝氏"八旬衍庆"，生母王氏"七裘连祺"匾额。④

三、颁发御匾程序

1. 请匾

如果是皇家用匾，由内务府总管上奏；如果是地方所需，则由总督或巡抚上奏请匾，内容包括匾额制作的数量、尺寸等。道光二十一年（1841年）六月，驻藏大臣孟保，为西藏噶勒丹锡哷图萨玛第巴克什庆祝清帝六旬诞辰而新铸的长寿佛前御赐匾额上奏：

奏为据噶勒丹锡哷图萨玛第巴克什咨称"小僧屡受皇上重恩，实同覆载。本年恭逢大皇帝六旬万寿，小僧自应率领祝庆寺喇嘛数百名，自八月初一日起至十五日止，亲赴大小招虔诵长寿等经，恭祝大皇帝万福万寿。然小僧受恩深重，虽使竭尽愚诚，亦不能仰报万一。今小僧虔心铸造长寿银佛一尊，佛身长七尺三寸，上嵌镶各样宝石；又铸造宗喀巴镀金铜佛五尊，上嵌镶各样宝石，正中一尊佛身长一丈一尺，两旁四尊佛身长五尺，永远供奉西藏之噶勒丹大寺，

---

① 赵慎畛：《榆巢杂识》卷下，中华书局，2001年，第207页。
② 王士祯：《香祖笔记》卷一，御赐匾额，上海古籍出版社，1982年。
③ 徐珂：《清稗类钞》第一册，中华书局，2010年，第280页。
④ 陈康祺：《郎潜纪闻三笔》卷七，中华书局，1984年，第775页

以为恭祝我文殊菩萨大皇帝万寿无疆。现在妆饰等项俱已全备，恳请大人转奏，仰恳大皇帝于佛前赐一匾额，实出格外恩典"等情前来。臣等伏思噶勒丹锡哷图萨玛第巴克什感戴圣主鸿恩，恭逢万寿，铸成长寿大佛，实系伊之诚悃。今仰恳圣恩于佛前赐一匾额，可否赏给之处，出自天恩，谨奏请旨。①

2. 题词

批准请匾的申请后，要选择题词的内容。在这一阶段，一般是皇帝先下旨出个题目范围，让南书房的翰林们去拟选词句，恭抄在黄纸片或黄纸折上供皇帝圈选，这个过程宫中称为"上黄片"。皇帝根据自己的喜好，在词臣所上的黄片上，用朱笔圈选中意的词句，这个过程叫"圈朱"。整个词臣上黄片与皇帝圈朱的过程，宫中专门术语叫"走单"。皇帝钦定好词句后，便传旨入内务府库或懋勤殿等处领纸墨及写字下面衬用的格子纸。驻藏大臣孟保为西藏喇嘛申请的匾额，道光帝题词"宣慈敷福"。

清帝御匾文字词章内容，反映了封建统治者的思想意志。宫殿匾额多表现正统思想。三大殿、后三宫、养心殿是统治者理政的场所，其匾文多出自"十三经"中的《周易》《尚书》《诗经》等。以北京孔庙大成殿的九方清帝御匾题词内容为例，更是体现了传统儒家思想内容。康熙帝的题词为"万世师表"，雍正帝为"生民未有"，乾隆帝为"与天地参"，嘉庆帝为"圣集大成"，道光帝为"圣协时中"，咸丰帝为"德齐帱载"，同治帝为"圣神天纵"，光绪帝为"斯文在兹"，宣统帝为"中和位育"。

图 10-1 为清代皇帝和民国黎元洪所题词的大成殿匾额②。

相对于宫殿匾额来说，其他匾额上的题词，清帝遣词上似乎更自由一些，除了正统说教外，还有一些匾则带着淡淡的书卷气，即使是深宫内的匾额，其内容也会追求一种汉宫秋月、小桥流水的意境，如"山响琴清""云牖松霏"等。不过，即使题词内容选择自由度大，但也要有的放矢。寺院匾多用"大乘正觉"等；书院则多用"理学传人""入圣阶梯"等；如赐地方官，文职多用"行省清标"，武将多用"干城伟器"；赐八旗闲散人则用"眠云卧月"；赐僧人多用"华藏禅林"。不同对象用不同词章，灵活而有情致。

由于御匾需求量不断增加，后来皇帝和词臣们的学问又不如前辈，于是出现了匾词撞车的现象，如道光曾写过两个"绥疆锡祜"匾，分别送给两广总督

---

① 孟保：《西藏奏疏》卷二，中国藏学出版社，2006 年，第 58 页。
② 贾文忠：《北京孔庙大成殿内御书木匾》，《紫禁城》1994 年第 2 期。

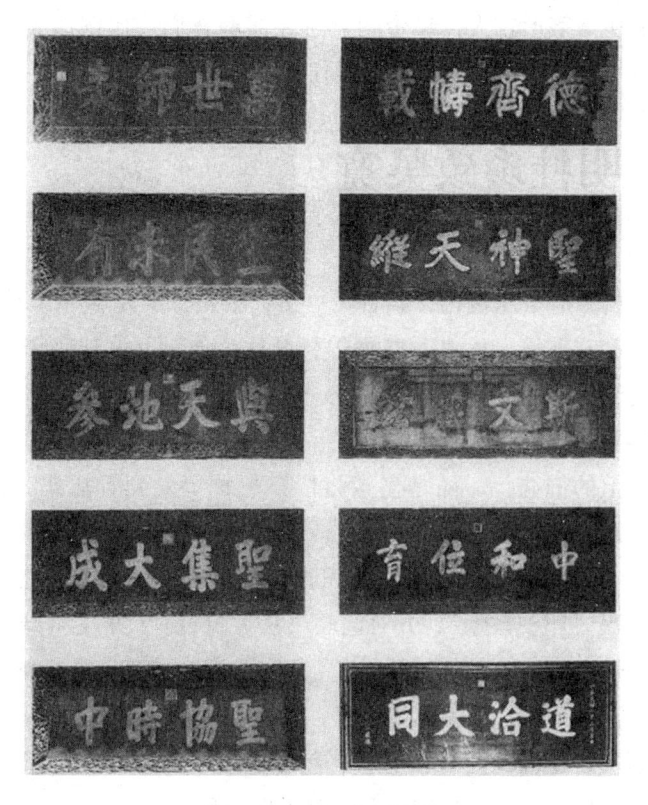

图 10-1 大成殿匾额

耆英和四川总督宝兴作寿匾。道光一生写过 60 块寿匾,其中"锡祜""延祺"等词高频率地出现在 30 多块寿匾中。当然送的是不同的人。到了同治、光绪时期,因为词不够用了,宫中匾额文字变得更平民化,慈禧干脆下懿旨,直接叫南书房的翰林们在黄片上拟写"吉祥话"。如咸丰皇帝写在养心殿东佛堂内的"永佑大清"匾,代表了清末吉祥话御匾的一种潮流。

3. 书写和加印

御匾题字,皇帝通常会亲自挥毫。清帝御书多写在纸上或丝织品上,称"字条"。光绪与慈禧等书法能力有限,就叫翰林们写好了字,然后自己在上面透过纸绢来描,或者干脆有臣工代笔。从光绪年间的一份档案上看,南书房、上书房一次就代笔写得颐和园内乐寿堂、宜艺馆、文德楼、对鸥坊等处御匾、对联 136 块。由于代笔辛苦,光绪还下旨各赏给词臣卷袍褂料及普洱茶等。

御匾的题词写好后,要到懋勤殿加盖印玺。御匾的布局,有诸如"天头""地角""开河""格"等术语来标明在纸上每个字书写的空间位置。清帝的御书匾额通常使用皇帝各自的"御笔之宝",加盖在匾额的正上方,称作"额章"。

由于匾额所需字形较大，皇帝的真迹还需翰林们按比例加大尺寸，重新描摹整理，御章也同样需要相应放大并制作成宝样印牌。

4. 制作

宫内御笔匾额的制作，主要由内务府下的造办处承办。

宫廷御匾制作时，先要将放大的皇帝题词和宝样一齐交内务府造办处，再交由下属的御书处刻篆填朱。

御书处是内务府下属机构，原名文书馆，康熙二十九年（1690年）改名御书处。人员编制有兼管、库掌、匠役等，共百余人。下设刻字作、裱作、墨刻作、墨作。道光二十三年（1843年）改归武英殿修书处管理。① 御书处主要负责摹刻、刷拓皇帝御制诗文、法帖手迹，并制造墨、朱墨等用品。

至于地方上的御匾，一般是皇帝将匾额题词等发到督抚或其他官员手中，再由他们在当地选上好的工匠仿样制作。康熙四十九年（1710年），康熙为苏州虎丘山天宁寺书写匾联后，由苏州织造李煦的家人王可成由北京带到苏州。李煦立即对匾联"叩头敬瞻"，并对匾联书法评价说："龙飞凤舞之奇，云丽霞蒸之彩，真辉煌天地，永垂亿万斯年。"李煦随后挑选工匠进行制造，"慎选良工，各匾联现在如式制造。俟工竣之日，敬悬两寺"②。

以上的请匾、题词、书写和加印、制作等4个环节，一般都是御匾制度的常态。但在特殊情况下，有的御匾并非遵守以上程序。

咸丰三年（1853年）八月初四日未初，咸丰帝"原欲写'福'字数张"，但在收到兵部捷报处的奏章，得知了军事捷报而欣喜万分，遂书"喜报红旌"4字，墨迹未干，便交由军机处制成横匾一面，挂在军机堂上③。

咸丰帝手书的"喜报红旌"匾额，完全是即兴发挥，没有经历请匾、确定题词内容等环节。

第三节　属国御书匾额制度

清廷向属国颁赐御匾，是清代匾额制度的重要组成部分。属国御匾由于颁赐对象为外国，因而具有了有别于国内御匾的一些特点。

---

① 《光绪会典》卷九十八，内务府。
② 《文献丛编全编》第八册，苏州织造李煦奏折，北京图书馆出版社，2008年，第39页。
③ 中国第一历史档案馆：《御笔诏令说清史》，山东教育出版社，2003年，第159页。

一、清代颁赐属国御匾编年

早在宋代，中国就有颁赐给属国三佛齐匾额的记载："咸平六年，其王思离朱啰无尼佛麻调华遣使李加排、副使无陁李南悲来贡。且言本国建佛寺以祝圣寿，愿赐名及钟。上嘉其意，诏以'承天万寿'为寺额。"①

在清一代，清廷先后曾给琉球、朝鲜、安南、暹罗、缅甸和南掌6个国家颁赐御匾。时间跨度从康熙二十一年（1682年）向琉球颁赐第一面御匾起，一直延续到同治四年（1865年）清廷向琉球、朝鲜最后一次颁赐。除了对6个属国颁赐过御匾外，康熙、乾隆还对在华西方传教士颁赐了御匾。以下各表为清代颁赐外国御匾编年表：

表10-2 清帝赐琉球御匾

时间	文字	资料来源
康熙二十一年（1682）	中山世土	《光绪会典事例》卷五百六，礼部
雍正二年（1724）	辑瑞球阳	《光绪会典事例》卷五百六，礼部
乾隆四年（1739）	永祚瀛堧	《光绪会典事例》卷五百七，礼部
乾隆五十一年（1786）	海邦济美	《光绪会典事例》卷五百七，礼部
嘉庆四年（1799）	海表恭藩	《光绪会典事例》卷五百八，礼部
道光三年（1823）	屏翰东南	《清宣宗实录》卷四十九，道光三年二月丙午条
道光十八年（1838）	弼服海隅	赵新：《续琉球国志略》卷首
咸丰三年（1853）	同文式化	《清文宗实录》卷八十五，咸丰三年二月甲午条
同治三年（1864）	瀛峤屏藩	《光绪会典事例》卷五百九，礼部

表10-3 清帝赐朝鲜御匾

时间	文字	资料来源
乾隆八年（1743）	式表东藩	《光绪会典事例》卷五百七，礼部
乾隆四十三年（1778）	东藩绳美	《光绪会典事例》卷五百七，礼部
嘉庆十年（1805）	礼教绥藩	《清仁宗实录》卷一百四十九，嘉庆十年八月丙午条
道光三年（1823）	海表同文	《清宣宗实录》卷四十九，道光三年二月丙午条
道光九年（1829）	缵服扬休	《光绪会典事例》卷五百九，礼部
咸丰三年（1853）	海邦屏翰	《清文宗实录》卷八十五，咸丰三年二月甲午条
同治四年（1865）	教敷箕壤	《光绪会典事例》卷五百九，礼部

---

① 《宋史》卷四百八十九，三佛齐传，中华书局，1977年。

表 10-4　清帝赐安南御匾

时间	文字	资料来源
康熙二十二年（1683）	忠孝守邦	《光绪会典事例》卷五百六，礼部
雍正三年（1725）	日南世祚	《光绪会典事例》卷五百六，礼部
乾隆四十九年（1784）	南交屏翰	《光绪会典事例》卷五百七，礼部
道光十七年（1837）	弼服海隅	《光绪会典事例》卷五百九，礼部

表 10-5　清帝赐暹罗御匾

时间	文字	资料来源
雍正七年（1729）	天南乐国	《光绪会典事例》卷五百六，礼部
乾隆十四年（1749）	炎服屏藩	《光绪会典事例》卷五百七，礼部
道光三年（1823）	永奠海邦	《清宣宗实录》卷四十九，道光三年二月丙午条
咸丰三年（1853）	弼服海隅	《清文宗实录》卷八十五，咸丰三年二月甲午条

表 10-6　清帝赐缅甸御匾

时间	文字	资料来源
乾隆十六年（1751）	瑞辑西琛	《光绪会典事例》卷五百七，礼部
嘉庆五年（1800）	锡蕃彰顺	《光绪会典事例》卷五百八，礼部

表 10-7　清帝赐南掌御匾

时间	文字	资料来源
乾隆二十六年（1761）	象郡抒诚	《清高宗实录》卷六百三十三，乾隆二十六年三月己巳条

表 10-8　清帝赐西方传教士御匾

时间	文字	资料来源
顺治九年（1652）	钦崇天道	为北京天主教南堂题写
顺治十四年（1657）	通玄佳境	为北京天主教南堂题写
康熙十四年（1675）	万有真元	为北京天主教南堂题写
康熙十四年（1675）	敬天	为北京天主教南堂题写
康熙二十三年（1684）	海隅之秀	恩理格病逝山西绛州，御笔旌嘉。《正教奉褒》，中华书局，2006年，第339页
乾隆四十五年（1780）	海国耆龄	艾启蒙70岁时，乾隆帝所赐。《正教奉褒》，中华书局，2006年，第377页

二、属国御匾形制

属国御匾的形制，由于现在没有现存的实物而无法进行具体的考究。不过日本冲绳的琉球故宫在1995—2002年间曾复原了清帝赏赐琉球国王的3面御匾："中山世土""辑瑞球阳"和"永祚瀛壖"。原匾毁于战火，御匾的复原只得按相关历史资料进行推究。其中御匾正文中的皇帝笔迹，是按照中国故宫内所藏皇帝们的"御书"字体考证后再推定其笔迹特征。落款则参考中国皇帝使用的印迹临摹打造。御匾的形状也根据历史资料制作。1995年复制的"中山世土"匾额，长3.75米，宽1.47米，重160公斤。这是3面复原御匾中体形最大者。该御匾字体据说是经过分析康熙御笔"万世师表"和"昌明仁义"中字体的气韵制作而成。

1. 字体

清代匾额的字体非常丰富，上下的款识字体与正文相配合呼应，变化多端。依据匾额的用途不同，匾额选用的字体，行、隶、篆、草都有。

虽然清代匾额上的书体多样，但大多数的匾额正文仍然以楷书为主。宫殿寺观、府第崇楼、城关隘口等雄伟威严的大型建筑，大都以庄严端正的正楷和楷行书题写，以显示建筑的气势和帝王将相的尊严，给人以心理上的敬畏。根据复原的琉球御匾字体来推断，属国御匾的字体同样应以楷体书法为主。

2. 款式

所谓款识，主要是指匾额的上款、下款和印章。御匾作为特殊种类的匾额，其款式大多数没有上款和下款，而只有盖在匾文上部正中的额章，颁赐给属国的御匾款识也同样如此。

在复原的康熙帝赐给琉球国王的"中山世土"的御匾上，正中钤有满汉双文的"康熙之宝"。

在复原的雍正赐给琉球国王的"辑瑞球阳"的御匾上，正中钤有汉文"雍正御笔之宝"。

在复原的乾隆赐给琉球国王的"永祚瀛壖"的御匾上，正中钤有"乾隆御笔之宝"。

乾隆四十九年（1784年）颁赐给安南国王黎维祁的御匾"南交屏翰"，正中钤有"古稀天子之宝"。乾隆帝担心安南国王不知"古稀天子之宝"之意，另赐《古稀说》一文令其阅看。①

---

① 《清高宗实录》卷一千二百二，乾隆四十九年闰三月甲子条。

道光九年（1829年）颁赐给朝鲜国王的"缵服扬休"的御匾上，正中有"道光御笔之宝"："自（盛京）礼部奉传皇笔使之归献，余与正使开见，则黄绢纸书'缵服扬休'四大字，押'道光御笔之宝'，而十袭封裹盛柜悬牌矣。"①

3. 纹饰

匾额纹饰主要指边框部分。边框包含了色彩、雕镂、髹漆、图案等工艺设计。边框纹饰形式多样，有诸如万寿万喜边框、竹寿长春边、竹桃边、竹梅边、蝠桃边、寿桃边、寿字边、回纹边、福禄寿喜边等。

属国御匾的边框纹饰已经无法考究。如果参照清代其他种类的御匾，同治皇帝赐塔尔寺十一世阿嘉·协饶桑波活佛的"贤能述道禅师"御匾纹饰，其边框刻有四龙二凤，间粉花绿叶，匾上缘正中为一金狮。另外，北京孔庙大成殿所悬御匾全部是金字佛青地，四周雕有群龙戏珠浮雕，边框的中央宝珠火焰，龙吞云雾，云水翻波。《红楼梦》第三回描写荣国府堂屋悬挂赤金九龙青地大匾"荣禧堂"②，第五十三回中宁国府宗祠悬有两块御匾③，一块为九龙金匾"星辉辅弼"，另一块为闹龙填青匾"慎终追远"，三块匾额的边框纹饰均为龙纹。可以推见，清代赏赐属国的御匾纹饰应该均为龙纹。日本复制的琉球御匾的边框也为龙纹，上下边框均为相对的两条游龙，边框中央为宝珠火焰，左右边框各雕一条游龙。

4. 题字

属国御匾的题字内容同样与其功能相一致。与其他匾额相比，属国御匾有着教化远国、联情中外、屏翰中国的特殊功能，因此属国御匾题字大致包含了表达属国地理方位、儒教性质、宗藩关系，以及祝福属国政权长久以及赞美属国山河壮美等四类词汇。

第一类为表达属国地理特征的词汇：

在给琉球的题词中，有"中山""球阳""东南""瀛壖""海邦""海隅""海表""瀛峤"等词，其中"中山""球阳"是琉球的代称，"东南"表示琉球的方位，而"海邦""海隅""海表""瀛峤""瀛壖"表达了琉球为海岛国家的特征。

在给朝鲜的题词中，有"海表""海邦""箕壤"等词，其中"海表""海邦"表达了朝鲜临海的地理位置，"箕壤"表达了朝鲜是箕子开辟的土地。

---

① 张杰：《韩国史料三种与盛京满族研究》，辽宁民族出版社，2009年，第351页。
② 《红楼梦》，人民文学出版社，2008年版，第43页。
③ 《红楼梦》，人民文学出版社，2008年版，第723–724页。

在给安南的题词中，有"日南""南交"和"海隅"等词，其中"日南""南交"（南部交趾）是中国对安南在属于中国郡县时期的称呼，"海隅"表达了安南临海的地理位置。

在给暹罗的题词中，有"天南""炎服""海邦""海隅"等词，其中"天南"表达了暹罗的地理方位，"炎服"表达了暹罗为热带国家，"海邦""海隅"表达了暹罗临海的地理位置。

在给缅甸的题词中，有"西琛"一词，表达了缅甸位于中国西部的地理位置。

在给南掌的题词中，有"象郡"一词，表示南掌是一个富产大象的地区。

第二类是表达该国儒教特征的词汇：

在给琉球、朝鲜和安南等儒教属国的题词中，也有表达这些国家与中国共享礼仪教化的一类词汇。在给琉球的题词中，有"同文式化"；在给朝鲜的题词中，有"礼教""同文""教敷"等词汇；在给安南的题词中，有"忠孝守邦"。

第三类是表达亲密宗藩关系的词汇：

在给琉球的题词中，有"恭藩""屏藩"和"屏翰"等词汇。在给朝鲜的题词中，有"东藩""绥藩""屏翰"等词汇。在给安南的题词中，有"屏翰""弼服"等词汇。在给暹罗的题词中，有"屏藩""弼服"等词汇。在给缅甸的题词中，有"彰顺"一词。在给南掌的题词中有"抒诚"一词。

第四类是祝福属国政权长存、繁荣昌盛和赞美属国山川壮美的词汇：

在给琉球的题词中，有"世土""永祚""济美""辑瑞"等词。在给朝鲜的题词中，有"缵服""绳美""扬休"等词。在给暹罗的题词中，有"乐国"一词。在给安南的题词中，有"世祚"一词。在给缅甸的题词中，有"瑞辑""锡蕃"等词。

在清帝给属国御匾的题词中，也有题词完全雷同的情形。清帝在道光十七年（1837年）给越南、道光十八年（1838年）给琉球、咸丰三年（1853年）给暹罗的御匾题词，都为"弼服海隅"。

通过这些不同种类的御匾题词，清廷从文化上维持和强化了与属国的政治宗藩关系，贯彻了统治者的政治意志，这是中国传统外交智慧的体现。

三、颁发属国御匾程序

1. 赐匾

清代向属国颁赐御匾，一般不需要国内御匾颁赐程序中的请匾这一环节。

皇帝向属国颁赐御匾，一般是主动恩赐给属国的行为。

向朝鲜国王颁赐御匾，大多是在朝鲜派遣使者到盛京迎驾谒陵的皇帝时由清廷宣布颁赐。嘉庆十年，清帝前往盛京谒陵，朝鲜国王派人前往迎驾，嘉庆帝下旨曰："朝鲜例在外藩，谨修侯度。朕恭谒祖陵，亲莅陪都。该国王遣使迎銮，赍表修贡，诚恳可嘉，特颁御书匾额，以昭优眷。"①

向琉球国王颁赐御匾，则是在册封琉球新王时颁赐。资料记载了康熙二十一年（1682年）清帝首次颁赐给琉球国王御笔匾额的情形：

康熙二十一年八月二十五日巳时，上召满汉讲官至乾清门。牛钮、陈廷敬进见乾清门。上谕曰："琉球世为外臣，今奏请世爵，故特遣使册封。朕书'中山世土'四大字，命使臣赍赐。汝等将赐书传令大学士及讲官详看，有未妥处，据实来奏。"牛钮等捧至内阁大学士勒德洪、明珠、李霨、王熙及讲官等设案恭阅，众皆忻跃称善。牛钮等至宫门复旨。上命侍卫二格出。牛钮、陈廷敬奏曰："顷大学士将官等捧睹御笔，惊喜赞颂，以为尽善尽美，毫发无憾，超轶前古帝王。琉球得此，永为镇国之宝。"牛钮、陈廷敬等又奏言："海外属国，得瞻宸翰，咸知皇上以人文化成天下之意。遐荒万里，如对天颜咫尺，憪威怀德，服教畏神。自古史册所载，未有如此盛事。臣等恭际休明，不胜欣幸之至。"②

康熙皇帝在册封琉球国王时，书写"中山世土"的题词，并将赐书发下由大臣们议论。这些大臣们赞誉皇帝的题词"尽善尽美""超轶千古帝王"。

2. 制作

颁赐的属国御匾，其制作与国内御匾一样，都由内务府下属机构制造。

2001年10月15日至18日，由中国第一历史档案馆与日本冲绳县教育委员会联合主办的"第六届中国—琉球历史关系研讨会"在北京召开。中国第一历史档案馆忠良的论文《从清宫档案谈清帝御赐琉球国王匾额事兼谈清宫御匾的制作》，通过清宫档案中对清代历朝皇帝御赐琉球国王匾额的有关记载，对御匾制作进行了较为详尽的考证。

3. 运送

属国御匾的运送方式一般有两种：

一种由在京的贡使顺路带回：咸丰三年（1853年）二月，颁赏暹罗国王御

---

① 《〈同文汇考〉中朝史料》（三），吉林文史出版社，2005年，第541页。
② 《清代中琉关系档案五编》，中国档案出版社，2002年，第14-17页。

书匾额"弼服海隅",即由礼部将匾额祈领,交给暹罗使臣自行带回。贡使在五月份途经河南商丘时,遇到土匪抢劫,包含御匾在内的各种赐物全部丢失。咸丰帝后来向暹罗补颁了御匾、敕谕和赐物。

另外一种则由中国政府差人将御匾送往属国贡使出境处的督抚衙门贮存,在该国贡使到达该地后,由该处督抚交由贡使带回。道光三年(1823年)清廷颁给朝鲜、琉球和暹罗3国国王的御匾就是以这种方式运送的。

盛京礼部知会御书匾额顺付年贡使咨:盛京将军为知照事。左礼司案呈:道光三年二月十一日,承准军机大臣字寄盛京将军晋、闽浙总督赵、两广总督阮,道光三年二月初六日奉上谕:朕御书"海表同文"匾额赐朝鲜国王,"屏翰东南"匾额赐琉球国王,"永奠海邦"匾额赐暹罗国王。现在各该国使臣俱已起程出京,晋昌、赵慎畛、阮元接奉御书匾额,著于该使臣过境时发给该使臣赍回本国,交该国王祗领。将此各谕令知之。钦此。钦遵。寄信前来,本衙门遵旨。将御书赏赐朝鲜国王匾额敬谨暂贮公署,嗣于二月二十四日朝鲜国王正副使经过盛京省城,随即传令正副使臣等亲至公署,发给正使金鲁敬等恭领去讫。除本衙门恭折具奏外,相应行知朝鲜国王,以备祗领可也云云。①

上述资料,是盛京将军在道光三年(1823年)发给朝鲜国王的咨文。咨文内容反映了该年道光帝同时颁赐给朝鲜、琉球和暹罗三国国王御匾的情形。其中赏赐给朝鲜国王的御匾,首先送往了盛京省城,由盛京将军晋昌暂时贮存在将军衙署,并决定在该年二月二十四日朝鲜年贡使途经盛京时,交由贡使顺便带回朝鲜。赐给琉球的御匾由闽浙总督赵慎畛在福州颁给。颁赐暹罗的御匾由两广总督阮元转交贡使。

4. 悬挂

御匾运抵属国后,一般都要举行隆重的悬挂御匾仪式。

嘉庆四年(1799年),清帝颁赐给琉球国王的御匾"海表恭藩"被悬挂到了琉球王宫前楹,正在琉球的正、副册封天使记载了前往王宫观看悬挂御匾的盛举:

初四日癸未,雨。先是,国王以御书"海表恭藩"额业经镌饰悬奉,请往瞻拜,已为定期。此日虽雨亦往。食后偕介山入王宫升楼及前楹,御书悬焉。

---

① 《〈同文汇考〉中朝史料》(三),吉林文史出版社,2005年,第563页。

金碧辉煌,永为镇国之宝。敬谨瞻拜。①

对于琉球王宫大殿悬挂的清代御匾,一些前往琉球进行册封的天使都有诗歌记载。全魁曾作"册封礼成恭纪"诗歌,其中有"御书楼殿倚峥嵘,九霄凤舞龙飞字"②之句。另外一位册封使周煌在《册封礼成恭纪四首》曰:

  御书楼出殿高层,奉使儒臣此一登。
  银榜久悬天露渥,金泥常惹海云蒸。③

李鼎元的《使琉球记》,对中山王宫室悬挂清帝御赐匾额有如下描述:

由甬道进至阙庭,如前仪行礼毕,乃瞻王殿。殿九楹,左右夹室,一月台覆以穹亭中。阶七级,石栏周护,雕刻花鸟。殿上为御书楼,高敞壮丽,钜梯当楹立,正中悬奉圣祖仁皇帝御书"中山世土"匾额,左奉世宗宪皇帝御书"辑瑞球阳"匾额,右奉高宗纯皇帝御书"永作瀛壖"匾额。④

关于晚清时期琉球悬挂的御匾情形,据有关资料记载,琉球被日本吞并之前,琉球王宫正殿二楼的御书楼曾挂着清代中国皇帝赐给琉球国王的所有御匾,总共9面。首里城在第二次世界大战时,受到严重破坏。现在的首里城重建于1989年,直到1992年才对外开放。修复后的首里城王宫,依然保持了原样,正殿的穹形设计是典型的唐式大门。王宫还复原了3面清帝御赐匾额即"中山世土""辑瑞球阳""永祚瀛壖"。中央的"中山世土"匾额最大,为清康熙皇帝题赠,于1995年复原,其他两面匾额在2002年9月复原。

5. 谢恩

对于清帝颁赐的御匾,在贡使携带返国后,属国国王要将御匾悬挂并向清廷上谢恩表文,来感谢御墨驾临该国。

雍正二年(1724年)清帝赐琉球"辑瑞球阳"御匾后,雍正四年(1726年)琉球国王专门派向德功等人前来谢恩。乾隆四年(1739年)赐御书匾额"永祚瀛壖",乾隆六年(1741年)遣紫金官翁鸿业、正义大夫蔡其栋进贡谢恩。乾隆五十三年(1788年)清帝赐御书匾额"海邦济美",乾隆五十四年

---

① 李鼎元:《使琉球记》,台湾文献丛刊第292种,台湾银行经济研究室,1972年。
② 齐鲲:《续琉球国志略》卷五,台湾文献丛刊第293种,台湾银行经济研究室,1972年。
③ 齐鲲:《续琉球国志略》卷五,台湾文献丛刊第293种,台湾银行经济研究室,1972年。
④ 李鼎元:《使琉球记》,台湾文献丛刊第292种,台湾银行经济研究室,1972年。

（1789年）遣紫金大夫向处中、正义大夫郑永功进贡谢恩。咸丰三年（1853年）清帝赐御书匾额"海邦屏翰"，咸丰四年（1854年）琉球国王特遣紫巾官向邦栋、正议大夫毛克进等捧表进贡，并谢钦赐御书匾额。道光三年（1823年）清帝赐"屏翰东南"御匾，道光六年（1826年）琉球派遣紫金官马开基、正议大夫梁文翼等到京谢恩。咸丰三年（1853年）清帝赐琉球"同文式化"，咸丰五年（1855年）琉球派紫金官向邦栋、正议大夫毛克进到京谢恩。同治四年（1865年）清帝赐琉球"瀛峤屏藩"，琉球派法司王舅马朝东、紫金大夫阮宣沼进京谢恩。

乾隆四十九年（1784年）清帝赐安南国王"南交屏翰"，乾隆五十年（1785年）安南国王专门派遣使者谢赐上年御匾①。

道光三年（1823年）朝鲜国王向清帝赐匾谢恩。朝鲜国王在向盛京将军回复咨文时，表达了谢恩之意：

朝鲜国王为咨复事：道光三年三月初十日，承准贵衙门咨节该云云等因。窃念敝邦世沐洪化雨露之泽，久浃环东朝宗之诚，窊切拱北。今又钦蒙圣恩特赐御笔四大字，宝墨遐宣，恩光洋溢。旷世之荣，简册所稀。逾分之涯，今古罕睹。伏地祇领，庸作永世之珍藏。当职谨与一国臣民不胜攒手颂祝之诚。为此合行咨复，烦乞贵衙门照详施行云云。

道光三年四月初二日②

四、清帝赐属国福字

清帝除了御赐属国匾额外，类似此举的还有御赐福字给属国国王。

宫中习俗，十二月初一日，有皇帝书福字的习俗。写出的第一个福字，挂于乾清宫正殿，其余张贴各宫苑，或分赐王公大臣及内廷翰林等。此俗始于康熙年间，康熙帝偶亲书福字颁赐臣工，到雍正时遂成定例。乾隆初年，确定在十二月初一日于漱芳斋开笔书"福"，以后相沿成例。康熙当年用来写福字的笔叫"赐福苍生笔"。以后此笔成为历代皇帝每年写第一个福字的书写工具。大臣们无不以得到御赐福字为幸运。

晚清慈禧也有写"福"赐予大臣的行为。据马宗霍《书林纪事》载："慈禧太后垂帘当国，亦喜怡情翰墨，学绘花卉，又学作擘窠大字，常书'福'

---

① 《清高宗实录》卷一千二百二十九，乾隆五十年四月丙午条。
② 《〈同文汇考〉中朝史料》（三），吉林文史出版社，2005年，第563页。

'寿'等字以赐内外大臣。"晚清慈禧曾书写一特殊的"福"字，内藏"禄""寿"二字和一寿星拄杖图，此即现藏故宫博物院的《"福禄寿"三字》轴。

该图尺寸纵128.3厘米，横62厘米，材质为纸本。本幅右上自题："光绪戊子新正御笔。"钤"爱物俭身""法天立道""慈禧皇太后之宝"印3方。左上有吴树梅题七绝诗一首，钤"吴树梅章""朝朝染翰"印2方。此幅以朱笔书"福""禄""寿"3字，书体与众不同，用象形手法组成，仿佛一件绘画作品。结体上"福""禄"两字借用同一偏旁"礻"，而"录""畐"之间夹写一个"寿"字，中间空白部分经巧妙布局画成一个寿星拄着拐杖。该图立意浅白，略显庸俗，艺术价值一般。不过，若从史料价值而言，留存至今的慈禧书法之作多以单字居多，如本幅书画合一的作品颇为罕见。

御赐福字后来从国内扩及外国，其意义就如乾隆五十七年（1792年）十二月一日清帝在颁赏福字给安南国王所说的那样："本日朕年例开笔所书福字，即已赏给该国王，俾得岁岁先承恩赏，与该国臣民共迓春禧，以示敛时赐福、中外同沾之意。"①

以下是清帝颁赐福字给外国国王事例：

乾隆五十三年（1788年），颁赐琉球国王御笔福字一幅。②

乾隆五十五年（1790年），加赐朝鲜、安南国王御笔福字一；又加赐琉球、暹罗国王御笔福字一。例赏外，特赐缅甸国王御笔福字一。③

乾隆五十八年（1793年），赏英国国王御书福字一。④

乾隆五十九年（1794年），赏荷兰国王御书福字一。⑤

嘉庆二十三年（1818年），驾幸盛京，朝鲜国王遣陪臣恭迎，加赐国王御书福字。⑥

道光九年（1829年），清帝谒祖陵，朝鲜国王遣使迎驾，特赐福、寿字各一。⑦ 关于此次赐福、寿字，朝鲜资料也有相关记载：九月二十七日，"自礼部

---

① 《清代档案史料选编》（三），上海书店出版社，2010年，第601页。
② 《中山世谱》卷十，《国家图书馆藏琉球资料续编》，下册，第349页。
③ 《光绪会典事例》卷五百七，礼部，朝贡。
④ 秦国经：《乾隆皇帝与马嘎尔尼》，紫禁城出版社，1998年，第131页。
⑤ 《光绪会典事例》卷五百七，礼部，朝贡。
⑥ 《光绪会典事例》卷五百八，礼部，朝贡。
⑦ 《光绪会典事例》卷五百九，礼部，朝贡。

又传送皇笔寿字方、福字方各一张"①。

对于清帝赐"福"字,有的朝贡国还遣使谢恩。乾隆五十五年(1790年)赐琉球国王御书"福"字,乾隆五十八年(1793年)琉球遣紫金官毛国栋、正义大夫毛廷柱进贡谢恩。

附:福字备赏

康熙间,圣祖御书大福字,赐编修查慎行。盖年例于嘉平朔日,开笔书福,王公大臣内直侍从皆得御赐。世宗每遇书福之辰,颁及直省将军督抚,朱批谕旨,于各省奏到恭谢颁赐福字之折,时加训勉。诚以福乃天下之公,非一身一家之私,封疆大吏董率文武,必所辖地方家给人足,乐业安居,始足为一省之福,推而至于天下,莫不皆然。高宗自乾隆甲辰以后,每岁遂为常例。开笔之日,御重华宫,书第一福字,揭之乾清宫正殿。所用笔,镌正书四字曰"赐福苍生",相传为圣祖御用留贻,管髹漆,色黝,字填以金。每开笔时,御用一次,即珍弆檀箧。各宫殿御园等处所用福字,亦亲书分贴。书福之笺,质以绢,傅以丹砂,绘以金云龙,宫廷所贴用者,及朱红对笺寿字笺,岁由江苏按照尺度制进,颁赐笺,则南省方物所陈也。自乾隆丙寅建阐福寺,壬申以后,每岁腊月朔日,先诣寺拈香,回宫书福。开笔时,爇香致敬,用朱漆雕云龙盘一,中盛古铜八吉祥炉、古铜香盘二,握管熏于炉上,始濡染挥翰。其预颁赐者,皇子以及内廷行走宗藩并在廷诸臣工,则命分进名牌,简派亲书以赐,及分赏余福,宣传给领,其各省将军督抚,则令折使赍回,新疆将军参赞办事大臣,并付驿驰给。乾隆己巳,《书福》诗前序云:"岁暮书福,以赐廷臣,谨遵皇考成例,迓禧敛锡之义,于是为昭。"诗云:"近始藩屏逮百僚,临轩书福庆恩昭。九畴箕子畴书衍,一笔王家笔阵超。嘉与红笺迎介祉,相敷彩胜焕元朝。不徒弄翰钦敷锡,家法绳承仰圣尧。"自是每值开笔,纪以题咏。蒙古藩王缔姻天室,岁时趋直内廷及年班来觐在御前行走者,皆以得先赐为荣。书福之外,有五七言至十三言朱红云龙对联,长寿字,"宜春迓祥""宜入新年""一年康泰"等帖,不下百余幅,皆亲染宣毫。乙卯嘉平月朔,开笔,迭癸丑韵诗,有"六旬忽周纪,明岁合移畴"之句,注云:"明年为嗣皇帝嘉庆元年,值嘉平月朔,亦应书福赐天下。"仁宗

---

① 《沈槎日记》,启本,九月二十七日,见张杰《韩国史料三种与盛京满族研究》,辽宁民族出版社,2009年,第361页。

开笔书福，则自辛酉以后，每岁亦必纪以诗。丙寅尝命题联句，用新韵。开笔之典，每岁元旦子刻，上御养心殿东暖阁，案设金瓯玉烛，御用笔曰万年青，管曰万年枝。先染朱毫，继宣墨翰，各书吉语数字。自乾隆甲子，每岁元旦，有试笔诗。庚辰以后，春帖子岁以五言绝句二首、七言绝句二首为率。内直词臣所制，则联书黄折以进。椒屏之制，以绢素为质，内直诸臣拟古语吉字为标题，并拟所画景物音义相叶，缮写清单，于腊朔呈览，交内府工匠绘画人物器饰，而缀以椒。每帧署原拟吉字，复制颂一章，题其上，亦内廷翰林所书也。①

---

① 徐珂：《清稗类钞》第一册，中华书局，2010年，第312－313页。

第十一章

清代宫廷属国乐舞制度

清代宫廷音乐汲取了历代宫廷音乐文化的成就，在种类、规模、制度方面不断发展完善，把中国古代宫廷音乐推到了一个崭新阶段。[①] 在清代宫廷音乐体系中，属国音乐是重要的组成部分，它既是清代华夷秩序的象征，也是中外音乐文化交流的结晶。

第一节 清代宫廷音乐体系

清代宫廷音乐，有中和韶乐、丹陛大乐、中和清乐、丹陛清乐、导迎乐、铙歌乐、禾辞桑歌乐、庆神欢乐、宴乐、赐宴乐、乡乐。如果将这些名目各异的音乐按照功能和演奏场合的不同进行分类，大体可以分为祭祀乐、朝会乐、宴飨乐和卤簿乐四大类。

祭祀乐：清朝祭祀沿明制分为大祀（祭圜、方泽、太庙、社稷）、中祀（朝日、夕月、先农）、群祀（祭火神、城隍、先医）3种。大祀、中祀所用乐队为中和韶乐乐队（大祀与中祀乐队使用乐器的种类相同，只是每种乐器的数量、规格有所不同），群祀使用庆神欢乐队。

朝会乐：朝会音乐也称殿陛音乐，是大朝会中使用的典礼性音乐。大朝会指元旦、冬至、万寿（皇帝寿辰）三大节庆贺，登极、颁诏、皇帝大婚及每月初五、十五、二十五日的常朝等在太和殿举行的典礼活动。其使用的乐队包括中和韶乐乐队（与祭祀乐使用乐队相同，只是乐器件数减少）；丹陛大乐乐队（为朝会中群臣行礼时专用的乐队）。

[①] 有关研究成果参见万依、黄海涛撰文、译谱：《清代宫廷音乐》，中华书局香港分局、故宫博物院紫禁城出版社，1985年。罗明辉：《清代宫廷燕乐研究》，《中央音乐学院学报》1994年第1期。

宴飨乐：宴飨乐主要是在太和殿等外朝范围内举行盛大宴会时演奏的各种音乐，有清乐、队舞乐、蒙古乐、瓦尔喀部乐、回部乐、番子乐、廓尔喀乐、朝鲜乐、安南乐、缅甸乐等。各种乐演奏时使用的乐器不尽相同、风格各异。

卤簿乐：在乾隆《律吕正义后编》中称为导迎乐和行幸乐，在嘉庆年间制定的《清会典事例》中统称为卤簿乐。卤簿乐是炫耀皇帝威严的典制音乐，但也包含着娱乐性质。卤簿乐中有前部大乐、铙歌大乐、铙歌鼓吹、铙歌清乐、导迎乐、凯旋乐等。

祭礼乐、朝会乐及卤簿乐等属典制性音乐，主要用以显示典礼的隆重和皇帝的尊严；宴飨乐及行幸乐、吹打等属娱乐性音乐，主要供皇帝、后妃们娱乐。

第二节 清代宫廷宴乐中的属国乐舞

在整个清代宫廷音乐体系中，宴飨乐亦称"燕乐""宴乐"。清代宴飨乐与隋唐以来的宴乐一样，是宫廷音乐中最具光彩的部分。

清廷宴飨乐主要用于清帝在宫廷举行的各种筵宴。宴飨乐一般包括队舞乐和四夷乐舞。

队舞乐有庆隆舞、世德舞、德胜舞，三舞同制，乐器用筝1、奚琴1、琵琶3、三弦3、节16、拍16。庆隆舞（扬烈舞、喜起舞）用于殿廷朝会、宫中庆贺等宴飨活动，世德舞用于宗室及家宴，德胜舞用于凯旋筵宴。

四夷乐舞包括瓦尔喀部乐舞、朝鲜国俳、蒙古乐（包括笳吹、番部合奏两项）、回部乐、番子乐、廓尔喀乐舞、粗缅甸乐、细缅甸乐、安南国乐等9种乐舞。

四夷乐舞中，除了蒙古乐、回部乐、番子乐、瓦尔喀乐等4种属于国内民族音乐外，其他属于属国音乐。

这些属国乐舞按照进入清廷的时间先后顺序为高丽国俳、缅甸国乐（粗、细两种）、安南国乐、廓尔喀乐舞4种。在顺治、康熙、雍正三朝和乾隆朝前期，进入清廷的属国乐舞只包含朝鲜一国。到乾隆中期以后，缅甸、安南、廓尔喀乐舞才先后进入清廷，属国乐舞达到完备。"乾隆间，缅甸使臣陪宴万树园，以其国乐器五种合奏。厥后凡遇筵宴，备陈准部、回部、安南、缅甸、廓尔喀乐。"① 在嘉庆十六年（1811年），嘉庆帝前往保和殿筵宴朝正外藩，各属

---

① 《清史稿》卷八十八，志六十三，礼七，嘉礼一。

国使节随文武就座，诸乐并作。① 乾嘉时期，清廷的属国音乐规模达到鼎盛。

在宴飨乐的表演过程中，属国乐舞登场次序，一般是在队舞、蒙古乐之后。在太和殿筵宴中，先扬烈舞、喜起舞，后"吹箎人员进殿"奏蒙古乐曲，接着掌仪司官员，"引朝鲜国俳入，陈百戏"②。不过在保和殿除夕筵宴上，由于参加者大都是蒙古外藩亲王，因而宴乐表演次序略有调整，先演奏蒙古乐中的箎吹乐，次庆隆舞，再后为四夷乐舞、百戏。"除夕保和殿燕乐仪：……箎吹进殿，奏毕，庆隆舞上阶，先奏扬烈舞，次奏喜起舞。对舞大臣十八人进殿以次对舞，舞毕，掌仪司官引朝鲜国俳进，百戏并作。"③

属国乐舞并非由外国演员表演，而一般均由清廷安排国内专业人员担当。④属国乐舞在最初进入清廷时，外国的乐器演奏者、歌舞伎人都被带到宫廷进行本国乐舞的示范表演。之后就开始了属国乐舞的"本土化"工作，规定乐部署史要学习表演属国乐舞，以备清宫各处筵宴随时使用。其中廓尔喀、安南、缅甸3国乐曲，由和声署承应：安排13人专门演廓尔喀部乐，13人专门演安南国乐，22人分别演粗缅甸、细缅甸乐。至于朝鲜国俳的笛、管、鼓演奏人员，则由礼部在八旗中传取演习；朝鲜国俳中的倒掷伎演员由仪制司预备。⑤

第三节　清代属国乐舞的乐器配置及人员编制

进入清廷的属国乐舞中，朝鲜、安南是乐、舞两种形式的编配，缅甸和廓尔喀则是歌、舞、乐三位一体。这些乐舞包含了本国特色的乐器、乐器演奏人员和歌舞演员几个部分。属国乐器的图式在《钦定皇朝礼器图式》和《乾隆会典图》中都有详载。属国乐舞的乐谱只有朝鲜国俳有简单记载："○五○工○凡。"⑥而其他几国乐舞的乐谱未见记载。配有歌唱的缅甸和廓尔喀两国乐舞，有尼泊尔国王拉特纳巴都尔恭颂歌词6章，分清、蒙、汉、廓尔喀文；缅甸《献琛抒悃》乐2章，为缅甸赔臣细哈觉控等恭进，分清、汉、蒙、缅甸文。安南乐虽没有歌唱，但有安南《献琛抒悃》乐1章，为安南国王阮光平恭进，分

---

① 《清仁宗实录》卷二百五十二，嘉庆十六年十二月甲戌条。
② 《大清通礼》卷三十七，嘉礼，太和殿筵宴之礼。
③ 《律吕正义后编》卷四十九。
④ 《光绪会典》卷四十二，乐部。
⑤ 《光绪会典事例》卷五百二十八，乐部，乐制。
⑥ 《律吕正义后编》卷四十五，宴飨乐一。

清、汉、蒙古、安南文。西方音乐在康熙年间进入清宫,印度音乐在光绪初年被加尔各答土王献入清宫。

根据史料记载,清代属国乐舞的乐器配置和人员编制分别如下。

一、高丽国俳

高丽国俳,皇太极东征朝鲜时所获。在乐器配置方面,朝鲜国俳有3种乐器:笛1、管1、鼓1,其构造和使用方法如下:

笛与中和韶乐中的笛相同,管与丹陛大乐中的管相同。这两种乐器构造与中国固有的笛、管相同。

俳鼓如形体较小的龙鼓,悬于项击之。对于这种俳乐鼓,《皇朝礼器图式》记载:

杜佑《通典》:"高丽国乐器有齐鼓、担鼓。"马端临《文献通考》:"齐鼓,设齐于鼓面如麝脐,然高丽之器也。"本朝定制:燕飨兼用朝鲜国俳乐鼓,木匡冒革。面径一尺二寸九分六厘,中围四尺二寸八分四厘,厚四寸三分二厘。面绘正龙,上下涂金钉,匡髹以朱,绘行龙。金镮二,系黄绒绅,悬之于项。①

在人员编制方面,朝鲜国俳共18人,其中乐器演奏人员包括笛技、管技、鼓技各1人,俳长1人,表演倒掷技巧的人员有14人。在着装方面,3名演奏人员均头戴毡帽、镂金顶,身穿蓝云缎袍、棕色云缎背心,配蓝色绸带。俳长则戴面具,戴青缎帽,帽有红缨;身穿红云缎袍,白绸长袖、绿云缎虎补背心,配十字蓝绸带。表演倒掷技的人员都身穿短红衣,站在丹陛两旁。

朝鲜国俳表演过程,首先俳长从右翼走上舞台,向北面站立,用高丽语致辞。接着笛、管、鼓的演奏人员从右翼登台,向东北面站立。表演倒掷技的人员则从左翼登台,自东向西排列,随后开始展现他们的各种技艺。② 倒掷技即翻筋斗,徒手在地上做各种滚、翻、转体、卧、跳等动作。

二、缅甸国乐

缅甸曾在东汉时由掸国国王雍由调"献乐及幻人",唐代则进献"骠国乐"。清代缅甸献乐是缅甸音乐第三次通过正式的官方渠道进入中国。

缅甸于乾隆五十三年(1788年)进献缅甸国乐。据《筩吹番部合奏乐章满

---

① 《皇朝礼器图式》卷九,乐器二,广陵书社,2004年,第420页。
② 《清史稿》卷一百一,志七十六,乐八。

洲蒙古汉文合谱》记载，缅甸乐有两章歌词，为缅甸大臣所写："缅甸陪臣细哈觉控等恭进缅甸《献琛抒悃》乐章，满洲、蒙古、汉、缅甸文二章。"①

嘉庆十六年（1811年），在京城的缅甸使臣孟干禀请再次进献音乐，礼部堂官当面向嘉庆帝报告此事，清帝对缅甸使臣献乐的请求予以否决："该国王并未表奏，亦无咨文到部，毋庸越分呈进。"②

缅甸国乐分为"粗缅甸乐"和"细缅甸乐"两部。所谓"粗乐"即为"赛瓦因"乐队，以打击乐为主；"细乐"即为"桑柯"乐队，以丝竹管弦乐为主。粗、细缅甸乐的分别不仅在于乐器各不相同，而且编排形式也不相同：歌与粗乐搭配，舞与细乐搭配。

1. 粗缅甸乐

在乐器配置方面，粗缅甸乐乐器有5种：接内搭兜呼1、稽湾斜枯1、聂兜姜1、聂聂兜姜1、结莽聂兜布1，其构造和使用方法如下：

接内搭兜呼："制与手鼓略同。规木为匡，长一尺四寸六分，两面冒革。鼓面径五寸一分六厘，革之四围，俱以韦绦两端相系如璎珞状。上有左右二纽，系以帛，横悬于项，以手击之为节。"③ 接内塔兜呼是由6面鼓组成的chauk lon bat（今译"巧龙巴"）套鼓之一，为一种柱形双面鼓，悬挂于胸前，以手击奏。

稽湾斜枯："范铜为之，木为方格，上下各四，分系其间，面中起如浮沤。上左第一径四寸七分，第二径四寸三分，第三、四俱径四寸二分。四边脊起。下右第一径四寸九分，第二、三、四径九分、八分、七分，依次递减。木架上方背有牡榫，植以二木，用角槌击之。"④ 稽湾斜枯是缅语Ci：wain排锣的译音。它是旋律性乐器，由若干个音高不同的乳锣，分两排按一定顺序放置在木架上构成。每只锣面中央有1鼓包。

聂兜姜："规木为管，范铜为口，如竹节式，近下渐哆。管长一尺三寸二分，径九分五厘。前七孔，后一孔。铜长六寸八分，口径五寸九分。管端如盘，有铜哨插入，以象牙盘为饰，加芦哨于上吹之。上下俱用彩纰环系，旁有铜签一，以弥管与铜联接罅隙之处。"⑤

聂聂兜姜："形如金口角而小，木管木口，管长八寸六分，口长二寸，径三

---

① 杨玉良：《清内府编辑的宴乐专著》，《紫禁城》1991年第4期。
② 《光绪会典事例》卷五百四，礼部。
③ 《皇朝礼器图式》卷九，乐器二，广陵书社，2004年，第431页。
④ 《皇朝礼器图式》卷九，乐器二，广陵书社，2004年，第431页。
⑤ 《皇朝礼器图式》卷九，乐器二，广陵书社，2004年，第432页。

寸三分，余与聂兜姜之制同。"①

以上聂兜姜和聂聂兜姜两种乐器，是缅甸的大、小两种唢呐。缅语中称唢呐为Hne。聂兜姜这一乐器传到中国后还扩散到北京民间。北京曾有一种名"耍耗子者"的职业，其家养的老鼠，有仓鼠、栗鼠、小白鼠几种，它们有攀梯、跳圈、钻坛子、走钢丝各种技能。"耍耗子者"穿街走巷，他所用的唤头就叫"聂兜姜"，跟中国传统唢呐大致相同，只是喇叭口较大。

结莽聂兜布："范铜为之，左右合击，面径三寸五分，中隆起一寸三分，空其中，各穿圆孔，以韦贯之。"② 结莽聂兜布为yagwin的对音，一种对钹。

在人员编制方面，粗缅甸乐共用人员11名，其中乐器演奏人员5名，歌唱演员6名。在着装方面，演奏人员和歌唱演员的装束统一，都拖发扎红，穿戴方面采用缅甸衣冠③。

2. 细缅甸乐

在乐器配置方面，细缅甸乐有7种乐器：巴打拉1、蚌札1、总稿机1、密穹总1、得约总1、不垒1、接足1，其构造和使用方法如下：

巴打拉："以木为槽，形如船，通长二尺七寸五分。前后两端各为山峰形，两峰之尖，络以丝绳。排穿竹板二十二片，皆阔一寸。第一片长五寸二分，厚三分五厘，以次则长递加而厚递减，至末片则长一尺一寸五分，厚一分。以竹裹绵为槌击之。"④

巴打拉是缅语patala竹排琴的译音。竹排琴采用20多块长短不同的竹板用线穿在一起，然后挂在一个船形的共鸣体上，演奏者用两根头上包有毛毡的车轮形小木锤敲击。竹板的选材，制作是很严格、细致的，初采的竹板要经过处理、存放3年后才能制作，做成的竹排琴音高稳定、音色柔美，不会开裂。竹排琴的共鸣体是木制的船形体，在它的表面常常精雕细刻，并用宝石，水晶镶嵌，十分华美。竹排琴的音色柔和、抒情，常和弯琴一起合奏，是缅甸室内乐的主要乐器，是缅甸乐器中的珍宝。

蚌札："木匡冒革，上大下小。面径六寸一分，底径四寸，匡高一尺。四围俱系韦绦，以手击之。"⑤ 蚌札为缅语bon-gyi的对音，又译朋吉鼓、崩吉达等，为桶形双面鼓，在缅甸主要用于农事节、佛塔节等音乐中，配以唢呐、钹、

---

① 《皇朝礼器图式》卷九，乐器二，广陵书社，2004年，第432页。
② 《皇朝礼器图式》卷九，乐器二，广陵书社，2004年，第433页。
③ 《清史稿》卷一百一，志七十六，乐八。
④ 《清史稿》卷一百一，志七十六，乐八。
⑤ 《清史稿》卷一百一，志七十六，乐八。

拍板等乐器。现代的朋吉鼓两面蒙皮，鼓长 109 厘米。鼓面分公母，公面直径 28 厘米，母面 33 厘米。

总稿机："十三弦，曲柄，通槽，柄上曲如蝎尾。槽面冒革，为四圆孔以出音。顺槽腹设覆手，穿孔十三，系弦，各斜引至柄束之，弹以手。"① 总稿机是缅语 saung gauk 的对音，称为凤首箜篌或弯琴，是缅甸最具代表性的民族乐器。我国唐朝时称它为"凤首箜篌"。缅甸人置此乐器于膝上，用指弹奏。清代缅甸进贡的总稿机的琴弦有 13 根，当代弯琴的琴弦已发展到 16 根。

密穹总："三弦，木质，为鱼形。体长方，腹下通长刳槽，无底，两旁镌鳞甲。面设品五，为小圆孔九以出音，前四，中四，后一。首形锐而上出，镌须角钜齿圆睛，尾形亦锐。项上以铜为山口，系朱弦三，尾有镮纳弦，旁穿孔，设轴，左二右一，以手弹之。"② 密穹总为缅语 mi-gyaung 的对音，是一种弹拨乐器，因形似鳄鱼而又称鳄鱼琴。唐代骠国所献 22 种乐器中，就有密穹总，《新唐书》记载为鼍首筝。清代所献密穹总有 3 根弦，5 个品位，用手指弹。当代的鳄鱼琴依然是 3 根弦，但品位增至 11 个，用拨子弹奏。

得约总："三弦，木质，中虚，如扇形，中腰两旁弯曲向内。颈半穿孔纳弦，绾以三轴，左二右一，槽末施木以系弦。扣用木弓系马尾八十余茎轧之。"③ 得约总为弓弦乐器，形制如小提琴，弦 3 根。

不垒："以竹为管，上端以木塞其半为吹口。七孔前出，一孔后出，最上一孔前出，加竹膜。"④ 不垒为缅甸竖笛，吹管乐器，开 8 个音孔（前 7 后 1），发音柔和幽暗，音域 $g^1—g^2$。

接足："范铜二片，口径一寸八分。中隆起，穿孔贯纫，左右合击。"⑤ 接足为 1 对碰铃，配合弯琴演奏。

在人员编制方面，细缅甸乐共用人员 11 名，其中乐器演奏者 7 名，他们都拖发扎红，身穿蓝缎短衣。舞蹈演员有 4 名，上身穿闪缎短衣，下身穿杂色裙子，用洋锦束腰，头戴扎巾。⑥

三、安南国乐

安南国乐又名"安南弦乐"，乾隆五十四年（1789 年）获其乐而列入宴乐。

---

① 《清史稿》卷一百一，志七十六，乐八。
② 《清史稿》卷一百一，志七十六，乐八。
③ 《清史稿》卷一百一，志七十六，乐八。
④ 《清史稿》卷一百一，志七十六，乐八。
⑤ 《清史稿》卷一百一，志七十六，乐八。
⑥ 《清史稿》卷一百一，志七十六，乐八。

据《清实录》记载：安南国王"兹先撰庆祝万寿词曲十章，令乐工演习，按拍定谱，先行送进"。两广总督福康安将此事上奏："今阮光平所进词曲十章，俱系词阙，尚无不合体制。且其随带乐工演奏，希冀列入太常，尤为恪恭庆忭。当即饬令照缮，携带进呈。"① 另据《筯吹番部合奏乐章满洲蒙古汉文合谱》记载，安南国乐包括歌词1章，为安南国王阮光平撰写："安南国王阮光平恭进《献琛抒悃》乐章，清、汉、蒙古、安南文一章。"②

嘉庆八年（1803年），由于安南已经改朝换代而变成越南国，清廷下令在宫廷筵宴中停止这种不合时宜的安南国乐。成书于光绪中期的《光绪会典》，在"四裔乐"条下③，已将安南国乐删除在属国宴乐之外。

在乐器配置方面，安南国乐有8种乐器：丐鼓1、丐拍1、丐哨1、丐弹弦子1、丐弹胡琴1、丐弹双韵1、丐弹琵琶1、丐三音锣1。以上8种乐器名称前都冠以"丐"，"安南土语，凡乐器之名，俱以'丐'字建首"④。8种乐器的构造和使用方法如下：

丐鼓："木匡冒革，空其一面，四面密钉。径八寸四分，承以文竹三足之架。桴二，用竹，或左手承鼓，右手以桴击之，以为乐节。"⑤

丐拍："以檀为之，共三板，均长八寸五分，广八分，厚二分五厘。其一上方有二铜钉，缀以连钱；其一背面刻有雁齿；其一右面如锯牙。工歌时，左手执二板相击，连钱激响，右手执锯牙者，引击雁齿，错落成声。"⑥

丐哨："即横笛，有二，俱长一尺九寸五分，径七分。截竹为筒，髹漆为节，共二十有一。左第一为吹孔，次加竹膜，右六孔以协律，末二孔向上出音。又旁二孔对出，垂以黄缕，两端以角为饰。"⑦

丐弹弦子："斫檀为之，槽方而椭，两目冒以虺皮。通长二尺九寸四分。柄长二尺四寸九分，上阔八分，下阔九分六厘，厚八分。槽长四寸五分一厘，阔四寸四厘，厚二寸四分。匙头凿空纳弦，以三轴绾之，左二右一，各长三寸六分六厘。弦自山口至柱二尺四寸，背系黄缕。"⑧

---

① 《清高宗实录》卷一千三百五十一，乾隆五十五年三月戊申条。
② 杨玉良：《清内府编辑的宴乐专著》，《紫禁城》1991年第4期。
③ 《光绪会典》卷四十二，乐部。
④ 《皇朝礼器图式》卷九，乐器二，广陵书社，2004年，第427页。
⑤ 《皇朝礼器图式》卷九，乐器二，广陵书社，2004年，第427页。
⑥ 《皇朝礼器图式》卷九，乐器二，广陵书社，2004年，第427页。
⑦ 《皇朝礼器图式》卷九，乐器二，广陵书社，2004年，第428页。
⑧ 《皇朝礼器图式》卷九，乐器二，广陵书社，2004年，第428页。

丐弹胡琴："竹柄，槽形如筒，刻檀为之，面冒虺皮，二弦。通长二尺二寸六分，柄长二尺一寸三分，槽面径一寸九分。底微丰，径二寸四分二厘，厚三寸一分二厘。曲首凿空，背出两轴绾之，长五寸。面设竹柱，弦自山口至柱一尺八寸。柄端以铜为缘，背有铜纽垂黄绥，余如番部合乐胡琴之制。"①

丐弹双韵："即月琴，斫檀为之，槽面以桐，形如满月，曲项，四弦。通长二尺八寸六分六厘。柄长一尺一寸，阔九分。槽面径一尺一寸六分，厚一寸八分。凿空纳弦，以四轴绾之，左右各二，长三寸六分。槽面施覆手，山口下布七品，弦自山口至覆手长一尺八寸二分，覆手、轴、象俱用檀，背系黄绥。"②

丐弹琵琶："刳桐为质，背面通髹以漆，绘泥金花草，四弦。通长三尺。槽阔七寸三分，厚一寸二分。顶阔八分，中厚一寸二分，边厚四分。上端凿空纳弦，以四轴绾之，左右各二，长三寸四分。弦自山口至覆手二尺一寸四分，上有四象，下有十品。山口、弦孔俱饰鱼牙。"③

丐三音锣："范铜为之。外绾铁丝为规，径四寸五分，联系如'品'字。锣形似云锣，上一径二寸四分五厘，右一径二寸三分八厘，左一径二寸三分。四方俱有孔，用铜丝系铁圈中，下以二铁丝总绾之。承以檀木柄，柄口饰铜，下垂流苏，槌用角。"④

在人员编制方面，安南国乐的人员配置共3名，其中乐器演奏者有9名，他们都头戴道巾，身着黄鹂补服道袍，配蓝色缎带。舞蹈演员4名，身着蟒衣，冠带装束与乐器演奏者相同。这些舞蹈者手执色彩艳丽的扇子翩翩起舞。⑤

四、廓尔喀乐舞

廓尔喀乐舞，乾隆远征廓尔喀而获。

乾隆五十四年（1789年），第一次远征廓尔喀，廓尔喀遣使进贡，乾隆曾问及贡使的随从人员中是否有当地乐工。⑥ 乾隆五十七年（1792年）第二次远征廓尔喀胜利后，在中国官员的暗示下，廓尔喀除了一般的贡物外，再进贡乐工一部，包含13人，并"恭撰"有"番字歌词"。这一歌词在清军从廓尔喀撤回西藏济咙时，由廓尔喀国王派人呈交，并请求付给派遣的本国乐工对其进行

---

① 《皇朝礼器图式》卷九，乐器二，广陵书社，2004年，第429页。
② 《皇朝礼器图式》卷九，乐器二，广陵书社，2004年，第429页。
③ 《皇朝礼器图式》卷九，乐器二，广陵书社，2004年，第430页。
④ 《皇朝礼器图式》卷九，乐器二，广陵书社，2004年，第430页。
⑤ 《清史稿》，志七十六，乐八。
⑥ 《钦定巴勒布纪略》卷二十四，中国藏学出版社，2006年，第351页。

排练。① 据《笳吹番部合奏乐章满洲蒙古汉文合谱》记载，番字歌词分6章，为廓尔喀国王亲撰，"廓尔喀国王拉特纳巴都尔恭颂歌词，满洲、蒙古、汉、尼泊尔文六章"②。乾隆对廓尔喀派遣的乐工非常重视，在乾隆五十七年（1792年）十月给福康安等人的上谕中，要求乐工与贡使必须一同赶到北京，"使朝觐各国共聆异方傑休，更足以备太常而昭武烈"③。

在乐器的配置方面，廓尔喀乐舞的乐器有5种：达布拉2、萨朗济3、丹布拉1、达拉1、公古哩2，其构造和使用方法如下：

达布拉："俱刳木为之，一面冒革。其一面丰底锐，径六寸七分八厘，高四寸五分；其一底微丰而渐削，径四寸八分，高六寸六分。四围俱系韦绦，联以采缕，悬之腰间，以左右手合击为节。"④ 达布拉为 tabla 的对音，为印度系统的乐鼓，今译作塔布拉，是北印度音乐中最具典型的节奏乐器，形制为一大一小的一对鼓。小的高音鼓即为塔布拉或称达亚（daya），用右手击奏，大的为低音鼓称作巴亚（baya），用左手击奏。通过双手不同部位来击打鼓面的不同部位而产生音高变化。塔布拉鼓在今天的印度、巴基斯坦、孟加拉和阿富汗等国依然流行。

萨朗济："俱刻木为质，顶为壶卢。项长三寸，广二寸五分，厚如之。刳其中，面以鱼牙刻佛为饰。柄长五寸二分，上阔一寸八分，下阔二寸二分，厚二寸一分。槽面阔三寸，自上刳之，冒以革。中削如缺月，束以黄韦。底椭，凿空于项以纳四弦，左右各二。轴柄面凿九孔，自右至左，鳞次斜列，各纳铁弦，上承韦弦。山口至柱弦长八寸二分。以柔木施鬃尾，授挈之声如胡琴铁弦，亦铮然应响。"⑤ 萨朗济为 sarangi 的对音，来自印度北部地区的拉弦乐器，用一段整块木头凿挖而成，中部稍细，下端共鸣箱体上蒙以皮革。萨朗济多用于为古典声乐伴奏，也可作为独奏乐器使用。

丹布拉："刻桐为之。通长三尺一寸六分。直柄，面平背圆，厚一寸七分，长二尺三寸一分，上广一寸六分二厘，近槽面渐丰至三寸。槽长八寸五分，广如之。以大匏为槽，背厚六寸五分。铁弦四，上二轴，左右各一绾之，长三寸九分。轴下以二铁为山口，一穿孔纳弦，一以承弦。柱用角，广一寸二分。"⑥

---

① 邓锐龄：《乾隆朝第二次廓尔喀之役（1791－1792）》，《中国藏学》2007年第4期。
② 杨玉良：《清内府编辑的宴乐专著》，《紫禁城》1991年第4期。
③ 《钦定廓尔喀纪略》卷四十三，中国藏学出版社，2006年，第668页。
④ 《皇朝礼器图式》卷九，乐器二，广陵书社，2004年，第433页。
⑤ 《皇朝礼器图式》卷九，乐器二，广陵书社，2004年，第434页。
⑥ 《皇朝礼器图式》卷九，乐器二，广陵书社，2004年，第435页。

丹布拉为 tambura，tanpura，tamboura 的对音，又译弹不拉，为弹拨乐器，一般为四弦，没有品柱。丹布拉是印度音乐不可或缺的伴奏乐器。

达拉："制如钹而小，范铜为之，径二寸一分。中隆起如沤，穿以孔，采缕系之，左右相击。"① 达拉为 tala 的对音，是一种对钹。

公古哩："范铜为铃，径四分，面划开十字纹，中置铜片，背为纽，以采缕联系之，五十枚为一串，共四串。工歌时，二人各以系于股，双足腾跃出声。"② 公古哩为 ghungru，ghungur，ghungar 的对音，来自北印度的拟声词，是一种脚铃，以 50 枚为一串，舞者在脚踝处系多串。

在人员编制方面，廓尔喀乐舞有人员 13 名。廓尔喀乐舞的内容为歌、舞、乐三位一体。乐器演奏者 6 名，他们都身着回子衣服，脚穿红色羊皮靴，其中两人以洋锦缠头，其余 4 名则用红绿布缠头。歌唱演员有 5 名，均以红绿布缠头，其中一人身着绿绸衣，脚穿红彩鞋，其余 4 名身穿回子衣，脚穿红羊皮靴。舞蹈演员 2 名，均身穿红绿绸衣，头戴猩红毡帽，脖围金银丝巾，脚穿红彩鞋，腰束以杂色布。舞蹈演员们每只脚都系着一串名为"公古哩"的铜铃。随着演员们的闪跃腾挪，铜铃清脆作响。③

廓尔喀乐队的人员编制包含演奏人员 6 人、舞蹈演员 2 人、歌唱演员 5 人，这一乐队编制人数为 13 人，正好与以上廓尔喀乾隆五十七年（1792 年）所献乐队的人数相等，可证史实记载不误。

五、西洋音乐

除了以上属国乐舞进入清宫外，西方音乐在康熙时期也开始出现在中国宫廷，乾隆时期清宫还出现了第一支西洋乐队。

康熙时期耶稣会士最早把西洋音乐带入清廷。康熙九年（1670 年）康熙曾命令京城会使用乐器的传教士演奏西洋音乐。这支临时拼凑起来的乐队，由于没有经过训练，演奏未获成功。此后不久，这支乐队又受康熙之命在宫中演出。这次合奏长达 4 个小时之久，获得康熙的赞誉。

乾隆皇帝对西洋音乐也有浓厚兴趣。他下令宫中的西方音乐人员对宫中闲置多年的康熙帝用过的各种西洋乐器予以整理，并对破损的乐器进行修理。这些西洋乐器有大提琴、小提琴、单簧管、双簧管、竖琴、吉他、曼陀林、钢琴

---

① 《皇朝礼器图式》卷九，乐器二，广陵书社，2004 年，第 435 页。
② 《皇朝礼器图式》卷九，乐器二，广陵书社，2004 年，第 436 页。
③ 《清史稿》卷一百一，志七十六，乐八。

等，有些由外国传教士进贡，有些是康熙时期在西洋音乐教师法瑟·佩雷拉的指导下，由内务府造办处的中国工匠制造。乾隆帝下旨在宫中组建西洋乐队，由内务府大臣德保负责。清廷专门为西洋乐手制作了一套衣裳、靴子、盔头、扎巾以及髯口等，把这些西洋乐手打扮成中国宫廷乐手的模样。乐队由当时内廷供职的西洋人鲁仲贤担任总指挥。西洋乐手在瀛台排练并教小太监演奏。这支西洋乐队是一支以演奏室内乐为主的小型管弦乐队。然而，清代宫廷音乐具有很强的政治属性，是中国传统礼制体系的附属品。这支西洋乐队显然无法在中国传统政治生态中独立存在，不久就被解散。

清末西洋音乐再次进入清宫，但这已不属于康乾时期的主动引进而属于被迫接受欧风美雨。光绪末年，清宫筹建了一支西洋军乐队。中国第一历史档案馆藏《清禁卫军档·禁卫军训练处》记载：贝勒载涛于光绪三十四年（1908年）十二月初三日钦奉上谕：载涛与疏朗等人"充专司训练禁卫军大臣，准其酌量由各旗营兵丁内，拔取精壮尽数，认真训练"。在其筹备组建中定有"军乐队制：队官一员、排长一员、一等乐兵二名、二等乐兵六名、三等乐兵十二名、学习乐兵二十四名、伙夫五名"。关于这支我国宫廷建立的最早的西洋军乐队，在《清史稿》中也记载："德宗光绪末年，仿欧罗巴、美利坚诸邦制军乐，又升先师大祀，增佾舞，及更定国歌，制作屡载不定，讫于逊国，多未施行。"①

六、印度音乐

印度在晚清时，通过加尔各答土王向清廷进献乐器和乐谱。《清德宗实录》记载：光绪六年（1880年）九月，"总理各国事务衙门奏：印度王呈进乐器，并手著洋文乐记各书，恳求赏赐品物，以为稀世之宝。谨拟颁给头等金宝星一面，景泰蓝花瓶一对，由出使大臣曾纪泽转交该印度王领收"②。另据笔记资料记载：光绪六年（1880年），"印度加尔各答王骚林德罗门他果干献所著乐谱及本国所用乐器"③。关于印度此次所献乐器、乐谱的具体种类，资料不详。

印度音乐清代进入中国，大多数由缅甸、尼泊尔等国间接传入，但印度此次向中国献乐，首次直接将印度音乐传入中国，此一事件应在中外音乐交流史上占有重要地位。

---

① 《清史稿》卷九十四，志六十九，乐一。
② 《清德宗实录》卷一百二十，光绪六年九月庚寅条。
③ 赵祖铭：《清代文献迈古录》，大众文艺出版社，2003年，286页。

第四节　清代属国乐舞的意义

清代属国乐舞在清代礼乐体系和对外关系领域都有重要的意义。

一、属国乐舞在礼乐体系中的意义

属国乐舞制度与整个中国的礼乐制度相关。

中国的礼乐制度形成于周代。西周政权吸取前代经验教训，在因袭夏商礼仪乐制的基础上，制定了一整套法定的礼乐制度，即史书所传的周公"制礼作乐"。这种乐舞制度实际上是一种治国手段，以相应的乐舞制度与当时的统治秩序相结合，通过乐舞礼仪来体现当时社会的等级名分制度。当时宫廷设立了相应的乐舞机构，专门掌管乐舞礼仪事宜。《礼记》对周代建立礼乐制度的意义评价说："王者，功成作乐，治定制礼；其功大者其乐备，其治辩者其礼具。"[①]功成治定，便作礼乐，礼乐制度是否完备，成为历代帝王文治武功的鲜明标志。这是中国传统礼乐观念的核心思想。

周代礼乐观念也延伸到了对外关系领域。《周礼》记载："鞮鞻氏掌四夷之乐与其声歌。"对四夷之乐的名称，郑玄注曰："东方曰昧，南方曰任，西方曰朱离，北方曰禁"；对纳"四夷之乐"的原因，郑玄认为："王者必作四夷之乐，一天下也。"[②] 王者功德隆盛，阴阳和调，声教遍及殊方绝域。对于四海王化，四夷歌之舞之。一统王朝采四夷音声，按其节奏，被诸管弦，配以舞蹈。在朝会宴飨之时，将四夷乐舞陈列门右，以状王者盛德。因此，将周边国家和民族的音乐纳入各代统治王朝的礼乐体系之中，是统一天下寰宇的象征，此即中国传统文化中的"作乐象功"。

周代上述的对内、对外的礼乐观，不仅是儒家礼乐观念中的核心内容，也一直为历代王朝所继承和发扬。从秦、汉、隋、唐、宋、明各代，礼乐制度在其政治体系中都占有重要地位。

二、清代属国乐舞的意义

清代宫廷音乐吸纳属国乐舞，有明显的政治目的，直接服务于清代统治。

---

① 《礼记正义》，乐记第十九。
② 《周礼注疏》，春官，鞮鞻氏。

其意义有以下三个方面：

其一，通过引入属国乐舞，来展示清朝统治中国的正统性与合法性。清代中前期，清廷不时陷入政权合法性危机之中。作为一个以少数民族身份入主中原的统治者，为维护政权的稳固性，在打造中国王朝的正统性方面是不遗余力的。清廷除了在内政方面尽量适应中国传统外，在对外关系方面，也在吸纳儒家传统思想。清宫礼乐承袭了周以来历代王朝纳"四夷之乐"的传统，以彰显在对外关系交往过程中的历史延续性，并成为中国王朝正统性的标志之一："声音之道通于政，青云干吕而梯山航海者慕中国之有圣人。"①

其二，通过引入属国乐舞，来展示与歌颂清朝的文治武功。从皇太极征服朝鲜将其国俳纳入清宫音乐体系起，到乾隆时期，随着清朝文治武功达到极致，属国乐舞的种类也随之增多。从来源渠道上看，属国乐舞都是经过清朝征战乐舞所在地区后，由归降者进献清廷所得。"本朝定安南，则有安南之乐。抚缅甸，则有粗、细缅甸之乐。廓尔喀来归，则有廓尔喀之乐。"② 满洲统治者将"四裔之乐"作为"贡品"和"战利品"纳入宫廷音乐体系中。这些乐舞用国名或部落名称来命名，既是周边属国臣服清廷的象征，也展示了清廷的赫赫战功。

其三，通过引入属国乐舞，作为建构"四夷来朝"的天下格局而采用的一种十分有效的手段与方式。从本质上看，纳"四夷之乐"，是清廷从政治上怀柔属国的体现。清廷在宫廷宴乐中，加入属国乐舞的表演，有利于情感联系和加强属国对清廷的认同感，因而有着"情联中外""万国协和"的深刻意蕴。从属国乐舞的地理分布看，遍布东、南、西、北，这又符合传统的天下空间想象。乾隆敕撰的《御制律吕正义后编》载："鞮鞻氏掌四方之乐，燕则用之。历代之制，沿替不同，然其昭德象功之意则一也。"③ 这道尽了清廷吸纳属国音乐的目的是为了"昭德象功"——昭示帝王的"文德"与象征皇朝的"武功"，这与"作四夷之乐"象征"一天下也"的理念是一脉相承的。

清代属国乐舞进入清廷宫廷音乐体系，不仅继承了古代中国纳"四夷之乐"的传统，而且也体现了清代统治者在对外关系方面企图打造天下一统于清的局面，因而属国乐舞与其他朝贡礼仪共同建构了中国与周边国家关系的华夷等级秩序。

---

① 《律吕正义后编》序。
② 《养吉斋丛录》卷二十一，中华书局，2005年。
③ 《律吕正义后编》卷四十五，宴飨乐。

第十二章

广州体制——清代对西洋国家的朝贡通商体制

清代中西关系是清廷对外关系中重要的组成部分。为了把与从海洋而来的欧洲国家的关系纳入传统的对外体制中，清廷逐渐发展出一种对海上西方国家的朝贡通商体制——广州体制。

第一节 广州体制的兴衰

广州体制的形成背景与中国国内政局的演变密切相关，它初步形成于康熙开海时期，最终完善于18世纪中叶的广州一口通商时期。

一、清初对西方国家的贡市合一政策

顺治四年（1647年）清军占领广州之后，制定了把从南海而来、地近广东的南海诸国纳入朝贡体系的政策："南海诸国暹罗、安南附近广地，明初皆遣使朝贡，各国有能倾心向化、称臣入贡者，朝廷一矢不加，与朝鲜一体优待。贡使往来，悉从正道，直达京师，以示怀柔。"[①] 17世纪50、60年代，以荷兰为代表的西方国家频频进入中国，企图打开中国自由贸易的大门。这些从南海方向前来中国的西方国家，历来被算作广义的南海国家范围，因此将这些来华的西方国家纳入传统朝贡国体系中是清廷的既定国策。

顺治十年（1653年）荷兰东印度公司遣使费尔勃格（Nicholas Verburg）到达广州，要求进行贸易。广东抚院移咨当时统治广东的平南、靖南两藩王。其中平藩《谕荷兰虞文礁律治理北港地方等处事尼高胜氏攀直武禄（费尔勃格）》曰：

[①] 《清世祖实录》卷三十三，顺治四年七月甲子条。

兹辱执事遣使航海，申之珍遗，远来悃款，实用嘉悦，但稽外域来宾，必奉国主之命，循朝贡之期，进金册以崇体，具符节以征信，然后达之朝廷，优以礼数，此荒服之制而柔远之经也。今执事以贸易私请，我朝功令森严，可否定夺，出自睿断，非两藩所敢擅便。执事若晓新朝德意，其转达吧主，遵三年或贰年一朝之制，任土修贡，则夹板船无过三只，自洋入境，即预行启报，以便引入广省，渐达京师，永着为例可也。若仅以贸易为言，我大清敦诗说礼，贵五谷而贱珠玉，又何利焉。①

平南王下令荷兰要按照传统朝贡事例，先具表文进贡，然后再谈贸易。这实际上已经拒绝了荷兰人来广州自由贸易的要求。不久，清廷也下达了指示：荷兰请求贸易一事，由"广东巡抚具奏，经部议驳"② 不允。

顺治十二年（1655年），荷兰东印度公司决定派遣进贡使团前往北京。顺治十二年（1655年）六月十一日，荷兰东印度公司的两个高级商务官员节德·豪伊尔和凯瑟尔领着由16个荷兰人组成的使团，分乘两条商船从巴达维亚港出发，载着朝贡顺治皇帝的礼物，前往中国。七月十七日太阳西坠时，两条商船抵达了广州虎门码头。荷兰使节向地方当局呈递了朝贡表文的汉译本。

对于荷兰的进贡请求，统治广东的平南王向清廷请示，九月十二日的"平南王揭贴"云：

平南王揭为恭报彝船入境事：案照顺治十年外海荷兰国通贡，奉旨不准进贡，钦遵在案。今八月初五日，据报荷兰国夷船二只入境，督抚两臣邀爵同靖南王耿，至公馆会议，海道徐火亘启称有表文，并抄进贡方物册到爵。该爵看得外海入贡，乃朝廷德威远被，仁泽覃敷，是以梯山航海，愿觐光天化日，实兴朝之盛事也。先年荷兰国遣使通贡，未有表章方物，尚不足昭其诚敬。兹不复惮波涛艰险而来，且使臣言词谆恳，具有表文方物，向慕之诚，似未可坚阻，以塞远彝景仰上国之风。但遵成命，爵等不敢擅专，除檄水师官兵巡防外，除具题外，理合揭须至。揭贴者。

顺治十二年九月十二日③

十月二十二日，平南王的揭帖到达礼部。对于广东方面的奏报，清廷很快作出指示，命令广州派出官员伴送荷兰使节进京。顺治十三年（1656年）二月

---

① 《明清史料》丙编第四本，北京图书馆出版社，2008年，第336–338页。
② 梁廷枏：《粤海关志》卷二十二，广东人民出版社，2002年，第446页。
③ 《明清史料》丙编第四本，北京图书馆出版社，2008年，第382页。

二十二日，荷兰使团从广州正式启程赴京。五月二十六日，使团进入北京城。这是清代最先来到北京的欧洲国家大型使团。使团里的文书兼记事官约翰·尼霍夫，以绘画的方式记下了沿途所见，并被收入1665年出版的《荷兰东印度公司使团觐见鞑靼可汗》一书。①

八月十五日，荷兰使团以三跪九叩礼觐见顺治皇帝。该日凌晨，使团成员在手执灯笼的卫兵引导下，通过午门进入紫禁城。在早朝的广场上，荷兰使团按照要求跪在第11行方砖之后，像其他朝贡使团一样行叩拜礼。殿前广场的宏大气势，给尼霍夫留下了极为深刻的印象，他甚至用阿拉伯数字记下了第11行方砖的精确位置，以及手中挥舞"静鞭"的銮仪卫校尉。（见图12-1）

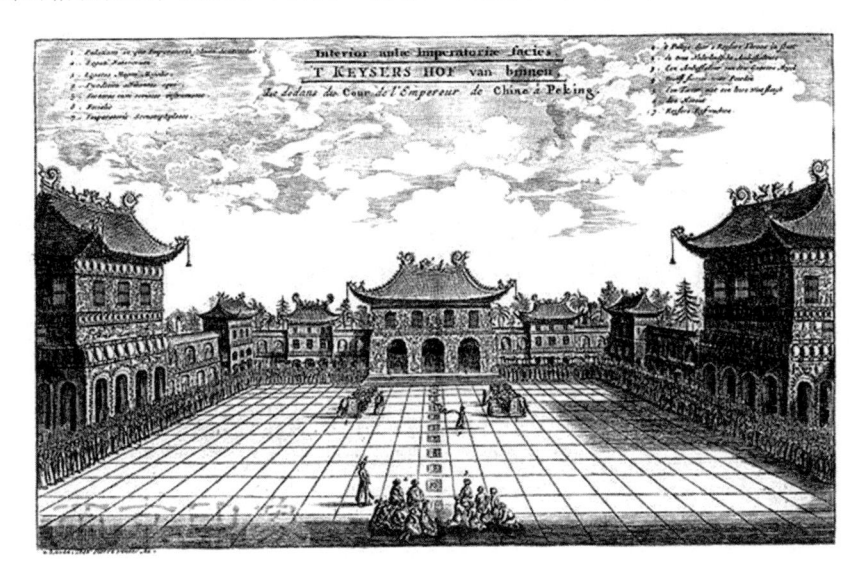

图12-1 荷兰使团觐见顺治帝

八月二十六日，使团接受了皇帝赏赐给荷兰东印度公司总督和使节的礼物。八月二十九日下午，荷兰使团离京，次年十二月十五日抵达广州。

荷兰使节首次访问北京的最大成果是中国政府将其纳入了中国传统的朝贡体制中。清廷规定荷兰"八年一贡"，贡道从广州，其贸易只允许在广州的馆内交易，禁止在海上私自贸易。清代中国与荷兰之间建立起了正式的朝贡关系。在清朝看来，允许荷兰人定期朝贡是天朝给予外夷的莫大恩惠，但对于追求自由贸易的荷兰东印度公司，"八年一贡"的规定只是虚文而已。此后，荷兰一方

---

① 2009年11—12月北京中华世纪坛的世界艺术馆举办的"帝京'印'像——西人版画中的京华图录"的画展。

面利用清廷给予的这种"朝贡特权"进行贡市合一的贸易,另一方面,一再试图突破清廷设置的这种自由贸易障碍。

康熙二年(1663 年)三月二十四,荷兰朝贡使节到达北京。史载:"荷兰国遣出海王统领兵船至福建闽安镇,助剿海逆。又遣其户部官老磨军士丹镇、总兵官巴连卫林等朝贡,上嘉之,各赐银币有差。"① 出于利用荷兰军事力量进攻台湾郑成功反清势力的考虑,康熙特许荷兰"二年贸易一次"。这是清廷第一次给予外国朝贡贸易之外的自由贸易权利。

康熙六年(1667 年),"荷兰国噶喽吧王油烦吗绥极差陪臣进贡方物"②。对于荷兰在康熙六年(1667 年)的入京朝贡情形,目睹者作《荷兰国人贡歌》云:

> 一人屈紒立且蹲,血色之鬲光璘璘,十指裹革不得伸。
> 一人鶪鼻皮肉皴,锦襈两头穴若囷,以手藏之手不龟。
> 其余贱者数十人,相随市上行逡逡,桃花鬈发飘鱼鳞。
> 宝刀切菜兼切银,俗爱礼数能谨驯,恭敬掀却头上巾。
> 观者杂沓填城闉,问事不省颜色嗔,嘤嘤咿哑微鼓唇。
> 船中贡物错叠陈,琥珀大者如车轮,珊瑚一丈颜色新。
> 沉檀迦楠高等身,有时拉折摧为薪,白牛香象尤绝伦。
> 竹批双耳不动尘,下视凡马徒狺狺,呜呼中朝俭德薄。
> 海臣不宝珠玉,惟仁亲史书。康熙六年春,荷兰之国皆来宾。③

另有劳介严的诗歌也记载了此次荷兰入贡:

> 六载垂衣奠九环,梯航闽峤达燕山。
> 周官职贡惟中土,王会披图列百蛮。
> 鲸海何年归凤历,鲛人此日识龙颜。
> 炎洲万里凭风信,不似珠崖困往还。④

此次荷兰并未从规定的贡道广东入贡,而是违制从福建入贡。清廷对此下旨说:嗣后荷兰入贡"务由广东进入",别处不得放入,并取消了给予荷兰人

---

① 《清圣祖实录》卷八,康熙二年八月三日壬辰条。
② 《清圣祖实录》卷二十二,康熙六年五月庚申条。
③ 陈维崧:《陈迦陵文集·湖海楼诗集》卷二《荷兰国人贡歌》,商务印书馆,1936 年。
④ 龙顾山人:《十朝诗乘》卷七,福建人民出版社,2000 年,第 247 页。

"二年贸易一次"的特权,"荷兰国既八年一贡,其二年贸易,永著停止"①。荷兰获得的短暂的贸易权利被取消。康熙七年(1668年)三月二十九日,清廷重申所有外国,如果不是贡期,概不准贸易②。清廷进一步强化了"有贡才有市"的传统朝贡政策。

康熙二十年(1681年),荷兰要求在福建地方不定期互市,清廷依然拒绝。

康熙二十四年(1685年),荷兰东印度公司派文森特·巴兹(Vincent Paets)出使中国,请求"五年一贡",部议从之;又荷船"入贡"例由广东,荷兰人认为广东路近而泊地险,福建路远而泊地稳,故请改由闽省入贡,清廷允之。③ 清廷同时对荷兰的贡物种类作了减免,只保留了大尚马、珊瑚等13种。通过对贡期、贡道、贡物3项朝贡指标进行调整,清廷已把荷兰升格为标准朝贡国,清廷与荷兰的朝贡关系发展到了顶峰。

纵观这一时期,清廷对荷兰等国依然实行"有贡才有市"的传统朝贡政策。荷兰与葡萄牙一起成为清初按照中国朝贡礼制向北京派出使臣的西方国家。有学者对此曾作评价:

> 海道来华的西方国家最初似乎没有给清廷的体制造成巨大冲击。清初遣使赴京的有荷兰和葡萄牙,这两个国家都已长期与中国交往,熟悉中国人对外的思维方式和行为方式,由于自身国力衰微,它们因此在同清朝接触时,但谋实利,不计虚文,一切都按照清朝的礼仪制度行事。④

二、广州体制的初步形成:四口通商时期

清初中国对西方国家实行传统的朝贡政策,与清廷当时实行海禁政策这一大背景相一致。这一期间,华南和福建沿海地带的反清势力强大、活跃,为打击敌对势力,清廷实施迁界、禁海政策。荷兰等国要求与中国进行的自由贸易根本无法实现。不过,随着平定三藩之乱和收复台湾,清廷开始改变"禁海"政策。

康熙二十四年(1685年),康熙皇帝下诏开海贸易:"今海内一统,寰宇宁谧,满汉人民,俱同一体,令出海贸易,以彰富庶之治"⑤;海外国家也可定期

---

① 《光绪会典事例》卷五百一十,礼部·朝贡·市易。
② 《清圣祖实录》卷二十五,康熙七年三月丁卯条。
③ 《清圣祖实录》卷一百二十七,康熙二十四年七月丙申条。
④ 王立诚:《中国近代外交制度史》,甘肃人民出版社,1991年,第14页。
⑤ 《清圣祖实录》卷一百二十,康熙二十四年三月癸巳条。

前来沿海贸易。对于开海局面，清廷设置粤、闽、浙、江四海关进行管理，清代中国进入了四口通商时期（1685—1757年）。

正是在康熙二十四年（1685年）四口通商之后，广州体制初步形成。印光任《澳门记略》记载：

> 国朝康熙二十四年，设粤海关监督，以内务府员外郎中出领其事。其后或以侵墨败，敕以巡抚监之，迄年改归总督。所至有贺兰、英吉利、瑞国、琏国，皆红毛也，若弗郎西，若吕宋，皆佛郎机也。岁以二十余柁为率。至则劳以牛酒，牙行主之，曰十三行，皆为重楼崇台。舶长曰大班，次曰二班，得居停十三行，余悉守舶，即明于驿旁建屋一百二十间以居蕃人之遗制也。①

这是一份研究制度变迁的重要资料。这一资料说明，荷兰、英吉利、瑞典等西方国家在康熙二十四年（1685年）之后的来华贸易从理论上已变为合法。当然，这种中西贸易制度还需要在实践中逐渐形成。起初外国商船只被允许在澳门停泊和交易，不久之后外国商船就开始进入黄埔，西方国家也开始在广州建立商栈，西方商业代表"大班"可以居停十三行。康熙二十五年（1686年）四月广东巡抚李示桢在"分别住、行货税"公告中，专门将经办洋货的"洋商"列出，这种经营和管理对外贸易的业务"从此创始"，这是一个"不同于历代的新措施"②。

从对西方国家实行传统朝贡贸易体制到新式体制，这种转变过程以荷兰在华贸易地位的变化最为突出。

康熙二十五年（1685年）以前，荷兰为了取得在华贸易利益，不得不多次派遣使团前往北京朝贡。中荷官方关系始终停留在传统的朝贡体制下，而没有实质性的大规模的直接贸易。而新式通商体制，不再要求西方国家先朝贡再贸易，这是清代对西方国家外交政策的重大转折，此后再没有西方国家因为追求朝贡下的贸易利益而派出使者入京朝贡了，因为新体制已经为他们搭建了一个与传统朝贡体制相异的贸易平台，他们没有必要再打着进贡的幌子去做贸易了。荷兰得知大清皇帝在对全部海外国家完全开放贸易后，决定此后不再派遣任何使团前往北京进贡。此外，随着清廷实行开海贸易政策，中国商船大批到达荷属殖民地巴达维亚，每年抵达巴达维亚的中国船只数量已从3~4艘增加到20艘左右，通过与华商贸易，荷兰人可以得到想运往欧洲市场的所有中国商品。

---

① 印光任、张汝霖：《澳门记略》卷上，官守篇，广东高等教育出版社，1988年。
② 彭泽益：《清代广东洋行制度的起源》，《历史研究》1957年第1期。

荷兰可以不费吹灰之力就能得到以前通过朝贡才能获得的贸易利益。康熙二十九年（1690年），巴达维亚的荷兰当局决定不再向中国派遣任何船只。荷兰放弃了与中国进行传统朝贡贸易的政策，荷兰船舶不再驶往中国海岸。中荷两国在清初几十年来发展起来的朝贡关系在其"顶峰期"戛然而止。

不过，康熙末年清廷又开始限制中国船只前往南洋贸易。康熙五十六年（1717年）清廷规定除东洋准许照旧贸易外，不准商船前往南洋吕宋、噶罗巴（巴达维亚）等处，违者严拿治罪。主要依赖中国商船前往巴达维亚进行贸易而获利的荷兰人受到严重打击。

雍正初年，荷兰再次加入直接前往广州贸易的西方国家行列，当然这次不再以朝贡国家的身份重返广州，"夏秋交来广，由虎门入口，至冬乃回，岁以为常"①。雍正五年（1727年），荷兰人获准在广州设立商馆，中荷商贸关系展开了新一页。雍正六年至十二年（1728－1734年），有9艘荷船从荷兰直接驶往广州，雍正十三年至乾隆二十一年（1735－1756年）荷兰从巴达维亚共派到广州85艘船。乾隆元年（1736年）清廷对荷兰商船进行减税，乾隆二十七年（1762年）允许荷兰购买中国绸缎②，这些已经属于广州体制下的政策了。

其他西方国家进入中国贸易，由于基本在清廷开海政策之后才进入中国，因此没有像荷兰这种前后转变的复杂过程。西方在华贸易合法化之后，西方国家循着明末已经开辟的欧亚航线先后来到广州。

康熙二十八年（1689年），英国商船"防御号"首先进入广州，此后，英国东印度公司的船只分为两队，分年轮流驶来，有些船只经由孟买、马德拉斯和加尔各答到中国，另外的船只则直接抵达中国。这些船的规模都是1800吨到2000吨的豪华大船。③ 在四口通商时代，西方国家中的英国后来居上，代替此前的葡萄牙、荷兰成为与中国进行贸易的主要西方国家。

康熙三十七年（1698年），法国"安菲德里蒂"号来到广州，正式开始了中法两国的贸易。康熙五十四年（1715年），奥地利（双鹰国）3艘商船驶抵广州。雍正八年（1730年）七月十四日，普鲁士（单鹰国）到达广州。④ 乾隆四

---

① 梁廷枏：《粤海关志》卷二十二，第449页。
② 梁廷枏：《海国四说·粤道贡国说》卷三，荷兰国，中华书局，1993年，第210－211页。
③ [美]亨特著，冯树铁、沈正邦译：《广州番鬼录》，广东人民出版社，2009年，第105页。
④ 李浩然：《250年前第一批开往广州的普鲁士商船来自单鹰国》，《广州文博论丛》第二辑。

年（1739年），瑞典"歌德堡"号首次驶入广州。

自康熙二十四年至乾隆二十二年（1685—1757年），欧美各国到中国贸易的商船共有321艘，其中到广州黄埔港的就有277艘，占来华贸易船只总量的89%。仅康熙五十三年到五十九年（1714—1720年）6年间，英、法等国到广州贸易的船就有68艘。因此，在四口通商时期，广州就已经成为西方国家来华贸易的最主要目的地，而其他三口只是点缀而已。

随着中西贸易的增长，在珠江北岸、广州城西南郊区地带，逐渐形成了外国商馆区。英国在康熙二十四年（1685年）获得在广州建立商馆的权利，康熙五十四年（1715年）设置了有固定员司的商馆。法国于雍正六年（1728年）建立商馆，嘉庆七年（1802年）第一次悬起领事旗帜。① 荷兰、丹麦、瑞典也分别于雍正七年（1729年）、雍正九年（1731年）、雍正十年（1732年）先后建立商馆。② 这些外国商馆是由中国行商出资营建，建成后将其租给外国商人，作为其居住、办理商务和堆放货物之用。这些外国商馆的北面就是中国行商集中的十三行街。

广州日益增多的海外贸易，使清廷加强了对外国商人的管理力度。乾隆九年（1744年）清廷设立广州海防军民同知，并订立了《七条管理番舶及澳夷的章程》，开始对来往于澳门的外国商船及其人员的行动进行限制。7条措施如下：

（1）洋船到日，海防衙门拨给引水之人，引入虎门，湾泊黄埔，一经投行，即着行主通事报明；至货齐回船时，亦将某日开行预报，听候盘验出口。如有违禁货物夹带，查明详究。

（2）洋船进口，必得内地民人带引水道，最为紧要。……其有私出接引者，照私渡关津例，从重治罪。

（3）澳内民夷杂处，致有奸民潜入其教，并违犯禁令之人，隐匿潜藏，宜设法查禁，听海防衙门出示晓谕。凡贸易民人，悉在澳夷墙外空地，搭篷市卖，毋许私入澳内。并不许携带妻室入澳。

（4）澳门夷目，遇有恩恳上宪之事，每自缮禀，挽熟识商人，赴辕投递，殊为僭越，请饬该夷目，凡有呈禀，应由澳门县丞申报海防衙门，据词通禀。

（5）夷人采买钉铁木石各料，在澳修船，令该夷目将船身丈尺数目、船匠姓名开列，呈报海防野蛮，即唤该船匠估计实需铁斤数目，取具甘结，然后给

---

① ［美］马士著，张汇文译：《中华帝国对外关系史》第一卷，上海书店出版社，2000年，第64页。
② 黄启臣：《清代前期广东的海外贸易》，《中国经济史研究》1988年第4期。

与牌票印照，并包粤海关衙门给发照票，在省买运回澳，经过沿途地方汛弁验照放行，仍知照在澳县丞查明，如有余剩，交官存贮。

（6）夷人寄寓澳门，凡成造船只房屋，必资内地匠作，恐有不肖奸匠贪利，教诱为非，请令在澳各色匠作，交县丞亲查造册，编甲约束，取具连环保结备案。

（7）前山寨设立海防衙门，派拨弁兵，弹压番商，稽查奸匪。

乾隆十四年（1749年），又制定了《澳夷善后事宜条议》，条议共有12款，除了重申《七条管理番舶及澳夷的章程》的内容以外，又增添了对澳门的陆地管理、海上稽查与司法治安方面的内容。

乾隆六年十二月十一日（1742年1月17日）粤海关发给洋商的一份出口船牌，显示了这一时期粤海关对西方商船的管理制度：

分守广东粮驿道按察使司佥事署理粤海关印务纪录一次朱，为会题请旨事：照得西洋船只既经丈抽纳饷，或因风水不顺飘至他省，原非专往贸易，查有丈抽印票即便放行，不得重征。先经会同定议，具体在案。今据洋船商亚氏梦装载货物前往瑞国贸易，所用丈抽税饷已经照例完纳，合行给牌照验，为此牌给本船商收执。如遇关津要隘巡防处所，验即放行，不得重征税饷，留难阻滞。其随带防船火炮器械，按照旧例，填注牌内毋许多带并夹带违禁货物，取宪未便须牌。

番梢一百二十名、剑刀三十口、大炮三十门、鸟枪三十枝、火药十担、弹子三百个。

右牌给夷商亚氏梦收执。

乾隆六年十二月十一日

粤海关①

除了严格的行政管理之外，清廷还设立了保商作为中西贸易的中介。保商制度始行于乾隆十年（1745年），这一制度规定外国商船进口之后，须有一名行商作保，外商和船员的一切行为，都要保商负责；外商交纳税款，也要由保商担保；所有进出口货物的价格也由保商确定，然后让各行商分领销售。具有

---

① 此船牌原件由美国学者paul van dyke在2003年发现于瑞典斯德哥尔摩国王图书馆。该船牌长77厘米、宽51厘米，上方有"粤海关洋船牌"6个大字，四边印有龙的装饰图案，船牌上有"洋船商亚氏装载货物前往瑞国"字样，落款时间是"乾隆六年十二月"。据paul van dyke博士考证，该船牌就是"哥德堡号"第二次来广州后从十三行出关的通行证。

浓厚垄断色彩的保商制度使西方商人在广州的行动大受限制。

可以这样说，在四口通商时期，广州就已形成了中国官方认可的、比其他三口更为完备的对西方国家的通商制度，其中包含行商制度、粤海关制度、十三夷馆区、管理外国人章程等，这些均构成了广州体制的最初内容，为以后清廷选择广州作为中国唯一的海上通商口岸奠定了基础。

三、广州体制的发展与完善：一口通商时代

18世纪前50年不断发展的中英贸易和优厚的贸易利润，使英国商人更加注重中国市场。广州由于具备独特的地理优势和发达的商业网络，逐渐成为中英贸易往来和外国商船收泊贸易的最重要口岸，"向来洋船俱由广东收口，经粤海关稽查征税，其浙省之宁波不过偶然一至"①。这一客观情势使清廷有将广州作为对外主要贸易口岸的趋势，但这一趋势与英国追求在华自由贸易的目标相悖，因为广州这种严密的贸易管理体制使英国商人在中国的行动自由受到很大限制。

果不其然，清廷在广州口岸严密的行政管理体制和特别的保商制度，使中英之间的贸易出现重大冲突。英国为获得最大限度的利润和行动自由，英国商人洪仁辉（James Flint）在乾隆十八年（1753年）呈递禀文向粤海关监督李永标提出改革广州贸易制度的要求：

（1）取消保商制度。

（2）在卸货时提供更高的效率。

（3）免去通事和买办向官员进呈礼物的负担。

（4）维护秩序，以防止外国货物在水上被抢劫。

（5）制止海关低级官吏的勒索和粗暴态度。

（6）禁止张贴敌视外国人的告示。

（7）英国商人可以自由谒见中国高级官员。

对于洪仁辉的上述要求，李永标严加拒绝，并威胁要惩办禀帖的译者。广州当局的强硬态度，使英商另谋出路。这次他们把目标转向广州之外的中国北部口岸宁波。乾隆二十年（1755年），英国东印度公司大班哈里森（Harrison）及其汉语翻译洪仁辉等指挥英商船只"荷特奈斯"号从广州出发，前往宁波贸易并大获成功。乾隆二十一年（1756年），东印度公司商船及英国散商船只再度前往宁波贸易，并再次获得成功。不过这一次宁波地方官员警告前来贸易的英商：将来仍须前往广州贸易，不得再来浙江，如果再来将加倍增收税款。然

---

① 《清高宗实录》卷五百三十三，乾隆二十二年二月甲申条。

第十二章 广州体制——清代对西洋国家的朝贡通商体制

而英国商人不顾警告，乾隆二十二年（1757年）洪仁辉等指挥英商船只第三次来到宁波，最终引起英商与浙江地方官之间的交涉和争执，英商虽然做成了一部分生意，但浙海关按照新税则征税。浙江地方官员再次劝告他们以后不要到宁波来贸易，否则税收增加双倍。

乾隆皇帝得知英船并不因为增加税收而不来宁波贸易后，便决定用行政手段阻止英船北上。为更好地控制和集中管理外贸，防止位于江南地区的浙江再出现一个西方贸易口岸澳门，乾隆二十二年（1757年）十一月，乾隆分别密谕两广总督李侍尧和闽浙总督杨应琚，"遍谕番商，嗣后口岸定于广东，不得再赴浙省"；"粤省地窄人稠，沿海居民大半藉洋船谋生，不独洋行之二十六家而已，且虎门、黄埔设有官兵，较之宁波之可以扬帆直至者形势亦异，自以仍令赴粤贸易为正本"①。

根据乾隆皇帝的限关谕旨，广州地方官立刻晓谕外商只许在广州贸易，不许再往浙江，与西方贸易的场所被固定在了广州一个口岸。广州一口通商贸易体制至此形成，直至《南京条约》五口通商时代。

为了对抗清廷限定广州一口的贸易政策，英国东印度公司董事会决定上诉中国政府，控告广东地方当局。乾隆二十四年（1759年），洪仁辉受命北上天津申告广东地方官勒索之冤。对于洪仁辉的这一控告，清廷采取对原告、被告各打五十大板的做法。乾隆皇帝着令两广总督李侍尧调查并审讯被告粤海关监督李永标。李永标及其他各色役吏受到不同程度的惩处，同时废除"规礼名目"，偿还英商欠款，但保商制度仍保留；下令追捕缉拿帮办洪仁辉代写诉状之人四川人刘亚匾、徽州生员汪圣仪。这就是"洪仁辉事件"。为了进一步完善在广州的外贸制度，两广总督李侍尧在该年提出《防范外夷规条》，后经乾隆皇帝批准，成为清朝政府第一个全面管制外商的正式章程，其内容如下：

（1）夷商在省住冬，应请永行禁止。外洋夷船向系五六月收泊，九十月归国，即间有因事住冬，亦在澳门居住。乃近来多有借称货物未销，潜留省会，难免勾结生事。请嗣后夷船到粤销货后，令其依限回国；即有行欠未清，亦应在澳门居住，将货物交行代售，下年顺搭回国。

（2）夷人到粤，宜令寓居行商管束稽查。历来夷商到广，俱系寓歇行商馆内。乃近来嗜利之徒，多将房屋改造华丽，招留夷商，图得厚租，任听汉奸出入教唆引诱，纵令出外闲行，以致私行交易，走漏税饷，无弊不作，请嗣后凡非开洋行之家，概不许寓歇，其买卖货物必令行商经手，方许交易。如有纵夷

---

① 《清高宗实录》卷五百五十，乾隆二十二年十一月戊戌条。

人出入，以致作奸犯法者，分别究拟，地方官不实力稽查饬禁，一并参处。

（3）借领外夷资本及雇请汉人役使，并应查禁。查近年夷商多将所余资本，雇请内地经营之人立约承领，出省贩运，则本地行店亦向伊借领本银生息，互相勾结。请嗣后内地民人倘敢故违，将借领之人从重究拟。

（4）外夷雇人传递信息之积弊，宜请永除。夷商购买货物，分遣多人前往浙江等省，不时雇觅"千里马"往来探听货价低昂。即如汪圣仪之案，臣等所发牌单公文尚未递到，该犯先已得信逃避；又如钦天监刘松龄等，两次奏请方守义等愿赴京效力，俱以澳门来信为词，皆由内地民人代为传递信息。请永行禁止。严谕行商以及"千里马"脚夫人等，嗣后一切事务俱呈地方官，听其酌量查办，如有不遵禁约，仍前雇请往来，即将代为雇觅及递送之人一并严拿究治。

（5）夷船进泊处，应请酌拨营员弹压稽查。夷船进口之后，向系收泊黄埔地方，每船夷梢多至百余名或二百名不等，均应防范。向例酌拨广州协标外委带兵搭寮防守，但外委职分卑微，不足以资弹压。请嗣后于臣标候补守备内酌拨一员，督同稽查，其米薪日用，请于粤海关平余项下，每月酌给银八两，并令附近之新塘营酌拨桨船一只，与该处原设左翼镇中军桨船会同稽查，俟洋船出口，即行撤回。

以上诸条，后来发展为禁止在广州过冬；外国兵船应停泊外洋，不得进入虎门；到广州后均令寓居行商商馆，并受行商约束管理；不得私带妇女入商馆，不得携带枪械及其他武器；行商不得向外商欠债；外船引水、采购，应由澳门同知发给牌照，不准私雇；外商具禀事件，应一律由行商转禀；禁止乘坐肩舆；外商在内河驶用船只，应分别裁节，并禁止不时闲游。

乾隆二十五年（1760年）东印度公司董事会派遣哥打作为特使前往中国。这是东印度公司最后一次试图推翻广州贸易体制的努力。乾隆二十六年（1761年），哥打率船抵达广州并要求谒见两广总督。哥打将一份外交禀帖转交给总督，但最终无功而返。从此以后，东印度公司暂时放弃了要求清廷改革广州通商制度的尝试。乾隆皇帝一手制定出来的广州单口垄断通商的广州体制最后稳固了起来。

关于清廷把西方贸易限定在广州一地的原因，有学者认为：广州之外的其他三口比广州更靠海，中国官府较难控制洋船，这将导致外夷与内地奸民勾结。把口岸限定在广州，黄埔和虎门的要塞可以更好地监视洋船。① 总之，广州比

---

① 徐中约：《中国近代史》，世界图书出版公司，2008年，第54页。

其他口岸拥有更完备的管理外贸的机构和制度,更能体现"寓禁于怀柔"的朝贡思想。

在广州一口通商体制之下,所有来华贸易的西方商人被严格地限制在澳门、黄埔①和广州的外国商馆区3个地方。

澳门是所有外国船来华的第一站,是通往广州的第一道关口。在澳门的每一艘外国商船都必须在澳门同知处领取前往广州的牌照后,方可前往广州。这种牌照制度在鸦片战争之前一直得到了严格执行。在葡萄牙东波塔档案馆现存清代发放的大量此类牌照,其中一件为乾隆五十七年(1792年)澳门同知韦协中发给瑞典商人故颠等人前往广州的牌照。牌照原件长58.5厘米,宽41厘米。内容如下:

特授广州澳门海防军民府加一级又随带加一级纪录五次韦,为乞恩给照上省有凭事:

乾隆五十七年七月初六日,据该夷目禀称:现据瑞国夷商故颠等数称:上年十二月内遵例来澳居住,兹欲携带写字、小厮等上省料理贸易事务,恳乞转恳给照前往。理合恳乞俯准给照,俾沿途盘诘有凭。连开:夷商故颠一名、板林一名、写字吐蔑宾一名、小厮乙文一名、看忌连一名、防身鸟枪六枝、剑刀四口,衣箱行李、厨房家伙什物全,等情。到府。

据此,合行填照发给。为此,俾仰该夷目,立将发来牌照一纸转发该夷商收执,前往省城料理贸易事务,毋得夹带违禁货物,并饬令该夷商事竣来澳,将照禀缴察销。毋违。须牌。右牌仰夷目委黎多准此。乾隆五十七年七月初七日,府行。限即日缴。②

此外,澳门作为"夷人聚集重地"③,在贸易季节以外,所有的外国人都要撤离广州到澳门居留,从广州前往澳门的船只必须持有广州地方政府签发的四五种文件④,才能被顺利放行。

黄埔是外国人从澳门前往广州的中间站。黄埔港是从澳门来的外国商船的停泊所。粤海关设在黄埔的挂号口要对商船进行丈量,确定各种税额等工作。

---

① 清代黄埔港位于今天海珠区琶洲附近的黄埔村。
② 范振水:《中国护照》,世界知识出版社,2003年,第155-156页。
③ 梁廷楠:《粤海关志》卷七,第121页。
④ [美]亨特著,冯树铁、沈正邦译:《广州番鬼录》,广东人民出版社,2009年,第88页。

外国商船到达黄埔后,不得继续前行。船上的货物在批准卸载后,由小艇分批送往广州的商馆贮存、售卖。关于清代的黄埔港,美国人亨利有过生动的描述:

> 世界上没有哪个地方,比公司船队集结在黄埔的那种景象更好看的了。各船的进口货已起卸完毕,每艘船排成优美的行列,等待装运茶叶。那些巨大的船只,不是今天的飞剪船的式样,而是后部宽阔,船舷隆起,船头宽圆。船上各物整洁,秩序井然,显示出纪律与力量。老资格的船长每天升起像分遣舰队指挥官一样的三角旗,每天大船轮流派小艇到广州。①

广州19世纪外销画画家煜呱曾作《黄埔帆影》油画。此图是从长洲岛远望开去的黄埔全景,黄埔岛沿岸,设立了许多船坞仓栈,为远洋船只提供修理服务,远处的琶洲塔影影绰绰。外销画家擅绘水域景貌,此画笔功细致,刻画船只及建筑物尤为精确,生动地体现了黄埔港在广州体制下的繁忙景象。

广州商馆是外商的最终目的地。外国商人在黄埔港换乘驳船沿珠江上溯,将货物运到广州城外的外国商馆贮存、销售。外国人在广州居住期不得超过4个月,一切商务办妥后必须离开,前往澳门。随着中西贸易的继续发展,有更多的西方国家在广州设立商馆。乾隆四十九年(1784年)美国商船"中国皇后"号首航广州,乾隆五十一年(1786年)美国第一任驻广州领事山茂召赴任,他和兰达儿在广州设立了首家美商代理机构,美国国旗于乾隆五十三年(1788年)首次在商馆区出现。随着美国商馆的建立,最终形成了后来人们所称的"十三夷馆区"②,"一百多年来,这块地方曾经是广大的中华帝国唯一给外国人居住的地方"③。西方国家的商馆数量总共有13个,与十三行名称中的"十三"一致,纯属巧合。④

关于十三商馆的名称,按照道光十六年(1836年)的分布情形,从东到西分别为:

(1) Creek factory, or I'ho (Ewo) hong 小溪馆或怡和行
(2) Dutch factory, or Tsih-I hong 荷兰馆或集义行

---

① [美]亨特著,冯树铁、沈正邦译:《广州番鬼录》,广东人民出版社,2009年,第105页。
② 广州商馆区大约位于今天十三行街南面的文化公园附近地区。
③ [美]亨特著,冯树铁、沈正邦译:《广州番鬼录》,广东人民出版社,2009年,第37页。
④ [美]马士著,张汇文译:《中华帝国对外关系史》第一卷,上海书店出版社,2000年,第81页。

(3) English factory, or Pauh hong 英国馆或宝和行
　　Hog Lane, or Sun-tau lan 猪巷或新荳栏
(4) Chow-chowhong, or Fungtai hong 诸洲或丰泰行
(5) Old English factory, or Lung-shun 老英国馆或隆顺
(6) Swedish factory, or Sui hong 瑞典馆或瑞行
(7) Imperial factory, or Ma-ying hong 帝国馆或孖鹰行
(8) Bau shunhong 宝顺行
(9) American factory, or kwang yuen 美国馆或广元
　　ChinaSt. or Tsingyuen kai 中国街或靖远街
(10) Mingkwa'shong, or Chung-ho hong 明官之行或中和行
(11) French factory 法国馆
(12) Spanishhong 西班牙馆
　　Old China St. or Tung-wan kai 老中国街或同文街
(13) Danishhong, or Tehing kai 丹麦馆或德兴街①

关于这些商馆的外部特征和内部结构，美国人亨特记载说：

外国侨民在广州所占据的地方离珠江边约300英尺，离澳门80英里，离伶仃60英里，离虎门炮台40英里，离黄埔碇泊所10英里。这片地方东西宽约1000英尺，各国商馆就是建在上面。每个前来贸易的国家，最初各以一所大房子作为居停贸易之所，由此形成商馆。每座商馆的正面是一样的，全部朝南……每座商馆都包括许多相连的房屋，一间接一间，中间由狭窄的空地或院落相隔开来，商馆由南向北伸延。前面的称为一号，后面的称为二号、三号，以此类推，几乎全部是三层楼的房子②。

商馆是行商的私产，租给外商使用。……商馆的后面与前面有一条有拱顶的通道相连。底层为账房、仓库、储藏室、买办室及其助理、仆役和苦力的房间，以及一个筑有石墙、铁门的银库，这是商馆的一个基本特征，因为当时还没有银行。每间银库的前边有一片铺砌得很平的空地，摆有天平秤和砝码等，为银钱交易必不可少的设备，因为当时一切银钱交易皆通过称量，只有少数例外。二楼为饭厅和客厅，三楼为卧室。每座楼房都有宽阔的走廊，并且建筑得

---

① [美]马士著，张汇文译：《中华帝国对外关系史》第一卷，上海书店出版社，2000年，第83页。
② [美]亨特著，冯树铁、沈正邦译：《广州番鬼录》，广东人民出版社，2009年，第33页。

很精细，尽管未多加装饰，用起来还是很舒适的①。

澳门、黄埔和广州城西南郊外的十三夷馆区成为广州体制下西方商人进行商务活动的相互紧密关联的3个地区。

广州一口通商体制的形成和发展过程中，英国商人洪仁辉起到了关键作用。清廷为应付洪仁辉北上浙江进行贸易而制定了广州一口通商制度；为应付洪仁辉对粤海关等机构的指控，清廷制定了进一步加强对西方人管理的政策，从而进一步完善了四口通商时期就已形成的广州体制。

四、广州体制的衰落

鸦片战争之后，随着《南京条约》的签订，中国先后开放了广州、上海、福州、厦门、宁波等五处通商口岸，广州一口通商时代正式结束。但由于广州商港在历史上的优势地位和完善的外贸商业体系，加之其他四口初期发展缓慢，广州依然是五口中最为重要的城市。19世纪50年代之后，随着对外贸易重心逐渐转移到长江下游，上海开始代替广州的地位，广州作为商业港的地位无可避免地衰落了。承载着广州体制核心角色的十三行商人，一部分转型为新式中西贸易中的买办，丧失了商业活动中的主体地位；另外一部分则移师上海，在这块新的中西通商重地开辟新的商业领域。

咸丰六年（1856年）第二次鸦片战争爆发，"西马·糜各厘爵士对广州城进行炮轰时，这些商馆被夷为平地。……这里完全变成废墟，甚至找不到两块叠在一起的石头"②。随着位于珠江北岸的夷馆及其毗邻的十三行陷入熊熊烈火，广州体制残留的最后象征化为灰烬。

第二节　广州体制的构成

清代广州体制由一系列相关的管理西方贸易的制度和规则构成，包括粤海关制度、行商制度和管理在华西方商人的规则。

---

① ［美］亨特著，冯树铁、沈正邦译：《广州番鬼录》，广东人民出版社，2009年，第36页。

② ［美］亨特著，冯树铁、沈正邦译：《广州番鬼录》，广东人民出版社，2009年，第37页。

一、粤海关制度

粤海关起源于"开海"时期。清廷在开放海禁的第二年即康熙二十四年（1685年），分别在广东、福建、浙江和江苏四省设立粤海关、闽海关、浙海关和江海关。到乾隆二十二年（1757年），清廷一口通商之后，仅保留粤海关作为征收外国进口货物税收的机构。

粤海关的职能包括对外国商船进出广州作出各种限定，并向入港商船征收税钞。粤海关下辖广州、澳门等7个总口和60多个小口。粤海关监督这一职位被外商称为 the Hoppo，是由皇帝钦派的内务府官员担任，"我朝厘定关权，官制有兼管有简充。天下海关，在福建省辖以将军，在浙江、江苏省辖以巡抚。唯广东粤海关专设监督"①。"国朝二十四年，设粤海关监督，以内务府员外郎领其事。"② 粤海关监督的大关衙门设在五仙门内（今海珠广场附近），由旧盐政署改建而成。③

二、行商制度

行商制度又称"十三行"制度。十三行是在广州这一通商口岸形成的一种具有民间色彩但又与官方有密切联系的经营外贸的商业组织。"十三行"这一名称据称是"沿明之习"④，关于"十三"这一数目的确切意义不详。后世学者推测："若以中国文学上习用的老调如三十六宫、三十六着、三十六坡等来研究，则其乘积的因子四和九的合数十三，当亦系文字魔术中只顾其习惯美而埋没事实的体现。"⑤ 清朝前期的行商数目并非固定为十三家。在乾隆初年，行商有20家，乾隆二十二年（1757年）有26家，而道光九年（1829年）只有7家。其间，曾在康熙五十九年（1720年），由16家洋行组成公行组织，规定进出口货物均由公行垄断居间，价格也由公行划一办理。但在成立两年后，因外国商人和其他散商的反对，公行被废止。到乾隆二十五年（1760年），公行又重新设立，构成公行组织的洋行数目也扩展到20多家。乾隆三十五年（1770年），公行又因负债过多，内部纠纷四起而裁撤。乾隆四十七年（1782年），公行制度

---

① 梁廷枏：《粤海关志》卷七，第119页。
② 印光任、张汝霖：《澳门纪略》上卷，官守篇。
③ 梁廷枏：《粤海关志》卷七，第120页。
④ 梁廷枏：《粤海关志》卷二十五，第496页。
⑤ 贾植芳：《近代中国经济社会》，辽宁教育出版社，2003年，第116页。

再一次恢复，其职责"专办夷船货税，谓之外洋行"①。

清廷假行商制度将一切进出口事宜都由国家管控，行商之外的任何组织不得经营外贸业务。从机能方面，"当求之于隋朝的交市监，唐朝的市舶使，宋元两朝的市舶司"②。行商除了执行上述经济职能之外，还照管外商的生活，为政府经办一切与外商的联系事宜。十三行"论其性质，始则纯属评定货价、承揽货税之商业团体，继乃兼及外交行政"③。

三、防范夷人章程

从乾隆九年（1744年）《七条管理番舶及澳夷的章程》、乾隆十四年（1749年）《澳夷善后事宜条议》，再到乾隆二十四年（1759年）两广总督李侍尧制定的《防夷五事》、乾隆四十一年（1776年）广东巡抚兼海关监督李质颖的《防夷四查》、嘉庆十四年（1809年）两广总督百龄的《民夷交易章程》、道光十一年（1831年）两广总督李鸿宾的《防范夷人章程》、道光十五年（1835年）两广总督卢坤的《防范夷人新规八条》，这些章程共同构成了规范西方人在华行为的主要规则。

这些规定从西方人的饮食起居，直到性生活，事无巨细，悉数包括。外国战舰不得入虎门以内；外国妇人，不可偕来商馆，商馆内不得储藏铳炮枪械或其他武器；外船雇用之领江及买办人员，须在澳门同知衙门注册，由该衙门发给执照，随身携带备查；外商雇用中国仆役人数，须有一定限制；外人住居商馆者，不得任意乘船外游，只须每月"逢八"（初八、十八和廿八）才可由专人引领到河南"花地"出游；外人不得自由向官厅进禀，如有陈诉，须由公行代呈；公行有指导及保护外人之责，不得负外人债务；外人每岁在广东商馆居住经营商务，须有一定期限，事毕即须退去，如不归国，只能在澳门居住。

对在华外人的刑事管辖在道光二十二年（1842年）前基本实行"所在国裁判权"。清廷实行的"所在国裁判权"符合现代国际法理念。从葡萄牙占据澳门开始，西方人与中国百姓之间、在华西方人之间发生的刑事案件就开始出现。外国人在华犯罪，按照中国律法标准处理。在某些具体案件的处理上，有时也并不遵循这一原则。关于中国对在华外国人拥有的管辖法权，西方人在19世纪30年代之前，基本遵守。乾隆五十二年（1787年），一艘名为"休斯夫人"号

---

① 梁廷枏：《粤海关志》卷二十五，第496页。
② 贾植芳：《近代中国经济社会》，辽宁教育出版社，2003年，第114页。
③ 梁嘉彬：《广东十三行考》，广东人民出版社，1999年，第45页。

的港脚船鸣放礼炮时，不慎炸死一名旁观的中国人。中国官府要求惩罚凶手，"休斯夫人"号上的大班不得不把一名炮手交于中国官府正法；道光元年（1821年），一艘美国商船上的意大利船员特拉诺瓦误杀一名中国商贩，船长把肇事者交由中国官方正法。但19世纪30年代之后，西方人尤其是英国人，对中国这种管辖法权多为不服，对在华触犯中国刑律的西方人不再把其交给中国官方，以致在19世纪30年代以来由此酿出许多中西交涉纠纷的巨案。特别是道光十九年（1839年）发生的林维喜案，更是加剧了中英间的本已出现的危机局面。道光十九年（1839年）五月二十七日，在尖沙咀酗酒的英国水兵，抢劫当地的一座庙宇并殴打中国农民，其中一个名叫林维喜的，因重伤于次日死去。中国官府要求英方交凶，但英方拒不执行。林则徐则封锁澳门，派军前往邻近的香山作为报复。林维喜案件不仅象征着中英之间关于"治外法权"的严重争端，而且在那个非常敏感的夏天，使中英之间的危机进一步升级。

粤海关、行商和管理外国在华规章制度等3部分构成了清廷前期对西方的通商体制。这一体制的内容具有纵横交叉的网状特征。从3个组成部分来看，粤海关监督具有中央钦派性质，制定规章制度的两广总督为地方大吏，行商具有民间色彩，三方体现出了由中央到地方再到民间的上下纵向关系。而从管理职能的分工而言，在外商船只入港、引领、征税、货物贸易、人员管理等各个环节中，粤海关负责确定外商交纳税收的数目，行商负责代收税款、代购货物，两广总督则对外商实施行政管辖权，三方又体现出了横向分工和合作的关系。

第三节 律劳卑事件——英国对广州体制的挑战

广州通商体制在形成和完善之后的一段时间内，西方国家虽然与清廷继续有摩擦，但在面上基本没有大的冲突。直到道光十四年（1834年）英国派遣律劳卑使华。这一次不是觐见中国皇帝的礼仪冲突，而是因英国单方面任命的驻华商务代表企图突破广州体制导致与广州地方官员发生的冲突。

一、事件背景

嘉庆十八年（1813年）英议会废除了东印度公司对印度的贸易垄断权，只允许它在中国的专卖权可延长20年至道光十三年（1833年）。随着英国东印度公司对华贸易垄断特权的终结，传统的中英贸易关系面临着调整的契机。由于广州从事贸易的英国散商人数众多，东印度公司的解散，使他们无所统属，这给原有的行商体制造成很大压力。

道光十年（1830年）行商即向地方官员禀明：英国东印度公司在道光十三年（1833年）即将期满，此后的英国商人将自行贸易。当时两广总督李鸿宾等担忧在广州的英国商人缺乏统摄，要求传饬大班，通知英国在公司解散后酌派另外的大班来粤，总理贸易。

随着东印度公司对华的垄断贸易结束，道光十三年（1833年）英国枢密院公布了一道国王的委任令，任命律劳卑男爵（William John Lord Napier）为管理英国臣民对华贸易的总监督（Chief Superintendent of the Trade of British Subjects in China）。

二、事件过程

律劳卑偕妻儿在道光十四年（1834年）三月登上安德洛玛刻号（HMS. Andromache），启程前往中国，同年六月九日抵达澳门。律劳卑按照英国政府的命令，分别委任了前东印度公司在广州的大班德庇时和 G. B. 罗治臣爵士为副总监和第三副总监。另外，他又委任了随他来华的义律为贸易专员秘书。而以往隶属于东印度公司的汉务办公室（Chinese Office）转为隶属政府，并让马礼逊出任汉务参赞（Chinese Secretary）。

至于清廷方面，时任两广总督的卢坤得悉有外国官员抵达澳门后，便在六月十五日传谕广州行商，指示他们派员前往当地，查明该名官员的来华目的，并指示他们转告该官员，要他务必遵守《大清律例》和贸易规则。如果前来广州，必须先行告知行商并转递禀文，批准后方可前来。然而，这一谕令还未传到澳门，律劳卑即在六月十七日乘船从澳门出发，于六月十九日清晨二时抵达广州，并随即得到英商渣甸等的招待，入住十三夷馆的英国商馆。律劳卑表示，他要立刻以适合英王代表身份的方式，直接与总督往来，并在拟给总督卢坤的信函中声称：他有保护与促进英国贸易之权，并可依据情形需要，行使政治与司法权。六月二十日，律劳卑派其秘书阿斯迭手持信函前往广州城门递交。对于律劳卑的这一递交信函行为，中方加以拒绝。清朝地方当局认为律劳卑这位新来的"夷目"做法严重违反了天朝体制。

首先，律劳卑未待批准即私自到达广州。旧例英人只准在澳门居住，如欲来广州贸易，必须持有粤海关红牌。律劳卑没有在澳门等待广州当局批准，而径自前往广州，实属目无法纪。

其次，律劳卑并没有携带英国政府的正式委任书。律劳卑带到中国的只是一封普通的公函，而其作为外交官身份的凭证英国政府却并未颁发。因此中国无从确认其真实身份。

第三，律劳卑所投公函格式与禀帖体裁不符。清代规定，外国官吏行文天朝疆吏的文体必须是上行文书。广州体制下的中外交流，使用禀文这种特殊文体。律劳卑的信件格式是"公函"而非"禀"，内文则用了"平行款式"，更自称是来自"大英国"的"正贵大臣"，完全违反此前中英两国文书的交往惯例。

第四，律劳卑信函的投递方式有违传统体制。律劳卑到达广州后，舍弃了以行商代转信函的传统习惯，立即写了一封致总督的公函，由他的秘书阿斯迭将信译成中文，并组成一个送信使团直接递信于广州内城靖海门外，等待三小时之久，结果没有一个中国官员肯代其将律劳卑的信函转交给两广总督。两广总督卢坤令人传谕英国人：天朝制度，从不与外夷通达书信，贸易事件应由商人转禀，不准投递书函。

六月二十四、二十五日，两广总督卢坤分别下了两道谕令，勒令律劳卑立即离开广州，又命令行商重新向他解释贸易规则，如果行商不能确保律劳卑的离开，卢坤更恐吓会对他们处以极刑。

对于中方的强硬态度，律劳卑继续坚持自己的做法，声称自己是政府委派的商务监督，与此前的大班不能相提并论，强调以后所有与地方当局的文书交往，既不会采取禀文形式，也不会由行商转递，而是要采取平行文书的形式。行商多次以向来无此惯例为由说服律劳卑，但律劳卑依然坚执不移。

对于律劳卑的固执己见，卢坤也并没有因此立即和律劳卑使团断绝关系，而是姑念其第一次进入内地，初到中国不懂禁令，不识清朝体制，予以原谅。他派出中国的行商、官员、通事前往英国商馆，向律劳卑问询该使团来华的目的、职责和返回澳门的时间。律劳卑对此答复：来粤是经此前总督函请前来管理贸易的，职务在致总督的公函中已有说明，至于回澳日期，以本身便利为断。律劳卑在谈判中态度傲慢，为双方会谈时的座次与中方争论长达两小时。对中方官员的迟到，当面斥责。双方会谈无任何结果。律劳卑发布告说清廷挑起战衅，扬言将以总督的奸诈悖逆行为直接向北京控诉，并强调英国君主的主权和权力①。

两广总督卢坤开始采取强硬措施。七月二十九日总督与巡抚会衔发出告示，下令封舱，停止中英贸易。命令发出两日后，清廷撤走所有在商馆的中国佣工，严禁人民向英人提供任何供给，违者处以死刑，其他外国人也不准以食物接济

---

① ［美］马士著，张汇文译：《中华帝国对外关系史》第一卷，上海书店出版社，2000年，第155页。

英国人，违者施以同样的处罚。八月初二，清兵包围英商馆，中英双方进入紧张状态。

八月初三律劳卑无视英国给他的训令，竟然命令巡洋舰依莫禁号（Imogene）及安东罗灭吉号（Andromache）开入内河。两舰于初五和初七强行驶过虎门时，与守军交火。八月初九日英舰进抵黄埔。一小股英国水兵也到达商馆。

面对广州地方政府的强大压力，也没有得到英国最高当局与中国开战的训令，八月十二日，律劳卑最终向广州的英商宣布自己决定离开广州。5天后，他与伍敦元和渣甸等人会面时，指令英舰退到伶仃岛，同时要求炮台不可向撤退的英舰作任何无礼举动，并要求清廷向他发出前往澳门的官方文件。两广总督卢坤同意这一条件。八月十九日律劳卑一行人离开广州，八月二十四日抵达澳门。期间全程受到清廷水师的监视。

卢坤在八月二十七日下令恢复中英贸易。九月初九律劳卑因疟疾发高热死于澳门，享年47岁，遗体安葬于澳门。英商在律劳卑死后，用了500英镑从英国运来了一块"律劳卑纪念碑"，并安放于澳门的中国海关（即现时的关前街、关前后街一带）。该碑曾一度下落不明，后来被安放于香港坟场，现在则成了香港历史博物馆的馆藏。

如前所述，对于律劳卑事件，两广总督依然以广州体制的规定作为处理原则。律劳卑则企图采用其自认为"正义"的手段来挑战广州体制。最后的结果，律劳卑退出广州，病死在澳门。

三、事件责任

律劳卑事件的悲剧性后果一方面是由于清廷固守传统的广州体制的结果，但另一方面，英国方面也负有重要责任。

首先，英国政府给律劳卑的训令内容有自相矛盾之处。

在中英之间没有正式外交的情况下，英王于道光十三年（1833年）十一月二十一日在签署的敕书中，对律劳卑等人训示：必须避免任何足以引起中国人民或政府的妒忌或猜疑的行动、言语或行为，或是激怒他们；遵守中华帝国的法律和习惯的义务，只要这些法律在对英国臣民执行时是本着公平与认真的态度，并且同样行之于中国人与其他外国人。道光十三年十二月十六日（1834年1月25日）英国外交大臣巴麦尊子爵在下达的特别训令中也同样告诫律劳卑：须遵照中国规章，不得把英国的兵船开入虎门口，除非由于非常的情况而有此需要。以上训令内容，包含着要尊重中国规章、维护中英间传统贸易关系的含义。但巴麦尊的训令中同时又指令律劳卑到广州后，应立即以公函通知总督，采取步骤把他自己由一纯商务监督——中国人心目中的大班身份,变成一个代表英王的使节身份。这一训令内容势必要破坏中国的现有规章制度,从而与训令中要求律劳卑遵照中国旧有规章的内容相互矛盾。

其次,英国政府在外交官任命程序方面的缺失。

英国政府没有发给律劳卑一件凭证,以便呈递中国君主或其他的官吏。甚至连任命律劳卑一事都没有通知北京政府或广东当局,尽管律劳卑男爵在离开英国以前曾要求政府应做到这一点①。英国政府在事前缺乏与清廷进行任何沟通的前提下,单方面派出一个具有代表英王使节身份的商务总监督,这无疑是一种强加于人的殖民外交手法。

第三,律劳卑性格中的傲慢和固执。

律劳卑"傲慢个性和狭窄的理解力,也足以注定他的使命失败"。惠灵顿公爵贴切地将律劳卑惨败归因于"一种不寻常的与当局打交道的方法,企图……对广州的中国当局施压,而对中国当局的权力和性质又一无所知"②。

律劳卑事件成为新旧、东西两大帝国5年之后爆发冲突的先声。道光十四年(1834年)十一月九日,广州英商60余人联名给英国政府上书请愿,要求英国政府派出全权公使,乘军舰直驶中国东海岸,尽可能逼近首都北京。对律劳卑之死、中国守军在虎门回击英舰以及商务停顿等事件,向中国政府索取赔款,并要求重新开放厦门、宁波和舟山各口岸③。这份呈文确定了鸦片战争时期英国政府对华政策的基调。

四、律劳卑之后的商务监督

道光十四年(1834年)九月十一日两广总督卢坤等奏称:英国东印度公司解散后不再派遣大班,英国政府派来的夷目,又不谙事理,广州作为省会重地,不能任由这种夷目居住。但管理英国贸易诸事头绪纷繁,群龙无首必至混乱,因此必须另择统摄之人,代替此前英国东印度公司在华大班的职责。由于英吉利政府与内地向来不通文移,应该饬令行商,让英国在广州的散商寄信告知英国政府派遣一名大班来华管理贸易,但其身份仅是一名晓事商人即可,切勿派遣夷目以致与中国产生冲突。

---

① [美] 马士著,张汇文译:《中华帝国对外关系史》第一卷,上海书店出版社,2000年,第160页。
② 徐中约:《中国近代史》,世界图书出版公司,2008年,第67-68页。
③ [美] 马士著,张汇文译:《中华帝国对外关系史》第一卷,上海书店出版社,2000年,第169页。

英国政府方面，在律劳卑死后，任命曾在中国服务于东印度公司多年的德庇时（John Francis Davis）继任在华总监督。道光十四年一月十九日（1835年1月19日）德庇时辞去了该职，由罗治臣爵士（Sir George Best Robinson）接任。

德庇时与罗治臣两任监督，均奉行对华"沉默政策"："在中国人未采取进一步动作之前，在我们这方面保持绝对的沉默和静止状态。"① 这一政策的特点是不再坚持英国商务监督的官方性质和强调与中国政府平等，从而避免同中国政府发生冲突，但也不按照固有的传统的广州体制方式行事，诸如从澳门领红牌入广州、文书来往以禀帖形式、通过行商递交等。这是一种"不战不和"的僵持状态，两任商务监督一直住在澳门，行使着有名无实的职权。英商《广州周报》在道光十五年（1835年）对这种"沉默政策"评论说："每年两万二千五百英镑用于一个无用的在华机构"，"英国驻华商务监督是辉格党任意挥霍浪费的一个例子"。②

道光十六年（1836年）底，义律（Captain Charles Elliot）取代罗治臣任监督。义律在道光十四年（1834年）随律劳卑来华，道光十五年（1835年）为第三商务监督，同年任第二商务监督。义律接任后，最初签署作为"首席监督"，道光十六年十二月二十七日（1837年2月2日）又开始自署为"总监督"。

义律在道光十六年（1836年）十一月七日就职"首席监督"的当日就放弃了"沉默政策"，他以禀帖形式交由英商送给行商领袖，转呈两广总督邓廷桢，说明他已被任命为"英国驻华最高官员的职位"，请领允前往广州的红牌。总督邓廷桢对行商批复说，他从禀帖中察觉出具禀人是"弁目"而不是"大班"，在探明皇帝旨意之前，义律应留在澳门。义律回函说，在皇帝核准他前往广州之前，他将留在澳门。

邓廷桢奏称：义律"今既有公书文凭，派令经管商梢事务，虽与大班名目不同，其为钤束则一"。并且奏请对义律"着准其依照从前大班来粤章程，至省照料"③。道光十七年（1837年）二月二日，上谕准邓廷桢所奏。义律于三月八日抵广州，住留约三个星期后遵"谕"折回澳门。

从表面上看，清廷把义律当成旧时大班看待，"一切循照旧章"。但事实上，清朝当局已经注意到了义律的职务"与向大班名目不同"，且"领有公书文

---

① John Davis to Palmerston, October 12th, 1834, F. O. 17\ \6, P. 105.
② 吴义雄："义律与1834—1839年的中英关系"，《近代中国、东亚与世界》下卷，社会科学文献出版社，2006年，第541页。
③ 《清宣宗实录》卷二百九十三，道光十七年正月丙申条。

凭",是英国政府直接派遣官员来华管理贸易的。此前的大班仅仅是公司代表,而现在的头目是政府代表。清廷对义律的官方身份在某种程度的认可,是中外关系出现新局面的一种变通举措。

不过,这种变通仅仅只是变通而已,并不能真正影响广州体制的核心。中方依然固守原有的经济与政治分离的做法,继续把英商在广州的贸易行为当作纯粹的、个体的经济行为,对其予取予求。殊不知这一时期的英国在华商贸活动,其背后是大英帝国政府,广州地方政府对英商的处置措施,都会涉及两国政治关系,清廷对英商的严格管理,触及了企图将其商业利益扩展到全世界的野心勃勃的大英帝国的尊严。

律劳卑之后,英国历任驻华商务总监见表12-1。

表12-1 历任驻华商务总监表

商务总监	就职时间	去职时间
律劳卑勋爵(Lord Napier)	1834年7月15日	1834年10月11日
德庇时(John Francis Davis)	1834年10月11日	1835年1月21日
G. B. 罗拔臣爵士(Sir G. B. Robinson)	1835年1月21日	1836年12月
义律上校(Captain Charles Elliot)	1836年12月	1841年8月12日
璞鼎查爵士(Sir Henry Pottinger)	1841年8月12日	1844年5月8日
德庇时爵士(Sir John Francis Davis)	1844年5月8日	1848年3月18日
文翰爵士(Sir Samuel George Bonham)	1848年3月18日	1854年4月12日
包令爵士(Sir John Bowring)	1854年4月12日	1857年4月17日

第四节 广州体制的性质与意义

一、广州体制的性质

对于广州体制的性质,一些研究者认为是一种有异于朝贡体制的纯粹通商贸易体制。这种看法,起初主要来自西方学者。卫思韩在《胡椒、枪和谈判》一文中提出:十八世纪广州贸易制度,并"没有清楚地述说纳贡制度与使节之间的关系"①。谭中在其所著《中国和美好新世界》一书中指出:鸦片战争以前

---

① John E. Wills, Pepper, guns and parleys: the Dutch East India Company and China 1622—1681, Cambridge Mass: Harvard University Press, 1974, p. 204.

的广州贸易制度是"一种与外国在中国领土上的贸易安排"①。近年来,也有研究者重提此种观点。②

把广州体制只看作一种贸易体制,仅仅是部分的真实。广州体制的确不同于传统的"贡市合一"制度而实行"贡、市分流",它改变了"有贡才有市"的朝贡体制惯例。不过,广州体制虽然允许西方国家在不进京朝贡的前提下进行贸易活动,但其性质依然没有超出朝贡制度这一大框架。广州体制是一种在某种限定性条件下的商业贸易行为,一种以贸易的形式来体现朝贡实质的制度安排,"清朝互市制度的整体构架必然是封闭—限制型的,而不是开放—互利型的。它处处要体现天朝的仁厚和威严,这种制度原则和朝贡制度是完全一致的"③。

广州体制依然属于朝贡制度范畴,究其原因主要有以下几点:

首先,广州体制属于朝贡关系中的一种。朝贡关系是一种以多重层次为特征的复杂体制,既包含中国与传统属国之间的政治关系,也包含中国与西方国家的贸易关系。

在中国朝贡体系中,外部世界并不是同质的,而是根据外国对中国文明的理解和运用程度分出一个高下差别。与中国密迩相连的朝鲜、越南、琉球等国家,从文化认同方面,这些国家都以华化为荣,属于朝贡体系中的最内层。远离中国的、更遥远的边缘地区诸如中亚、欧洲国家,与中国文明特质相去甚远,与中国交往和联系稀疏,这些国家属于朝贡体系中的最外层。

作为朝贡体系最外层的欧洲国家,清廷含混地把其列入西部或南部国家:意大利和葡萄牙属于中国西部国家,英国、荷兰、法国、瑞典属于中国南部国家。对于清廷的这一"地理"安排,滨下武志评论说:"从朝贡贸易体制的立场来看,它并没有把西方各国当成独立的范畴来对待,而是在地理上将其置于邻接朝贡体系四周的周边位置来纳入总体的朝贡体系当中。"④ 因此,在清廷的朝贡体系中,西方不仅比不上朝鲜、越南、琉球,甚至连浩罕、廓尔喀这些国家的地位都不如,但西方国家依然属于朝贡体系范围内的成员。

其次,广州体制中把西方国家集中在广州一口管理,是中国传统划分贡道

---

① Tan Chung, China and the Brave New World: A Study of the Origins of the Opium War 1840–42, New Delhi: Allied Publishers Private Limited, 1978, p. 46.
② 廖敏淑:《清代对外通商制度》,《"近代中国、东亚与世界"国际学术讨论会论文集》(下册),社会科学文献出版社,2006年。
③ 王立诚:《中国近代外交制度史》,甘肃人民出版社,1991年,第23页。
④ [日]滨下武志著,朱荫贵等译:《近代中国的国际契机》,中国社科出版社,第44页。

第十二章　广州体制——清代对西洋国家的朝贡通商体制

做法的延续和变通，广州体制的形成和发展是在朝贡制度的基础上形成的。有学者指出："广州通商体制由贡使、通事之驿馆，渐次转为欧商发达之十三行，其间必有一隐然潜在之递嬗过程，形成重大事体之后，而被承认其存在，绝非一朝欧商来船，即能为两广总督接受并创出一种新体制来。其基本关键必与中国贡典规例有极大关系。"①

广东历来是东南亚和西洋海上国家进入中国的贡道地区。清代把来自海上的西方国家集中在广州进行贸易通商，并没有突破朝贡体制范围。广州地处中国南端，对外交流传统悠久，对外人管理制度也较完善，唐宋时代就有外国人居留的蕃坊②，而且远在中国的政治、经济、文化中心之外，把广东作为吸纳不确定因素的场所，风险较小。选择广东作为贡道的国家除了地理本来就接近的传统朝贡国暹罗、占城之外，很大一部分是来历不明的西洋国家。欧洲国家舶海而来，飘忽不定，渺不可考，把这些国家的活动限制在广州，是符合朝贡传统惯例的。由于荷兰与中国交往较久，且身份明确，行为在清廷看来也最为恭顺，康熙二十五年（1686年）曾把其贡道从广东改在福建。此外，广州地近澳门，澳门从明末以来就已成为西洋教士和商人中转广州与内地的场所，把欧洲国家集中在广州合乎事理。

第三，广州通商体制是传统朝贡制度不可分割的内容。中外经贸交流，历来是中国朝贡制度下羁縻、怀柔外夷的重要手段，在经济交流中实现天下一家的文化价值观念更是中外贸易的主要目标。朝贡体制下的任何经济交流绝不可看作单纯经济活动，它是严格从属于政治和文化目标的。明朝永乐帝对此作出了最佳解释："商税者，国家抑逐末之民，岂以为利？今夷人慕义远来，乃侵其例，所得几何，而亏辱大体多矣。"③ 有学者指出："中国人的对外贸易态度衍生自封贡心态。中国人设想，富足的中华上国无须外来货物，仁慈的皇帝允许通商乃是一种对洋人赐恩的标志及使其感恩戴德的手段。因此，通商是一种特权，中国可以因洋人的任何过失取消这种特权。"④

广州体制作为中国与西方国家的通商制度，同样属于朝贡制度内羁縻外夷的重要手段。清廷广州体制的设置在政治层面的考虑是相当大的，甚至主要是基于政治原则，而非经济目的。康熙帝在康熙三十七年（1698年）认为，如过

---

① 王尔敏：《五口通商变局》，广西师范大学出版社，2006年，第99页。
② 陈尚胜：《澳门模式与鸦片战争前的中西关系》，《中国史研究》1998年第1期。
③ 《明史》卷八十一，食货五。
④ 徐中约：《中国近代史》，世界图书出版公司，2008年，第54页。

多计较向西方洋船所征的税额，有违体制。"海船亦有自外国来者，如此琐屑，甚觉失体，著减广东海关额税银三万二百八十五两。"① 有一种观点认为设在广州的粤海关监督为内务府官员，是专为皇家采办甚至是搜刮各种珍奇异物的工具，通商贸易下的广州是"天子南库"云云。这种把广州体制的形成动机看成经济目标，是值得商榷的。当然，广州体制形成后不论是给皇室，还是广州地方，都带来了经济效益是无可置疑的。但动机与客观效果二者还是应该有所区分。广州体制所包含的政治因素远远超出经济因素，涉外贸易向来就是清廷在处理对外关系时一个有利的政治筹码。

第四，广州体制下的中外通商并非建立在平等基础之上。

盛行100多年的广州体制，并无双边条约框架下的约束，而是建立在中国单方面的规定、法令和惯例等基础之上的。从法律意义而言，广州体制是按照中国"国内法"来界定、管理同西方国家的通商贸易的。进一步而言，广州体制是清廷把各种规定强加给外商的单边行为，这一体制下的外商一方，唯一可行使的权利就是忠实履行清廷规定的各项规定，从个人生活到商业贸易，不得稍有逾越。"18世纪广州的贸易条件引发了相当的困局，这一困局只好留待19世纪解决了。其中最为棘手的情形是源于西方国家与中国无任何外交或条约关系，以致不得不屈从于中国法律和中国行政当局的管理。"②

因此，广州体制虽是一种通商贸易体制，一种有别于传统朝贡贸易的新式体制，但其中包含了很强的政治、文化含义。这种超经济成分，正是广州体制具有朝贡性质的重要因素。对于通商体制属于朝贡体制，早已有研究者指出：

一切外国只能是属国，必须遵依朝贡制度，有其不可移易的礼仪。其单纯前来通商的国家，仍被纳入朝贡关系之内，不许另有对等的互市交易关系存在。对于海外各国，无法强服时，则视为化外之邦，拒不予通。如果要求互市，则须严格遵守种种限制；凡有接触，便须按照属国的体制来处理。这种不以平等相待的原则，不能更易。偶有不合，即行停止贸易关系。在清廷看来，通商本是附属的，即有若干税收也不值得计较，主要仍在维持天朝体制。③

---

① 《清圣祖实录》卷一百八十七，康熙三十七年四月癸亥条。
② [英]赫德逊著，王遵仲等译：《欧洲与中国》，中华书局，1995年，第237页。中译本原文为："十八世纪广州贸易情况引起的巨大困难的局面，只能在十八世纪里得到解决。这些纠纷中首先就是由于欧洲人必须服从中国的法律和行政命令而北京没有任何外交往来或正式条约协定而来的一切麻烦。"这一译文佶屈聱牙，以上引文根据Europe and China 第261页的原文改译。
③ 钱实甫：《清代的外交机关》，生活·读书·新知三联书店，1959年，第31页。

二、广州体制的意义

1. 广州体制的创新之处

对于广州体制的正面意义,有学者评论说:

> 清代前期,是正当贸易与海盗式掠夺并行的时代。世界市场尚在形成发展过程之中,规范的世界贸易规则与秩序亦尚在形成之中。从发展的角度看,清代前期海关管理的许多规则,大体与当时国际上基本认同的管理规则相近,并直接被后来的中国近代海关所继承。并且,清代前期海关的上述管理措施,并非借鉴其他国家的管理经验或模式,很大程度上体现了中华民族在管理近代国际贸易方面的创造力。其意义不可低估。①

清代的广州体制,如从中国历史发展的纵向进行比较,比明代有了重大进步。这一体制包含的主要内容是清廷在新形势下的重大创新,它将朝贡与贸易二者有机结合了起来。特别是海关的设置结束了从唐代直到明代的市舶使、司制度,揭开了中国海外贸易的新篇章。

从明代市舶司制度的设置来看,市舶司主要执行着"有贡船即有互市,非入贡不许其互市"的管理朝贡贸易职能。明代的市舶司制度与传统朝贡贸易相始终。明人王圻在《续文献通考》中就明确指出:"凡外夷贡者,我朝皆设市舶司以领之……其来也,许带方物,官设牙行与民贸易,谓之互市,是有贡舶即有互市,非入贡即不许其互市明矣";"贡舶者,王法之所许,市舶之所司,乃贸易之公也;海商者,王法之所不许,市舶之所不经,乃贸易之私也"②。以把广东作为贡道的朝贡国为例,对明代朝贡贸易具体情形屈大均叙述说:"以上凡十二国,皆尝来往广东者。旧例贡舶三艘至粤,使者捧金叶表,入京朝贡,其舶市物还国,次年三舶复至迎敕,又市物还国。三年三贡,或五年一贡。一贡则其舶来往三度,皆以澳门为津市。"③ "明廷制定出严格的朝贡制度,并把历史久远、素称发达的市舶贸易错误地颠倒为贡舶贸易附庸。"④ 明代把市舶贸易等同于朝贡贸易,摧残了唐宋元以来包含民间贸易的海上中外经济交流。这是历史的一大倒退。

正德四年(1509年),一艘暹罗商船遭遇暴风,飘至广东境内。按理这艘

---

① 黄国盛:《清代前期开海设关的历史地位与经验教训》,《东南学术》1999年第6期。
② 王圻:《续文献通考》卷三十一,市考·市舶·互市。
③ 屈大均:《广东新语》卷十五,货语,诸番货物,中华书局,1985年,第431页。
④ 黄国盛:《鸦片战争前的东南四省海关》,福建人民出版社,2000年,第2页。

船属于"非入贡"的私船,是不准进行贸易的。但广东镇巡官却以募集军费为由,在对商船征收货物税后,准其就地贸易①。而明廷的礼部官员对此做法予以肯定,认为"泛海客商及风泊番船"既非敕书所招,又非旧例所载,不是朝贡船,不属市舶司的职权范围,应由镇巡及三司官兼管。② 广东官员如此做法,否定了"有贡舶即有互市,非入贡即不许其互市"的朝贡贸易原则,但这种情形显然只是偶然,明代并没有出现管理这种中外新型贸易的机构和规章制度。葡萄牙占据澳门后,明政府承认了澳门的商埠地位,这实际上也是对"贡市合一"制度的一种突破,但是明朝政府没有对这种新的中外贸易交流形式从制度设置方面进行回应。

清代的广州体制,把明末以来就已出现的范围不断扩大的新型中外贸易交流形式制度化并将之纳入了传统朝贡体系之下。广州体制与明代的市舶司制度相比,"贡市分流":"因贡来者,税应免则免之;专以市来者,货应征则征之。"③ 这在一定程度上从形式上减弱了中外贸易往来的政治化色彩,加强了专业性商业机构和职业经纪人——行商在外贸活动中的作用。有学者认为:"相比于明代的'贡市一体',清朝的'贡市分流'要灵活得多。直到鸦片战争前的150多年间,中国的海疆所以相对安宁,清朝的这套制度毫无疑问是一个重要的原因。"④ 20世纪70年代,外国学者甚至还把中国当代的广交会称为清代的公行制度的延续:在特定地区广州,由指定的国家对外贸易公司和外商进行着全中国唯一的对外贸易活动。

广州体制即使在当时的西方人看来,也有许多优越之处。首先,它为西方商人提供了一种赚取丰厚利润的机会。美国人马士对公行制度评价说:"公行制度,虽然是垄断性质,却是运行起来很少有障碍的一种制度。"马士还指出,多少年来,东印度公司给股东的红利完全是用对华贸易中所赚的大量利润来支付的。外国人在广州生活虽然不便,但"不影响那积累一笔相当资产的希望"⑤。其次,广州体制为在华的西方人提供了相对安全、便利的生活环境。一些外国侨民非常赞赏广州商业体制上的各种便利,他们声称世界上任何港口都不及广州,"在世界各地,再也没有一个地方当局,对外侨的安全比这里更加注意的

---

① 《明武宗实录》卷四十八,正德四年三月乙未条。
② 《明武宗实录》卷六十五,正德五年七月壬午条。
③ 梁廷枏:《粤海关志》凡例,第2页。
④ 王立诚:《中国近代外交制度史》,甘肃人民出版社,1991年,第20页。
⑤ [美]马士著,张汇文译:《中华帝国对外关系史》第一卷,上海书店出版社,2000年,第96页。

了。这些外侨是自动来到一群广大人民中间生活的,他们的习惯和偏见是如此地排斥外国的事物,而且中国政府并无条约义务要对这些人进行保护。他们只是勉强被允许在广州居住。外国领事或任何其他的官方代表,都未得到中国的直接承认。然而地方政府对他们的保护是不遗余力的"[1]。第三,广州体制具有某种道德色彩。公行商人和外商之间的私交很好,双方都有一种商业道德和诚实无欺的声誉,在世界的任何部分和世界史的任何时期,都不曾有超越他们之间关系的关系。"贸易经营,全凭口头约定,从不用一个书面契约;彼此间有很多的互助和同情。"[2]

康熙开海之后逐步形成的广州体制,另外的重大意义在于,削弱了明末以来澳门在中外贸易过程中的垄断地位。葡萄牙利用明末以来中国对外贸活动的消极政策而坐收其利。由于西方国家对华贸易始终处于不合法的地位,澳门几乎成了中西贸易的唯一桥梁和管道。清代广州体制则几乎架空了澳门在中西贸易中的垄断地位:广州向所有的西方国家开放,西方其他国家不必经过澳门与中国发生联系。粤海关设立后,清廷在澳门设立总口并分设小口,对来往澳门船只征税。雍正十年,清廷又在澳门的南湾和妈阁增设海关稽查口,其中南湾税口主要负责征收到澳门的外国人及行李的出入境税。清廷不仅从关税方面加强了对澳门的管理,而且制定了各种"管理澳夷章程",对澳门在税收之外的其他方面进行控制。清廷正是通过以上措施,逐渐把澳门变成广州体制的有机组成部分,改变了明代对澳门放任自流的政策。如果从这一层面而言,这是清廷收回利权的行动。

从清廷前期对西方外交政策及体制的内容来看,清廷在朝贡体系下新创的一些对西方通商体制和对外人管理条例,其中一些惯例和条款属于一个独立主权国家的管辖范围,如外国军舰不得进入内河,外国商馆内不得储藏武器,对在华外人实行"所在国裁判权"的属地管辖政策等,在一定程度上表现出了清廷对主权的捍卫。

2. 弊端与局限

广州体制具有非常大的时代局限性。一种良好的制度设置会降低与此制度相关的人事及其活动的外部成本。但较劣的制度设置却增加了运行成本。清朝

---

[1] [美]亨特著,冯树铁、沈正邦译:《广州番鬼录》,广东人民出版社,2009年,第37—38页。

[2] [美]马士著,张汇文译:《中华帝国对外关系史》第一卷,上海书店出版社,2000年,第96—97页。

中后期以来形成的广州体制，存在着诸多弊端。对于广州体制下的外商、行商和中国政府三方而言，这种制度设置不仅没有造成共赢局面，而且还在损害着各自的利益。

首先，对于这一体制下的外商而言，他们遭受到了官员和行商的双重压榨。就官吏对外商的剥削而言，"官为刀俎，外商为鱼肉"。广州自古是外商蕃舶云集之地，珍异所出，富可敌国。唐以来为广东官者，据称"非中官即近臣"，是炙手可热的官中肥缺。屈大均评论说：

> 吾广谬以富饶特闻，仕官者以为货府，无论官之大小，一捧粤符，靡不欢欣过望，长安戚友，举手相庆。以为十郡膴境，可以属餍脂膏。于是争以母钱贷之，而厚责其赢利。其人至官，未及视事，即以攫金为事，稍良者或恣睢掠拾，其巧黠者则广布爪牙，四张囊橐，与胥吏表里为奸，官得其三，而胥吏得七。①

官吏的搜刮不局限于外商，但外商却是最能被刮出油水的。构成对西方外贸制度的海关和行商制度实质上是一种权力垄断行为。它造成了握有权力者的官吏在体制内的"不法"行径。官吏对外商的盘剥主要以征收正税之外的杂税和勒索为主。清廷对粤海关的税收采取定额包干制，超出定额部分划归"盈余"。盈余部分越多，官吏越受朝廷奖励（"议叙"）。当时各国商船来粤，向粤海关所纳税费有"船钞""货税"和"规银"三种。前两种属于正常并可计量的外贸税种，但"规银"却具有很强的弹性限度。规银分进口和出口两种，名目总共有68条。规银收入原属官吏丁役的私人收入，后来在雍正四年（1726年）才化为公家所有。乾隆二十四年（1759年）又将规银名目划一征收。除了这些税种之外，还征收人头税，其中竟列有"太太税"一项。据一材料记载："广东某洋商黄埔竹枝词云'丈量看到中舱货，太太今年税较多'。初不解所谓，后阅粤海关报税单，开载某船太太一十二名，改税九十六元之数。"② 外商不能从清廷获得任何确定的关税税则实在是广州贸易制度中多年来最显著的弊窦之一。使外国人对关税税则及其征收方式完全不了解，是清廷、行商、通事等的策略。每年归入国库的正课，与各式各样非正规的不合法的苛征分开，后者常常超过正课四倍以上。"清廷关税正额虽较欧洲为低，然正税之外的杂税及勒

---

① 屈大均：《广东新语》卷九，事语，贪吏，中华书局，1985年，第303-304页。
② 梁绍壬：《两般秋雨盦随笔》卷七，太太条，上海古籍出版社，1982年，第352页。

索,殊非一般商人所能负担。"①

外商除了受到官吏的压榨之外,也受到行商们的剥削。外商进入中国,必先投靠一家洋行,其货物的买进卖出全凭行商的摆布。行商不仅在交易上可以高下其手,以攫取高额利润,还串通官吏,因缘为奸。除了这些强取豪夺之外,还明文规定向外商索取洋行公所的办公费用——"行用"一项。行商对外商更大的一项威胁就是贪占、挪用外商的购货款项,以致形成鸦片战争前的巨额"夷欠",即行商欠外商的债务。这些债务包含货款、借贷、洋商倒闭后无力清偿的"呆帐"等。从乾隆年间到鸦片战争,行商侵害外商资本的事件屡屡发生。乾隆二十四年(1759年),资元行黎光华拖欠东印度公司货本银五万余两,以致引发英商洪仁辉前往北京向乾隆告状事件。洪仁辉状告粤海关监督在中外贸易中任意设立"保商"阶层,以致保商把外商购货资金挪作他用,其中包括把货款充为关税。外商丧失资本但又无处伸张权力。状词中有"自设保商,受累多端,入口货饷,统归保商输纳,保商任意挪移,将伊货银,转添关饷。又关宪取用物件短价,千岁无百,百岁无十,保商赔办不前"②。1777年,又发生了倪宏文案。此案是因倪"设局赊骗,致令货本两亏"引起。在外商与行商之间的这些商务纠纷中,因为中西间只有商务关系,西方政府无法介入,因此外商的利益在大多数情况下是没有保障的。

其次,对于这一制度下的行商而言,作为垄断的中间商人,一方面,依靠与外商进行贸易的垄断特权积累了数量惊人的财富。公行中最大的富商浩官(伍崇曜)在道光十四年(1834年)的财产达2600万银圆,其住宅豪华如宫殿,拥有500个仆人,并以拥有1万棵松树的"万松园"闻名全国③。一个法国人曾记述过另外一个广东行商的财富超过一亿法郎。他拥有50个妻子和80个童仆,另外还有30名花匠和杂役④。但是,另一方面,在中国,"商人无力反对官吏,他们在政治上是微不足道的,并没有城邦商业主义的传统来启迪他们的潜在力量。在欧洲,资产阶级正在上升为国家的主人,在中国他们则只是官吏的卑躬屈节的工具"⑤。行商们在政治上的从属地位使得他们在盘剥外商们的同时,也成为地方官吏们勒索的对象。"洋商借办公为名,把持垄断,巧立名

---

① 贾植芳:《近代中国经济社会》,辽宁教育出版社,2003年,第96页。
② 梁嘉彬:《广东十三行考》,广东人民出版社,1999年,第97页。
③ [美]魏斐德著,王小荷译:《大门口的陌生人》,中国社会科学出版社,1988年,第43页。
④ [美]亨特著,沈正邦译:《旧中国杂记》,广东人民出版社,1992年,第94页。
⑤ [英]赫德逊著,王遵仲等译:《欧洲与中国》,中华书局,1995年,第241页。

目,多取渔利;该洋商获利既厚,各项人等无不视为利薮,小则望其饮助,大则从而勒索,日增月加,无所底止。"① 行商承担着三项负担,一为采办贡品。两广总督、广东巡抚和粤海关监督,每年要向皇帝进献大批贡品。这些贡品照例都委托洋行采办,各种奇珍宝玩,价值不赀,但广东大吏向来不给分文,完全由洋行"垫付"。二为每年例进的贡银。洋商向皇帝进献贡银始于乾隆五十一年(1786年),每年为55000两,后增至95000两。三为临时捐献。每逢本省或国家有了特殊事故,包括皇室庆典、国家战事,行商们必须踊跃捐献。此外,行商们必须"捐献"钱财,由此获得头衔、顶戴。除了这三项最"正规"的负担外,行商还承担着无法预料的风险:行商不能自由引退,要引退便得付出巨额资财才能得到许可。如果某家行商破了产,或被发现有操行不正之罪,便被流放伊犁,同时其他行商须代其偿债。为了应付这种不时之需,行商公所便对若干货物征收附加税,用以储备一笔专款。经常的勒索与压制已使得大多数行商濒于危境,难以支持。"道光建元以来,行商屡有倒歇,至是因赔累过重,货物滞销,旧欠甫完,新欠复积,每有一行赔累,又须连累通行。查乾嘉之世,对于赔累者,除查抄家产外,更须远戍伊犁。"②

第三,作为前两种因素的后果,使得清廷外贸所得的正当收入大幅降低。行商的不断破产,使中外贸易的中间环节出现阻滞。而外商们为避免各方的勒索,常常私下与非行商身份的散商们进行贸易,这导致了范围广泛的走私活动。"在距离虎门数哩的伶仃岛,经常有许多船只,从来不进港口,就在那里进行着规模很大的走私贸易。这种非法贸易既然已成为地方政府的一大宗收入,它也就逐渐合法化了,每只船向官吏交纳规费,官吏派人前往征收。所有朝廷的禁令都不能杜绝这种已经发展到十分严重的流弊了。"③ 即使是行商,虽有时与官吏共谋剥削外商,但有时也与外商合谋共同逃避他们自己国家的法律。体制外的经济活动,使得中央政府流失了大量正规的关税收入。

最后,清廷对西通商制度和政策中表现出的居高临下的"华夷"等级特性非常明显。嘉庆十九年(1814年)的上谕说:"粤省地方濒海,向准各国夷船前来贸易,该夷商远涉重洋,懋迁有无,实天朝体恤之恩。"④ 清廷明显把中西

---

① 耆英:《奏陈粤海关裁费归公实在情形分别筹议办理折》,《中国近代史资料丛刊·第二次鸦片战争》第一册,上海人民出版社,1978年,第41页。
② 梁嘉彬:《广东十三行考》,广东人民出版社,1999年,第198页。
③ K. Gutzlaff: A Sketch of Chinese History, Ancient and Modern, vol. 2, pp. 220–221. 转引自《中国近代对外贸易史资料》,第1册,中华书局,1962年,第240–241页。
④ 《清仁宗实录》卷三百,嘉庆十九年十二月戊午条。

通商政策当作上级恩赐给下级的礼物。"中国对欧贸易所遵循的广州制度,其实质是等级服从。"① 中外官员联系制度也是由行商居间的三级制:夷官—行商—中国官员。与之相应,中外公文往来采取由行商转达的"禀""谕"形式。西方来华人员有事,必须用"禀贴"递交行商,再由行商转呈两广总督或粤海关监督;清朝方面有向西方交涉之事,两广总督则召见洋行总商,由总商直接"谕饬外夷遵办"。若西方人急需和总督商讨重大事情而行商又拒绝传达时,西方人才能亲自携带奏文到城门交给守卫人员,但清朝官员不能直接与"外夷"私通书信。西方商人没有与地方官员、广东巡抚和两广总督直接交往的渠道,西方商人只有通过行商去吁请中国政府。必要时,屈膝和接受中国人已经做出的决定成了一种惯例。外国商人在华的其他权利也受到了种种限制,诸如外国人不得随意旅游,外国妇女不能居住商馆,外国人不得雇用超过一定数额的"沙文"(servant)等。中外纠纷有许多源自这种中西之间的不平等性。

总之,广州体制下的相关各方,除了贪官污吏之外,其他各方在一定程度上都受到这一制度的掣肘甚至侵害:外商饱受盘剥;行商虽从中渔利,但其权利随时都面临被侵夺的危险;国家最终只获得了不足计较的"区区税银"②。这一制度最大的受益者是地方官吏和海关监督。官吏们营私舞弊,从行商和外商那里勒索而来的收入都落入了私人腰包。而与外贸最有关系的重要官员——粤海关监督,在三年任期之内所能做的一切,就是尽量饱其私囊。当时有人讽刺说:粤海关监督"任内第一年的净利润用来得官,第二年所敛财产用来保官,第三年搜刮所得则用来辞官和充实自己的官囊"③。"一个'广州利益集团'形成了,它逐渐把从贸易吮吸来的款项变成了与外商或公行有关联的所有大小官吏的资财。"④

道光二十年(1840年),一位英国商人致外相巴麦尊的私人函件中,对鸦片战争前中国对西方的"广州体制"从一个英国人的角度作了评论:

中国海关要有一部明文条例的海关法规,庶几一方面使中国官吏无权榨取非法的关税,另一方面也使外国商人不至欺骗中国人。

特别要反对限制外人只和一个小团体(行商)交易的制度。所有的行商都

---

① 费正清:《剑桥中国晚清史》上卷,中国社会科学出版社,第173页。
② 《林则徐集奏稿》中册,中华书局,1965年,第878页。
③ [美]张馨保著,徐梅芬等译:《林钦差和鸦片战争》,福建人民出版社,1989年,第11页。
④ [美]费正清等编,中国社科院历史研究所编译室译:《剑桥中国晚清史》上卷,中国社会科学出版社,第175页。

是破产的，我相信，只有两家例外。公行所提供的保证是很不够的，这已由过去五六年中那几家行商因欠了英商款项而倒闭的事情证实无疑了。那批债款，尽管由公行负责偿还，但分期摊还达五年至十年之久，并且有几笔还没有利息。

行商每有新的倒闭，公行所承担下来的债务一般都相应的加到进出口关税上去，而这种负担却又并没有按照它的加税目的去开支，而是浪费到贿赂上去，亦即是被总督和他的下级人员榨取去了。

目前破产行商积欠英商大量债务，其数可能达七十五万镑之多……

帝国政府是确定过进出口货的海关税则的，他们也满意于这种税则，只是广东地方政府及其僚属的腐化行为才把这种税则一天一天地加重起来的……

过去我们寄居在广州，最好的情况也还是一种囚禁，这方面必须有很重大的改变。禁止外国人携带妻室家属的野蛮法令应该更改。①

清廷通过"广州体制"把出现于东南海域的新"蛮夷"——西方国家尽可能都纳入了传统的朝贡体系中。"广州贸易制度不过是中国古代朝贡外交的最后阶段。"② 当然把西方国家纳入清朝朝贡体系之中，犹如把一匹"特洛伊木马"放到了朝贡体系心脏中。西方国家不仅从外部不断蚕食清廷在东南方向的传统朝贡势力范围，而且还不断与清廷发生商务纷争、权利之争和力图改变中西交往规则的斗争，西方从内部对朝贡体系的核心机制发起了真正挑战。广州体制成了执着于实现全球"自由贸易"目标的英国政府的主要障碍，也成了英国商人鼓动本国政府发动对中国进行鸦片战争的重要理由和借口。

---

① 严中平：《英国资产阶级纺织利益集团与两次鸦片战争史料》，转引自列岛编《鸦片战争史论文专集》，人民出版社，1990年，第53页。
② [美] 张馨保著，徐梅芬等译：《林钦差和鸦片战争》，福建人民出版社，1989年，第12页。

第十三章

恰克图体制——清代对俄罗斯的朝贡通商体制

清代中俄关系从早期频发边境军事冲突，直到18世纪上半叶建立起固定的贸易通商体制——恰克图贸易体制，中俄关系最终被纳入了清朝朝贡通商体制之中。

第一节 恰克图体制的兴衰

清代中俄贸易关系的发展，从自发状态到最终形成较为完备的恰克图体制，经历了以下几个阶段。

一、清初中俄通商无规制时期

17世纪初，俄国已经穿越西伯利亚，将其势力推进到了黑龙江流域，成为一个地跨亚欧的帝国。俄国东部领土开始与中国北方边疆相接壤。17世纪上半叶，中国正值明清交替之际，地处西北的蒙古各部（厄鲁特蒙古和喀尔喀蒙古）率先与俄人进行交易。在半个世纪以来俄国与蒙古各部频繁贸易的基础上，到17世纪中期俄国开始进一步探寻赴北京的商路，开辟直接与中国内地的贸易通道。早在万历四十六年（1618年），沙俄就曾派遣彼特林出使明朝中国。从清初开始，沙皇政府多次派遣商队赴华贸易。俄国来华贸易商队总共有10余支，其中最为重要的包括顺治十年至十一年（1653—1654年）的乌沙科夫、亚日雷金和阿勃林的商队，顺治十一年至十五年（1654—1658年）的巴伊科夫使团兼商队，顺治十五年至康熙元年（1658—1662年）的阿勃林商队，康熙十四年至十六年（1675—1677年）的斯帕法里使团兼商队等。

中俄贸易以俄国政府外交使团来华的随带贸易、官私商队的来华贸易等形式逐步开展起来，但这一时期的中俄贸易是在一种没有法定和固定渠道的境况下进行的，仅仅处于一种自发的贸易时期，中俄双方贸易来往还处于相互探索的时期，其弊端相当明显："居住于涅尔琴斯克和北京之间这一地区的一些游牧部落，直到17世纪末之前仍独立于中国，他们经常袭击俄国和中国商人的商队，而满人政权又不重视这种贸易的发展，他们对中国商人同俄国人的交往疑心重重。"①

二、《尼布楚条约》签订后的中俄贸易制度

17世纪以来的俄国政府，在对华关系上依然奉行的是领土扩张与拓展贸易双管齐下的政策。一方面，沙俄以雅库茨克和叶尼塞斯克为中心，派出哥萨克不断侵扰中国黑龙江和巴尔喀什湖以东、以南地区；另一方面，又不间断地派遣使团和商队来华，攫取商业利益。这一时期的清廷忙于巩固新政权、平定叛乱、收复台湾等重大事件，对俄罗斯的商业和领土扩张根本无暇顾及。

17世纪80年代，清朝政治局面发生了变化。康熙相继平定三藩叛乱、收复台湾，清廷在中国内地已经建立了稳定的统治。沙俄的东进政策，使中俄双方在领土、商业等方面的矛盾愈演愈烈。对于俄罗斯的军事扩张，康熙皇帝决定反击。清廷在康熙二十二年至康熙二十四年（1683—1685年）、康熙二十五年（1686年）两次发动雅克萨自卫反击战，击退了俄国的军事冒险。此后中俄两国迅速达成了和平协议。

从这一时期的俄国方面看，俄国的经济、军事实力还无法支撑一场远离欧洲万里的战争，俄国不得不接受中国提出的和谈建议。面对清廷强大的军事压力，俄国政府作出战略调整，把对华图谋的重点暂时由领土占领转向通商贸易。从中国方面看，清廷并不看重对俄贸易的经济利益，而是把边境的安宁作为第一要务，对此目的，康熙二十七年（1688年）清帝在给中国谈判代表索额图的谕旨中说：

罗刹侵我边境，交战于黑龙、松花、呼马尔诸江，据我属所居尼布潮、雅克萨地方，收纳我逃人根特木尔等，及我兵筑城黑龙江，两次进剿雅克萨，攻围其城，此从事罗刹之原委也。其黑龙江之地最为扼要。由黑龙江而下可至松花江，由松花江而下可至嫩江，南行可通库尔瀚江及乌喇、宁古塔、席北、科尔沁、索伦、打虎儿诸处。若向黑龙江口，可达于海。又恒滚、牛满等江及净溪里江口，俱合流于黑龙江。环江左右，均系我属鄂罗春、奇勒尔、毕喇尔等

---

① ［苏］米·约·斯拉德科夫斯基著，宿丰林译：《俄国各民族与中国贸易经济关系史》，社会科学文献出版社，2008年，第107页。

人民及赫哲飞牙喀所居之地。若不尽取之，边民终不获安。朕以为尼布潮、雅克萨、黑龙江上下及通此江之一河一溪，皆我所属之地，不可少弃之于鄂罗斯。我之逃人根特木尔等三佐领及续逃一二人，悉应向彼索还。如鄂罗斯遵谕而行，即归彼逃人，及我大兵所俘获招抚者，与之画定疆界，准其通使贸易。否则尔等即还，不便更与彼议和矣。①

康熙帝甚至想到了如果收回尼布楚，俄国"遣使贸易无栖托之所，势难相通"，为此谕令中国使团，"彼使若恳求尼布潮，可即以额尔古纳为界"②。由于清廷在通商方面作出了很大让步，不仅解决了中俄两国东部边疆的划界问题，而且贸易各款也正式写进了条约。康熙二十八年（1689年）七月二十四日，中俄双方正式签订了《尼布楚条约》。

《尼布楚条约》共6条，主要内容是划定中俄东部边境线，并确立了两国的贸易关系。其中第五条规定："自和约已定之日起，凡两国人民持有护照者，俱得过界往来，并许其贸易互市。"③ 这一通商条款虽然仅仅是一个笼统的原则规定，但它却为俄国在中国进行贸易提供了一个法律上的保障。从此，两国的商务贸易关系上升到国家之间商业契约的高度。

《尼布楚条约》是清廷与外国政府正式缔结的第一个国际条约，它奠定了两国关系正常化的基础，在此后的一个半世纪里，中俄北部和东部边境地区基本保持平静。这一条约不仅是两国外交关系正常化的开端，也是两国贸易关系走向密切的开始。中国第一次以条约形式明确了同俄国的贸易关系，使俄国商队来华贸易获得了条约依据，为今后两国各方面的正常交流奠定了基础。

《尼布楚条约》签订以后，中俄互市主要有3种形式：俄罗斯前往北京的商队贸易、库伦贸易和齐齐哈尔贸易。

北京的商队贸易起源于清初，但正式、合法的商队贸易是在《尼布楚条约》之后。康熙三十二年（1693年）规定：允许俄罗斯每隔3年前来北京贸易1次，人数不得超过两百人；商队自备马驼盘费，货物一应免税。康熙三十二年（1693年）之前来京商队主要以俄国私商为主，曾有7支较大的私人商队前来北京，商队规模逐年扩大。从康熙三十六年（1697年）起，沙皇开始禁止私人商队对华贸易，并开始组建国家性质的商队，私商只有参加国家的商队贸易才

---

① 《清圣祖实录》卷一百三十五，康熙二十七年五月癸酉条。
② 《清圣祖实录》卷一百四十，康熙二十八四月壬辰条。
③ 王铁崖编：《中外旧约章汇编》第一册，生活·读书·新知三联书店，1957年，第2页。

被允许前往中国。该年，彼得一世下令将最为珍贵的貂皮和玄狐皮收归国家经营，将从中国进口的烟草、大黄等交由政府特许的良商去卖。康熙四十五年（1706年），彼得一世颁布《关于对中国进行私人贸易的规定》，严禁西伯利亚的商人和军役人员从事各种皮货买卖，严禁任何私人（包括商队成员）擅自携带任何商品前往北京贸易。从康熙三十七年（1698年）第一支国家商队经尼布楚来北京，直到乾隆二十七年（1762年）最后一支国家商队为止，60年间总共曾有17支俄罗斯国家商队到达北京。① 俄国官方商队来华，均有俄国政府签发的执照。康熙六十一年（1722年）六月八日，俄国掌玺大臣给来华的商务专员签发了一份来京执照。执照以拉丁文雕版印制，中译内容如下：

兹奉俄罗斯察罕汗谕旨，由我处派遣商务专员斯捷潘·特列蒂雅科夫等，携带我官货貂皮等物，前往贵国销售，并购买我所需之贵国物品。既然我两国修好有年，请仍按前例，准我所派商务专员等经过贵国喀尔喀等地，并请沿途护送至京城。到达后，希拨给栈院，准我商务专员将所带货物自由销售，并购买贵国货物，相互交易。交易完毕，携带货物返回时，望仍准伊等经贵国所属蒙古塔拉、喀尔喀等地方，并望派员协助，沿途照看货物，妥送至我边界。同时，我察罕汗业已指令我属人员，若尔方有事，亦将妥善办理。惟恐无据，特由莫斯科签发执照，盖我国印，交付商务专员带去。天主降世一七二二年七月二十日即建国四十一年，掌管国印大臣赫洛夫金。②

这一执照内容透露了这一时期俄罗斯来华的国家商队贸易的重要信息。俄罗斯官方商队经过蒙古国到达北京，所带主要货物是皮毛。商队在中国境内由中国负责护送，到达北京之后，中方还要安排货栈，并允许自由贸易。法国传教士白晋在给路易十四所写的报告中指出，当年莫斯科的使者一踏上大清的土地，就受到康熙特使的全程陪同热情招待，"北京是皇帝允许莫斯科人自由通商的大城市，在通商过程中，他们无须交税，更不会受到欺凌。皇帝这样做是为了使他们有利可图，以便永远保持通商的睦邻关系"③。

除了北京商队贸易之外，另外两种中俄互市形式是库伦和齐齐哈尔的边境贸易。二者原本是商队贸易的产物。俄国前往北京的商队经过两地时，留下部分货物就地交易，逐渐形成了边境的两个贸易中心。康熙四十五年（1706年）

---

① ［苏］米·约·斯拉德科夫斯基著，宿丰林译：《俄国各民族与中国贸易经济关系史》，社会科学文献出版社，2008年，第155页。
② 范振水：《中国护照》，世界知识出版社，2003年，第148－149页。
③ 白晋：《康熙帝传》，《清史资料》（第一辑），中华书局，1980年，第202页。

俄国政府实行对华商队贸易的垄断政策，致使大批俄国私商纷纷转向了地理位置适中、人口稠密的库伦进行贸易。

正当中俄以上述3种形式进行互市之时，两国政治关系的恶化却影响了这种贸易进程。由于俄国政府诱使准噶尔部首领策旺阿拉布坦"臣服"俄国，并肆意破坏中俄双方已达成的协议，导致了两国的紧张关系。清廷多次致函俄方协商解决划界等问题，但俄方缺少诚意，两国关系迅速恶化。康熙五十六年（1717年）和康熙五十八年（1719年）清廷两次拒绝俄国商队进京，只允许其在边境贸易。康熙六十一年（1722年），清廷又将库伦俄商驱逐出境。至此，商队贸易和库伦互市相继衰落下去，齐齐哈尔边境几乎成了中俄贸易的唯一市场，仅雍正元年至五年（1723—1727年）的5年间就有12支俄国商队到达这里。但是，这些商队与前赴北京的商队相比，规模小多了。雍正五年（1727年）由伊凡·米哈伊罗率领的商队只有3人，雍正四年（1726年）由温多里率领的最大的商队也只有32人，其余的一般均在20人左右。所携货物主要是牲畜和毛皮，如温多里商队携带的货物有"马三百匹，银鼠皮一千三百张，狐皮一百四十张，狼皮六十张，灰鼠皮九千张，獭皮四千五百张，染牛皮一百张，猩猩毡一百块，佛特希皮六百张、镜子五十面"①，这大体上反映了当时中俄贸易的水平。

三、恰克图体制的初步形成

18世纪初期中俄北京商队贸易和库伦互市的中断，是17世纪以来中俄关系中各种矛盾发展的必然结果，但两国关系并没有继续恶化下去。由于两国都面临许多棘手的问题，中俄两国开始调整各自的战略。

18世纪20年代，清朝的西北边疆发生了准噶尔叛乱。为防止俄国插手准噶尔问题，清廷决定在贸易上作出让步，以换取边疆的稳定。此时的俄国，也由于一系列的对外战争使国库枯竭，急需开展对华贸易，需要缓和同中国的关系，重开清廷多次提出的边界贸易谈判。

雍正三年（1725年）七月十五日，俄国政府派遣萨瓦·弗拉季斯拉维奇为全权大臣来华谈判，其使命一方面是要"应运用一切相宜的方法尽量拖延划界的时间，目的是赢得尽可能多的时间"，更重要的是"恢复并巩固俄国在中国的

---

① 中国第一历史档案馆编：《清代中俄关系档案史料选编》第一编下册，中华书局，1981年，第459页。

贸易"①。雍正帝也派出了以吏部尚书查弼那、理藩院尚书特古武、兵部侍郎图理琛为首的高级代表团。谈判从1726年开始，先在北京举行，后又移至边境布拉河畔进行。雍正五年（1727年）七月十六日，中俄双方签订并互换了《布连斯奇条约》，划定了两国在蒙古地区的边界。同年九月初七，双方又签订了《恰克图条约》，它是将《布连斯奇条约》与在北京议定的10条协约合并形成的一个总条约。

《恰克图条约》共11款，主要内容包括边界、贸易、宗教和越界人犯的处理4个方面。其中第四款对两国的贸易问题作了规定："按照所议，准其两国通商。既已通商，其人数仍照原定，不得过两百人，每间三年进京一次。除两国通商外，有因在两国交界处所零星贸易者，在色楞额之恰克图、尼布朝之本地方，择好地建盖房屋。情愿前往贸易者，准其贸易。周围城垣、栅子酌量建造，亦毋庸取税。均指令由正道行走，倘若绕道，或有往他处贸易者，将其货物入官。"②

这一条款使俄国得以恢复已被中国政府停止的北京商队贸易，并且重新开辟了两国边境上的贸易市场。《恰克图条约》是继《尼布楚条约》之后中俄两国签订的具有重要历史地位的条约，它使中俄之间的中段边界得以确定，并对中俄两国在经济、文化的交流方面起了推动作用。雍正帝最终达到了争取边界稳定的目的，可以放手解决准噶尔的叛乱。俄国则通过条约得到更多的好处，不仅在实际划界时得到了一条有利的边界线，而且实现了他们多年来梦寐以求的扩大商队来华贸易和东正教团驻扎北京的合法化。

《恰克图条约》签订后，中俄双方除恢复京师商队互市外，还着手开辟新的边境贸易点。原有的库伦和齐齐哈尔两处贸易点虽然离俄国边境不远，但它们位于中国境内，俄罗斯难以对其管理和控制。俄罗斯决定选择靠近色楞格斯克的地方——恰克图建立贸易中心。恰克图互市后来表现出强大的生命力，在此后100多年的时间里蓬勃发展。

恰克图属喀尔喀蒙古土谢图汗中左翼末旗辖境内，位于色楞格河东岸，南距库伦800里。康熙初年，"稍成聚落"，至雍正年间已"规模略具"③。《恰克图条约》签订时，因恰克图地处适中，成为中俄双方互市之地，旧市街归于俄

---

① ［俄］尼古拉·班蒂什—卡缅斯基编著，中国人民大学俄语教研室译：《俄中两国外交文献汇编（1619－1792年）》，商务印书馆，1982年，第454、131页。
② 王铁崖编：《中外旧约章汇编》第一册，生活·读书·新知三联书店，1957年，第8－9页。
③ 刘选民：《中俄早期贸易考》，《燕京学报》1939年第25期，第183页。

国，中方另建新市街与之毗邻，形成一个跨处两国疆界的边境贸易市场，这就是恰克图市场。恰克图市场的中方市圈，清代官方向称"恰克图"，"买卖城"系后来内地赴恰汉商之俗称。俄方市圈亦称恰克图。近代学者为区分历史上的两个同名市圈，通常习惯于将俄方市圈称为恰克图（今俄罗斯城市恰克图），而将中国市圈称之为买卖城（今蒙古人民共和国边城阿尔丹布拉克）。

恰克图市场于雍正六年（1728年）八月二日首次开市。从此开始了绵延近两个世纪之久的中俄恰克图贸易。

恰克图贸易开始时，由于俄国每3年一次派商队赴北京贸易，对毛皮实行国家垄断，禁止俄商贩运毛皮和限制牲畜出口，所以初期的恰克图贸易额每年不超过1万卢布。然而，国家商队贸易有其固有的弊端[1]：首先，俄罗斯国家商队的贸易领域比较狭窄，主要是用单一的皮毛来换取俄国皇家所需的奢侈品；其次，附着于国家商队的私人携带的商品也占了相当比例，侵蚀了国家贸易行为所获利润。随着时间的推移，恰克图边境的毛皮交易逐渐发展了起来，这给了俄国官方赴北京的商队致命的打击。从恰克图运往北京的毛皮，比俄罗斯官方商队运送的既早又多。到了18世纪40年代，恰克图年平均贸易额达50万卢布，而赴京商队贸易却一蹶不振，只有10万卢布。从乾隆十九年（1754年）起，俄国政府取消了国内关卡，允许俄商交易后再纳关税，激发了中小私营商人前往边境贸易的积极性。乾隆二十四年（1759年），清廷放宽了赴恰克图贸易的"领票"和稽查管理办法，大批晋商自张家口赴恰克图，乾隆二十五年（1760年）贸易额又增加到135万卢布。乾隆二十七年（1762年）俄国允许私商经营皮毛，宣布不再派商队赴北京贸易，中俄贸易集中到恰克图，中俄恰克图贸易有了质的飞跃。至此，恰克图贸易发展成了中俄贸易的唯一形式。

在恰克图贸易中，中方货物主要包括茶叶、大黄和杂货等几项："以我之茶叶、大黄、磁、线等物易彼之哦噔绸、灰鼠、海龙等物。"[2] 到19世纪初期之后，茶叶成为中方的主要货物。

在恰克图贸易过程中，中俄双方直接见面，不用中介，也不用翻译。交易是整年进行的，但冬季最为繁忙，大宗交易一般都在冬季进行。

四、恰克图体制的最终完善

然而，恰克图互市的发展并非一帆风顺，由于未能妥善处理双方贸易中的

---

[1] ［苏］米·约·斯拉德科夫斯基著，宿丰林译：《俄国各民族与中国贸易经济关系史》，社会科学文献出版社，2008年，第144页。

[2] 姚元之：《竹叶亭杂记》卷三，中华书局，1982年，第81页。

矛盾和纠纷，导致了贸易的多次中断。乾隆年间恰克图贸易有三次较长时间的中断：第一次是在乾隆二十七年至三十三年（1762—1768年）之间，共6年；第二次是乾隆四十三年至四十五年（1778—1780年）之间，共两年；第三次是在乾隆五十年之五十七年（1785—1792年），共7年。这就是清代史籍所称的"恰克图三次闭关"。但正是这几次贸易摩擦，最终导致了恰克图贸易规则的补充和完善，使恰克图互市体制进一步完备。

第一次闭市发生于乾隆二十七年（1762年）。闭市之初，清廷并未从买卖城撤走中国商人，亦未严格禁止商人往来，只是宣布暂停市易，作出罢市的姿态，目的在于促使俄方有所约束。但由于俄方并未"恭顺行事"，清廷在乾隆二十九年（1764年）彻底停止了贸易，直至乾隆三十三年（1768年）前再未开市。第一次闭关的结果，是中俄两国签订了《恰克图界约补充条款》即《修改恰克图界约等十条》。它是在《恰克图条约》11款的基础上，对劫掠、犯罪、送还丢失马匹、打猎、持枪越界等问题都作出了相应的处理规定，确认了两国交界处凡有山地带均以山岭为界，山之阳属中国，山之阴属俄国，恰克图等边境贸易永不征税，并且宣布俄方在恰克图收税为非法。

第二次闭市始于乾隆四十三年（1778年），乾隆四十四年（1779年）乾隆帝批准开市，至乾隆四十五年（1780年）正式恢复通商。第二次闭关的结果，俄方撤换了伊尔库茨克省省长和恰克图地方官。重新开市后，两国边境官员的关系融洽得多了，这对于保持睦邻关系，对于两国人民的友好往来和恰克图贸易的发展是有益的。

第三次闭市始于乾隆四十九年（1785年）。该年俄属布里雅特人入境持械抢劫中国商人，库伦办事大臣照会俄国伊尔库茨克总督拉木巴，要求按乾隆三十三年（1768年）中俄《恰克图补充条款》办理，但俄方拖延不办。接着清廷又致函俄国枢密院，仍得不到满意答复。在此情况下，清廷决定关闭恰克图贸易，直至乾隆五十七年（1792年）。第三次闭市的结果，中俄双方签订了《恰克图市约》5款，其主要内容如下：恢复恰克图贸易；彼此交易，即时归结，不得负欠；守边官吏，应慎选贤能，逊顺相结；严加约束，杜绝盗窃；两边民人交涉事件，各就近查验，辑获会审，本处属下由本处治罪，罚款皆照旧例。

乾隆五十七年（1792年）签订的《恰克图市约》不仅结束了长达8年的闭市，也是中俄之间第一个以边境贸易为内容的条约。它的签订标志着恰克图贸易进入了一个长达60年的稳定发展期，贸易额在这一时期也不断增长：在乾隆四十年至五十年（1775—1785年）之间，恰克图贸易年平均进出口额为259万卢布。而从乾隆五十七年至嘉庆五年（1792—1800年）之间，年平均进出口额就已达到 464 万卢布。从嘉庆六年至嘉庆十八年（1801—1813 年），年平均进出口额又增长到 756 万多卢布。① 中方销往俄方的茶叶，嘉庆五年（1800 年）为 280 万磅，嘉庆二十五年（1820 年）上升到 500 万磅。

19 世纪上半叶，中俄边境局势相对稳定，为两国贸易发展提供了必要条件，恰克图互市进入了它的鼎盛时期。中方买卖城成为漠北商业"都会"，市政管理和社会生活都井然有序。19 世纪 30 年代，正处拿破仑战争期间，从欧洲到中国的海路受阻，许多欧洲商人只好通过俄国商人在恰克图同中国做生意。因此，到 19 世纪中叶，俄方恰克图不仅是西伯利亚的商业重镇，而且也驰名欧洲。俄方的恰克图城遂成了驰名中外的商业都会，被称之为"西伯利亚的汉堡""沙漠威尼斯"。

五、恰克图体制的衰落

恰克图互市进入繁荣期后，一直到 19 世纪 50 年代初，贸易额仍保持上升势头，占中国进出口总值的 15%～20%。俄国仅次于英国，成为中国的第二大贸易伙伴。即使在咸丰元年（1851 年）《伊犁塔尔巴哈台通商章程》签订后头两年，中俄恰克图贸易额仍很可观。

然而从咸丰三年（1853 年）开始，特别是咸丰八年（1858 年）中俄《天津条约》签订后，恰克图贸易的交易额急剧下降，到 19 世纪 80 年代时，贸易总额较 19 世纪 50 年代少了四分之三。恰克图互市的衰落是一个复杂的过程，原因也是多方面的。

首先，从咸丰元年（1851 年）中俄《伊犁塔尔巴哈台通商章程》的签订开始，中俄贸易和互市的渠道开始多元化，挤压了恰克图互市在中俄贸易中的份额。俄国大批商人将注意力从传统的恰克图边疆贸易转向中国的西部边境。此后在咸丰八年（1858 年）的《瑷珲条约》《天津条约》，咸丰九年（1859 年）的《黑龙江通商条规》，咸丰十年（1860 年）的《北京续增条约》，同治元年（1862 年）的《陆路通商章程》，同治八年（1869 年）的《改订陆路通商章程》，光绪七年（1881 年）的《伊犁改订条约》等条约，沙俄取得了在沿海、沿江、沿边及内陆 20 多个商埠自由贸易的权利。与此相对应，俄国对华贸易开辟出了海、陆新的贸易路线，史载：

俄人之运货回国也，取道凡四：车驼辇载出恰克图，而达于东悉毕尔者，

---

① 姚明辉：《蒙古志》卷三，贸易。

为咸丰以前之故道；驾巨舰泛海徂西，以达于波罗的海者，为通商以后之孔道；出图门江北，以达东海之滨者，辛酉后新拓地也；其自汉口西北行出嘉峪关，以达西悉毕尔者，自光绪五年始。维时改约未成，而四路通商端倪已着。该哈萨克、浩罕诸部，新归属隶，地加广，人加众，需物加多，而茶尤巨焉。七年定约，允以嘉峪关为通商口岸，而往来益盛。①

这一材料中的新添贸易孔道中，海路包括南北两线：南线绕好望角或红海，到达波罗的海；北线则沿中国海岸直达海参崴（今符拉迪沃斯托克）。新的陆路贸易路线从东西两个方向扩展，这主要由于沙俄在我国东北、西北的入侵所致：东部在图们江，西部则添加了嘉峪关一线。特别是在西部，由于19世纪末期中亚几个国家被沙俄吞并，使中国在西部边境与俄罗斯的贸易范围更为扩大。

其次，沙俄在近代以来与中国签订的各项条约中，取得了在中国国内进行贸易并大幅度减免商税的特权。俄商可以直接深入中国内地进行采购，而无需经过恰克图渠道。俄商深入中国内地，直接采购、制造、贩运茶叶，不仅销回俄国，而且运销到英、法各国，沉重打击了恰克图体制中晋商原来拥有的供应商地位。俄商在汉口开设洋行，将红茶、砖茶装入轮船，自汉口运往天津，由天津运回俄国，运费降低，所运数量也日益增多，最终将山西商人生意占去大约三分之二。这是俄国与西方势力一起作为殖民势力深入中国内地的结果。俄商到蒙古各部、各盟贸易，如果在中国边界百里以内的均可免税；俄商赴津路经张家口则可酌留二成货物销售，"按税则三分减一"进行贸易。

第三，交通道路的改进，也使传统的恰克图边界贸易方式发生巨变。沙俄在19世纪末期开始修建贯通俄罗斯远东的中东大铁路，使中俄贸易的重心转移到黑龙江。这条交通大动脉经过的伊尔库茨克和乌兰乌德等城市迅速兴起，发展速度远远超过恰克图。这是对恰克图互市产生致命影响的最后一根稻草。20世纪初，西伯利亚大铁路的全线通车彻底摧毁了恰克图互市。从此这座商贸城市风光不再，渐渐地湮没在历史的长河之中。当然几百年来的贸易传统还是留下了一点残余，但辛亥革命之后外蒙独立使恰克图贸易彻底宣告终结。如今，仅有2万左右固定人口的恰克图还保留着一些曾作为西伯利亚商业都市的印记：广场建筑物上标有"通往俄罗斯伟大茶道"字样的路线图。

---

① 《清朝续文献通考》卷四十二，征榷十四。

第二节 恰克图体制的构成

恰克图成为中俄贸易的主要地区之后，经过双方多年的冲突、磨合，中国方面最终形成了一整套可以称之为"恰克图体制"的制度，它由官方的管理机关、中方部票制度、贸易规则以及晋商几部分构成。

一、中俄行政管理机构

中方在恰克图的行政管理机构始于中俄早期的边界贸易时代。康熙五十九年（1720年），清廷为加强对库伦贸易的管理，理藩院委派监视官1员前往库伦，会同喀尔喀土谢图汗弹压稽查，两年替换一次。在中俄恰克图贸易转移到恰克图后，清廷继承了管理库伦贸易的行政设置，雍正五年（1727年）在中方的买卖城设置由理藩院司官内简选的监视官1员，两年轮换一次，另外下设书吏、蒙古章京等属官。乾隆十二年（1747年），驻扎恰克图的监视官，改为3年1次更换。乾隆二十七年（1762年），清廷又设置库伦办事大臣2人，一由京城满洲蒙古大臣内简放，一由喀尔喀札萨克内特派，所有恰克图部员，都归驻扎库伦的办事大臣管理。此外，凡行文俄罗斯萨那特衙门，皆用库伦办事大臣印文。清廷通过库伦办事大臣参与管理，提高了恰克图行政管理人员的品级和权限，进一步加强了对中俄贸易的管控。驻扎买卖城的中方官员常被俄方称为"扎尔固齐"。"扎尔固齐"即汉语"司员"之意。

清廷在设置监视委员的同时，根据中俄双方规定，为处理两国商人纠纷，中俄两国在恰克图和额尔古纳堡各派驻30名军人，由两名同级的军官管理。

与中方一侧的行政管理设置相对应，俄方也有相应的管理设置。在库伦贸易期间，俄方在库伦设有专管贸易的商务专员。恰克图贸易时期，俄方在边界附近驻扎1班士兵，设置1名大尉管理，职能为保卫贸易圈、处理纠纷事宜；设置两名边界巡查员，平息边界争端；在贸易圈内设置税务总监1名，管理贸易税收事务；在色楞格斯克设置边界总管1名，统管边界、贸易各项事务，并为前往恰克图进行贸易的俄国商人颁发执照。雍正九年（1731年），俄政府在伊尔库茨克省设置副省长一职，代替以前的边界总管管理的所有事务。乾隆元年（1736年），伊尔库茨克省从托博尔斯克省划出，直接归西伯利亚衙门节制，进一步提高了伊尔库茨克副省长在管理中俄边界、贸易事务中的权威。

二、部票制度

清廷对前往恰克图进行贸易的中国商人管理十分严格,部票制度就是最重要的内容之一:"我之货往,客商由张家口出票,至库伦换票,到彼缴票。"①

部票制度起源于康熙末年。康熙五十九年(1720年)议准:库伦地方,俄罗斯与喀尔喀互相贸易,民人丛集,难以稽查。嗣后内地民人如有前往喀尔喀、库伦贸易,须由相关官员出具印文,将货物、人数开明上报理藩院,给予执照。商人经过边关口隘,守口关弁在验明执照后放行。

恰克图贸易开始后,部票制度日趋完善。乾隆二十四年(1759年),清廷规定:商人至库伦、恰克图者,给理藩院票;由直隶出口者,在察哈尔都统或多伦诺尔同知衙门领票;由山西出口者,在绥远城将军衙门领票。部票用汉、蒙、满3种文字书写。各地衙门发给部票时,将商人姓名及货物数目、所往地方、启程日期,启缮清单粘贴票尾,钤印。如果赴恰克图贸易的货物目的地要改往他处,须由该处将军、大臣、扎萨克更换执照。其他规定包括:票商一律以现银、现货交易,限定一年催回,不准潜留居住、娶妻、置产,不准取蒙古名字。乾隆四十五年(1780年),除了所有章程均照旧例办理外,又增设卡伦换照一项:内地商民至卡伦时,查验部给执照,对执照中所载的车辆、驼只等数目进行核实,如果数目相符,换给执照。到恰克图时,对执照再行查验。如无卡伦所换给的执照,不准入市。

每张部票的法定的贩运量,有两种折算法:按茶箱计算,每300箱茶作票一张,收规费银50两;按骆驼计算,每200驼作票一张。在恰克图贸易的后期,一张部票贩茶数额增加到600箱。

对于违反规定、无执照前往恰克图进行贸易的走私商人,清廷严加处罚。对于查出的走私商人,须枷号两个月。枷号期满时,鞭笞40,逐回原省,所携货物的一半没入官衙,一半赏给缉拿之人。

三、贸易规则

恰克图的贸易方式采取易货贸易。由于在中俄商人交易中经常出现赊账情况,引起了不少的债务纠纷,清当局曾规定要以现银易货。不久,又下令恢复以货易货。

关于商品价格的制定,在乾隆二十三年(1768年),买卖城的司官作了详

---

① 姚元之:《竹叶亭杂记》卷三,中华书局,1982年,第82页。

细规定：将城内所有货物按照帛细、布匹、绒线、细清茶、粗茶、草烟、糖果、瓷器等8类分行，选良善殷实者为行头，与众多商会共定商品价格。这种价格还应随着市场行情的变化作出相应调整，"倘相隔数日后，贩取某种货物者增多，俄人不多加价，此项货物即应随时减价"；"反之则加价"。"陆续前来之商人，均应照此定价，并按其到集先后，依次交易。对俄罗斯货物如何折价及随时加价减价等情"，"行头亦应照此与各商人共商，一体购买"。至道光年间，买卖城官员将"买卖规矩"扩充为16条法令①：

（1）即时了解俄国方面的市场和商品动向。

（2）为保持我方商品的价位，要适当控制出口的数量。

（3）把我方所需紧缺商品，秘密通报俄方商人。

（4）当俄方大量运来紧缺商品时，我方则停止与其交易，并告知这种商品供过于求，迫使俄方降价出售。

（5）对俄商应谦恭有礼，不得无理；严禁他们到你们的住地，也不许宴请他们，但要尽量了解他们国家的贸易情况。

（6）保守商业秘密。

（7）不应过分贪求俄国商品，在贸易中要不露声色。否则会抬高俄国商品的价格。

（8）隐瞒俄国商情者，处以3天禁闭。

（9）不顾我方商情公告而私自交易，禁闭6天并禁止其交易半个月。

（10）违背限制商品数量的约定而增加出口商品数量，要将其商品扣留，以免损害商品的价格。

（11）任何人不得与俄商发生任何口角，即使事后证明他没有错，也应关禁闭10天。若有各种类型的索赔，都应平静地、有规矩地向俄方长官匡苏勒友善地陈述，以免有时商人之间小的仇隙导致国家之间大的争端。

（12）泄漏我方商业机密者，有禁闭、停止贸易、驱逐等几种处罚措施。

（13）透漏本条令及恰克图章京商情公告单者，杖责50并逐出恰克图。其生意交由别人经营。

（14）透露国家机密者斩，其生意交由他人经营。

（15）凡背弃约定以信件传递购买俄国商品的热情过度者，以交易总额的数

---

① 米镇波：《清代中俄恰克图边境贸易》，南开大学出版社，2003年，第88—90页。这个文件目前至少已发现三种不同年代的俄文版本，分别译作《清政府对商人的训令》《对商人的秘密指令》《商人守则》。

倍加以处罚。屡犯三次者逐出恰克图。

(16) 首次到恰克图而会说俄语者，禁止其本人参与贸易1年。

俄国政府也为了控制恰克图市场，于嘉庆五年（1800年）颁布了《恰克图贸易章程》《对恰克图海关及各公司股东的训令》。《章程》中规定，禁止未臣属俄国的外国人去恰克图贸易。从这时起，欧美商人的货物只有通过俄商才能进入恰克图。这样就保护了俄商在恰克图市场上避免同欧美商人的竞争。在《训令》中规定，向中国出口的呢绒免税，皮革和毛皮减税，俄商贩运到恰克图去出售的外国毛纺织品减税；提高中国茶叶和棉布的进口税；禁止从中国进口制革、牲畜和金属制品；禁止向中国出口枪支弹药、金银和钱币。

四、晋商

在恰克图体制的构成中，晋商是重要的组成部分。① 晋商与恰克图贸易的关系，就如广东十三行商人与广州体制的关系。不过，晋商与广东行商最大的区别在于，晋商是彻底的民间身份，而广东行商则是半官方身份。

晋商是恰克图贸易里的中方主体，"所有恰克图贸易商民，皆晋省人。由张家口贩运烟、茶、缎、布、杂货，前往易换各色皮张、毡片等物"②。在嘉庆年间，恰克图有晋商开办的商号60多家。恰克图贸易商人"皆晋人"，晋人中又以晋中太、汾两府商人为主体。从现在所见资料看，赴恰克图贸易有名姓籍贯可考的最早的商人是汾阳人朱成龙。乾隆之后恰克图在出口商品中占首位的茶叶，主要由晋中人经营，最大的商家是榆次常家。在恰克图经营绸缎、布匹的巨贾是太谷曹家。恰克图贸易另外一种重要商品烟，主要产自曲沃，但曲沃烟坊的大字号"多系北路商人开设……旱烟制成后，全部发往平、祁、榆，销至蒙古、俄罗斯"③。因此完全可以说，垄断恰克图贸易的晋商，主体是晋中商人。下面以晋中茶商为例说明中俄贸易中方一侧的贸易链条情形。

清代从事恰克图贸易的晋中茶商可以分为"内茶商"和"外茶商"。内茶商主要经营茶叶收购、加工、运销，销售对象以张家口、杀虎口、归化、包头等地的外茶商为主，卖出茶叶，收回银两，不直接与蒙俄商民从事交易。祁县乔家的大德兴、大德诚就属于这一类。外茶商或直接到茶叶产地收购、加工茶叶北运，或从内茶商手中批发接货，再经长途贩运，在恰克图及蒙古、新疆直

---

① 黄鉴晖：《山西茶商与中俄恰克图贸易》，《中国经济史研究》1993年第1期。
② 何秋涛：《朔方备乘》卷四十六。
③ 黄鉴晖：《明清山西商人研究》，山西经济出版社，2002年，第236页。

接与俄商和蒙古等少数民族进行贸易，多为以物易物。

外茶商以在恰克图从事对俄贸易的榆次车辋常家和太谷、祁县人合开的大盛魁为代表。常家在恰克图于乾隆年间开设大德玉，道光六年（1826年）开设大升玉，道光二十年（1840年）开设大泉玉。之后，在与俄商竞争不利的条件下，常家顽强坚持，又于同治五年（1866年）增设大美玉，光绪五年（1879年）增设独慎玉，形成了"玉"字五联号。独慎玉还在莫斯科等地设立了分号。大盛魁则创办了大玉川、大昌川两家著名茶庄，与祁县渠家创办的长裕川、长盛川茶庄并称"两大""两长"。这4家名店销售的砖茶均以"川"字为标记，久负盛名。清廷对这4大茶庄，特授"红龙票"给予保护。①

不论是内茶商，还是外茶商，山西茶商的货源地，包括了中国的茶叶主产区。从中国南方的茶叶原产地，茶叶的运输历经福建、江西、湖北、河南、山西、内蒙古等地到达恰克图，形成了一条纵贯南北水陆交替的"茶叶之路"。"茶叶之路"最初起点在福建崇安（现武夷山市），终点是乌里雅苏台的恰克图，全程约9520余里，其中水路2960余里，陆路6560余里，因此称为"万里茶路"。咸丰年间茶叶之路的起点改在湖南安化，后又移至湖北蒲圻。对于这条恰克图商道，清人有诗云：

戈壁苍茫万里途，盘车北上塞云孤。
海龙江獭鱼油锦，贸易新通恰克图。②

第三节　嘉庆十年俄船航行广州事件
——俄国对恰克图体制的挑战

然而俄罗斯对于在恰克图体制下得到的贸易好处，并不知足。19世纪初期俄罗斯试图在恰克图体制之外另外开辟与中国的通商渠道。③

一、俄船首航广州的背景

俄罗斯商船航行广州的动机有两个：

---

① 黄鉴晖：《山西茶商与中俄恰克图贸易》，《中国经济史研究》1993年第1期。
② 龙顾山人：《十朝诗乘》卷十四《商都杂兴》，福建人民出版社，2000年，第550页。
③ 此部分主要参考了柳若梅《嘉庆年间俄船首次海上来华贸易事件钩沉》，《社会科学》2007年第8期；蔡鸿生《俄船首航广州的贸易风波》，《俄罗斯馆纪事》第172-201页。

第一，为规避恰克图贸易较高的交通成本。中俄恰克图贸易中，俄罗斯向中国出口的重要商品是产于西伯利亚和俄属北美的皮毛产品。中俄陆地的这种边界贸易自有其优越性，具有相对稳定性、安全性。然而在西伯利亚大铁路开通前，18、19世纪初期的俄罗斯欧洲领土通往西伯利亚和远东地区的道路漫长，这些区域在大多数时期内天寒地冻，人烟稀少。在俄罗斯人看来，这种贸易周期较长、装备供应浩繁的交通成本是昂贵的。英国商船由美洲西北岸前往广州，全程往返只需5个月，而俄国如果把产于北美的皮毛向中国出售，需先把毛皮从俄属美洲经海路运往鄂霍茨克，然后再从陆路运往恰克图，有时耗时两年多。海洋贸易则是突破这种陆地贸易局限性的替代手段，从装货到卸货，只需一次完成。俄国海军中尉克鲁森施滕，早年曾在英国海军学习，并于嘉庆元年（1796年）到过广州和澳门。嘉庆四年（1799年），克氏上呈沙皇保罗一世的报告中，建议在波罗的海俄国船厂造船，然后满载俄属美洲所需要的商品经过合恩角、太平洋前往阿拉斯加及其他岛屿，卸下这些商品后装载上毛皮产品直接到中国广州贩卖，再买入中国商品，然后船只绕经非洲返俄。

第二，与欧美其他国家竞争皮毛贸易。英、法、美在广州与中国的贸易，长期以来处于一种贸易逆差的境地。西方国家的呢、棉等商品在中国市场远不如中国的茶叶、瓷器、丝绸在西方有广阔的销售市场。为弥补和平衡这种逆差，西方国家在18世纪末期在广州进行贸易的商品单中，出现了皮毛这一货品。西方国家在广州开辟皮毛贸易，引起俄国试图从海上前往广州进行贸易的航行。

乾隆四十三年（1778年）英国人库克率"发现号"和"坚定号"两船远航美洲西北岸，在诺特加湾逗留了约1个月以搜集大量毛皮，次年运到广州出售，取得了惊人的高价。美洲西北海岸与中国毛皮贸易的诱人前景，使得英国人在此后成为美洲西北海岸毛皮贸易的主要参与者。乾隆四十九年（1784年）美国的"中国皇后号"首航广州，也成为重要的参与皮毛贸易的西方国家。乾隆五十六年（1791年）法船"强壮号"也出现在美洲西北海岸。次年法国船只"弗拉维号"来到西北海岸，在收购到大量毛皮后驶往广州。在18世纪后期的中国毛皮贸易市场上，欧洲诸国与俄国展开了较量。西方国家在对华贸易中引入皮毛这一商品，导致了恰克图贸易中俄国人从陆地输入中国的皮毛价格的下降。"皮货的销路早已成为俄国对华贸易的生命线"①，俄国必要要对这一局面作出应对。1800年俄美公司巴拉诺夫向俄国政府报告说："大量皮货经多种渠道流入广州，并由广州运销全国，由于这些皮货价格低廉，而使我们在恰克图的贸易

---

① 蔡鸿生：《俄罗斯馆纪事》（增订本），中华书局，2005年，第176页。

严重受损，最后很可能导致关税枯竭。"①

二、俄船首航广州的过程

俄罗斯从海上来华贸易的船只属于俄美公司。俄美公司成立于嘉庆四年（1799年）。俄国枢密院发给其的特许状规定其拥有从北纬55度到白令海峡的美洲东北海岸及其以外的地方、位于东北洋中的阿留申群岛、千岛群岛和其他群岛范围内的全部贸易和矿藏的垄断权。俄美公司成为俄国政府的"东印度公司"，它是沙俄海上扩张与贸易的急先锋。

嘉庆八年（1803年），俄国商务大臣鲁缅采夫奏请亚历山大一世，向北京派代表就广州开放对俄贸易一事进行谈判：

> 据臣在工作中所了解的俄美公司贸易情况，结合俄对华贸易总的情况，臣以为，无论该公司怎样加强其活动，也难抵恰克图毛皮商品价格的冲击。若俄国人自己不去开辟通往广州之路，英国人和美国人从诺特加、巽他岛和沙洛塔群岛搞到毛皮直接去广州，总能（以后也将）在毛皮贸易中取得优势。……鉴于广州贸易能带来巨大的利润，臣有责任向陛下建议，可否以向北美洲派出船只为借口向北京派请求中国港口在必要的情况下给予友好帮助，并提出向所有欧洲人那样在广州进行互易。看来，中国不会拒绝俄国这个大邻国的互易请求，尤其是如果暗示中国政府，大量毛皮输入广州，中国人会得到巨大的利益。②

不久，鲁缅采夫再次向沙皇提交报告，陈述对华、对日贸易于俄属美洲发展的重要性，建议派船环球旅行，向日本派使团以建立贸易联系，向中国派出使团推动在广州贸易。亚历山大一世对这一报告作出"照此办理"的批示。

嘉庆八年（1803年）六月二十日，克鲁森施滕率"希望号"和"涅瓦号"驶出喀琅施塔特港，开始了俄国历史上第一次环球旅行，其任务包括确立对日、对华海上贸易联系，同时进行科学考察。对于俄国海上商船前往广州贸易的目的，嘉庆九年十二月二十八日（1805年1月28日）鲁缅采夫向亚历山大一世提交的报告作了更详尽的说明：

> 俄属美洲渔猎规模在提高，应开辟渠道保障渔猎产品方便地售出。现在俄

---

① 科尔沙克：《俄中通商历史统计概览》（俄文版），第261－262页。转引自蔡鸿生《俄罗斯馆纪事》（增订本），中华书局，2005年，第177页。

② 柳若梅：《嘉庆年间俄船首次海上来华贸易事件钩沉》，《社会科学》2007年第8期。

美公司不能控制毛皮产品的价格，因为英国人和美国人从诺特加、巽他岛和沙洛塔群岛将毛皮产品运往广州，而俄美公司同样的产品却要经鄂霍茨克的艰难跋涉运到恰克图。这样，如果俄美公司不开通前往广州的通道，英国人和美国人就会在贸易上占有优势。造船公司的活动、从堪察加和美洲到广州的较近的距离，使我们可以设想从俄属美洲输出毛皮、鲸油、海象骨，从西伯利亚输出北方动物骨等会有利可图。鉴于这种情况，可委派环球旅行中的一艘船到广州进行试探性贸易，确认了这一点就可以尽可能地开发更多新途径增加西伯利亚和美洲的财富。臣以为有必要指示赴华使臣，暗示当地政府，既然广州已对各国开放，俄皇确信俄国在广州贸易也不会有障碍，同时还要坚决要求和南京建立联系，南京拥有的中国自然财富比所有其他地区都多，从人口数量上就可以看出这一点，南京过去曾是多个朝代的首都，造纸业发达，所生产的纸质地优良，光泽自然，中国其他省份的造纸术远达不到南京的水平。①

俄国派遣船队环球航行和前往广州贸易的同时，俄罗斯利用传统的中俄政治交流的渠道准备向北京派出外交使团，向中国政府通告俄罗斯商船即将到达广州进行贸易。就在俄罗斯的环球船队出发不久，俄枢密院在嘉庆八年（1803年）十月二十七日向中国理藩院发函，以报告新皇亚历山大一世登基为名请求向清朝派出使团。嘉庆九年（1804年）一月二十四日，理藩院回函同意俄国请求。八月十二日俄枢密院再次致函理藩院，通知清廷俄国使团将在来年访华。

嘉庆十年（1805年）一月二十九日，戈洛夫金受命率团赴华，所受训令之一就是要求中国给予俄船同欧洲其他国家商船一样在广州贸易的权利，并请求开通黄海的贸易港口。六月二十二日，俄国再次授意戈洛夫金同中国人谈判时要提到，俄国同所有欧洲民族一样有权前往广州贸易，并强调已派船前往广州，俄国准备以后经常派国家商船前往广州。如果中国人对此沉默应对，则应据理力争允许俄船前往广州。戈洛夫金使团携带着要求清廷批准俄船广州贸易的外交函件：

俄船去往广州，带去了各种商品，可以比欧洲其他商人货物更低的价格售出，这对贵大清国并无损失，所以我们过去曾友善地请求您，现在再次请求您请奏博格达汗陛下，希望以后允许俄船同欧洲各国在广州的商船一样进行贸易，我们将认为这种许可是贵国对俄国友好的毫无疑问的标志。②

---

① 柳若梅：《嘉庆年间俄船首次海上来华贸易事件钩沉》，《社会科学》2007年第8期。
② 柳若梅：《嘉庆年间俄船首次海上来华贸易事件钩沉》，《社会科学》2007年第8期。

第十三章　恰克图体制——清代对俄罗斯的朝贡通商体制

从上述俄罗斯出台的各种措施可知，俄政府试图打开到达广州的海上贸易，并且派遣外交使团前往北京对俄国商船的广州之行进行配合。俄罗斯政府采取了开辟海上贸易和外交谈判双管齐下的政策。在俄罗斯人的计划中，俄国外交使团先到北京，俄罗斯商船稍后到达广州。对于二者到达的先后顺序俄国人是做过一番考虑的。嘉庆十年（1805年）七月二十二日，戈洛夫金在伊尔库茨克给外交部副部长恰尔托雷斯基的报告中说，如果俄船比使团早到广州，必然将导致俄中关系复杂化。八月三日，戈洛夫金分别向亚历山大一世和恰尔托雷斯基报告称，俄国外交使团仍在边境恰克图停留，清廷允许使团前往北京的命令迟迟没有下达。俄船如果在外交使团抵京前至粤将十分危险，并有可能导致使团同清廷谈判的终止。戈洛夫金因此建议，俄船赴广州应延缓，因为俄船先行抵粤将会影响外交使团出使的作用，甚至破坏中国人原本善意的设想。在他抵京后再争取尽快与清廷协调使其允许俄国商船进入广州。同时戈洛夫金也给船长克鲁森施滕写信，如商船于外交使团抵京前先期至粤，在其遭扣留时可找借口脱身。当然船长未能收到此信。

实际上，事情的进展正是向戈洛夫金不愿意看到的方向发展着。人算不如天算，俄国商船比俄国外交使团提前到达了广州。在俄国商船到达广州时，俄国外交使团还在寒风凛冽的中俄边境与中国地方当局因礼仪问题僵持不下，使团不久便被驱逐而打道回府。

两艘俄国商船在嘉庆八年（1803年）从喀琅斯塔特启航后，到檀香山后开始分航执行任务。"希望号"出使日本，并到黑龙江江口进行勘查。后由堪察加南下前往澳门。"涅瓦号"则驶向北美西北海岸，完成预定任务后，按计划满载皮货前往中国广东与"希望号"会合。

"希望号"在嘉庆十年（1805年）九月三十日到达澳门。"希望号"抵粤后，因船上只有少量皮货，克鲁森施滕只以"巡船"名义报关以免费停靠。十月十三日"涅瓦号"赶来澳门与"希望号"会合。"涅瓦"号到澳门后，两船一同以"货船"名义报关验船。两艘俄船的船长致函向粤海关监督延丰说明俄船到达广州的原委：

> 我（"希望号"船长）带领的两艘船来自中国人所称的"俄罗斯"国，敝国人早就同贵国在我们两国的边界城市恰克图进行陆路贸易，为尝试同广州建立海上贸易关系（如能同广州进行海上贸易，则方便且花费不大，对两国都有利，所以就派船来到贵处），成立了俄美公司，正是俄美公司派利相斯基船长率船来中国……为俄美公司运送中国货。因疏忽在我船上除近九千张海狗皮和350

张海狸皮外别无他物,去夳仔等利相斯基的船到来……我船奉命同利相斯基船长一起启航,在此请求您允许我尽快进入黄埔或立刻启程返俄,因为从俄罗斯到广州可能需要六七个月。

我("涅瓦号"船长)所带领的"涅瓦号"是俄罗斯商船,由俄美公司派来贵地进行贸易,目的是为俄美公司探明沿此路线进行贸易是否可行。因为在恰克图贸易货物运输耗资巨大,虽然海路比陆路耗时。我船上的货物是海狸皮、海狗皮和其他海中动物及陆地动物毛皮,数量约十万张。"涅瓦号"已完成本次航行中的单独航行部分,剩余部分是和克鲁森什坦恩的"希望号"一起航行。"希望号"上的海狸皮和海狗皮一共不到一万张,该船由日本来澳门,船上货物太少无法进行贸易,所以在我船到达之前未能来贵地。现在我们两艘船都可以我船的货物购得中国商品装载,故此请准许"希望号"进入黄埔装运我船装不下的货物。①

十月十八日,运载大量皮货的"涅瓦号"允许抵达黄埔港。经过驻广州的英国大班从旁协助,俄国皮货由广州"西成行"作为保商进入广州市场。与克鲁森施滕相识的英商帮助他们找到了西成行黎彦裕作"保商",并经十三行总商潘启官从中协调,黎颜裕向粤海关监督延丰行贿7000西班牙币使其批准起卸货物并亲自到港量船课税。粤海关监督延丰对允许俄船在广州贸易一事作出解释:"俄罗斯地处极北,从无至广东贸易之事,此次夷商噜臣吨、尔嚷时二夷船,占风测水,远涉重洋,先后到粤吁请与各夷一体贸易,事难创始,其情词颇为恭顺,若不准其开舱输税卸货,仍令原载回帆,似非仰我皇上柔远怀夷之至意。"② 十一月五日,"希望号"也被允许进入黄埔卸货。俄船同意西成行要求货款的半数必须购茶的条件。黎颜裕买下了船上的皮货,俄船得货金176605皮阿斯特(货币单位),用此银通过黎颜裕购置了茶叶、瓷器、丝绸和南京棉布等货物。

十一月二十二日,俄国将所购货物装舱待发。正当所购商品装船过半之时,中国官军赶来将两船团团围住,两广总督那彦成阅兵回来后下令停止装载货物。俄国商船只得通过广州英商德鲁蒙德与广州洋行会辗转周旋,商议对策。此时新任两广总督吴熊光到任,吴氏认为:俄国商人远赴重洋贸易,货物业经起卸,加之海洋风信不定,如果等候朝廷谕旨后再准放行,一定会导致俄国船只阻隔经年,这既不是体恤远夷之道,也会引起夷商的疑惧,这种做法会带来种种不便。吴熊光下令准许俄船起航归国。广州当局最终同意放行。十二月十五日,

---

① 柳若梅:《嘉庆年间俄船首次海上来华贸易事件钩沉》,《社会科学》2007年第8期。
② 《明清时期澳门问题档案文献汇编》第一册,人民出版社,1999年,第649页。

清廷也降旨：俄国"向止在恰克图通市贸易，本有一定界限，不可轻易旧章，着即将船只货物驶回本国，不许在广逗留，并着吴熊光迅饬沿海各口岸，或该商驶往别处海口恳求通市，一体驳回，并着嗣后严密稽查，如各海口有似此越界欲求通市者俱实力禁止，免滋事端"①。十二月二十一日，两艘俄船从黄埔起碇，经南海、印度洋返回欧洲。

事后，清廷对擅令俄船贸易的粤海关监督延丰革职查办，其继任阿克当阿、巡抚孙玉庭、新任两广总督吴熊光均被"交部议处"。

三、俄船首航广州的结局

但俄船前来广州贸易的事件并没有结束。清廷早在嘉庆十年十二月初九（1806年1月28日）就已通过理藩院向俄罗斯枢密院发函抗议俄船这种无故来广、违背固有体制的行为。嘉庆十一年（1806年）正月二十日理藩院再次向俄罗斯发出咨文，指出如果违反中俄之间的既定条约前来广州通商，就等于要停止恰克图通商制度。俄罗斯枢密院在四月十一日的回理藩院的复文中对俄船前往广州作了说明和解释。俄国认为，俄船前往广州完全是一次意外事件。如果戈洛夫金使团能顺利前往北京的话，本来是通知中方并协商俄船来华贸易一事的。戈洛夫金使团的半途而废，使广州的俄船成了不速之客。这一事件的责任完全由清廷拒绝戈洛夫金使团所导致。不过俄罗斯不愿意因广州事件影响传统的恰克图体制，最后还是向清廷作出妥协：

总而言之，我院欲向贵院声明，如果准许俄罗斯国商船驶入广东口岸不合于贵国之惯例，而贵院亦不能于此事之中预见有任何对于贵国有益之处，则悉听贵国之便，即将在广东之上述两艘俄船遣返回国，准许该船出售自己所载货物并装运中国货物。如果认为如此处理，亦不能为证明贵国与俄罗斯帝国之友好及善邻关系，有如我院对于贵院之所期待而予以照办，则不准其出售所载货物，但亦不对俄国船长稍有压迫而将其遣回本国。盖因如有压迫之事，则将认为对于我国之恶意表示也。贵院空自设想我国有意停止恰克图之贸易，与此相反，我国愿意永久继续与贵国之贸易关系，不仅是在恰克图地方，而且如果获得贵国之许可，也在其他地方。因此贵院不应从此种尚难预见之事物发展中，作出任何不合互相协议之判断，盖因俄罗斯帝国以多年之考验已经证明，其与中国保持和睦及友好关系之愿望极为坚定与真诚，并为更加证明起见，我院允

---

① 梁廷枏：《粤海关志》卷二十四，广东人民出版社，2002年，第485页。

许禁止一切俄罗斯商船,以便今后不再前往广东地方。如果贵国尚未给予我国享有一切欧洲国家所享有之同样许可。①

通过这一事件,清廷重申了把中俄商业限制在恰克图贸易范围之内的政策。俄国也不得不作出承诺,不再从海上向中国派遣商船。

第一次鸦片战争之后,俄国于道光二十八年(1848年)和道光三十年(1850年)派出两艘商船赴中国上海贸易,又遭到了清廷的拒绝。与此同时,从道光二十七年(1847年)起,俄国通过驻华传教团向清多次提出要求开放中国伊犁、塔尔巴哈台和喀什作为通商口岸。当时正处在第一次鸦片战争中的清当局因害怕引起争端,决定答应俄国的要求,咸丰元年(1851年),中俄双方代表在伊犁签订了中俄《伊犁塔尔巴哈台通商章程》。俄国在恰克图之外又开辟了另外的边界贸易市场,由恰克图垄断中俄贸易的局面最终被打破。

第四节 恰克图体制的性质与意义

一、恰克图体制的性质

恰克图体制与广州体制,一南一北,共同构成了清代对西方国家的通商贸易体制。在乾隆帝给英国国王的敕谕中,指出了恰克图体制的性质与广州体制相似:"从前俄罗斯人,在京城设馆贸易,因未立恰克图以前,不过暂行给屋居住。嗣因设立恰克图以后,俄罗斯在该处交易买卖,即不准在京城居住,亦已数十年。现在俄罗斯在恰克图边界交易,即与尔国在澳门交易相似。"② 恰克图体制与清廷对西方的广州体制相同,其性质都属于朝贡架构下的通商体制。但恰克图体制与广州体制也有相异之处。

恰克图体制是以两国政府的双边条约为基础形成的。这是恰克图体制与广州体制最明显的不同。在广州体制下,不论是早期的葡萄牙、荷兰,还是后来的英、法、美等国,在鸦片战争前没有任何一国与中国签订过官方的贸易条约,广州体制完全是在中国单方的朝贡原则指导下进行的,西方商人在华也无行动自由。而恰克图体制却有《恰克图条约》《恰克图市约》等官方条约作为基础。

---

① 《清史译文新编》第一辑,《故宫俄文史料》第143件《全俄罗斯帝国政府枢密院致中国理藩院函》,历史研究编辑部编印,2005年。
② 《清高宗实录》卷一千四百三十五,乾隆五十八年八月己卯条。

因此，从制度设置上，"尽管不乏严夷夏之防的用意，但主要意图是与俄国在信守条约的基础上相安无事"①。从这一点而言，恰克图体制又是条约体制下通商制度的先声，它比广州体制拥有更多的平等权利。

恰克图位于中俄边境，俄国商人、货栈都位于俄方一侧，中国商人则在中国一侧。双方互通有无，平等贸易。俄国商人不像客居在广州的西方商人，受到中国方面的严格管束。中俄贸易双方来往也由各自设在边境的官方代表来进行，文书来往也经平等的官方渠道。在一定程度上，恰克图贸易体制比广州体制的自由度更高。由于中国与俄罗斯具有漫长的边境线，为取得边疆的和平与稳定，清廷在恰克图体制中包含着更多的对俄罗斯的妥协、让步。恰克图体制下的中俄贸易，不分季节，常年进行。在中国一方，既无中间行商对外商的盘剥，更无海关之类的征税机关对外商进行压榨。对于俄商而言，恰克图互市在中国一侧几乎是免税的天堂。在恰克图体制下，反倒是俄方在俄国一侧设关征税。难怪恰克图体制被其他西方国家看作是俄国取得的贸易特权。马克思也对此评论："俄国人自己独享内地陆路贸易，成了他们没有可能参加海上贸易的一种补偿。"② 即使到鸦片战争之后，沙俄也没有废除恰克图贸易制度，足证这一体制给俄国带来了绝大的好处。

当然恰克图通商体制与广州体制一样，依然属于朝贡体制下的通商。中方在自己一方的买卖城对外商实行免税制度，实际上是朝贡体制下对外国的怀柔、恩典和羁縻。在《恰克图市约》的第一款里，清廷就开宗明义地宣布说："恰克图互市于中国初无利益，大皇帝普爱众生，不忍尔国小民困窘。"③ 清廷在给予俄罗斯诸多贸易恩惠的同时，有对恰克图贸易依据自己意愿随时"闭市"的权力，这也是中国朝贡制度中特有的对桀骜不驯的四夷进行惩罚的主要手段。

此外，俄罗斯在恰克图的商务属于理藩院管辖。俄罗斯在清廷的朝贡等级系列中，明显高于英、法等国。俄罗斯甚至在拥有边境贸易权利的同时，早期还享有派遣大规模商队进入北京贸易的特权，这是清廷给予藩部才有的独有权利。恰克图体制也为与俄罗斯相类似的、与中国陆地相邻的具有"藩部"性质的其他国家树立了一个可供模仿的往来范例。18世纪中期之后，清廷与中亚的浩罕在喀什噶尔建立起来的通商体制，就有恰克图体制的影子。

---

① 王立诚：《中国近代外交制度史》，甘肃人民出版社，1991年，第26页。
② 《马克思恩格斯选集》第二卷，俄国的对华贸易，人民出版社，1972年，第9-10页。
③ 王铁崖编：《中外旧约章汇编》第一册，生活·读书·新知三联书店，1957年，第29页。

总之，恰克图体制是在中俄两国条约的基础上形成的，而且这种通商体制如与正宗的朝贡贸易相比，商业性更为浓厚一些。但不管如何，恰克图体制仍然属于朝贡体制下变通的通商体制，因为在朝贡观念和制度垄断一切对外交往的情况下，任何中外交流，都难逃"朝贡"这一"法网"，这是由清代中国的国体所决定的。

二、恰克图体制的意义

恰克图体制符合中俄两国政府的政治、经济发展战略，因而在中俄关系发展史上占有极其重要的历史地位。

1. 恰克图体制促进了中俄双方的经济利益

恰克图互市同中俄两国人民大众的生活需求和边疆开发结合在一起，在一定程度上促进了中俄两国的经济发展，为两国带来了丰厚的经济利益。

俄国方面，早期的恰克图贸易促进了俄国经济的发展，尤其是促进了俄国边区经济的发展。西伯利亚地区原有的封闭与落后被滚滚的贸易洪流彻底冲破。恰克图贸易促进了俄国丝织、棉织、运输、耕作等行业的发展，这些行业为居住在西伯利亚和从莫斯科至恰克图商路附近的千千万万俄国属民提供了生计。就像俄国学者所言："一个恰克图抵得上三个省，它通过自己的贸易活动将人民的财富变成宝贵和富有生机的液汁，输送到西伯利亚。"① 恰克图开市以后，俄国在东西伯利亚兴建了制革厂、羊毛加工厂和呢绒厂；乾隆十二年（1747年）和乾隆二十年（1755年），在伊尔库茨克建立了两个丝绸厂，其产品行销于恰克图；乾隆二十八年（1763年），俄国开辟由叶卡捷琳堡经昆古尔到莫斯科的道路；乾隆五十七年（1792年）修建贝加尔湖环行道路，沿大道设驿站、建村庄，沙俄移民实边的战略得以实现。恰克图贸易延伸之处，一个又一个新兴城市应运而生，到18世纪末，西伯利亚诞生了20多个城市。中俄贸易，也为沙俄政府提供了平均线以上的关税收入。在乾隆二十五年（1760年）和乾隆四十年（1775年），中俄贸易在沙俄对外贸易中所占的比例，分别为7.3%和8.3%，而关税收入则达到20.4%和38.5%。清代官方资料记载：批准俄罗斯通商，"彼国每年可多得数百万金，于彼大为有益"②。

对中国来说，恰克图贸易给中国也带来了经济利益。首先，恰克图贸易带

---

① ［俄］瓦西里·帕尔申著，北京第二外国语学院俄语编译组译：《外贝加尔边区纪行》，商务印书馆，1976年，第136页。
② 《清高宗实录》卷八百五十六，乾隆三十五年四月辛亥条。

动了中国北部边贸的发展。归化、库伦、多伦、张家口、包头、乌里雅苏台、科布多、海拉尔、齐齐哈尔、集宁等一大批地处边塞的中小城市得到了迅猛发展。归化和包头，在其盛期，繁华并不弱于江南。恰克图贸易中的茶叶贸易同时带动了内地的种植业、加工业和交通运输业的发展。归化城的骆驼总数在最高点时曾达到了16万峰之巨。其次，恰克图贸易在整个清代对外贸易格局中占有重要地位。恰克图是与广州海上外贸口岸相对应的陆上外贸口岸，在嘉庆、道光年间，恰克图对外贸易额占中国对外贸易总额的三分之一左右，俄国已成为大清国仅次于英国的第二大贸易伙伴。在长期的中俄贸易中，布匹和茶叶分别成为18世纪和19世纪的走俏商品，倍受俄国人民的青睐，俄国对中国布匹和茶叶的需要大大促进了中国纺织业、种植业以及茶叶加工业的发展，对中国民族工商业的发展是一种推动力。

2. 恰克图贸易促进了中俄两国人民之间的友谊和中俄文化交流

中俄恰克图互市为中俄两国人民的接触提供了场所和条件，增加了中俄两国人民之间的相互了解和文化交流。在早期恰克图贸易中，两国商民建立了颇为信赖友好的关系。由于恰克图地跨两国疆界，两国市圈相隔仅数百米，商人们每天都可以自由往来，不受国界的约束，两国市圈的许多商人成了老相识甚至多年的朋友。每逢中俄重大节日，双方商人还在一起欢庆佳节。恰克图市场上的中方市圈买卖城和俄方市圈恰克图既是贸易基地，也是中俄文化交流的窗口，为两国商人互相学习对方的语言、习俗创造了便利的条件。

3. 恰克图贸易符合两国的战略利益

恰克图贸易体制的建立和发展对中俄两国都具有同等的战略意义：中国寻求边疆稳定，俄国获得商业利润。正如外国学者指出的那样："中国与俄国早期关系的历史，特别是彼得大帝统治时期的中俄关系，就是俄国在远东的商业史以及中国政策对这种经济关系所发生影响的历史。这个时期的历史，一方面是要求绝对垄断权的俄国政府和私人投机商人之间的竞争，另一方面是俄国和中国竞相影响近邻的各种游牧民族的斗争。如果我们说俄国是商业第一，那么中国就是把它在亚洲的霸权看得高于一切。"[①]

对中国而言，恰克图体制有利于防止俄国对中国领土的影响和渗透，并加强了清廷对边疆地区的开发和控制。恰克图贸易之前的俄罗斯商队贸易需要穿越整个蒙古和华北地区才能到达北京，这种定期在中国境内的北方地区进行跨

---

① [法] 加斯东·加恩著，江载华译：《彼得大帝时期的俄中关系（1689—1730）》，商务印书馆，1980年，第13页。

越,对中国国防是一种潜在的威胁,特别是对蒙古地区。从明末起,随着俄罗斯向西伯利亚的挺进,外蒙古从政治地缘上开始成为中、俄争夺的重要地区。恰克图贸易逐渐把俄罗斯国家商队贸易排挤了出去,实际上也把俄罗斯通过商队在中国境内诸如在蒙古地区商旅中形成的影响消解掉了。"不准俄国商队经由蒙古地区。出于这样的考虑,北京千方百计地要把蒙古地区同俄国的外贝加尔湖隔开。"① 恰克图贸易不同于原来的商队贸易,俄罗斯人的影响只局限在边境地区,有利于"把敌手置于它的国境和首都之外","借助于《尼布楚条约》,它(清廷)已经遏止了俄国紧逼黑龙江流域;借助于《恰克图条约》,它又使俄国人远离北京,并且用条约阻止俄国人的进展。"② 与此同时,恰克图互市有助于加强清廷对北部边疆的控制能力。中国政府为了保证为数众多的中国商队能够顺利通行,"必须在从中国内地到边关恰克图之间的整个道路上设立各种服务基地和交通站点,还要配置清朝军队负责警卫,等等。所有这一切都有助于巩固清廷在蒙古的统治,增加了蒙古对清朝中国在经济上和政治上的依赖性"③。

对俄罗斯而言,早期的恰克图贸易体制也符合俄国在远东地区的战略利益。俄国自从成为欧亚大帝国之后,在欧洲领土与亚洲领土之间面临战略重心选择问题。这一时期,由于国力有限,沙俄大体上采取"先欧后亚"战略,在远离俄国政治中心的亚洲领土部分,俄罗斯基本上采取守势。此外,沙俄在远东获得的大片无人土地,需要通过与繁荣富庶的中国进行贸易获得"滋养",否则荒漠寒冷的土地将难以维系。恰克图体制下的中俄和平的贸易,符合沙俄政府的这种战略意图。俄罗斯从恰克图贸易中获得了颇为可观的关税收入和其他收入,比发动战争所带来的利益更多。俄国在执行其扩张政策时,不得不顾及它在对华贸易上所取得的巨大利益。因而直至鸦片战争以前,俄国在中俄边界始终未敢轻举妄动。清廷通过这种商业"贿买"形式,换取了北部中俄边境的安全。"俄罗斯地虽富庶,而茶、布等物,必须仰给内地。且每年贸易,获利甚厚,不能不求我通市,中国因得就所欲以控制之","近年办理俄罗斯交易一事,中国行文,屡加斥詈,彼仍坚约通商,始令禀受教约,俯允所请"④。

---

① [苏]米·约·斯拉德科夫斯基著,宿丰林译:《俄国各民族与中国贸易经济关系史》,社科文献出版社,2008年,第136页。
② [法]加斯东·加恩著,江载华译:《彼得大帝时期的俄中关系(1689—1730)》,商务印书馆,1980年,第123页。
③ [苏]米·约·斯拉德科夫斯基著,宿丰林译:《俄国各民族与中国贸易经济关系史》,社科文献出版社,2008年,第194页。
④ 《清高宗实录》卷八百七十一,乾隆三十五年十月乙未条。

参考书目

一、基本资料

何休解诂,徐彦疏:《春秋公羊传注疏》,北京大学出版社,1999年。
《春秋繁露》,中华书局,1975年。
朱熹:《四书集注》,凤凰出版社,2005年。
《荀子》,中华书局,2007年。
《礼记正义》,上海古籍出版社,2008年。
《周礼注疏》,北京大学出版社,1999年。
《尚书正义》,上海古籍出版社,2007年。
《毛诗正义》,北京大学出版社,1999年。
《春秋左传正义》,北京大学出版社,1999年。
《说文解字》,中华书局,2004年。
《史记》,中华书局,1982年。
《汉书》,中华书局,2000年。
《后汉书》,中华书局,1974年。
《旧唐书》,中华书局,1975年。
《新唐书》,中华书局,2000年。
《唐会要》,中华书局,1955年。
《全唐诗》,中华书局,1999年。
《宋史》,中华书局,1977年。
《明史》,中华书局,1974年。
《清史稿》,中华书局,1977年。
杜佑:《通典》,浙江古籍出版社,1988年。
马端临:《文献通考》,浙江古籍出版社,2000年。
王圻:《续文献通考》,现代出版社,1991年

《清朝文献通考》，浙江古籍出版社，2000年。
《清朝续文献通考》，浙江古籍出版社，2000年。
《清朝通典》，浙江古籍出版社，2000年。
《明太祖实录》，台湾"中央研究院"，1962年。
《明世宗实录》，台湾"中央研究院"，1962年。
《清太宗实录》，台湾华文书局，1968年。
《清世祖实录》，中华书局，1985年。
《清圣祖实录》，中华书局，1985年。
《清世宗实录》，中华书局，1985年。
《清高宗实录》，中华书局，1985年。
《清仁宗实录》，中华书局，1986年。
《清宣宗实录》，中华书局，1986年。
《清德宗实录》，中华书局，1987年。
王先谦：《东华录》，上海古籍出版社，2008年。
《康熙起居注》，中华书局，1984年。
《康熙几暇格物编》，上海古籍出版社，2007年。
《乾隆御制文二集》，吉林出版集团，2005年。
《雍正朱批谕旨》，北京图书馆出版社，2008年。
《道光朝上谕档》，广西师范大学出版社，2008年。
《雍正会典》，台湾文海出版社，1994年。
《乾隆会典》，吉林出版集团有限责任公司，2005年。
《乾隆会典则例》，台湾商务出版社，1983年。
《光绪会典》，文海出版社，1967年。
《光绪会典事例》，中华书局影印，1991年。
《嘉庆礼部则例》，海南出版社，2001年。
《嘉庆一统志》，上海书店出版社，1984年。
《嘉庆会典事例》，台湾文海出版社有限公司，1992年。
《大清通礼》，吉林出版集团，2005年。
《御制律吕正义后编》，吉林出版集团，2005年。
《皇清职贡图》，广陵书社，2008年。
庆桂等：《国朝宫史续编》，北京古籍出版社，1994年。
《明清史料》庚编第七本，中华书局，1987年。
《明清史料》丙编第四本，北京图书馆出版社，2008年。

《中国近代史资料丛刊·第二次鸦片战争》，上海人民出版社，1978年。
《中国近代对外贸易史资料》，中华书局，1962年。
《近代史资料文库》，上海书店出版社，2009年。
《清代外交史料》，故宫博物院，1968年。
王彦威：《清季外交史料》，书目文献出版社，1987年。
《清光绪朝中日交涉史料》，故宫博物院，1932年。
《史料旬刊》，北京图书馆出版社，2008年。
《文献丛编全编》，北京图书馆出版社，2008年。
章乃炜：《清宫述闻》，紫禁城出版社，2009年。
《大清光绪新法令》，上海商务印书馆，1909年。
《清末筹备立宪档案史料》，中华书局，1979年。
《李鸿章全集》，时代文艺出版社，1998年。
《林则徐集奏稿》，中华书局，1965年。
《曾纪泽日记》，岳麓书社，1998年。
王铁崖编：《中外旧约章汇编》第一册，生活·读书·新知三联书店，1957年。
《平定准噶尔方略》，西藏社会科学院影印乾隆武英殿刻本，1990年。
祁韵士：《皇朝藩部要略》，台湾文海出版社，1965年。
中国社科院民族研究所：《满文土尔扈特档案译编》，民族出版社，1988年。
中国社科院民族研究所：《蒙古族厄鲁特部历史资料译文集》第十四辑，1979年。
《清代藏事辑要续编》，《西藏研究》编辑部，1984年。
孟保：《西藏奏疏》，中国藏学出版社，2006年。
《西藏奏议》，上海古籍出版社，2012年。
《钦定安南纪略》，海南出版社，2000年。
《钦定廓尔喀纪略》，中国藏学出版社，2006年。
《钦定巴勒布纪略》，中国藏学出版社，2006年。
《西域图志校注》，新疆人民出版社，2002年。
谢启昆：《广西通志》，广西人民出版社，1988年。
云南社科院文献研究所：《道光云南志钞》，《云南文献》1995年第2期。
《云南通志》，1933年刊本。
《卫藏通志》，商务印书馆，1936年。

《光绪顺天府志》，北京古籍出版社，1987年。

朱一新：《京师坊巷志稿》，北京古籍出版社，1982年。

李根源：《永昌府文征》，云南美术出版社，2001年。

《福建省例》，台湾文献丛刊第199种，台湾银行经济研究室编印，1971年。

中国第一历史档案馆：《清代中国与东南亚各国关系档案史料汇编》第二册，菲律宾卷，国际文化出版公司，2004年。

中国第一历史档案馆：《清代中琉关系档案选编》，中华书局，1993年。

中国第一历史档案馆：《清代中琉关系档案续编》，中华书局，1994年。

中国第一历史档案馆：《清代中琉关系档案三编》，中华书局，1996年。

中国第一历史档案馆：《清代中琉关系档案五编》，中国档案出版社，2002年。

中国第一历史档案馆：《清代中琉关系档案六编》，中国档案出版社，2005年。

《国家图书馆藏琉球资料续编》，北京图书馆出版社，2002年。

《历代宝案》第一册，日本冲绳县教育委员会，1992年。

《仁祖大王实录》，东京学习院东洋文化研究所，昭和32年。

吴晗：《朝鲜李朝实录中的中国史料》，中华书局，1980年。

全国图书馆文献缩微复制中心：《朝鲜史料汇编》（二十），2004年。

汉城民族文化推进会编译：《国译〈燕行录〉选集》影印本，1976年。

《〈同文汇考〉中朝史料》（一），吉林文史出版社，2003年。

《〈同文汇考〉中朝史料》（二），吉林文史出版社，2004年。

《〈同文汇考〉中朝史料》（三），吉林文史出版社，2005年。

《〈同文汇考〉中朝史料》（四），吉林文史出版社，2005年。

中国社会科学院历史研究所：《古代中越关系史资料选编》，中国社会科学出版社，1982年。

《钦定越史通鉴纲目》，中越文化经济协会，1969年。

张登桂：《大南实录》，庆应义塾大学语学研究所，昭和36—56年。

中国第一历史档案馆：《中葡关系档案史料汇编》，中国档案出版社，2000年。

陈垣：《康熙与罗马使节关系文书》（影印本）（二），故宫博物院，1932年。

《明清时期澳门问题档案文献汇编》，人民出版社，1999年。

中国第一历史档案馆编：《清代中俄关系档案史料选编》第一编，中华书局，1981年。

［俄］尼古拉·班蒂什—卡缅斯基编著，中国人民大学俄语教研室译：《俄中两国外交文献汇编（1619—1792年)》，商务印书馆，1982年。

《故宫俄文史料》，《清史译文新编》第一辑，历史研究编辑部编印，2005年。

二、其他资料

义净:《南海寄归内法传》,中华书局,1995年。
《欧阳修集》,山西古籍出版社,2010年。
韩愈:《韩昌黎文集注释》,三秦出版社,2004年。
朱彧:《萍洲可谈》,中华书局,2007年。
崔豹:《古今注》,《四部丛刊》影印本。
王夫之:《读通鉴论》,中华书局,1975年。
严从简:《殊域周咨录》,中华书局,1993年。
李塨:《大学辨业》,光绪五年刻畿辅丛书李恕谷遗书本。
《陈迦陵文集》,商务印书馆,1936年。
龙顾山人:《十朝诗乘》,福建人民出版社,2000年。
徐世昌:《晚晴簃诗汇》,中华书局,1990年。
王慎之、王子今辑:《清代海外竹枝词》,北京大学出版社,1994年。
俞正燮:《癸巳类稿》,商务印书馆,1957年。
梁绍壬:《两般秋雨盦随笔》,上海古籍出版社,1982年。
倪鸿:《桐阴清话》,扫叶山房,1924年。
何刚德:《春明梦录》,上海古籍出版社,1983年。
杨钟羲:《雪桥诗话》,北京古籍出版社,1989年。
昭梿:《啸亭续录》,中华书局,1980年。
赵翼:《檐曝杂记》,中华书局,1982年。
萧奭:《永宪录》,中华书局,1959年。
王士禛:《带经堂诗话》,乾隆二十七年精刊本。
王士禛:《池北偶谈》,中华书局,1982年。
王士禛:《香祖笔记》,上海古籍出版社,1982年。
震钧:《天咫偶闻》,北京古籍出版社,1982年。
屈大均:《广东新语》,中华书局,1985年。
印光任、张汝霖:《澳门记略》,广东高等教育出版社,1988年。
梁廷枏:《粤海关志》,广东人民出版社,2002年。
梁廷枏:《海国四说》,中华书局,1993年。
梁廷枏:《夷氛闻记》,中华书局,1959年。
陈康祺:《郎潜纪闻初笔 二笔 三笔》,中华书局,1984年。
姚元之:《竹叶亭杂记》,中华书局,1982年。

吴振棫:《养吉斋丛录》,中华书局,2005年。
陈其元:《庸闲斋笔记》,中华书局,1989年。
赵慎畛:《榆巢杂识》,中华书局,2001年。
何秋涛:《朔方备乘》,台湾文海出版社,1964年。
花沙纳:《东使纪程》,中华书局,2007年。
赵咸中:《使廓纪略》,光绪十四年石印本。
姚明辉:《蒙古志》,台湾成文出版社,1973年。
王之春:《清朝柔远记》,中华书局,1989年。
徐继畬:《瀛环志略》,上海书店出版社,2001年。
陈沣:《摹印述》,广雅书局,清光绪刻本。
徐珂:《清稗类钞》,中华书局,2010年。
《台湾诗钞》,台湾文献丛刊第280种,台湾银行经济研究室,1970年。
陈侃:《使琉球录》,台湾文献丛刊287种,台湾银行经济研究室,1971年。
徐葆光:《中山传信录》,台湾文献丛刊第306种,台湾银行经济研究室,1972年。
周煌:《琉球国志略》,台湾文献丛刊第293种,台湾银行经济研究室,1972年。
齐鲲:《续琉球国志略》,台湾文献丛刊第293种,台湾银行经济研究室,1972年。
赵新:《续琉球国志略》,台湾文献丛刊第293种,台湾银行经济研究室,1972年。
李鼎元:《使琉球记》,台湾文献丛刊第292种,台湾银行经济研究室,1972年。
潘相:《琉球入学见闻录》,台湾文献丛刊第299种,台湾银行经济研究室,1972年。
程顺则:《指南广义》,琉球大学志嘉屋记念图书馆藏本。
徐榦:《琉球诗录二卷》,清同治间刻本。
李文馥:《使程志略》,越南汉喃研究院藏本,编号A. 2150.
阮述:《往津日记》,香港中文大学出版社,1980年。
朴趾源:《热河日记》,上海书店出版社,1997年。
裴挥璧:《皇越诗选》,明命六年希文堂,越南国家图书馆藏本。
吴其桢:《缅甸图说》,《小方壶舆地丛钞》再补编第十帙。
[韩]洪大荣:《湛轩书·燕记》,平壤社会科学院出版社,1965年。

［荷］伊兹勃兰特·伊台斯等著，北京师范学院俄语翻译组译：《俄国使团使华笔记（1692—1696 年)》，商务印书馆，1980 年。

［英］约翰·巴罗著，李国庆等译：《我看乾隆盛世》，北京图书馆出版社，2007 年。

［英］马嘎尔尼著，刘半农译：《1793 乾隆英使觐见记》，天津人民出版社，2006 年。

［英］斯当东著，叶笃义译：《英使谒见乾隆纪实》，上海书店出版社，2005 年。

［英］爱尼斯·安德逊著，费振东译：《英使访华录》，商务印书馆，1963 年。

［美］亨特著，冯树铁、沈正邦译：《广州番鬼录》，广东人民出版社，2009 年。

［英］芮尼著，李绍明译：《北京与北京人》，国家图书馆出版社，2008 年。

［俄］瓦西里·帕尔申著，北京第二外国语学院俄语编译组译：《外贝加尔边区纪行》，商务印书馆，1976 年。

［美］卫斐列著，顾钧、江莉译：《卫三畏生平及书信》，广西师范大学出版社，2004 年。

［美］何天爵著，卢彦名译：《真实的中国问题》，南京出版社，2009 年。

［俄］叶·科瓦列夫斯基著，阎国栋译：《窥视紫禁城》，北京图书馆出版社，2004 年。

曹雪芹：《红楼梦》，人民文学出版社，2008 年版。

三、研究著作

梁启超：《先秦政治思想史》，中华书局，1924 年。

谢扶雅：《中国政治思想史纲》，台湾正中书局，1954 年。

钱穆：《中国文化史导论》，商务印书馆，1997 年。

饶宗颐：《中国史学上之正统论》，上海远东出版社，1996 年。

陈寅恪：《元白诗笺证稿》，文学古籍刊行社出版，1955 年。

李新霖：《春秋公羊传要义》，台湾文津出版社，1990 年。

列岛编：《鸦片战争史论文专集》，人民出版社，1990 年。

徐中约：《中国近代史》，世界图书出版公司，2008 年。

贾植芳：《近代中国经济社会》，辽宁教育出版社，2003 年。

《"近代中国、东亚与世界"国际学术讨论会论文集》，社会科学文献出版社，2006 年。

[美] 费正清著，杜继东译：《中国的世界秩序》，中国社会科学出版社，2010年。

[美] 费正清等编，中国社科院历史研究所编译室译：《剑桥中国晚清史》，中国社会科学出版社，1985年。

[美] 吉尔伯特·罗兹曼主编，国家社会科学基金"比较现代化"课题组译：《中国的现代化》，江苏人民出版社，1998年。

[美] 范发迪著，袁剑译：《清代在华的英国博物学家：科学、帝国与文化遭遇》，中国人民大学出版社，2011年。

阎宗临：《中西交通史》，广西师范大学出版社，2007年。

庄吉发：《清史论集》，文史哲出版社，2000年。

[美] 司徒琳主编：《世界时间与东亚时间中的明清变迁》，生活·读书·新知三联书店，2009年。

王立诚：《中国近代外交制度史》，甘肃人民出版社，1991年。

李云泉：《朝贡制度史论：中国古代对外关系体制研究》，新华出版社，2004年。

赵汀阳：《天下体系——世界制度哲学导论》，江苏教育出版社，2005年。

刘禾：《帝国的话语政治》，生活·读书·新知三联书店，2009年。

[美] 马士著，张汇文译：《中华帝国对外关系史》，上海书店出版社，2000年。

[英] 马丁·雅克著，张莉、刘曲译：《当中国统治世界》，中信出版社，2010年。

[日] 信夫清三郎主编，天津社会科学院日本问题研究所译：《日本外交史》，商务印书馆，1980年。

[日] 滨下武志著，朱荫贵等译：《近代中国的国际契机》，中国社科出版社，1999年。

[日] 川岛真著，田建国译：《中国近代外交的形成》，北京大学出版社，2012年。

[美] 张馨保著，徐梅芬等译：《林钦差和鸦片战争》，福建人民出版社，1989年。

[美] 魏斐德著，王小荷译：《大门口的陌生人》，中国社会科学出版社，1988年。

梁嘉彬：《广东十三行考》，广东人民出版社，1999年。

钱实甫：《清代的外交机关》，生活·读书·新知三联书店，1959年。

王尔敏：《五口通商变局》，广西师范大学出版社，2006年。
黄国盛：《鸦片战争前的东南四省海关》，福建人民出版社，2000年。
范振水：《中国护照》，世界知识出版社，2003年。
[英]哈维著，姚楠译：《缅甸史》，商务印书馆，1973年。
[越]陈重金著，戴可来译：《越南通史》，商务印书馆，1992年。
米庆余：《琉球历史研究》，天津人民出版社，1998年。
丁春梅：《清代中琉关系档案研究》，中国档案出版社，2007年。
余定邦：《中泰关系史》，中华书局，2009年。
张杰：《韩国史料三种与盛京满族研究》，辽宁民族出版社，2009年。
刘顺利：《朝鲜文人李海应〈蓟山纪程〉细读》，学苑出版社，2010年。
叶柏川：《俄国来华使团研究》，社会科学文献出版社，2010年。
[法]加斯东·加恩著，江载华译：《彼得大帝时期的俄中关系（1689—1730)》，商务印书馆，1980年。
[苏]米·约·斯拉德科夫斯基著，宿丰林译：《俄国各民族与中国贸易经济关系史》，社会科学文献出版社，2008年。
米镇波：《清代中俄恰克图边境贸易》，南开大学出版社，2003年。
黄鉴晖：《明清山西商人研究》，山西经济出版社，2002年。
蔡鸿生：《俄罗斯馆纪事》（增订本），中华书局，2005年。
[英]赫德逊著，王遵仲等译：《欧洲与中国》，中华书局，1995年。
[美]亨特著，沈正邦译：《旧中国杂记》，广东人民出版社，1992年。
[法]佩雷菲特著，王国卿等译：《停滞的帝国》，生活·读书·新知三联书店，2008年第三版。
秦国经：《乾隆皇帝与马嘎尔尼》，紫禁城出版社，1998年。
白晋：《康熙帝传》，《清史资料》第一辑，中华书局，1980年。
中国第一历史档案馆：《御笔诏令说清史》，山东教育出版社，2003年。
《傣族社会历史调查（西双版纳之三)》，民族出版社，2009年。
曾昭璇：《天后的奇迹》，香港中华书局，1991年。
金国平：《中葡关系史地考证》，澳门基金会出版，2000年。
丁汝芹：《清代内廷演戏史话》，紫禁城出版社，1999年。
《域外汉籍研究集刊》第三辑。
《南洋学报》第一辑、第二辑。

再版后记

　　清代朝贡制度近年来成为清史研究的重要内容。人们关注清代朝贡制度及其变迁的原因，一是这一课题有待深入挖掘的资料很多，从传统的汉语文献，再到多语种的档案文献，因而是学术研究的富矿；二是出于对中国当代外交发展方向的关注，清代留下了众多的政治遗产，包括对外地缘影响。

　　本书写作于2010年，出版于2012年，原是笔者研究清代对外制度的一系列成果之一。值此再版之际，笔者对原版中的一些文字错误进行了改正，对一些内容也略作调整，在结构、框架方面基本保持原貌。学术著作出版较难，再版更难。本书得以获得再版机会，有赖中国书籍出版社对学术的无私襄助，特此表达谢忱与崇高敬意。

何新华

广州海珠区南洲路寓所

2019年12月1日